Die Zukunft der Landwirtschaft ist biologisch!

D1869899

Bibliografische Informationen der Deutschen Nationalbibliothek
Die Deutsche Nationalbibliothek verzeichnet diese Publikation in der Deutschen Nationalbibliografie; detaillierte bibliografische Daten sind im Internet über http://dnb.d-nb.de abrufbar.

Gedruckt auf säurefreiem und alterungsbeständigem Papier.

Alle Rechte vorbehalten.
© 2009 Verlag Barbara Budrich, Opladen & Farmington Hills, MI
www.budrich-verlag.de

ISBN 978-3-86649-223-3

Das Werk einschließlich aller seiner Teile ist urheberrechtlich geschützt. Jede Verwertung außerhalb der engen Grenzen des Urheberrechtsgesetzes ist ohne Zustimmung des Verlages unzulässig und strafbar. Das gilt insbesondere für Vervielfältigungen, Übersetzungen, Mikroverfilmungen und die Einspeicherung und Verarbeitung in elektronischen Systemen.

Umschlaggestaltung: disegno visuelle kommunikation, Wuppertal – www.disenjo.de
Druck: paper & tinta, Warschau
Printed in Europe

Inhaltsverzeichnis

Ein persönliches Vorwort

Die aufrüttelnden Berichte über die weltweiten Ungerechtigkeiten, menschliches Elend und zunehmende Umweltvernichtung im Zuge der Konferenz der Vereinten Nationen über Umwelt und Entwicklung 1992 waren der Auslöser meines Engagements für nachhaltige Entwicklungen; die Hälfte der seitdem vergangenen Zeit, also die letzten acht Jahre im Rahmen des Instituts für Umwelt – Friede – Entwicklung (IUFE). Als (Öko)Sozialwirtin lernt man, möglichst in Zusammenhängen zu denken; Grundlage ist ein tieferes Wissenschaftsverständnis: rationale Analyse mit Emotionen verbinden und verantwortlich Handeln. Gerade auch durch die Arbeit am IUFE, an der Schnittstelle zwischen Wissenschaft, Zivilgesellschaft und Politik versteht sich meine Hinführung als politisches Plädoyer, zumal die vorliegende Publikation in einer von Krisen geprägten Zeit erscheint, die das Scheitern des herrschenden (Land-)Wirtschaftssystems offenbart, unter dessen Wachstumsdogma die negativen ökologischen, kulturellen, sozioökonomischen und gesundheitlichen Auswirkungen vernachlässigt wurden und werden. Da in der Landwirtschaft, der Grundlage jeder Gesellschaft, die Konsequenzen dieser nicht nachhaltigen Entwicklungen besonders drastisch sind, hat das IUFE seinen Fokus zunehmend auf diesen Themenkomplex gerichtet.

Die industrielle Landwirtschaft basiert auf dem Mythos, mehr und billiger zu produzieren. Die Zusammenhänge zwischen Produktionsmethode, Umwelt-, Produkt- und Lebensqualität bzw. Existenzbedrohung werden ignoriert und die wahren Kosten verschleiert. Unter Einsatz enormer Mengen an Wasser, fossiler Energieträger und giftiger Chemikalien werden die lebenserhaltenden Ökosysteme zerstört. Der gewalttätige Zugang spiegelt sich auch in der intensiven Massentierhaltung wider. Die Internationale Arbeitsorganisation (ILO) macht auf prekäre Arbeitsbedingungen insbesondere der Landarbeiter/innen aufmerksam. Die subventionierten Exporte der europäischen und US-amerikanischen Überschussproduktion zerstören seit Jahrzehnten die lokale Wirtschaft, kleinbäuerlichen Strukturen und damit den Lebensunterhalt der Menschen in den Ländern der südlichen Hemisphäre. Die strukturellen Ursachen von Hunger werden kaum angegangen, stattdessen wird eine Lösung des „Welthungerproblems" durch Produktionssteigerungen mittels einer neuen Grünen Revolution und Gentechnik versprochen.

Dies ist nicht nur keine zukunftsfähige Option, wie zahlreiche internationale Studien bestätigen – umweltzerstörende Inputs und Risikotechnologien sind unnötig. Seit Jahrtausenden konnten die Bäuerinnen und Bauern ihre Erträge kontinuierlich steigern, in dem sie im Einklang mit der Natur und nicht gegen sie arbeiteten. In Verbindung mit dem heutigen Kenntnisstand, beispielsweise hinsichtlich der Bedeutung der Bodenfruchtbarkeit, ist die biologische Landwirtschaft – in vielfältigsten Ausprägungen im jeweiligen spezifischen Kontext – ein Weg, wie sich die Weltbevölkerung gesund ernähren kann. Zudem kann die biologische Landwirtschaft sowohl einen Beitrag zur Entschärfung des Klimawandels als auch zu vielen weiteren positiven Entwicklungen, etwa hinsichtlich kultureller und biologischer Vielfalt, Selbstbestimmung und Problemlösungskapazität, leisten.

„Die Zukunft der Landwirtschaft ist biologisch!" präsentiert eine alternative, systemische Weltanschauung und plädiert für eine tiefgreifende, nachhaltige Veränderung unseres Bewusstseins und Verhaltens. Zentral sind dabei die Beachtung der Menschenrechte, Empowerment und Kooperation als auch ein anderer, respektvoller Umgang mit der Natur, unserer Mitwelt.

Nun soll hier weder eine neue Ideologie verbreitet werden, noch den konventionellen Bauern und Bäuerinnen der „schwarze Peter" zugeschoben werden. Vielmehr ist dies ein Angebot zum Dialog, der über die häufig emotional und eindimensional geführte, auf mangelnden bzw. falschen Informationen beruhende Diskussion hinausgeht. Durch die Erörterung des Potentials biologischer Landwirtschaft über den Produktionsaspekt hinaus, inklusive einer nüchternen Betrachtung der Schwierigkeiten und Hemmnisse in der Umsetzung, will dieses Buch den (potentiellen) Biobäuerinnen und -bauern und anderen systemischen Denker/innen und Engagierten in Sachen Nachhaltigkeit Mut machen, ihren Weg (weiter) zu gehen und ihre alternativen, zukunftsfähigen Ansätze zu leben.

Freilich konnten in der vorliegenden Publikation nicht alle Aspekte erschöpfend behandelt werden, viele wichtige Fragestellungen, etwa zu den Agrartreibstoffen, der Landfrage oder den Geschlechterverhältnissen wurden nur unbefriedigend angerissen; möge dies einen Impuls zur vertieften Auseinandersetzung liefern.

Danksagung

Zuallererst möchte ich mich bei allen Autor/innen für Ihre Beiträge bedanken – die Erstellung dieses Buches hat mir, bei aller Kraftanstrengung, große Freude bereitet! Die Publikation bietet u.a. eine Nachlese zu den Veranstaltungen des Instituts für Umwelt – Friede – Entwicklung, die wir 2008 in Kooperation mit ÖBV-Via Campesina Austria, FIAN, der KOO, Bio-Austria sowie Slow Food Linz und mit Unterstützung der Politischen Akademie durchgeführt haben und die durch unsere Fördergeber, das Bundesministerium für europäische und internationale Angelegenheiten/OEZA und das Bundesministerium für Land- und Forstwirtschaft, Umwelt und Wasserwirtschaft, ermöglicht wurden – ihnen sei an dieser Stelle gedankt; ebenso dem Bundesministerium für Wissenschaft und Forschung für seinen finanziellen Beitrag zur Umsetzung dieses Buchprojekts. Dank gebührt auch dem Vorstandsvorsitzenden unseres Institutes, Franz Glaser, der die offene, kritische Auseinandersetzung mit politisch „heiklen Themen" am Institut mitträgt. Sehr dankbar bin ich Florian Huber für seine tatkräftige Unterstützung, insbesondere beim Redigieren der Texte und Transkribieren des Interviews mit Vandana Shiva. Nicht zuletzt möchte ich auch dem Barbara Budrich Verlag für die gute Zusammenarbeit danken.

Der Rückhalt in meiner Familie, mein Liebster Philipp sowie die Ermunterung von Freunden und die Zusammenarbeit mit „Gleichgesinnten" geben mir immer wieder die nötige Energie, auch bei Gegenwind weiter zu machen – herzlichen Dank für Eure Unterstützung!

Abschließend möchte ich mich besonders bei den Biobauern Franziska und Sepp Ortner bedanken. Das Praktikum am Schaberlhof im Sommer 2007 zählt für mich neben meinen Aufenthalten in fremden Kulturen zu den wertvollsten, persönlichkeitsbildenden Lebenserfahrungen.

Ihnen liebe Leserin, lieber Leser sei nun eine interessante Lektüre gewünscht.

Petra C. Gruber

Die Zukunft der Landwirtschaft ist biologisch!
Eine Hinführung

Petra C. Gruber

In dieser Hin- bzw. Zusammenführung werden nicht-nachhaltige, ja existenzbedrohende Entwicklungen am Beispiel der industriellen, energieintensiven Landwirtschaft skizziert, die mit unverhältnismäßig hohen ökologischen, sozialen und letztlich auch volkswirtschaftlichen Kosten verbunden ist, die gegenwärtig der Allgemeinheit aufbürdet werden.

Vor dem Hintergrund internationaler Dokumente und dem Leitbild der Nachhaltigkeit stellen sich die zentralen Fragen, wie sich eine wachsende Weltbevölkerung in Würde und ohne die Umwelt, unsere Mitwelt zu zerstören, ernähren kann und das Menschenrecht auf Nahrung auch für künftige Generationen zu gewährleisten ist. Weltweite Ernährungssicherheit und darüber hinaus Ernährungssouveränität[1] werden als Ziele definiert. Neben der Form der Landwirtschaft geht es insbesondere auch um Eigentums-, Nutzungs- und Zugangsrechte. Im Kontext des Klimawandels und der Welthungerkrise wird deutlich, dass technologische Lösungsansätze zu kurz greifen, da sie nicht an den strukturellen, den sozio-ökonomischen und politischen Ursachen des Hungers ansetzen. Gefordert sind nicht nur entsprechende Reformen in den Ländern selbst, sondern auch die Veränderung der weltwirtschaftlichen und agrarpolitischen Rahmenbedingungen sowie unseres Konsum- und Ernährungsverhaltens.

Die biologische Landwirtschaft[2] bietet vielfältige Vorteile, stößt allerdings auf zahlreiche Hindernisse, die nicht zuletzt mit Interessen- und Machtfragen zusammenhängen und mit einer engen, mechanistischen Denkweise verknüpft sind. Im Grunde geht es um ein anderes Mensch-Mitwelt Verhältnis, in dem sich der Mensch nicht mehr als omnipotenter Herrscher, sondern als Teil bzw. Beteiligter einer größeren Wirklichkeit begreift.

---

1 *"Food security exists when all people, at all times, have physical, social and economic access to sufficient, safe and nutritious food that meets their dietary needs and food preferences for an active and healthy life"* (FAO: adopted at the World Food Summit 1996, redefined 2001).
"Food sovereignty is defined as the right of peoples and sovereign states to democratically determine their own agricultural and food policies" (IAASTD 2008: 15).

2 In Österreich wird der Begriff der biologischen Landwirtschaft verwendet; in Deutschland und der Schweiz synonym dazu ökologische Landwirtschaft; im englischsprachigen Raum „organic agriculture".

Das Überschreiten der Belastbarkeitsgrenzen durch die industrialisierte Landwirtschaft

Seit der Antike finden sich Berichte über umweltzerstörende Spuren des Menschen. Mit fortschreitender Industrialisierung unter exzessiver Nutzung fossiler Energieträger haben die Umweltprobleme weltweite Ausmaße angenommen. Im Zuge unserer nicht-nachhaltigen Produktions- und Konsummuster und der beschleunigten Globalisierung in der zweiten Hälfte des letzten Jahrhunderts hat sich die Umweltsituation, abgesehen von partiellen Erfolgen, weiter verschärft (vgl. UNEP 2007). Die Auswirkungen unserer Fehlentwicklungen treffen insbesondere die für Armut anfälligere, benachteiligte Bevölkerung, die kaum dazu beigetragen hat und zudem über geringere Bewältigungs- und Anpassungsmechanismen verfügt; der Klimawandel ist dafür exemplarisch. Gleichzeitig nötigen Armut und Bevölkerungswachstum die Menschen oft zur Übernutzung der natürlichen „Ressourcen".[3]

Zahlreiche Umweltprobleme gehen dabei auf das Konto einer zunehmend industrialisierten, globalisierten Landwirtschaft, die in den letzten Jahrzehnten kurzfristig und einseitig auf Ertragsmaximierung ausgerichtet war und dabei ihre Produktionsgrundlagen zerstört, was im Folgenden anhand des Verlustes der biologischen Vielfalt, Bodendegradierung, Wasserverschmutzung und Süßwasserverknappung sowie des Klimawandels illustriert wird:

Biodiversität, also die Vielfalt an und innerhalb von Arten sowie von Ökosystemen, umfasst alles Lebende auf der Erde. Das Wohlergehen der Menschheit, unsere Gesundheit und Kultur ist von den „Ressourcen" und vielfältigen Funktionen der Ökosysteme abhängig. Lange Zeit hat die Landwirtschaft die genetische Vielfalt von Nutzpflanzen und -tieren durch Züchtungen erhöht. Doch in den letzten 50 Jahren sind 75 % der genetischen Pflanzenbasis, von der die Landwirtschaft abhängt, verloren gegangen (IAASTD 2008: 32) – und dafür ist in erster Linie die intensive Landwirtschaft verantwortlich: *„(...) the globalization of agriculture and inappropriate agricultural policies have emerged as leading drivers influencing the loss of species and ecosystem services"* (UNEP 2007: 167).

Der Boden ist Lebensraum und Lebensgrundlage für Pflanzen, Tiere und den Menschen und erfüllt zahlreiche Funktionen, auch für die biologische Vielfalt und das Klima. Die Erhaltung der Bodenfruchtbarkeit und aller

3 Dabei ist festzuhalten, dass dafür weniger die Anzahl der Menschen ausschlaggebend ist, als vielmehr deren sozio-ökonomische Organisation, Eigentumsverhältnisse und Herrschaftsformen. Bevölkerungswachstum hängt zudem stark mit der fehlenden Kontrollmöglichkeit über die eigenen Lebensbedingungen zusammen (vgl. Shiva 2003: 227).

Bodenfunktionen ist für die Ernährungssicherheit als auch für nachwachsende „Rohstoffe" entscheidend. Hauptursache für die Bodendegradierung und -zerstörung ist eine ökologisch nicht nachhaltige Landwirtschaft, die durch Monokulturen, den Einsatz von Chemikalien, exzessive Bodenbearbeitung, intensive Bewässerung, Überweidung und die Abholzung von Wäldern (für Weide- und Anbauflächen) charakterisiert ist. Beispielsweise sind in Europa bereits 157 Mio. ha von Wind- und Wassererosion betroffen, 4 % der europäischen Bodenflächen sind verdichtet, 0,4 % versalzen, 9 % versauert, 9 % durch Pestizide und 18 % durch Stickstoff und Phosphat gefährdet.[4] In den Trockengebieten, die sich über mehr als ein Drittel der Landoberfläche der Erde erstrecken, wirkt sich das zunehmende Problem der Landverödung bereits existenzbedrohend aus – Hunger, politische Instabilität bis hin zu bewaffneten Konflikten sind die Folge (vgl. Deutscher Bundestag 2002: 329f). Eine große offene Frage ist, wo und wie sich hunderte Millionen „Umweltflüchtlinge" eine neue Existenz aufbauen können.

Wasser ist die Basis allen Lebens. Eingriffe in den Wasserhaushalt können sich negativ auf den Boden, die Biodiversität und das lokale Klima auswirken. Pestizide und andere Agrar-Chemikalien kontaminieren nicht nur die Böden, sondern auch das Grundwasser und die Oberflächengewässer. Die giftigen Schadstoffe reichern sich in der Nahrungskette an und gefährden letztlich die menschliche Gesundheit. Mehr als 70 % des globalen Wasserverbrauchs gehen auf das Konto der Landwirtschaft, wo teilweise extrem ineffiziente Bewässerungssysteme im Einsatz sind. Nur etwa 0,3 % der Süßwasservorräte – 0,0075 % allen Wassers – sind relativ leicht für den Menschen zugänglich. Auch der Klimawandel trägt zu deren weiteren Verringerung bei, was die Nutzungskonflikte noch verschärfen wird. Das UN-Umweltprogramm (UNEP) geht davon aus, das im Jahr 2025 1,8 Mrd. Menschen unter absoluter Wasserknappheit und zwei Drittel der Weltbevölkerung unter „Wasserstress" zu leiden haben (vgl. UNEP 2007).

Die durchschnittliche Erdtemperatur hat sich im letzten Jahrhundert um 0,74°C erwärmt und beeinträchtigt bereits die Lebensmittelproduktion. Dabei verursacht die globalisierte, industrielle Landwirtschaft als größter Einzelverursacher zumindest 25 % der Treibhausgas-Emissionen (vgl. World Bank 2007: 201). Der Zwischenstaatliche Ausschuss über Klimaänderungen (IPCC) geht davon aus, dass bestehende Umweltkrisen wie Bodendegradation, Wassermangel und der Verlust der biologischen Vielfalt durch den Klimawandel weiter verschärft werden und mit häufigeren Wetterextremen

4 http://ec.europa.eu/agriculture/envir/report/de/inter_de/tab1.htm.

wie Hitzewellen und Dürreperioden bzw. intensiven Regenfällen und Überschwemmungen zu rechnen ist.[5] Die Auswirkungen auf die Tier- und Pflanzengesundheit gefährden den Lebensunterhalt insbesondere von hunderten Millionen Subsistenzbäuerinnen und -bauern.

Weltweit sind knapp die Hälfte aller Beschäftigten in der Fischerei, Land- und Forstwirtschaft tätig. Die Degradierung der Umwelt infolge nicht nachhaltiger Nutzung gefährdet nicht nur ihren individuellen Lebensunterhalt (Einkommen, Arbeitsplatz), sondern ganze Volkwirtschaften (vgl. UNEP 2007). Mit der ungenügenden Verfügbarkeit von sauberem Trinkwasser sowie von Nahrungsmitteln gehen gesundheitliche Probleme wie Durchfall und Mangelernährung bis hin zur erhöhten Sterblichkeit einher, wodurch das Entwicklungspotential ohnedies benachteiligter Menschen gehemmt wird. Wenn das wirtschaftliche Potential armer Länder weiter geschwächt, Gesellschaften destabilisiert und Regierungen überfordert werden, erhöht dies nicht nur die Konfliktanfälligkeit in der Region, sondern gefährdet letztlich die internationale Sicherheit.[6]

Die wechselseitigen Abhängigkeiten werden allerdings nach wie vor zu wenig berücksichtigt, was nicht zuletzt mit dahinterliegenden, kurzsichtigen Interessen und der fehlenden politischen Kohärenz zusammenhängt. Als Beispiel seien die Agrartreibstoffe genannt. Laut ihrer Befürworter/innen sollen diese zur Energiesicherheit, zur Schaffung von Arbeitsplätzen und zur Bekämpfung des Klimawandels beitragen. Dabei ist das Klimaschutzpotential nicht bestätigt und die enormen Kosten[7] stehen in keinem Verhältnis zum potentiellen Nutzen von Agrartreibstoffen (vgl. JRC 2008: 22). Bei einer intensivierten, industrialisierten Anbaumethode und Verarbeitung kommen alle diesbezüglichen negativen Aspekte hinzu. Die ethische Frage, Lebensmittel in den Tank zu füllen, wird angesichts des Einflusses der Agrartreibstoffproduktion auf die Welthungerkrise heftig diskutiert. So wandeln sich theoretische Chancen häufig in Probleme, wenn ihre Umsetzung nicht an den Zielen und Kriterien der Nachhaltigkeit ausgerichtet ist.

---

5 Die (Ernten in den Küstenregionen) werden durch zunehmende Wirbelstürme und den Anstieg des Meeresspiegels besonders beeinträchtigt.

6 Zu fragilen Staaten bzw. Regionen als Brutstätten von Gewaltökonomien und Rückzugsgebiete terroristischer Organisationen siehe z.B. WBGU 2008.

7 Das 10 % Beimischungsziel bis 2020 würde die europäischen Steuerzahler/innen bis zu 65 Milliarden Euro kosten. Sinnvoller erscheint eine dezentrale Energiewende hin zu einem Mix aus erneuerbaren Energieträgern, Effizienzsteigerungen und vor allem Einsparungen im Verbrauch. Eine detaillierte Behandlung von Agrartreibstoffen kann in diesem Rahmen nicht bewerkstelligt werden.

Das Leitbild Nachhaltige Entwicklung und seine Ursprünge in der Forst- und Fischereiwirtschaft

„So wie bisher geht es nicht mehr weiter“, stellt das International Assessment of Agricultural Science and Technology[8], auch als Weltagrarrat bezeichnet, fest (vgl. IAASTD 2008: 4). Gefordert sind mehrdimensionale, integrative Sichtweisen und zukunftsfähige Lösungsansätze. Längst wurde ein entsprechendes Leitbild bzw. normatives Konzept entwickelt: Sustainable Development – Nachhaltige Entwicklung.[9] Nachhaltige (synonym zukunftsfähige) Entwicklung meint die integrative Berücksichtigung der drei Dimensionen: ökologische Verträglichkeit, wirtschaftliche Leistungsfähigkeit (Effektivität) und sozialer Ausgleich (Teilhabe- und Generationengerechtigkeit). Das Institutionell-politische kann als vierte Dimension bezeichnet werden und in der konkreten Umsetzung offenbaren sich die Schwierigkeiten eines integrativen Ansatzes, insbesondere aufgrund der Gewichtung der Dimensionen bzw. auftretender Zielkonflikte. Ein starkes Konzept der Nachhaltigkeit, wie es die Autorin heute vertritt, geht nicht von einer Gleichwertigkeit und Austauschbarkeit der Dimensionen aus, sondern sieht vielmehr in der ökologischen Dimension die Leitplanke, innerhalb derer soziale und wirtschaftliche Entwicklung stattfinden kann, zumal die ökologische Belastbarkeitsgrenze den verbleibenden Handlungsspielraum der Menschen bestimmt, da sie die sozio-ökonomischen Systeme an die Grenzen ihrer Leistungs- und Funktionsfähigkeit bis hin zum Zusammenbruch führt (vgl. ITAS 1999: 39).[10]

Beim dem ursprünglich aus der Forstwirtschaft stammenden Begriff der Nachhaltigkeit – geprägt von Hans Carl von Carlowitz im Jahre 1713 – ging es in erster Linie darum, nur so viel Holz zu schlagen, wie wieder nachwachsen kann. Nachdem in den gemäßigten Zonen die ursprüngliche Walddecke zu Beginn des letzten Jahrhunderts großflächig abgeholzt war, scheint

8 Der IAASTD wurde von der Weltbank und der FAO 2002 initiiert. 2004 fiel der Beschluss zu in einem breit angelegten Multistakeholder-Prozess, dessen ownership je 30 Regierungs- und Nicht-Regierungsvertreter/innen gewährleisten sollten. Weltweit wurden 400 unabhängige Expert/innen zur Erstellung eines wissenschaftlichen Berichts eingeladen, die Ergebnisse wurden 2008 vorgelegt und sollen eine politische Entscheidungsgrundlage bieten.

9 Die zahlreichen Definitionen und Übersetzungsunterschiede sind häufig durch die jeweiligen Interessen, Werthaltungen, das Naturverständnis und Menschenbild geprägt.

10 Der Wirtschaft ist dabei (wieder) ihre dem Gemeinwohl dienende Funktion zuzuweisen. Dem im Umgang mit hochkomplexen Ökosystemen seit langem eingeforderten Vorsorgeprinzip, also schwere bzw. irreversible Schäden erst gar nicht entstehen zu lassen, ist dabei ebenso Rechnung zu tragen wie dem Verursacherprinzip, wonach der Verursacher die Kosten seines umweltschädigenden Verhaltens oder Unterlassens zu tragen hat.

hier dieses ökonomische Prinzip, *„von den Zinsen der Natur, und nicht vom Kapitalstock“* zu leben, zu greifen: Zwischen 1990 und 2005 konnten jährliche Zuwächse von durchschnittlich 30.000 km² Wald verzeichnet werden (vgl. UNEP 2007). Allerdings sind Wiederaufforstungen, etwa mit schnell wachsenden Monokulturen, kein Ersatz für abgeholzte Urwälder. Zur Gewinnung von Ackerflächen werden jedes Jahr rund 13 Millionen Hektar Tropenwald gerodet (vgl. Weltbank 2007: 212) – mit dramatischen Auswirkungen auf das Klima und dem Verlust einzigartiger, biologisch vielfältiger Ökosysteme sowie der Lebensräume der indigenen Bevölkerung.

Anfang des 20. Jahrhunderts findet die Nachhaltigkeit Eingang in die Fischereiwirtschaft: Es gilt, die Fischpopulationen nicht durch Überfischung zu gefährden. Dennoch sind heute 75 % der weltweiten Fischbestände erschöpft bzw. maximal befischt, wobei die industriellen Fangflotten jährlich mehrere Mio. Tonnen „Beifang“ wieder ins Meer werfen und hunderttausende Tiere, darunter Wale, Delphine, Schildkröten und Meeresvögel in den Netzen verenden. Neben der Überfischung hat auch die Verschmutzung durch Chemikalien- und Abfalleinträge sowie die durch Kohlendioxid-Eintrag verursachte Versauerung der Meere drastische Konsequenzen, nicht zuletzt für die etwa eine Milliarde Menschen, für die die marinen Ökosysteme die wichtigste Nahrungs- und Einkommensquelle bieten. (vgl. UNEP 2007). *„Marine, coastal and freshwater ecosystems have been drastically altered over the past 50 years, reducing their productivity, resilience to stress, and potential to contribute to future food security“* (IAASTD 2008: 18).

Das Leitbild nachhaltiger Entwicklung ist auch auf internationaler Ebene verankert, wie im nachstehenden Abriss über seine historische Herausbildung skizziert wird – die dabei verabschiedeten Erklärungen bieten eine Grundlage, um das entsprechende Handeln von den Regierungsverantwortlichen einzufordern. Angesichts der zunehmenden Umweltkrisen einigt sich die internationale Staatengemeinschaft bei der ersten UN-Umweltkonferenz (UNCHE, 1972) auf einen dringenden Handlungsbedarf und weist bereits auf die Verantwortung für heutige und künftige Generation hin. Zudem betont sie das Recht des Menschen auf Umweltbedingungen, die ein Leben in Würde und Wohlergehen ermöglichen: *„Man has the fundamental right to freedom, equality and adequate conditions of life, in an environment of a quality that permits a life of dignity and well-being, and he bears a solemn responsibility to protect and improve the environment for present and future generations“* (Stockholm Declaration: Principle 1).

Mit dem Brundtland-Bericht verdeutlicht die von der UNO beauftragte Weltkommission für Umwelt und Entwicklung (WCED, 1987) die wechselseitigen Abhängigkeiten und bringt das Konzept einer nachhaltigen Entwicklung einer breiteren Öffentlichkeit näher. Zur landwirtschaftlichen Produktion hält der Brundtland-Bericht fest, dass diese langfristig nur dann nachhaltig sein kann, wenn sie ihre Grundlagen nicht degradiert; dies wird jedoch von politischen Anreizen (Steuern, Subventionen, Preise) in Nord-Amerika und Europa konterkariert, die auf Überproduktion anstatt auf nachhaltige Praktiken ausgerichtet sind, was zudem schwerwiegende Konsequenzen für die Länder der südlichen Hemisphäre hat (vgl. WCED 1987: 118ff).

Die Generationengerechtigkeit und das Recht auf ein gesundes Leben im Einklang mit der Natur wird bei der UN-Konferenz für Umwelt und Entwicklung (UNCED, 1992) erneut bekräftigt und das Leitbild der Nachhaltigkeit etabliert: *„The right to development must be fulfilled so as to equitably meet developmental and environmental needs of present and future generations"* (Rio-Deklaration: Principle 3). Der umfassende Aktionsplan verweist auf die erforderliche Neuausrichtung in der Agrarpolitik für nachhaltige Landwirtschaft und ländliche Entwicklung (Agenda 21: Kapitel 14). Rechtlich verbindliche Konventionen zum Arten- und Klimaschutz werden verabschiedet.

Weitere 10 Jahre später, bei der UN-Konferenz für nachhaltige Entwicklung (WSSD, 2002) werden Armutsbekämpfung, veränderte Produktions- und Konsummuster sowie der Schutz und das Management der natürlichen Ressourcen als übergeordnete Ziele und wesentliche Voraussetzungen zur Erreichung nachhaltiger Entwicklung herausgestrichen (Johannesburg-Deklaration: Grundsatz 11). Schon die im Vorfeld einberufene Arbeitsgruppe weist auf die zentrale Rolle der Landwirtschaft für nachhaltige Entwicklung, Armuts- und Hungerbekämpfung hin (vgl. WEHAB[11] 2002: 7).

Die Nachhaltigkeitsziele der Forst,- Fischerei und Landwirtschaft konzentrieren sich auf das Nicht-Überschreiten der ökologischen Trag- bzw. Regenerationsfähigkeit der Ökosysteme, um deren Funktionsfähigkeit und Produktivität zum Zwecke der menschlichen Nutzung zu erhalten. Gemäß der Ernährungs- und Landwirtschaftsorganisation der Vereinten Nationen (FAO)[12] geht es um die langfristige Bewahrung und das Management der

11 Das Akronym WEHAB setzt sich aus den englischen Anfangsbuchstaben der fünf Hauptthemen zusammen: Wasser, Energie, Gesundheit, Landwirtschaft, Biodiversität.

12 *"Sustainable Development is the management and conservation of the natural resource base, and the orientation of technological and institutional change in such a manner as to ensure the attainment and continued satisfaction of human needs for present and future generations. Such sustainable development (in the agriculture, forestry, and fisheries sectors) conserves land, water, plant and animal genetic resources, is environmentally non-degrading, technically appropriate, economically viable and socially acceptable"* (www.fao.org/wssd/sard/index-en.htm).

natürlichen „Ressourcen", in einer Form, die ökologisch verträglich, technisch angepasst, wirtschaftlich tragfähig und sozial akzeptabel ist, um die Bedürfnisse heutiger und künftiger Generationen zu befriedigen.

Allerdings spiegelt diese Nachhaltigkeitsdefinition den vorherrschenden anthropozentrischen Ansatz wider, in dem Umwelt auf die unmittelbare Nutzbarkeit für den Menschen reduziert wird: als Ressource, wirtschaftlich nutzbares Material für den Produktionsprozess bzw. als Schadstoffsenke. Ein Nachhaltigkeitsverständnis, das sich auf die Erhaltung bzw. Steigerung der Erträge unter Minimierung der schädlichen Auswirkungen auf Mensch und Umwelt beschränkt, vernachlässigt zudem eine gerechte Nutzenverteilung. Über das aufgeklärte Eigeninteresse hinaus geht es um eine Anerkennung des Eigenwertes der Ökosysteme (intrinsic value) sowie eine stärkere Berücksichtigung sozio-kultureller und spiritueller[13] Aspekte. Zu einem ganzheitlicheren, systemischen Ansatz und ethischen Prinzipien[14], wie sie in der Erd-Charta formuliert werden, konnten sich die Vereinten Nationen bis heute nicht durchringen.

Weltagrarmarkt, Macht und Abhängigkeit

Angesichts einer wachsenden Weltbevölkerung und des Klimawandels hält sich hartnäckig der Mythos, dass die Welternährung durch weitere Ertragssteigerungen seitens der industriellen Landwirtschaft zu gewährleisten sei. Dass dies an ökologische Grenzen stößt, wurde eingangs skizziert. Zudem bedeutet eine Erhöhung der Produktionsmengen nicht automatisch, dass jene Menschen, die unter Hunger leiden, erreicht werden. De facto gab es über die letzten 40 Jahre ein bemerkenswertes Wachstum in der weltweiten landwirtschaftlichen Produktion, welches jenes der Bevölkerung übersteigt: Der Mensch hat heute 25 % mehr zu essen als 1960. Allerdings sind Nahrungsmittel höchst ungleich verteilt, zwischen und innerhalb von Staaten, Regionen, Dörfern und Familien. Eine globale Umverteilung ist allerdings weder ökologisch verträglich (Verarbeitung, Verpackung, Transport, Kühlung und Abfallentsorgung) noch sozio-kulturell wünschenswert (Abhängigkeiten, Verdrängung traditioneller Lebensmittel und Esskultur). Schon der Brundtland-Bericht verweist in Bezug auf Ernährungssicherheit darauf, dass

---

13 Spiritualität bezeichnet unsere Fähigkeit, innere Ressourcen zu entwickeln und uns seelisch gegen alle Formen von Gewalt und Einschränkungen zu stärken, die sonst zu Apathie, Lähmung und Angst führen (vgl. Shiva 2003: 234f).

14 Eine einfache Definition von Ethik ist Respekt vor dem Leben in all seinen Formen (Anton Moser). Zum systemischen Denken siehe den Beitrag von Lüpke; zur Erdcharta siehe www.earthcharter.org.

es darum geht, dass dort, wo Hunger herrscht, Nahrung produziert wird und auch für die ärmsten Menschen verfügbar ist (vgl. WCED 1987: 118). Dennoch werden immer wieder Ertragssteigerungen in den europäischen Gunstlagen propagiert, um die Nahrungsmittel dann in ärmere bzw. ökologisch benachteiligte Länder zu exportieren.

Im Zuge von Globalisierung und Liberalisierung prognostiziert das IAASTD für die reichen Nationen weiterhin Handelsüberschüsse, für die armen Länder Defizite und eine noch stärkere Abhängigkeit von Nahrungsmittelimporten – auch von Ländern, die einst Nettonahrungsmittelexporteure waren. Nicht zuletzt um die nötigen Devisen für den Schuldendienst aufzubringen, setzen viele Partnerländer weiter auf exportorientierte, intensive Monokulturen. Die fatalen Konsequenzen sind hinlänglich bekannt: Ausbeuterische und gesundheitsgefährdende Arbeitsbedingungen, Verlust der biologischen Vielfalt, Bodendegradierung, erhöhter Wasserverbrauch, mehr Abhängigkeit von teuren Betriebsmitteln sowie von volatilen Weltmarktpreisen bis hin zur mangelnden eigenständigen Grundversorgung. Hinzu kommt, dass der Zugang zum „Weltmarkt" durch Einfuhrbeschränkungen, Zölle und Produktstandards erschwert wird.[15]

Der Weltagrarrat verweist auch auf die potentiellen negativen Langzeiteffekte einer Weltmarktöffnung für Länder der südlichen Hemisphäre und fordert politische Maßnahmen zum temporären Schutz lokaler Märkte (vgl. IAASTD 2008: 20f): Die Bäuerinnen und Bauern können mit der unfairen Konkurrenz nicht mithalten[16] – so werden lokale Märkte zerstört, traditionelle Nahrung verdrängt, die Arbeitsplätze und Lebensgrundlagen der Menschen auf dem Land unterminiert und damit die Landflucht verstärkt. Gefordert sind demnach eine umfassende Armutsbekämpfung, nachhaltige Bewirtschaftungsformen und Kapazitäten zur Grundversorgung des heimischen Marktes, Entschuldung sowie faire Weltmarktbedingungen.

Demgegenüber stehen die Machtkonzentration und Rekordgewinne einiger weniger Konzerne, kritisiert Entwicklungsökonomin *Alexandra Strickner*. In *Konturen einer ökologisch und sozial nachhaltigen internationalen Agrarpolitik* plädiert die Attac-Vorsitzende nicht nur für veränderte internationale Handels- und Investitionsregeln, sondern für eine radikale Änderung der Landwirtschaftspolitik, die schon bei der Zieldefinition, die sich auf die globale Wettbewerbsfähigkeit konzentriert und dafür weitere Spezialisierung und Produktionssteigerungen propagiert, beginnen muss.

---

15 Der Verbraucherschutz erfordert Mindeststandards, die für Kleinbäuerinnen und -bauern, die diese häufig nicht erfüllen können, als nicht-tarifäre Handelshemmnisse wirken.

16 Zur Dumpingpraxis von Nahrungsmitteln unter den Produktionskosten siehe Strickner.

Die neue Grüne Revolution und gentechnisch veränderte Organismen

Die Anzahl der hungernden Menschen hat sich in Sub-Sahara Afrika seit 1990 um 20 % erhöht. Die Nahrungsproduktion ist in Afrika heute um 10 % niedriger als 1960. Von den Hochertragssorten, Agrar-Chemikalien und hochtechnisierten Maschinen haben in erster Linie besser gestellte gesellschaftliche Gruppen und Konzerne profitiert, während die Kleinbäuerinnen und -bauern, die die Mehrheit der chronisch Hungernden stellen, häufig nicht „berücksichtigt" und Frauen generell zu wenig eingebunden wurden (vgl. IAASTD 2008; UNCTAD-UNEP 2008).[17] Nun wurden die Kleinbäuerinnen und -bauern von der „Alliance for a Green Revolution in Africa" (AGRA)[18] als Zielgruppe auserkoren. AGRA wurde 2006 von der Bill & Melinda Gates-Foundation sowie der Rockefeller-Foundation initiiert. Für den Vorsitz wurde der ehemalige UN-Generalsekretär Kofi Annan gewonnen. Der Ansatz ist auf den ersten Blick zu begrüßen: *„African-led, participatory, and comprehensive. It is pro-poor and pro-environment"*. Das Versprechen ist hoch: *„prosperity can replace poverty"* und klingt nur allzu bekannt – war doch die Rockefeller-Stiftung maßgeblich an der Grünen Revolution in Lateinamerika und Asien beteiligt. *Vandana Shiva* hat die zahlreichen negativen Auswirkungen der Grünen Revolution (Züchtung und (Chemie)intensiver Anbau von Hochertragssorten) dokumentiert.[19] Im vorliegenden Buch beschreibt sie, wie in Indien bereits 200.000 Kleinbauern Selbstmord begangen haben, da sie sich das teure Saatgut und die dazugehörigen synthetischen Dünge- und Spritzmittel nicht mehr leisten und ihre Schulden nicht zurückzahlen konnten. Die Skepsis gegenüber AGRA wächst, wenn etwa auf der Homepage zu lesen ist, dass es ihr Ziel sei, so schnell wie möglich 1.000 neue Pflanzenarten zu entwickeln und dabei die Anwendung von gentechnisch veränderten Organismen (GVO) in der Zukunft nicht ausgeschlossen wird. Der Argwohn gegenüber dahinterliegenden Interessen wird weiter bestärkt, wenn das Potential der biologischen Landwirtschaft völlig ignoriert bzw. von AGRA-Vertretern in Veranstaltungen sogar negiert wird und die Gates-Stiftung Ende 2006 den damaligen Vizepräsidenten von Monsanto eingestellt hat (vgl. Reichert/Gottwald 2007: 139; siehe auch Schnitzer).

---

17 Die besondere Rolle der Frauen und ihre Benachteiligungen wurde lange Zeit vernachlässigt. Dass ihre Schlüsselrolle für Entwicklung langsam aber sicher auf allen Ebenen anerkannt wird, vermag nicht über die herrschenden patriarchalen, kapitalistischen Strukturen hinweg täuschen, die sich in der Kolonialisierung der Frauen, der Natur und nichtwestlicher Gesellschaften manifestieren (siehe dazu Vandana Shiva: Öko-Feminismus).

18 www.agra-alliance.org.

19 Vgl. Shiva 2004, wo sie auch die Blaue (Fisch) und Weiße (Milch) Revolution erörtert.

Die Befürworter gentechnisch veränderter Nutzpflanzen geben vor, das „Welthungerproblem" lösen zu können. Ihre Versprechen lauten gemeinhin höhere Erträge, an ungünstige Umweltbedingungen anpassungsfähigere Pflanzen (Salztoleranz, Trockenresistenz) sowie verbesserte ernährungsphysiologische Eigenschaften – eingelöst wurden diese bislang jedoch nicht. Tatsächlich ist die Performance von GVO bislang verheerend. Zunächst ist die Modifizierung nur bei vier Pflanzen gelungen (Mais, Sojabohne, Raps und Baumwolle) und hinsichtlich der beiden Eigenschaften Insektenresistenz und Herbizidtoleranz sind zahlreiche Fehlschläge zu verzeichnen. Die negativen Auswirkungen der industriellen Monokulturen werden verstärkt und monopolistische Patente auf Saatgut befördert.[20] Hinzu kommen völlig unabsehbare Auswirkungen auf andere Pflanzen und wild lebende Tiere sowie gesundheitliche Folgen für den Menschen. Die biologische Landwirtschaft wird damit massiv bedroht. Zudem gründet die Gentechnik auf einem überholten materiell-reduktionistischen Denken, das die Komplexität des Lebendigen ignoriert (vgl. IKZLL 2008: 6; siehe dazu auch Fertl/Tragler, Ortner, Shiva). Der Einsatz von GVO widerspricht mit seiner völlig unzureichenden Risikofolgenabschätzung dem Vorsorgeprinzip und entspricht einer Technologiegläubigkeit, die unkontrollierbare Risiken für Mensch und Natur verharmlost bzw. in Kauf nimmt.[21]

Hunger und das Recht auf Nahrung

„Probleme kann man niemals mit der gleichen Denkweise lösen, durch die sie entstanden sind" (Albert Einstein). Ein technokratischer bzw. marktzentrierter Lösungsansatz greift demnach zu kurz. Die bisherigen Erfahrungen offenbaren, dass die konventionelle, industrielle Landwirtschaft Hunger und Unter- bzw. Mangelernährung nicht beseitigen kann (vgl. UNCTAD-UNEP 2008: 40) und der Weltmarkt nicht *die* Lösung bietet; sondern die Probleme vielmehr verschärft werden.

---

20 Saatgut ist eine der wichtigsten Grundlagen des Lebens; eine Gabe der Natur, die über Jahrtausende von Bäuerinnen und Bauern weiterentwickelt wurde. Über die geistigen Eigentumsrechte im Rahmen der Welthandelsorganisation (TRIPs) wurde es den Konzernen, die im Übrigen maßgeblich an der Erstellung des Abkommens beteiligt waren, ermöglicht, sich das Saatgut-Wissen anzueignen und als Privateigentum zu monopolisieren (vgl. Shiva 2004: 162, 20, 120). Shiva bezeichnet Patente auf Saatgut und auf Lebensformen als Piraterie. Der freie Austausch von Saatgut unter Bauern, der auch den Austausch von Wissen und Kulturerbe beinhaltet, ist grundlegend für den Erhalt der Biodiversität, für Ernährungssicherheit und -souveränität.

21 Hier wird nicht einer undifferenzierten Technik-/Technologiefeindlichkeit das Wort geredet, allerdings ist der sozio-kulturelle und ökologische Nutzen entscheidend für den Einsatz.

Im Zuge drastischer Preisanstiege[22] wurden Nahrungsmittel für unzählige Menschen unbezahlbar; die gewaltsamen Proteste rückten die Welthungerkrise für kurze Zeit in das öffentliche Blickfeld. 100 Millionen mehr Menschen wurden in extreme Armut getrieben. Laut einer Presseaussendung anlässlich des Welternährungstages am 16. Oktober 2008 beziffert Oliver de Schutter, UN-Sonderberichterstatter für das Recht auf Nahrung, die Anzahl der hungernden Menschen in der Welt auf 925 Millionen.

Hunger impliziert physische Beeinträchtigungen (z.B. schwaches Immunsystem, Erblindung durch Vitamin A-Mangel) und führt zu geistigen Entwicklungsverzögerungen. De Schutters Vorgänger, Jean Ziegler verweist unermüdlich auf die alarmierenden Zahlen: Alle fünf Sekunden verhungert ein Kind; täglich sterben 100.000 Menschen an den Folgen von Unter- und Mangelernährung – und das in einer Welt, in der es mehr als genügend Nahrung für alle Menschen gäbe. Ziegler benennt Hunger als größte Massenvernichtungswaffe der Welt und schildert in seinen Vorträgen, wie sich dieses tägliche „Massaker" zuträgt: Der Körper braucht zuerst die Zucker-, dann die Fettreserven auf. Dann setzt der Zerfall des Immunsystems ein, die Person wird lethargisch. Dann kommen die Durchfälle, die Auszehrung, die Mundparasiten, die Infektionen der Mundpartien, der Atemwege. Das verursacht dann ganz schreckliche Schmerzen. Dann beginnt der Raubbau an den Muskeln. Und dann kommt der Tod – von Bangladesch nach Honduras, von Haiti in die Mongolei.

1945 wurde die FAO gegründet, mit dem Ziel, weltweit zu einem höheren Lebensstandard, zur Verbesserung der Ernährung sowie zur Überwindung von Hunger und Unterernährung beizutragen. Das 1963 initiierte Welternährungsprogramm (WFP)[23] soll Bedürftige (z.B. Flüchtlinge in Notlagen nach Dürrekatastrophen) mit Nahrungsmitteln versorgen. Auf der Welternährungskonferenz 1974 wurde die Gründung des Internationalen Fonds für landwirtschaftliche Entwicklung (IFAD) beschlossen.[24] Die Halbierung (!) des Anteils der unter extremer Armut und Hunger leidenden Weltbevölkerung bis 2015 ist das erste Ziel der durch die Staats- und Regierungs-

22 Als Ursachen der Preisanstiege 2007 und im ersten Halbjahr 2008 werden v.a. die aufgrund der gestiegenen Energiepreise hohen Input- und Transportkosten, die zunehmende Subventionierung von Agrartreibstoffen, unzureichende Investitionen in die ländliche Entwicklung sowie eine fehlgeleitete Handlungspolitik, niedrige Lagerbestände und Ernteausfälle, die Spekulationen nach sich ziehen, als auch das Bevölkerungswachstum und veränderte Konsumgewohnheiten genannt (vgl. www.ifpri.org).

23 www.wfp.org.

24 Die UN-Sonderorganisation IFAD ist auf Armutsbekämpfung in ländlichen Gebieten spezialisiert und vergibt zinsgünstige Kredite an Entwicklungsländer: www.ifad.org.

chefs verabschiedeten Millenniumsentwicklungsziele (MDGs) – dies zu erreichen, ist nicht zuletzt durch die aktuelle(n) Krise(n) in weite Ferne gerückt.

Die zum Teil widersprüchlichen Ergebnisse des letzten Welternährungsgipfels im Juni 2008 sind als weitere vertane Chance (vgl. Branford 2008) zu bewerten: Die strukturellen Ursachen blieben ausgespart, die biologische Landwirtschaft kommt ebenso wenig vor wie Ernährungssouveränität, eine Position hinsichtlich Gentechnik wird vermieden, zur kritischen Frage der Agrartreibstoffe gab es keine Einigung und die Handelsliberalisierung wird weiterhin unkritisch promotet, ohne auf deren potentiell zerstörerischen Aspekte einzugehen. *Gertrude Klaffenböck* stellt den mageren Ergebnissen auf High Level Ebene die weitreichenden Forderungen der Zivilgesellschaft entgegen. Die aktuelle Nahrungsmittelkrise und chronischer Hunger sind für die FIAN-Koordinatorin das Ergebnis jahrelang praktizierter Verletzungen der Menschenrechte. 1948 wurde das Recht auf Nahrung in der Allgemeinen Erklärung der Menschenrechte deklariert. Der Kampf gegen den Hunger ist also nicht nur eine ethische Frage, es geht um Recht – und um die Verpflichtung der Regierungen gegenüber der Bevölkerung. Klaffenböck mahnt auch die Bedeutung extraterritorialer Staatpflichten und die Verantwortung jedes/r Einzelnen ein, zur Erfüllung der Menschenrechte für alle beizutragen. In *Globale Nahrungsmittelkrise – ist eine Welt frei von Hunger zur Illusion geworden?* beleuchtet die Agrarökonomin wie sich in den letzten fünf Jahrzehnten eine Gesellschaftsordnung mit entsprechenden Machtverhältnissen heraus bildete, in der Handels- und Investitionsabkommen höhere Priorität eingeräumt wird als völkerrechtlichen Verpflichtungen, die den Menschen die grundlegendsten Rechte und Freiheiten sichern. Verdeutlicht wird dies anhand von zwei Beispielen aus Indien und Brasilien.

Die von vielen engagierten Menschen als beschämend bzw. empörend empfundene Prioritätensetzung zeigt sich auch im Zuge der Finanzkrise, wo innerhalb von Tagen hunderte Milliarden Dollar mobilisiert werden konnten, um diese ins Finanzsystem zu pumpen, während sich die Bekenntnisse der Regierungsverantwortlichen zur Armuts- und Hungerbekämpfung bzw. zum Umweltschutz seit Jahrzehnten vielfach in Rhetorik erschöpfen.

Ernährungssicherheit, -souveränität und die Rolle der EZA

Für eine langfristige Ernährungssicherheit sind neben einer stabilen, ausreichenden Verfügbarkeit von qualitativ hochwertigen Nahrungsmitteln (Produktion, Vorratshaltung, Handel), entsprechende Marktzugänge und Kaufkraft erforderlich (wenn keine durchgängige Selbstversorgung gegeben ist), sowie eine angemessene Verwendung und Verwertung der Lebensmittel

(Ernährungswissen und -verhalten). Neben Naturkatastrophen und kriegerischen Auseinandersetzungen bzw. Vertreibungen liegen die Ursachen von Hunger vor allem in einer umfassend verstandenen Armut:

- die Verletzung des Rechts auf Nahrung und der fehlende Zugang zu einer unbedenklichen Wasserquelle und angemessener Sanitärversorgung sowie zu Information, Bildung und Gesundheitseinrichtungen;
- ein durch widrige Umweltbedingungen weiter verringerter Zugang zu natürlichen „Ressourcen", insbesondere zu Land;
- mangelnde soziale und kulturelle Beteiligungsmöglichkeiten;
- fehlende Verfügungsgewalt über wirtschaftliche Ressourcen und unzureichende Infrastruktur;
- mangelnde politische Partizipationsmöglichkeiten und Entscheidungsbefugnisse und damit
- insgesamt eine höhere Unsicherheit und Verletzbarkeit der Menschen.

Trotz der zentralen Rolle der Landwirtschaft für nachhaltige Entwicklung, Armuts- und Hungerbekämpfung wurde diese von vielen Entwicklungsagenturen sträflich vernachlässigt und das Budget für eine breite ländliche Entwicklung in den letzten 20 Jahren gekürzt. Doch langsam kommt die Landwirtschaft wieder auf die entwicklungspolitische Agenda. So trägt der Weltentwicklungsbericht der Weltbank 2008 den Titel „Agriculture for Development"; biologische Landwirtschaftssysteme spielen darin allerdings keine Rolle. Seit jeher kämpft die Entwicklungszusammenarbeit (EZA) nicht nur mit chronischer Unterfinanzierung, sondern auch mit Qualitätsmängeln bzw. Umsetzungsdefiziten, die nicht zuletzt kurzsichtigen, nationalen Eigeninteressen geschuldet sind. *Manfred Schnitzer* zieht in *Nahrungsmittelkrise – eine neue Chance für nachhaltige Wege in die Zukunft* eine selbstkritische Bilanz der internationalen EZA: Es wurde zu wenig getan, die Kontinuität fehle – häufig wird in aktuellen Moden und Schlagworten gedacht und einfache, plakative Reaktionen bevorzugt, während die eigentlichen Probleme, Zusammenhänge und Potentiale aus dem Blickfeld geraten. Der Volkswirt skizziert zukunftsweisende Beiträge zur Ernährungssicherung, die seitens der internationalen Entwicklungszusammenarbeit zu leisten sind und setzt dabei auf demokratische und partizipative Planung und Entscheidung. Schnitzer fordert von den politischen Entscheidungsträger/innen, auf fachkundiger Expertise beruhende und damit gezieltere Maßnahmen zu setzen und erteilt der Agrarindustrie eine klare Absage.

Neben verantwortungsvoller Regierungsführung, dem partizipativen Aufbau von Institutionen, einer entsprechenden Infrastruktur und der Stärkung lokaler Kapazitäten, der Diversifizierung der Produktions- und Exportstruktur sowie der Förderung einer nachhaltigen ländlichen Entwicklung und multipler Lebensunterhalte zählen die Erhaltung und Verbesserung der Produktionsbasis durch optimierte, kompromisslos ökologisch ausgerichtete Bewirtschaftungsformen bei einer soweit wie möglich regionalen Verarbeitung und Vermarktung sowie adäquaten Arbeitsbedingungen zu den nationalen, maßzuschneidernden Hausaufgaben. Darüber hinaus geht es insbesondere auch um die Landfrage, die Eigentums- und Nutzungsrechte für Boden, um Einkommensverteilung sowie um Zugangsrechte zu Wasser, Saatgut und Krediten: um Ernährungssouveränität. Diese insbesondere von der Zivilgesellschaft getragene Forderung meint die Fähigkeit und das Recht jedes Menschen, jedes Volkes und jedes Landes, die eigene Agrarpolitik zu bestimmen (ohne die anderer Länder zu beeinträchtigen) und die eigenen Lebensmittel zu produzieren, um Ernährungssicherheit zu gewährleisten. Es geht also um die Art und Weise, wie, unter welchen Bedingungen und unter wessen Kontrolle produziert, verarbeitet und gegessen wird: *„Ernährungssouveränität ist ein Konzept, das kontextspezifische Veränderung entlang universeller Prinzipien der Würde, Autonomie und Selbstbestimmung von Menschen einfordert. Zentral ist dabei, dass an der Politisierung und an emanzipatorisch-gestaltendem Handeln von Menschen angesetzt wird, wobei es darum geht, die Bedingungen für eine demokratische Kontrolle von und Zugang zu Produktionsmitteln und -prozessen überhaupt erst zu schaffen und Terrains zu erkämpfen, auf denen Ernährungssouveränität realisiert werden kann. Die konkrete Ausgestaltung muss dabei per definitionem lokal erfolgen"* (Forster 2008: 66). So ist die Erklärung von Nyéléni[25], die die Menschen ins Zentrum nachhaltiger Nahrungsmittelsysteme rückt und auf Selbstbestimmung setzt, eine Kampfansage an die herrschenden Produktions- und Handelssysteme, die in den Händen transnationaler Konzerne liegen.

Nachhaltigkeit in bester Form: Die biologische Landwirtschaft und ihr Beitrag zur Armutsbekämpfung

Eine weitere internationale Studie attestiert der biologischen Landwirtschaft vielfältige ökologische, gesundheitliche, soziale und kulturelle sowie (volks)-wirtschaftliche Vorteile, während nicht nachhaltige Landwirtschaftssysteme ihr „Kapital" erschöpfen, für künftige Generationen wenig übrig lassen, die Umwelt- und sozialen Kosten externalisieren und den Nutzen höchst

25 Diese wurde am 27. Februar 2007 in Nyéléni, Mali von über 500 Delegierten aus über 80 Ländern verabschiedet, um die weltweite Bewegung für Ernährungssouveränität zu stärken: www.nyeleni2007.org.

ungleich verteilen (vgl. UNCTAD-UNEP 2008). Dabei wird betont, dass es nicht ein einziges System von Technologien, Inputs oder ökologischem Management gibt, sondern eine Vielzahl an Wegen hin zu einer nachhaltigen Landwirtschaft, die auf die jeweils spezifischen, lokalen Bedingungen anzupassen sind. Auch der Weltagrarrat setzt auf Wahlmöglichkeit: „*Farmer need a choice of options to respond to challenges, given their diverse needs and resources, and to address the increasing complexity of stresses under which they operate*" (IAASTD 2008: 26). Dies soll allerdings nicht als Beliebigkeit im Sinne eines „anything goes" missverstanden werden, sondern vielmehr als Ausdruck der Anerkennung der Vielfalt und als selbstbestimmte Entscheidung auf Basis entsprechender Informationen über die jeweiligen kontextspezifischen Vor- und Nachteile.

Vor dem Hintergrund der Entwicklungen im Umfeld der biologischen Landwirtschaft auf der Mikro-, Meso- und Makroebene führt *Bernhard Freyer* aus, wie sich diese als Teilsystem der Gesellschaft konstituiert und entwickelt hat.[26] Der Systemforscher bietet Erklärungsansätze für die Ausdifferenzierung der biologischen Landwirtschaft entlang der Wertschöpfungskette – für Bäuerinnen und Bauern, den Verarbeitungs- und Vermarktungssektor als auch für Konsument/innen, eingebettet in den gesamtgesellschaftlichen Rahmen. Dabei werden auch die mit der Wachstumsdynamik verbundenen Risiken beleuchtet.[27] Freyer ortet *zwischen gesellschaftlichen Trends und der eigenen Identitätsfindung* erhebliche Chancen für die Ausweitung der biologischen Landwirtschaft, was allerdings nur fruchtbar sein kann, wenn die originären Qualitäten nicht verloren gehen. Über die Umsetzung produktionstechnischer Richtlinien hinaus geht es demnach um eine Auseinandersetzung mit Werten, Normen und Prinzipien wie sie von der internationalen Dachorganisation des ökologischen Landbaus (IFOAM)[28] propagiert werden: Gesundheit, Ökologie, Gerechtigkeit und Fürsorge/Sorgfalt. Biologische Landwirtschaft soll demnach

---

26 Zu den Grundsätzen und typischen Praktiken siehe Fertl/Tragler.

27 Zur Diskussion um die Konventionalisierung siehe auch die Arbeiten von Ruth Bartel-Kratochvil, Ika Darnhofer, Thomas Lindenthal und Werner Zollitsch.

28 IFOAM wurde 1972 gegründet und umfasst heute über 750 Mitgliedsorganisationen aus mehr als 108 Ländern. In einem knapp zwei Jahre dauernden Beratungsprozess hat sich IFOAM auf folgende Definition der biologischen Landwirtschaft geeinigt: „*Organic agriculture is a production system that sustains the health of soils, ecosystems and people. It relies on ecological processes, biodiversity and cycles adapted to local conditions, rather than the use of inputs with adverse affects. Organic agriculture combines tradition, innovation and science to benefit the shared environment and promote fair relationships and a quality of live for all involved*" (www.ifoam.org).

- die Gesundheit des Bodens, der Pflanzen, der Tiere, des Menschen und des Planeten als Ganzes und Unteilbares bewahren und stärken;
- auf lebendigen Ökosystemen und Kreisläufen aufbauen, mit diesen arbeiten, sie nachahmen und stärken;
- auf Beziehungen aufbauen (der Menschen untereinander, auch im Hinblick auf künftige Generationen sowie zu anderen Lebewesen), die Gerechtigkeit garantieren, im Hinblick auf die gemeinsame Umwelt und Chancengleichheit im Leben;
- in einer vorsorgenden und verantwortungsvollen Weise betrieben werden. Unkalkulierbare Risiken wie die Gentechnik sind abzulehnen.

Biologische Landwirtschaft baut auf indigenes Wissen, praktische Erfahrungen und traditionelle Bewirtschaftungsformen auf und integriert moderne wissenschaftliche Erkenntnisse. Die biologische Landwirtschaft trägt wesentlich zur Armutsbekämpfung, zur Verbesserung der Lebensbedingungen und zur Ernährungssicherheit in allen Dimensionen bei (vgl. UNCTAD-UNEP 2008: 39). Dies wird auch im Rahmen einer von der FAO organisierten Konferenz bestätigt und festgehalten, dass die Produktivität als Kriterium zur Bewertung landwirtschaftlicher Systeme nicht ausreicht (vgl. OFS/1 2007:15, OFS/2 2007: 12). Zudem ist eine Betrachtung über einen längeren Zeitraum wichtig. Erfahrungsmäßig gehen die Erträge unmittelbar nach dem Umstieg von hohen synthetischen Inputs auf biologische Landwirtschaft zurück, sobald sich allerdings das Agrar-Ökosystem erholt hat und ein biologisches Management-System implementiert ist, steigen die Erträge signifikant. So zeigen alle UNCTAD-UNEP-Fallstudien (114 Projekte in 24 Ländern) höhere Erträge, was den populären Mythos entzaubert, wonach die biologische Landwirtschaft die Produktivität nicht zu steigern vermag. In Afrika konnte eine durchschnittliche Ertragssteigerung von 116 % und für Ostafrika sogar 128 % nachgewiesen werden (vgl. UNCTAD-UNEP 2008: 11).

Die biologische Landwirtschaft ist ebenso wie nachhaltige traditionelle Systeme[29] für marginalisierte Kleinbäuerinnen und -bauern ideal geeignet: Unter Einsatz von Arbeitskraft und wenig Kapital kann mit lokal verfügbarer, angepasster Technologie die Produktivität (und damit das Einkommen) erhöht werden. Durch den Verzicht auf (Kredite für) teure synthetische Düngemittel und Pestizide wird das Haushaltsbudget entlastet; zudem

29 Nachhaltige traditionelle landwirtschaftliche Systeme (near-organic) haben sich über die Jahrhunderte entwickelt, sind an die lokale Umwelt und Kultur angepasst und verwenden keine synthetischen Inputs, erfüllen aber häufig nicht die Produktionsstandards der biologischen Landwirtschaft.

können über den Verkauf von Mehrerträgen – wofür höhere Preise als wie für konventionelle Produkte erzielt werden können – finanzielle Mittel für zusätzliche Lebensmittel, Bildung und Gesundheit lukriert werden.[30] Besonders hervorgehoben wird die Vermeidung negativer Auswirkungen auf die Gesundheit durch den Wegfall von Pestiziden, deren unsachgemäße Anwendung jährlich etwa 20.000 Todesfälle fordert (vgl. OFS/4 2007: 20).

Die Fallstudien belegen gesündere, fruchtbarere Böden, eine höhere Wasserspeicherkapazität (und damit eine Verbesserung der Trinkwasserversorgung, Schutz vor Erosion und Hochwasser) und somit ein besseres Wachstum der Pflanzen mit einem höheren Nährstoffgehalt; durch den Mischkulturanbau wird die Ernährung zudem ausgewogener. Die Nahrungsmittelverfügbarkeit und der Zugang für alle Familienmitglieder erhöhen sich über das Jahr hinweg, nicht zuletzt durch die zunehmende biologische Vielfalt. Biodiversität erhöht die Stressresistenz (z.B. gegenüber Schädlingen, Krankheiten, Dürren). Biologische Landwirtschaftsysteme tragen nicht nur zum Klimaschutz bei, sie sind auch widerstands- und anpassungsfähiger gegenüber Veränderungen. (vgl. OFS/3 2007: 7ff; siehe dazu auch Pennwieser, Fertl/Tragler).

Biologische Landwirtschaftssysteme fördern die Selbstversorgung der Menschen, ihr Selbstvertrauen und ihre Selbstbestimmung, in dem sie auf die eigenen Stärken aufbauen, Wissen, Fähigkeiten und die Kreativität der Bäuerinnen und Bauern unterstützen und damit das menschliche Potential und die Leistungsfähigkeit erhöhen. Durch die Bildung von Kooperativen und Bauernorganisationen können die Arbeitskosten gesenkt, der Wissenstransfer zwischen den Bäuerinnen und Bauern erhöht und die Ernährungssicherheit auf Gemeindeebene gefördert werden. Durch soziale Organisationen und Beteiligungsverfahren wird der soziale Zusammenhalt gestärkt und die Zusammenarbeit in der Gemeinde gefördert, insbesondere in schwierigen Zeiten, z.B. bei Krankheit oder Dürren (vgl. UNCTAD-UNEP 2008: 13 ff, 32 ff). Mit der Verbesserung des Human- und Sozial„Kapitals" steigt insgesamt die Kapazität der Menschen und der Gemeinschaft, mit Herausforderungen wie den Auswirkungen des Klimawandels, wirtschaftlichen Krisen und kriegerischen Auseinandersetzungen besser umzugehen (vgl. UNCTAD-UNEP 2008: 15).[31]

---

30 Zur Problematik zertifizierter Bioprodukte für den Weltmarkt siehe z.B. die Arbeiten von Michael Hauser.

31 Zum (potentiellen) Beitrag der EZA siehe Manfred Schnitzer.

Biologische Landwirtschaft als das agrarpolitische Leitbild

Angesichts dieses umfassenden Potentials stellt sich die Frage, warum der weltweite Anteil der biologischen Landwirtschaft, wenngleich er stark wächst, erst etwa 1 % beträgt.[32] Als großes Hemmnis benennt der Weltagrarrat zunächst die fehlende Information der Bäuerinnen und Bauern sowie das erforderliche Wissensmanagement der komplexen Zusammenhänge. Es ist beispielsweise viel einfacher, Pestizide zu spritzen, als die Naturkreisläufe zu verstehen und mit Nützlingen zu arbeiten. Das Wissen um die Potentiale der biologischen Landwirtschaft muss verbessert werden – z.B. als Teil der Allgemeinbildung und besonders in der landwirtschaftlichen Aus- und Weiterbildung, wo es auch bei uns entsprechenden Nachholbedarf gibt. Noch heute wird ein simplifizierendes, lineares Input-Outputmodell aus (einem Teilansatz) der Mineralstofftheorie aus dem 19. Jahrhundert gelehrt, dessen Begründer Justus von Liebig aber bereits damals erkannte, dass der Boden eine hochkomplexe Lebensgemeinschaft darstellt, so *Hermann Pennwieser*. Der Biobauer erörtert die Bedeutung von Humusqualität und Mikroorganismen für die Bodenfruchtbarkeit und Pflanzengesundheit und gibt einen Einblick in diesen Forschungsbereich des Lebendigen.[33] Abhängigkeiten schaffende mineralische Dünger als auch Pestizide sind unter Berücksichtigung tradierten Wissens sowie der Umsetzung des modernen Kenntnisstandes der Agrarwissenschaften überflüssig, erklärt der Pflanzenbauer, der die Praxistauglichkeit seiner Ausführungen in 20jähriger Erfahrung am eigenen Hof nachweisen kann.

Der zukunftsfähigen Ausrichtung der Agrarforschung kommt eine zentrale Bedeutung zu. Allerdings werden beispielsweise weniger als 1 % der europäischen Forschungsgelder für Ernährung und Landwirtschaft für biologische Landwirtschaft ausgegeben (vgl. OFS/3 2007: 13). Zur Vermeidung von Interessenkonflikten und Abhängigkeiten von den Konzernen ist zudem ein Verhaltenskodex in der Forschung erforderlich (vgl. IAASTD 2008: 24).

Eine fehlende Wertschätzung der biologischen Landwirtschaft ist auch seitens der Regierungsstellen auszumachen; dabei wäre ein förderliches politisches Umfeld entscheidend. *„Das größte Hindernis ist ein mangelnder Änderungswille vor allem bei den Funktionären"*, meint die Bundestagsabgeordnete und ehemalige Umwelt- und Landwirtschaftsministerin von Nordrhein-Westfalen Bärbel Höhn (Wohlan 2002: 61). So wird die biologische Landwirtschaft trotz all ihrer Vorteile in vielen nationalen Agrarpolitiken

---

32 Near-organic ist dabei nicht eingerechnet, s.o.

33 Zur engen Verbindung von Bodenqualität und Lebensmittelqualität siehe Velimirov.

nicht entsprechend gefördert, häufig sogar aktiv behindert (vgl. UNCTAD-UNEP 2008: 39). Dies hängt nicht zuletzt mit ökonomischen Interessen und mächtigen Lobbygruppen zusammen, zumal die Funktionäre der „Bauern"-vertretungen nicht selten in den Gremien der Agrar-Industrie sitzen. EU-Parlamentarier Friedrich Wilhelm Graefe zu Baringdorf: *„An der bisherigen Agrarpolitik wurde viel Geld verdient. Dabei kam nur ein geringer Teil wirklich bei den Bauern an. Der Großteil floss in die Agrarindustrie, wurde investiert für Produktionsmittel wie Dünger und Pestizide oder direkt vom verarbeitenden Bereich und einem immer anonymer gewordenen Handel abgeschöpft. Die Interessen dieser Agrolobby stehen gegen eine ökologische und soziale Umorientierung der Fördermittel. Da es um Milliarden geht, werden sie auch nicht kampflos aufgeben"* (Wohlan 2002: 65; siehe auch UNCTAD-UNEP 2008: 36). Die Agrarchemie etwa hat in biologischen Landwirtschaftssystemen, die mit geschlossenen Kreisläufen arbeiten, kaum einen Auftrag. Die wahren Gewinner/innen wären die Ökosysteme sowie die Bäuerinnen und Bauern – und wohl die Menschheit insgesamt (vgl. OFS/1 2007: 15).

Es geht demnach auch um völlige Transparenz hinsichtlich öffentlicher Fördergelder und deren Anbindung an soziale und ökologische Kriterien sowie die Abgeltung der vielfältigen Dienstleistungen, die eine biologische, bäuerliche Landwirtschaft erbringt – dies würde wohl auch auf größere gesellschaftliche Akzeptanz stoßen (siehe Fertl/Tragler). Neben der Erhaltung stabiler Ökosysteme für die Produktion von Nahrung und nachwachsenden „Rohstoffen" und den damit verbunden Arbeitsplätzen und Einkommen, erhalten, gestalten und pflegen die Bäuerinnen und Bauern die Kulturlandschaft als auch das kulturelle Erbe und sorgen nicht zuletzt für einen lebendigen und lebenswerten ländlichen Raum.

Sepp Ortner zeigt politische Mankos und Doppelgleisigkeiten in der Förderung der bäuerlichen, biologischen Landwirtschaft in Österreich auf. Trotz aller Bekenntnisse gibt es immer wieder Anreize zur weiteren Intensivierung und Industrialisierung, an der vor allem der vor- und nachgelagerte Bereich verdient. Immer weniger Wertschöpfung verbleibt am Hof, während die Abhängigkeit der Bäuerinnen und Bauern steigt. Der *Biobauer aus Überzeugung* erzählt von seinen Schwierigkeiten bei der Umstellung (siehe dazu auch Freyer) und erläutert die ökonomischen Potentiale eines Bio-Betriebes. Wirtschaftlichkeit ist die Basis, wesentlich wichtiger ist für Ortner aber die Sinnhaftigkeit seiner Tätigkeit.

Bio als Imageträger des Tourismuslandes Österreichs ist ungenügend. Von einer Gesamtökologisierung der Landwirtschaft sind wir weit entfernt, auch wenn der Anteil der biologisch bewirtschafteten Fläche in Österreich mit ca. 15 % vergleichsweise hoch ist. *Thomas Fertl* und *Martin Tragler* von Bio-Austria sprechen sich für die *biologische Landwirtschaft als agrarpolitisches Leitbild* aus: Nicht jeder soll biologisch wirtschaften müssen, aber es soll erwünscht und klares Ziel sein. In *biologische Landwirtschaft als Weiterentwicklung des konventionellen Landbaus* fordert Pennwieser einen Masterplan zum generellen Ausstieg aus letzterem, der aufgrund seiner negativen Auswirkungen nicht verantwortbar und auch nicht mehr zeitgemäß ist. Es geht darum, die biologische, multifunktionale Landwirtschaft ins Zentrum der Agrarpolitik zu setzen und ihr vielfältiges Potential angesichts der zahlreichen Herausforderungen voll auszuschöpfen, denn *„im Zehnkampf ist Bio unschlagbar"*, so Fertl/Tragler.

Auf EU-Ebene scheint dies jedoch nicht durchgedrungen zu sein (knapp 4 % Anteil). Die EU-Agrarpolitik versucht sich in sektoralen Ansätzen und hat ihr Hauptthema 2008, den Gesundheitscheck, praktisch ohne Thematisierung der biologischen Landwirtschaft abgehandelt; auch ein Blick auf die Ziele der Gemeinsamen Agrarpolitik ist ernüchternd (siehe Fertl/Tragler).

Qualität, Gesundheit und Genuss – die Macht der Konsument/innen

Jedenfalls kaufen immer mehr Konsument/innen Bioprodukte, häufig weil sie einen höheren Gesundheitswert erwarten. Risiko- und Produktqualitätsforscherin *Alberta Velimirov* schildert den Diskussionsstand der beiden Betrachtungsweisen: Lebensmittelsicherheit, also die Vermeidung von Gesundheitsschäden (z.B. durch Pestizidrückstände, organische Verunreinigungen und übertragbare Infektionskrankheiten) und Lebensmittelqualität, also die Erhaltung und Förderung von Gesundheit und Leben (Salutogenese). Anhand von Beispielen führt die Zoologin aus, wie biologische Produktionsmethoden die Inhaltsstoffzusammensetzungen positiv beeinflussen können; von Bedeutung ist dabei die innere Ordnung von Lebensmitteln. Erst die gesamte Betrachtung „vom Acker auf den Teller" spiegelt den Gesamtwert eines Lebensmittels, betont Velimirov. Angesichts der Herausforderungen unserer Zeit schlägt sie in *Kontroverse „bio": Der Weg aus dem Dilemma* vor, im Sinne eines proaktiven Handelns auf die vielfältigen und potentiellen Vorteile biologischer Wirtschaftssysteme zu setzen, anstatt diesbezügliche Fortschritte durch eine jahrzehntelange Debatte um den qualitativen Beitrag von Bioprodukten zur Gesundheit zu verzögern.

Ernährungs- und Gesundheitswissenschafterin *Theres Rathmanner* erläutert, warum die gängigen, eindimensional gesundheitsorientierten Empfehlungen zu kurz greifen. In *Bio-Lebensmittel als tragende Säule der nachhaltigen Ernährung* fordert sie einen Paradigmenwechsel hin zu einer ganzheitlichen

Betrachtungsweise, die ökologische, soziale, ethische und ökonomische Aspekte berücksichtigt. Auf der wissenschaftlichen Grundlage der Ernährungsökologie liefert sie Praxistipps für eine „Ernährung mit gutem Gewissen". In der Umsetzung als Vollwerternährung sind dabei folgende Grundsätze zentral: Genussvoll und bekömmlich, überwiegend pflanzlich, bevorzugt gering verarbeitet, ökologisch erzeugt, regional und saisonal, umweltverträglich bzw. nicht verpackt und fair gehandelt sollen Lebensmittel sein. *„Bei der Ernährung anzusetzen, um die Welt zu verbessern, ist (...) nicht nur ein moralischer Auftrag, sondern auch wirkungsvoll"*. Taten sind gefragt, so Rathmanner – Konsum bzw. Nicht-Konsum ist ein politischer Akt.[34]

Eine regionale, saisonale und biologische Versorgung bringt nicht nur ökologische Vorteile, sondern auch sozio-ökonomische wie Arbeitsplätze und Kaufkraft in der Region.[35] *Philipp Braun* erläutert, wie die mangelnde Vielfalt auf den Feldern, Wiesen und Äckern im Angebot der großen Supermarktketten, in den Speisekarten und unserem persönlichen Ernährungsverhalten eine traurige Fortsetzung findet. Traditionelle Gerichte, die auf die Regionalität, Saisonalität und nicht zuletzt auf den jeweils spezifischen Geschmack der Zutaten abgestimmt sind, drohen aufgrund fehlender Verfügbarkeit bzw. Bequemlichkeit sowie mangelndem bzw. bereits verloren gegangenem Wissen in Vergessenheit zu geraten. Dies ist keineswegs Ausdruck einer Volkstümelei oder Geringschätzung der Vielfalt der internationalen Küche, sondern eine Ablehnung der kulturell unangepassten, risikobeladenen Produkte der Nahrungsmittelindustrie mit weltweitem Einheitsgeschmack, die gegenwärtig unsere tägliche Kalorienaufnahme dominieren.[36]

Der Verlust der Esskultur hängt freilich mit unseren (auch über die Werbung propagierten) Prioritäten, Gewohnheiten und Einstellungen (z.B. „Wofür nehme ich mir Zeit?") zusammen. So hat die „Geiz ist geil" Mentalität auch in unsere Ernährung Einzug gehalten (wobei hier nicht von armen bzw. armutsgefährdeten Personen die Rede ist). Dies hat allerdings seinen Preis – die Forderung nach billigen Lebensmitteln hat enormen Einfluss auf die Produktionsmethoden. Neben den bereits skizzierten negativen Auswirkungen leiden zudem die „Nutz"-Tiere unter der Behandlung als Roh-

---

34 Wenngleich sich die Politisierung der Menschen freilich nicht im Konsumverhalten erschöpfen sollte.

35 Zu den Chancen für den ländlichen Raum durch biologische Landwirtschaft bzw. Gentechnikfreiheit siehe die Arbeiten von Markus Schermer und Josef Hoppichler.

36 Wer genauer wissen will, „was uns alles aufgetischt wird" und welche Gesundheitsrisiken damit einher gehen, dem seien „Die Suppe lügt" und/oder „Aus Teufels Topf" von Hans-Ulrich Grimm empfohlen.

stoffe durch die globalisierte Landwirtschaftsindustrie. Höhere Tierschutzstandards „verursachen" z.B. bei Legehennen bis zu 20 % Mehrkosten (vgl. Reichert/Gottwald 2007: 127). Im Zuge der intensiven Massentierhaltung kommt es zur bedrohlichen Verbreitung von Tierkrankheiten, nicht zuletzt für die menschliche Gesundheit; bedenklich sind zudem die nicht artgerechte Tierhaltung und Mästung (kein Freilauf, kein Tageslicht, wenig Platz, Kraftfutter, usw.) sowie der Einsatz von Medikamenten wie Antibiotika, Wachstumshormonen und Beruhigungsmittel bis hin zu den Tiertransporten und Bedingungen in den Schlachthöfen. Abgesehen von den regelmäßig wiederkehrenden Lebensmittelskandalen *„bleibt uns die skandalöse alltägliche Realität verborgen bzw. wird verdrängt. Wer weiß schon (...) dass jeden Tag rund 500.000 Hähnchen in europäischen Ställen krepieren, noch bevor sie ihr mit nur 35 Tagen kurzes Lebensziel, das Schlachthaus erreichen? Wer will das wissen?"* (Ribbe/Kammerer 2002: 60).

Über den tierethischen Aspekt hinaus trägt ein reduzierter und bewusster Fleischkonsum zum Klimaschutz bei. Zudem nimmt diese Veränderung des Ernährungsverhaltens auch den Druck von den Anbauflächen zugunsten direkter Lebensmittelproduktion. Informationsverbreitung und Transparenz über globale Produktionszusammenhänge nicht zuletzt durch eine bessere Kennzeichnung sowie deren Kontrolle sind Voraussetzung für eine bewusste Entscheidungsmöglichkeit. Hinter genussvollem Essen versteckt sich keineswegs purer Hedonismus, vielmehr lautet die *Philosophie von Slow Food*: gut, sauber und fair.

Aufbruch in eine lebensfreundliche Welt

Vor dem Hintergrund der Tiefenökologie und der Subsistenzperspektive hinterfragt *Elisabeth Loibl*, warum wir an einem Wirtschaftssystem festhalten, welches bekanntermaßen den lebendigen Planeten Erde plündert und im Namen des Fortschrittes Elend schafft. In *Kostbarkeit biologische Landwirtschaft* plädiert die Agrarökonomin für ein tiefgreifendes Umdenken, einen nachhaltigen Bewusstseinswandel, eine radikale – an der Wurzel anpackende – Veränderung. Die gegenwärtige Hunger-, Finanz-, Energie- und Klimakrise sind Symptome einer einzigen, übergreifenden Krise erklärt *Vandana Shiva*, in der alles, auch das Leben selbst zur Ware gemacht wurde. Die alternative Nobelpreisträgerin sieht darin zugleich die Chance für ökologische, gemeinschaftliche Alternativen wie z.B. „Local Living Economy". Braun berichtet, wie über Community Supported Agriculture (CSA) Produzent/innen und Konsument/innen wieder enger zusammengeführt werden und Loibl präsentiert mit „Sekem" und dem „Green Belt Movement" ganzheitliche Projekte der Hoffnung, die nicht zuletzt auf die politische Aktivität der Menschen abzielen.

Je mehr sich die ökologischen, sozialen und politischen Probleme in den letzten drei Jahrzehnten verschärft haben, desto häufiger haben sich Menschen unterschiedlicher Herkunft, sozialer Stellung und Religion auf den Weg in eine „andere Welt" gemacht und alternative Lebens- und Wirtschaftsformen bereits erfolgreich erprobt – völlig unterschätzt von Medien und Entscheidungsträger/innen, erläutert der Journalist und Autor *Geseko von Lüpke* in *Neue Welt, neuer Mensch, neues Denken?* Alles ist mit allem vernetzt, alles beeinflusst sich gegenseitig. Wenn sich der Mensch als integraler Bestandteil größerer lebender Systeme in einem offenen Evolutionsprozess wahrnimmt, verändern sich seine Stellung in der Welt, sein Selbstbild, seine Beziehungen, seine Werte, sein Verhalten und seine Handlungsmöglichkeiten: Respekt vor der biologischen und kulturellen Vielfalt statt Reduktion, Verbundenheit statt Isolation, kreative Anpassung statt Manipulation, Kooperation statt Konkurrenz.

Das „systemische Weltbild" und ein entsprechend „integrales Menschenbild" sind nicht als letzte Wahrheit misszuverstehen. Für die Operationalisierung von „Nachhaltigkeit" sind sie aber unabdingbar, weil sie ein im alten Denken sinnentleertes Schlüsselwort in einen evolutionären Zusammenhang stellen. Mit der Einsicht in die wechselseitige Verbundenheit und der Hinwendung zu einer egalitären Lebenshaltung geht Verantwortung einher und wahre Freiheit – die Möglichkeit zur authentischen Realisierung der menschlichen Persönlichkeit (Erich Fromm). Authentizität und damit innerer Frieden sind auch Voraussetzung für eine liebe- und respektvolle Beziehung zu Anderen und unserer Mitwelt (vgl. Gruber 2005: 30ff). Eine in bäuerlicher Weise geführte, biologische Landwirtschaft ist die Grundlage für den Aufbruch in eine lebensfreundlichere Welt, die durch Authentizität, Teilnahme und kreative Selbstorganisation charakterisiert ist, anstatt durch Abhängigkeit, Herrschaft und Kontrolle.

Bruttosozialglück in Buthan

Im Primat der Ökonomie über die Politik sieht *Andreas J. Obrecht* einen wichtigen Grund dafür, dass die Menschenrechte tendenziell immer häufiger und offensichtlich brutaler, sprichwörtlich mit Füßen getreten werden. In *Königreich Buthan – Menschenrecht auf Glück?* erörtert der Soziologe und Kulturanthropologe ein (autokratisch initiiertes) Entwicklungskonzept, das prioritär auf Demokratie, nachhaltige, menschenadäquate Entwicklung und die Freisetzung der Menschen vom „Diktat des Materiellen" abzielt. Wirtschaftliche Entwicklung ist demnach kein Selbstzweck, sondern Voraussetzung für die Entfaltung innerer seelischer Werte und ganzheitlicher Entwicklungsmöglichkeiten. Individuelle Zufriedenheit als Einklang mit sich selbst, den sozialen Umwelten und der Natur ist als politisches Leitbild vom Souverän als höchstes allgemeines Gut vorgegeben und wurzelt in der Tradition und Religion des buddhistischen Königreichs Buthan. Die vom König bereits Mitte der 1980er Jahre proklamierte individuelle und gesellschaftliche Glückskonzeption zielt auf freie, selbstverantwortliche und angstlose Menschen vor dem Hintergrund hoher ethischer Ansprüche. Die Haltung, niemanden Schaden zuzufügen und Gutes zu tun, kann allerdings nicht darüber hinwegtäuschen, dass diese hehren Prinzipien im Umgang mit Minderheiten geopfert werden. Ob die behutsame Öffnung des Landes mit sozialer Integration oder Fragmentierung einhergeht, ob der gesellschaftliche Grundkonsens über Zufriedenheit und Respekt vor allem Leben im Zuge der Transformationsprozesse der Modernisierung hält und ob eine zunehmende Kluft zwischen Arm und Reich entsteht, bleibt weiter zu beobachten. Jedenfalls kann das einzige Land der Welt, welches das Glück seiner Einwohner/innen als Bringschuld des Staates sieht, nicht zuletzt mit seinen langfristigen Planungshorizonten und der Priorisierung nachhaltiger Entwicklung einen Impuls für die Diskussion menschlicher und sozialer Grundrechte liefern.

Literatur

ADA (2008): Fokus: Ernährungssicherheit – International vereinbartes Ziel und Menschenrecht. Wien.

Bio-Austria (2005): Ist Bio wirklich besser? Faktensammlung zur Qualität biologisch erzeugter Lebensmittel. Studienbroschüre. Wien: Bio Austria.

Branford, Sue (2008): The world food Summit: a lost opportunity: www.opendemocracy.net.

Deutscher Bundestag (2002): Schlussbericht der Enquete-Kommission Globalisierung und Weltwirtschaft – Herausforderungen und Antworten. Köln.

Forster, Franziskus (2008): Ernährungssouveränität: Alternativen, Widerstand und Perspektiven. In: Kurswechsel 3/2008, Wien: Sonderzahl Verlag, S. 59-69.

FAO (2007): International Conference on Organic Agriculture and Food Security: OFS/1-4: www.fao.org/organicag/ofs/doc-en.htm.

Declaration of the high-level Conference on World Food Security: The Challenges of Climate Change and Bioenergy (2008). Rom: www.fao.org/fileadmin/user_upload/foodclimate /HLCdocs/declaration-E.pdf.

Gruber, Petra C. (Hg., 2005): Zeit für Nachhaltigkeit. Münster: Monsenstein & Vannerdat.

Herren, Hans Rudolf (2002): Agriculture and food production: Quo vadis. In: Pretty. J: Agri-Culture: Reconnecting People, Land and Nature. London: Earthscan, S. 29-47.

KLJB (2005): Ernährungssouveränität. Bad Honnef-Rhöndorf: Landjugendverlag.

IAASTD/International Assessment of Agricultural Science and Technology (2008): Executive Summary of the Synthesis Report sowie Global Summary for Decision Makers: www.agassessment.org.

IKZLL/Internationale Kommission zur Zukunft der Lebensmittel und der Landwirtschaft (2008): Manifest zum Klimawandel und zur Zukunft der Ernährungssicherheit.

ITAS/Institut für Technikfolgenabschätzung und Systemanalyse (1999): Ein integratives Konzept nachhaltiger Entwicklung. Forschungszentrum Karlsruhe.

JRC/European Commission Joint Research Centre (2008): Biofuels in the European Context: Facts and Uncertainties: http://ec.europa.eu/dgs/jrc/downloads/jrc_biofuels_report.pdf.

Lüpke, Geseko von (Hrsg.): Politik des Herzens. Uhlstädt-Kirchhasel: Arun-Verlag.

Moser, Anton/Riegler, Josef (2001): Konfrontation oder Versöhnung? Ökosoziale Politik mit der Weisheit der Natur! Graz/Stuttgart: Leopold Stocker Verlag.

Müller, Christa (2002): Zukunftsfähige Landwirtschaft – eine Aufgabe nicht nur für Bauern. In: Wohlan, Margarete (Hrsg.): Zukunft der Wirtschaft – Landwirtschaft und Ernährung. Bonn: bpb, S. 36-42.

Niggli, Urs (2007): Mythos „Bio“. Kommentare zum gleichnamigen Artikel von Michael Mirsch. Frick: FiBL.

OECD (2006): Promoting Pro-Poor Growth: Agriculture: www.oecd.org/dataoecd/9/60/37922155.pdf.

Ribbe, Lutz/Kammerer, Christine (2002): Der letzte Bauer. In Wohlan, Margarete (Hrsg.): Zukunft der Wirtschaft – Landwirtschaft und Ernährung. Bonn: bpb, S. 56-65.

Reichert, Tobias/Gottwald Franz-Theo (2007): Hunger, Armut und Klimawandel. In: Gottwald, Franz-Theo/Fischler, Franz (Hrsg.): Ernährung sichern – weltweit; Ökosoziale Gestaltungsperspektiven. Hamburg: Murmann Verlag, S. 90-176.

Stamm-Berg, Helga (2006): Sustainet: Mit nachhaltiger Landwirtschaft gegen die Armut. In: Rat für Nachhaltige Entwicklung: Für eine Neubewertung von Umwelt und Wachstum. Texte Nr. 16.

Shiva, Vandana (2004): Geraubte Ernte. Biodiversität und Ernährungspolitik. Zürich: Rotpunktverlag.

Shiva, Vandana (2003): Alles Globale hat lokale Wurzeln. In: Lüpke, Geseko von (Hrsg.): Politik des Herzens. Uhlstädt-Kirchhasel: Arun-Verlag.

UNCTAD-UNEP (2008): Organic Agriculture and Food Security in Africa. New York/Geneva: United Nations Publication.

UNEP (2007): Global Environment Outlook / GEO: www.unep.org/geo/geo4.

WCED/World Commission on Environment and Development (1987): Our Common Future. New York: Oxfam University Press.

WEHAB Working Group (2002): A Framework for Action on Agriculture. Johannesburg.

WGBU/Wissenschaftlicher Beirat der Bundesregierung Globale Umweltveränderungen (2008): Welt im Wandel: Sicherheitsrisiko Klimawandel. Berlin/Heidelberg: Springer.

World Bank, The (2007): World Development Report 2008. Agriculture for Development. Washington.

Wohlan, Margarete (Hrsg.) (2002): Zukunft der Wirtschaft – Landwirtschaft und Ernährung. Bonn: bpb.

MONOCULTURES OF MINDS CREATE MONOCULTURES ON THE FIELD

THE INEVITABLE SHIFT OR WHY ORGANIC FARMING IS THE ANSWER

Vandana Shiva

Auf Einladung des Instituts für Umwelt – Friede – Entwicklung führte Geseko von Lüpke am 29. Oktober 2008 mit Vandana Shiva folgendes Gespräch unter dem Titel „Agrarindustrie. Macht. Hunger."

Nature economy shrinks while the finance economy grows – an interconnected crisis

Geseko von Lüpke: When I met Vandana Shiva for the first time 15 years ago in Ireland, I was fascinated by this mixture of "putting the finger in the wound" and at the same time giving alternatives. My teacher Joanna Macy says: „It is a time where we have to be hospice workers for a dying culture and midwives for a new born culture at the same time." I think we can put our talk under this umbrella. My first question is about the multitude of crises we are facing. We have the world food crisis, we have the hunger problem, we have the peak oil subject, and we have the climate change. It seems that we are moving around in different forms of crises, but it is hard to understand the whole picture. My first question is: Are these crises different crises or are they all symptoms of just one crisis?

Vandana Shiva: I see them as symptoms of one interconnected crisis. The peak oil crisis, the fact that we are exhausting the reserves of fossil fuels, is intimately connected to climate change, because climate change is the externality of a fossil fuel based industrial civilization. Industrialization has no other definition, except something that you do by replacing renewable energy by non renewable fossil fuels to change a production system. This is what industrialization was about. Industrialization of agriculture is replacing the fertilizers we can grow ourselves by synthetic fertilizers.

The financial crisis is linked to two aspects of the rise of a global economy, which is in turn connected to climate change on the one hand and on the other hand to the food crisis. We have seen every aspect of life commoditized as part of the globalization. Globalization was not just about removing trade barriers. It was about taking everything and saying: "It is trade-able, it is a commodity" and then handing it over to a few giant corporations. Take water: It was five companies, behind the entire water privatization and they were seeking about one trillion dollars of annual profits; the seed corporations

– again five; the food corporations – again five. A lot of this wealth that we notice was generated by taking what belonged to people. It was based on maintaining the currency and the vibrancy of life and converting it into cash. So you have less of what was the original source of wealth. When Coca Cola comes to villages in India to mine water and to put it into bottles, there is less water and there is more money in Coca Colas' cash box. When Cargill sells more fertilizers, there is less fertility of the soil. If Monsanto will not be stopped within 2-3 years they will control every seed, which is sold on the market – anywhere, in any country and of any crop variety. They are already controlling the genetically engineered seeds to 95 %, but they also starting to control the non-genetically engineered seeds, because they bought up the vegetable seed companies. So when they are into seed, there is less diversity! They are promoting four crops: corn, soya, canola and cotton, which we do not eat. So we are growing three crops for the human diet but we used to eat about 8.500 different plants.

The economy of nature shrinks while the finance economy grows. With the entire liberalization of investment also came the creation of new instruments. And so many people with my training – mathematicians, physicians – moved to Wall Street and other financial districts, where they are working out calculations about how to make and multiply money. But there is a point behind which this bubble can not grow any bigger and we have seen it collapsing. It is all related by the fact, that life was replaced by money transactions and money transactions were treated as able to grow limitlessly and independent of society and nature. You can pretend the growth for a while, but ultimately it has to collapse.

Structural creation of hunger

Geseko von Lüpke: I would like to talk about the world food crisis and what happened on the financial markets, where hedge funds and investors played casino games on coming harvests of rice or grain. The rise in prices is a classical example of how the financial global casino influences the global food market. Here, every supermarket is still full – we do not know for how long – but it is different in India. What does this term world food crisis actually mean for Indian rural population or for peasants?

Vandana Shiva: Before I come to the impact of the world food crisis, I would like to mention, that the filling of the supermarket shelves is in part related to the hunger of the world. When every farm in India or Africa has to grow crops for export, of course the supermarkets here will be full, but the homes and kitchens of the Third World will be empty. Everyone talks about how there has never been so much abundance, but the abundance is only limited to rich countries. In most countries, food was never something, which ran out. Food cultures grew and people used the biodiversity; the diversity of food in the tropical countries has always been very rich. This gambling in the financial system was made possible through the agriculture agreement rules of the World Trade Organization, which forced countries to put food on a global market, where it can be exported or imported. That is how the betting of the Future Market, which is located in Chicago, could start influencing prices in India. In India, first we did not import wheat, but we were forced to import wheat because of a bilateral treaty, that is linked to a nuclear agreement between India and the USA.

Geseko von Lüpke: In exchange of allowing India to import nuclear material?

Vandana Shiva: Yes. In fact, the Indian government nearly fell because of this deal. We imported 2 million tons of wheat the first year and maybe 5 million tons the next year, but the prices of the imported wheat were twice as high as our own wheat. And because there is a connection with the domestic prices, it drives down the domestic prices – just as when there is dumping and subsidized soya beans or palm oil are brought into the market. More expensive imports or higher costs internationally drag up the prices and change the price of every kilogram of wheat sold anywhere, because the whole thing is now an interconnected fabric. Before this policy of trade liberalization, 45 % of India was below the poverty line. In India, the poverty line is measured on the basis of "not having adequate calories to eat". Recent data about hunger from a very reliable official survey are showing that 70 % of Indian children are severely undernourished. When the price of wheat or of rice doubles and you are poor and usually eating one meal a day, you will skip eating one meal a day. So you will have one meal every alternative day. That is the way how societies after societies are being decimated. I call it genocide, because future generations are being killed forever. What we are creating is a future generation, which is absolutely robbed of its full right of a full living. Most of the poor families of India spend 90 % of their income only on food. If 40 % are spending 90 % of their income in only eating one meal a day, they can not increase their income. In fact incomes are decreasing and this has huge consequences.

Geseko von Lüpke: We just heard that there are 925 million people in hunger.

Vandana Shiva: I think this is an underestimate, because if 70 % of our children are undernourished – and we have the population of a billion – we talk about 600 million people out of India alone. Besides there is Sub-Sahara

Africa and also in the richer countries, there are many poor families. So it is no longer a Third World problem.

Geseko von Lüpke: We often hear that there is enough food for everybody and it is mainly a question of power, distribution and having the right seed to plant. Maybe this question brings us to the people, who are responsible. Last week Jean Ziegler said, that we need sort of a "Nürnberg Tribunal" for the people, who are responsible for the terrible fact that every fifth second a child is dying of hunger.

Vandana Shiva: I do not think you can separate the systems of production from the pattern of distribution. How food will get distributed and who will get it is build into the way you produce it. Justice and injustice is built into systems of production. The first level of hunger creation is built into the system of industrial farming. Industrial farming was labelled as "The Green Revolution", when it was introduced in 1956. It had the same name, when it has been imposed on Africa through the "Alliance for the Green Revolution in Africa" in 2006. Unfortunately, Bill Gates is leading this initiative – it is called AGRA in short and I often say: This will not build a new Taj Mahal. (The Taj Mahal is located near the city of Agra in India.) In 1984, we had the worst eruption of terrorism and extremism in the state of Punjab and this was exactly the same part of India, where industrial agriculture was first implemented. Back than, I used to be an innocent naïve physician and had absolutely no idea, what was going on in the field of agriculture and so I decided to study it. By the time I finished studying, I learned two things: The state of Punjab did not produce more food as a result of the Green Revolution. Certainly, it produced more wheat and rice, but you need more than wheat and rice to eat. Your meal is not just starch and cereals. The monoculture of the industrial farming wiped out major sources of food. Overall, I think we produce less food today than we did in pre-Green Revolution eras, if you take all nutritious food into account. The second reason why the system structurally creates hunger is the creation of a market for seeds and agro-chemicals. The absurdity of the systems lies in the fact, that it requires ten times more money to be put into the system than you can ever earn by selling the product. You will not build a car, if the steel, the rubber and the aluminium cost more than the finished car at the end of the production process. But this happens in agriculture, because the gap of the high cost and the low returns is met by the 400 billion dollar subsidies of rich countries. That is what I call a negative economy.

Another structural element of this is the fact that the same companies, which sell costly inputs to farmers and lock them in, are the same companies, which buy cheap products from the farmers. Again, this does not happen in any other sector, because usually the sellers of inputs are different from the buyers of the finished product. In the case of agriculture, the sellers of inputs are the same as the buyers of the product, but now they do not call it a finished product, they call it a commodity. They have turned food into a raw material for the industry. For the Third World, this negative economy means, that farmers get into debt. Within our context – and also for Europe – it means, small farmers leave the land. So, how does this connect to hunger? I have seen the whole process in tribal areas, where chemicals were introduced. We all know the images of tribal people beautifully dressed and in India also with lots of silver jewels. I have seen tribal woman, who gave away their jewellery for getting a credit to buy chemicals, because they were made believe, that this new way of farming will produce huge amounts of profit. In the second year, they have no jewels left to sell. When they grow rice, they have to sell the rice immediately to pay back the credit for the fertilizers and the pesticides. They have to sell it for two Rupees and when they have to buy it back for eating they have to pay eight Rupees. So they can only buy less rice, which leads to less and less nourishment.

At every level, you have a structural creation of hunger and a declining entitlement for the method of industrial production. Actually, globalization of agriculture, which was about trade, ended up facilitating the expansion of industrial agriculture, because the companies are not only trading rice, wheat and palm oil, but they are also trading fertilizers and chemicals and make sure, that farmers buy it.

Monocultures, monopolies and the mechanistic worldview

Geseko von Lüpke: So it seems like a spiral downwards and industrial agriculture is destroying traditional social fabric and the land, but we still hear the myth, that industrial agriculture would be able to solve the big problems. What you claim is that we have less food because of industrial agriculture.

Vandana Shiva: We have less food and I would bet anything on that! Come and see organic farms or our farm from Navdanya: The more diverse a field, the more the food output. If you grow corn and beans on two separated fields, you will have less output as if you grow both on one field in an integrated way. This cooperative synergy of living systems was totally dismissed, because industrial agriculture is a mechanistic idea.

Geseko von Lüpke: You once talked about the "monocultures of mind", which are realized in the monocultures on the fields. What is the connection between the way of thinking and what we do in agriculture?

Vandana Shiva: The monocultures of mind create monocultures on the fields. It is the diversity of mind, which creates diversity on the field and in society. The Native Americans have always talked of three sisters: They have always had a squash (pumpkin), beans and corn growing together and in balance. In India, we have systems of five crops, seven crops or twelve crops. A monoculture of the mind does not see the associate; it does not see the bean, which grows with the corn or the pumpkin. The monoculture of the mind in economic terms begins by saying: Corn is a valuable crop. There is too little corn out here. I have seen this in Mexico, where they said, there is too little corn, so we must destroy the small farms and send corn from the USA. But the Mexicans and the Chiapas grew ten tons of food per acre – food is not just corn. Nevertheless, everything was destroyed to sell cheap corn. And now, two decades later, the corn is not cheap anymore, because it is used to produce fuel for cars, which led to riots in Mexico.

The Green Revolution was directed by the United States. Local agriculture is administrated from a transnational level. At this global level, you can not see the local richness and diversity and so you have to destroy the local level. In the social framework, I think, it is exactly that monoculture of the mind, which leads to fascist tendency, because you either do not see, or you see the things with the eyes of fear and exclusion. The dominant system of today is based on monocultures. Three things are intimately linked together: Monocultures, monopolies and a mechanistic worldview. You assume the world to be a machine and than you shape it to be the kind of machine you want to have. Within this process you destroy diversity, create monopolies and the monopolies create the monoculture of the mind.

The three crops we are actually growing can not feed people. Although there are enough crops in kilograms, about 70 % of the whole production is used to feed factory animals, even though animals were not designed to eat those plants, because they were designed to eat grass. With the agro-fuel economy coming up, more and more is used to run cars. When food is reduced to a commodity, no matter how much of a commodity you produce, there will be scarcity, because the commodity is attracted by high purchasing power. Commodities move from the south to the north and out of basic needs. They are converted into luxury consumption.

When President Bush was accused of helping speculation and transformation of food to agro-fuels, he put out the amazing statement: "Indians are getting rich and they want to eat better. Rich people eat more meat and the Indians are eating more meet and therefore there is a price rise. And they want to eat like us." First, only a few Indians were getting richer. Most Indians actually went down in consumption from approximately 170 kg per capita to 150 kg per capita per year. Indian consumption increased by only 2 % in the past year, US-consumption of cereals increased by 12 % – but the 12 % were eaten by the cars of the Americans. Second, an Indian vegetarian will stay an Indian vegetarian, because vegetarianism is about culture and values and not about the bank account. They are treating us like robots – you have this much money and you eat this way. Third, even if the people, who got richer, eat better, they eat better like an Indian not badly like Americans.

Growth on the one side is a theft from another side

Geseko von Lüpke: In their advertisements, the big companies still claim, that they are going to save the world. Considering the destruction of local structures by imposing industrial agriculture, it looks like a sophisticated, imperialistic or colonial system. Is it like that?

Vandana Shiva: It is, but it is even more dangerous at this moment, than the old empires were. The old colonial systems could only take over the land and the territory. Take Sudan for example, where agriculture was converted from growing food for the population into growing cotton for export; or in India where we were forced to grow indigo and cotton. But we rose and got a rebellion, because we were realizing, that people were starving, while indigo was grown. This is how we got out of growing indigo and got back into growing wheat and other plants. The industrial agriculture system does not just exploit people – it exploits nature. After a little while you have huge amounts of chemical fertilizers in the soil and you have created a desert. You have also mined the ground water, because for industrial agriculture you need ten times more water than for ecological farming.

Geseko von Lüpke: So it is always a system, where the growth on the one side is theft from the other side?

Vandana Shiva: The growth is a theft from the other side, including it is a theft of air. Clean air is being stolen to produce industrially contaminated food. I call this "Eating Oil" in my new book. We are eating oil, because more and more of what goes into food is oil. It is oil in terms of chemical fertilizers, it is oil in terms of fossil fuels, which are used to transport food, and it is oil in terms of the plastic wrapping, which is absolutely unnecessary for fresh and local food.

In my calculation, 35 % of all greenhouse gases are coming from industrial agriculture. Carbon dioxide comes from fossil fuels. Factory farming is one major source of methane emission. The third major greenhouse gas is nitrous oxide – chemical fertilizers count for about 60 % of the whole nitrous oxide emission into the atmosphere. If climate change is the biggest problem – and every leader today says it is the biggest problem –, we have to take this part of the problem and solve it. We have to get rid of the chemical fertilizers and long distance, unnecessary transport. Europe will never be able to stop importing spices from India, because you can not grow spices like pepper in the mountains of Austria. The plant does not survive. This force leads to long distance transport.

I once did a study, which showed that what we are getting is a swap. Every county produces the same thing and sells it to another country. It is cheaper in the other country, because they got subsidy for export. Everyone is changing food.

In 2002, the World Bank came to India and said: "You are wasting money storing green." But green has to be stored because it is seasonal and needed during the whole year. They said: "No, you have to sell it all off on the international market." Cargill bought two million tons from India for 60 dollars per ton. A little later, the demand increased and India had to import two million tons again, for the price of 240 dollars per ton. What Cargill got for 60 dollars, they sold back to India for 240 dollars per ton, which is a profit of 180 $ multiplied by 2 million. Now you get a figure, but this is just one transaction out of many transactions, happening every day in every country.

The control of seeds and how genetically modified organisms create scarcity

Geseko von Lüpke: I would like to continue with the important subject of seeds. Seed is the ultimate symbol for food security, but the global companies totally control the seeds. Especially the example of Monsanto shows, that there is a process, where at the end, no peasant will be able to deal with his own seed. How is the world situation concerning the control of seeds and what does this mean regarding genetically modified organisms (GMO)?

Vandana Shiva: The way the seed supply in most of the Third World countries worked, was that the farmers had their own seed. There was no reason to change or improve this system. They were selecting the best seeds. In every season we do this kind of selection on our farm as well. You can increase the yield up to 10 % mainly by selection, so there is constant growth. In some places like India, there was also a public sector breeding by government research institutions. Even in Europe, most of the seed was either from government labs or small breeders. Seed was family business, just like farming was family business. The first commodification of seed was with hybrids, especially corn in the USA. Then genetic engineering was introduced. The companies, which own and control this technology, did not evolve it – it was invented by universities. The technology of splicing genes, chopping them up and putting them from one organism to another is a public innovation. The first inventers of recombining DNA said that they are playing with life and they do not know the consequences. In 1972 the scientists called for a moratorium on the research until there is a system to assess the consequences. Immediately after that, the companies started to buy up elements of this technology and applied for patents. There are a lot of examples for patents, where university researchers did the work and companies claimed the patent. Public research – private patents. Around the 1970's and 1980's, the companies started to realize, that they could make big money, which would come out of royalties. Genetic engineering was the chosen avenue. I was at a meeting in 1978, where all this was happening. This experience pushed me, to start Navdanya and the seed saving movement. At the meeting they said: "First, we have to do genetic engineering, because that is something, which farmers can not do. Second, genetic engineering allows us to take patents, because now we have created a novel organism and we can treat it as something, what we have made. Third, we need removal of investment limitations, so we can buy small companies." Back than they talked about five companies by the turn of the century. And in fact today we have five giants, which control the seed supply. So what did they actually do?

Geseko von Lüpke: They created a crisis and then they claimed to solve it.

Vandana Shiva: But it was worth, because they kept on promising to develop varieties with more nutrition and so on. I was involved in a debate – way back in 1985 – were the vice president of the World Bank said: "We do not have to worry about desertification and toxins. We can now grow food on the moon with genetic engineering." But what is the reality of 20 years of selling GMO seeds? First, there are only four crops, which count for the majority of genetically engineered crops. The GMO corn and soya only have two traits: herbicide resistance in the case of Monsanto. They sell the herbicide "Round-up" and poison the soil, the farmer can not produce anymore and than they say: "Here is a Round-up resistant seed." The problem is, the Round-up resistance is moving into neighbouring fields and now you have "super weeds." The second application is what is called "Bt-crops." "Bt" is a toxin, which goes into soil organisms and because of particular enzymes it becomes a toxin in the gut of particular insects. In the genetically engineered plant, it is a readymade toxin, which can target everything. So when they claim, that Bt is save, they are talking about the natural Bt. Genetically engineered Bt is not save, research has shown, that it is different. In India, we get many reports about deaths of buffalos, goats and sheep on Bt-cotton fields.

We also get reports about eye-diseases and skin allergies of people, who work in the mills. That is the cotton, which is traded around the world. So these are the two negative traits. Neither of them is desirable and both are coming just from one company: Monsanto. For them it is a successful system. Concerning India, Bt-cotton is the only crop Monsanto could get on the fields so far, partly because we filed cases and stopped them on the food issue. In India, we had 200.000 suicides of farmers within the last decade and most of them in areas, where Bt-cotton seeds were sold. The farmers got the seed on credit, the crops failed, they needed more pesticide and so they got into a circle of dept. All the gods of India were mobilized as salesmen, e.g. Hanuman, a monkey god in the Indian national epos, who saved a live by bringing a particular herb. Bt-cotton has been sold with advertisements of Hanuman carrying this seeds to the farmer. But the farmers we are helping to go organic are earning ten times more than Bt-farmers. So at every level, it is an inferior technology and the world would be better off without.

Geseko von Lüpke: Still it is said, that with GMOs it would be possible, to solve the world food crisis. What you describe is that all they create is scarcity.

Vandana Shiva: It is a creation of scarcity and the statement, that they will produce more food, is a scientific and economic falsehood. It is false, because genetic engineering as a tool can only deal with single gene transfers. It can only introduce traits that can express themselves in a single gene. Herbicide resistance is one gene. Bt-toxin is one gene. Yield is a complex genetic character and we do not know how many genes come to play together. Genetic engineering has not achieved increase through engineering. The opposite is true, because it has shown what is called a yield drag, as it disturbs the metabolism of the plant so badly, that the plant actually starts to produce less. It gets weaker and more infected with diseases. Moreover a corn and soya based diet is not the best diet in terms of nutrition or cooking options. Good food needs quality, aroma and the ability to deal with the frost and the cold in mountain sides or under other circumstances. Economically, it is false for a simple reason. The area of Maharash, where the suicides were highest because Bt-cotton has been sold most, is also the area, where cotton was domesticated. It is the area, where Gandhi yarned cotton. Ten years ago there was no hunger in this area, because everything you need used to grow in those fields. Bt-Cotton was introduced in 2004 and today, when you travel you see monocultures of Bt-cotton. There is no food anymore!

Geseko von Lüpke: Are the people from the responsible companies conscious about that, or are they totally into the myth, that they would help and save the world?

Vandana Shiva: The corporations are a very big entity and for example in Monsanto, there are all kinds of people. There are scientists, who have never seen a community or a hungry child. They believe, that because of this toxic gene, a miracle is going to happen and they see their own work as very important. I call it a "Petri dish world", where they grow the cells which become highly convoluted plants – compared to the grace of a plant growing from a real seed, there is a total different elegance and beauty in a real plant. And the technology is so unreliable; you have a chance of 1 in a 1000, that you actually shoot a gene into a cell. So they have to add another gene for antibiotic resistance and those cells, which did not absorb the genes, die. The interesting thing is that every GM-food is carrying genes for antibiotic resistance, which will then be in your body. If you are treated for TB or you have a hospital infection, the antibiotics will not work. This is a part of the GM story, which nobody knows. The scientists think they are doing a wonderful job. The strategic planners are only looking at profit and loss sheets. I travel quite a lot and next to me, there are always business men. They do not even read they are only looking at business profit and loss sheets on their laptops – for the whole flight! So there is a "Petri dish" worldview and there is a "Profit and Loss" worldview.

I was once travelling to Ethiopia during the famine in 1984 and next to me was a person from Pioneer. He asked me: "Why are you going?" I said: "I want to study the famine. And why are you going?" And he said: "To sell hybrid corn." I said: "But they are having a drought and hybrid corn needs irrigation." He said: "Yeah, but you know, if we sell it this year and it fails, they will just buy it again from us. So for us it is not a failure. The failure of the crop in the farmers' field is a success for us." That, I think, is the real criminality! They know it is failing, but the market is successful and seed is something, a farmer must have. If you destroy the local supply and make sure, that laws – like patent laws etc. – lock farmers into buying, you have got a guaranteed market. The more the failure, the more they sell. On the ground, the Monsanto officials know exactly what is going on.

The inevitable shift – local and ecological

Geseko von Lüpke: The futurist and evolutionary economist Hazel Henderson once said: "It would be a crime to waste a crisis!" How can we use the actual crisis to somehow turn the system?

Vandana Shiva: Industrial and chemical agriculture is a capital intensive system, which needs finance. The financial crisis is leading into a credit crunch. And in times of a credit crunch you do not go down the road of higher need for credit to grow your crops and meet the need of food for your people. It is a big opportunity to shift to low external input and low capital intensive agricultural systems, which are ecological systems. The rise of the price of oil led to the rise of the price of fertilizers and India is importing fertilizer, because our domestic production has been destroyed. India is spending one trillion Rupees for fertilizer subsidy this year. But cow dung and compost are cheaper than industrial fertilizer. Low external input farming is the solution to the financial crisis. The climate crisis is the biggest opportunity. We have just released a manifesto on the Slow Food Terra Madre about the future of food and how we can ensure food security in times of climate change. We have to reduce emissions and ecological agriculture helps to do this, while industrial agriculture adds emissions. Intensively fed factory animals have more emissions than free-range animals. Monoculture and the chemically fertilized soils intensify the greenhouse gas emissions and are also more vulnerable. They can not hold the water and moisture, which leads to total crop failure and starvation during droughts.

Geseko von Lüpke: You said, that fossil fuels and oil are almost everywhere in industrial agriculture. If we realize the peak oil problem, we will not have the resources, to put it into agriculture. So we have to find different ways, but this would imply that we will not have monocultures. Is there a need for a huge process of decentralization and local farming?

Vandana Shiva: The shift is inevitable, just as the issue a trillion dollars given as bail out for the banks. It has not made a difference. They have not managed to generate the trust that would make the markets work. I think, for a few years more, they will promote the industrial agriculture and GMOs. The food summit was used to promote fertilizers etc. But data are coming in about what is working and what is not. So the end of fossil fuels, climate change and the food crisis will make it necessary to go local and ecological. What industrial agriculture does is to increase cost of production and then reduce the price of food by a combination of subsidy and monopoly buying. When 5000 farmers have only one company to sell to, the company will dictate the price. They have brought down the prices of agricultural products and even now, when the price of food rises, the income of farmers has not really gone up. The combination of the high subsidy and monopoly buying had created the myth, that industrial agriculture is producing cheap food. But: it produces costly food, which is then subsidized! I think the gap between the cost of production and the price in the supermarket is a gap full of lies. Everything about the industrial agricultural system is a lie. When I go to sleep at night and it was a very tiring day, I tell myself that I can not stop this. It is not just an issue of sustainability or justice. It is also an issue of truth. We need to have a truthful system. When a farmer brings you a vegetable basket, you know what it took to produce it and when you pay the farmer, you know where your Euro or Rupee is going. It is a justice, ethical and sustainability challenge. And we are not telling that we will realize this project somewhere in the future, because right now, organic movement is growing 25 % worldwide. Fair trade must also be brought into local agriculture. It is nice to go into the Fair Trade shops and buy a piece textile, a handbag or a hand craft basket, but let us move into the big issue of food, so that every Fair Trade shop has one division, which is about local markets.

Geseko von Lüpke: That means we have to imagine, that global problems can only be solved locally?

Vandana Shiva: That is the butterfly effect. The sad thing is that when we talk about the butterfly effect, we only think about it in terms of disasters and we get kind of afraid. I think we need to see it in terms of empowerment. Small local actions can lead to huge global implications. When I started to save seeds, I took inspiration from Gandhi and his spinning wheel. Gandhi tried to free India from the British Empire with the help of a spinning wheel. People laughed at him and said: "How do you want to bring down an empire with a spinning wheel?" He answered: "It is powerful, because it is small. Because it is so small, it can be in the hands of the poorest woman in the smallest hut in the tiniest village. Every person can become a force against the empire." Now we are in a food revolution and every eater and every farmer is a force against the food dictatorship.

Democracy by the people, of the people and for the people

Geseko von Lüpke: What can Austria or Europe learn from your experience and also from your resistance?

Vandana Shiva: One way to resist is to build an alternative: grow back biodiversity in order to enrich our food culture and to preserve nature; strengthen the ecological movements and build up local markets. I tell you, up in the high mountains of Austria, there will be 65 year old woman, who know the best, what you can do in this moment. They have all the knowledge about the traditional growing and cooking. They are the resources, where the teachings for the younger generation will come from. We call this the "grandmothers' university".

At the same time we know that positive efforts by citizens or movements by civil society are not enough. What the corporations are doing with food and life – including creating terminator seeds, which are sterile through genetic engineering –, is a crime against nature and against humanity. For me it was a scary thought, that by the turn of the century, there will be only five companies for seed supply and everything will be genetically modified. We founded Navdanya on the principle, that we will not obey laws that will turn seed into a private property of giant corporations; seed is a common good and we will share it. If any government is coming in the way, we will have to disobey and because of this, we prevented some very bad laws. In Europe, new seed laws have been passed and they sometime come as registration laws, compulsory registration laws or licensing laws. In fact, they say, that a farmer can not grow his own crop. The criterion, which is used by industry, is uniformity. In India they wanted to pass laws, which imply that the distinctive personality of a small unique potato is dangerous to the planet, whereas a Bt-potato is delicious and wonderful.

The courage of Gandhi to say no to unjust law still has magical power of transformation and empowering people. In the case of seeds, I really do invite you to start establishing groups of seed keepers, who say that we have to obey the higher law of evolution, the universe and the future. So we cannot obey primitive, crude and deceptive laws declaring seed as an invention of Monsanto.

Question from the audience: How should we empower our local markets and strengthen ancient knowledge?

Vandana Shiva: It all comes down to biodiversity. The industrial breeding of crops is based on the availability of chemicals and lots of water. Traditional ancient plants like Quinoa use 200-250 millimetre of water and they are the crops, which will feed us, when the climate becomes more and more uncertain. They also have 40 times more nutrition than polished rice and weed. These are the crops we need to propagate globally and bring them into the diet. The consumption patterns did not just change, they were made to change. During the war in Vietnam, the US-foreign minister Henry Kissinger wanted the Vietnamese to eat bread to control them, because then the people did not have to work in the field in groups together. It was considered as an instrument of war and he defined food as a weapon. If you control the food production, you have conquered the country.

Geseko von Lüpke: You were talking about a food dictatorship. What would then mean a food democracy?

Vandana Shiva: For me food democracy means of course seed democracy. Seed must be diverse and in farmers hands. The governments must also be forced to participate in public breeding and public research. In terms of production, food democracy means, that farmers must not be slaves to these giant corporations. Farmers must be free and be able to practice organic farming. Food democracy means, that the European Commission should not force Austria to accept coexistence and plant GM-crops next to organic fields. Food democracy means, that everyone – just like every being – has entitlement to food. We as societies should create systems, where everyone has food. It is about the ability to make a decision, what food you eat and how it is grown. Ultimately, food democracy means, that everyone has quality food, which is delicious, tasty and nourishing food. What we are creating today – partly because food has been commoditized – is food, which is totally empty of taste and empty of nutrition. There is a difference between the existing variety of potatoes and the potatoes, which are used to make French Fries. One of the things they are pushing in the European Commission are potatoes, but they are officially pushing them for making furniture. So once food in commoditized, it is totally substitutable. One day it drives your car and on the next day you eat it. What a tragedy, that we have become eaters of leftovers of the industrial systems. What the globalized industrial systems can not suck up, it says: "O.k. humans, you can now eat it."

Geseko von Lüpke: But is organic farming an answer to the world food crisis?

Vandana Shiva: It is the only answer! In times of climate change and the financial crisis, it has a double reason to be adopted. Within the next years, organic farming will move much more into the mainstream. The FAO and the World Bank initiated the "International Assessment of Agricultural Knowledge, Science and Technology for Development" (IAASTD), and everyone was sure, that this will be a promotion for GMOs. But they invited 400 scientists from different disciplines and the outcome of this study is: Ecological farming and small scale ecological farming is the only way to feed the world – not industrial agriculture, not GMOs.

Geseko von Lüpke: I think, we can not only say: Let us change to biological farming and solve the problem. There has to be a systemic approach for the alternative. What else needs to happen in our society, to promote biological agriculture and to make this change possible?

Vandana Shiva: I think the financial crisis is creating a de-addiction to money. If people can not trust the banks, they will find another way, how to deal with savings. Concerning the peak oil and climate change, we have to have a de-addiction to oil. We need organic farming as well as an overall de-addiction to the financial world and to oil. That is what we need while we say no and detach ourselves from the collapsing civilization – we have to be the nurses to heal the wounds of the collapsing system. I think we have to grow (beside of the ecological system) extra care for building a local economy. I call it "local living economy". Our system is based on politics, culture and economy. The economy has become a negative, destructive economy. Democracy has increasingly become a dead or a fraudulent democracy, where you do not have influence on the decisions. GMO is good example: most people do not want it and yet it is imposed. Culture has very often been made to become a performance that you watch. But culture is the values, that shape your life and we are now getting into killing or excluding cultures. But there is another constellation: There are living cultures, where we celebrate our diversity and where we do not let our language or food habits die out. Living democracy is a very mobilizing instrument in our movement – local living democracy. It is based on the concept, that we are part of an earth democracy. The key of the change is a change in our concept of democracy.

Geseko von Lüpke: Is the 'living democracy' movement what we usually call the civil society action?

Vandana Shiva: Exactly. It takes effort, but what have been the fruits of carelessness and being lazy? In the case of agriculture, it is being fertilizers. In the case of eating, it is being diabetes. In the case of finance, it is being putting the money into the global casino. So, wouldn't it be better to make the extra effort of care, to build the relationships and communities that make life happen?

Geseko von Lüpke: What is the role of the politicians and how can civil society provoke certain actions?

Vandana Shiva: I think, the first thing, politicians need to do, is having a divorce. They have got too intimately married to corporations.

Much has been said about the Indian cast system, but in ancient times it was about a balance of power between those who create and produce, those who are warriors, those who are traders and those who rule. The people, who had the knowledge, had no wealth. People, who had military power, had no economic power. So it was constantly balanced out and no singular concentration of power could have happened.

Globalization has given us corporate states, which are totally influenced by giant corporations. I think a democratic state needs to be by the people, of the people and for the people. Just remembering this democratic obligation for governments and politicians is vital for addressing all the crises they face anyway. It is easy to write a check with the money of somebody else. Who is deciding, where to give the public money? We want to decide where our taxes go. There has to be a debate about this bail out. Local living economy means to bring back small business, because without small business there is no society. That is the new relationship of what we are talking.

The sinking titanic – unleash the alternatives to the collapsing system

Geseko von Lüpke: This impulse for change comes from the civil society. Is it a cultural impulse, an ethical impulse and even a spiritual impulse of an alternative worldview – like first building castles in the air and the foundations will follow?

Vandana Shiva: It might not be castles, but there are already many huts out there. The impulse for change will definitely come and is already coming from civil society. It is like business has ended up being big business, because small business has been wiped out. Government has ended up being of, for and by corporations rather than by, of and for the people. So the impulse for change will not come from there. They give the impulse for short term bail outs. Someone should make a collection of the cartoons of the financial crisis. They are showing exactly the sinking titanic and how we put coal into its sinking engine.

Geseko von Lüpke: So what should we do? Building rafts?

Vandana Shiva: Building rafts is very important. That is why the debts are so high, because the people of the lower level were not allowed to get into the boats. Many more could have been saved, but we need to build the boats. It is an amazing time for creative energy to be unleashed. How many crises are we assaulted by? There is no excuse not to respond.

Geseko von Lüpke: But still we behave like being paralyzed.

Vandana Shiva: We behave like being paralyzed, because we have been made to think we are powerless. We have been made to think that power lies in the hands of politicians and corporations. We have to find our power and than we are the source of change. And I think this is happening all around the world, because there are only two options left for humanity: Either you continue to work like a zombie and every additional saving will be blown up again, or you build these alternatives. This is the time, where the dreams have to be turned into reality, because it is an imperative now. Especially for the young people, who see the system collapse. So you can either wait for the titanic to sink or be busy for building the raft for yourself and the others.

Geseko von Lüpke: Where are we standing within this transition? Is the titanic sinking from alone? Do we have to somehow soften the breakdown?

Vandana Shiva: The system is collapsing under its own weight, fictions and illusions. Those who were building the bubble were sure it is as solid as a castle. Those of us observing it knew it has to burst one day. Industrial agriculture is not being challenged, because so many people went into organic farming. It is in a self destruct mode now. In a time of inevitable self destruction, the governments are helping the system float for two days longer and the CEOs to walk away with a few more billion dollars. The obligations are the millions of families, which will be homeless over night and the millions and billions, who will not have food. This world was integrated through globalization and of course there are rich people, middle class people, there is Europe and there is India and there is a huge difference. But there are families, which are eating less in India and there are families, which lost their home or can not send their children to school, because of the financial collapse in the richer part of the world. So there is an interconnected pain out there and there is an interconnected imperative to move to a new system, which secures our future.

Geseko von Lüpke: This giant system of industrial agriculture is still so strong and moving into the markets, that it seems unbelievable this giant could collapse within the next two years. Are you optimistic, that organic farming, which is still a minor subject, would be able to take over the world market within the next one or two decades?

Vandana Shiva: The fact that the system will inevitable collapse does not make it automatic, that the alternative will emerge. When Monsanto puts out two traits of herbicide resistance and Bt-toxins and started to patent all the seeds that have resilience to climate change, they will have more than 500 new patents on climate resistant crops. But they will fail to deliver it in times of crises. They are causing climate change through promoting Industrial agriculture and it can wipe out entire areas. That is the collapse, which is happening right now in front of our eyes. But it is not like the vacuum will be automatically filled. Taking care of a seed is like looking for an infant. Traditional farmers did it as part of their life. Farmers today do not know how to keep seed and save seed, just as much as people have forgotten how to cook. These are basic skills we have to bring back. We were told on the basis of fictional finance and fossil fuel, that we can become careless and we do not need to know anything, because consumer society will take care of us. The main thing, the financial crisis is leading to is the end of consumer culture. If you can not buy what you need, you better know how to produce it – either individually or as a community. Through the fossil fuel economy, physical work was made to look like something you should not do and Europe is now surviving, because migrants are doing it all for you. We have to see the dignity of work. For example, we treat cleaning as the worst work. The point is: It is not a punishment. I think, physical work is not just a biological necessity to keep the body fit – it is also an emotional necessity, to keep the mind working.

Question from the audience: Mankind has changed as well as agricultural systems. I do not think that a breakdown of the system will solve the problem, because we are post-modern citizens. We will not be able to survive in a system, which has worked 100 years ago.

Vandana Shiva: The majority of the world today farms on a very basic level, so it is not a 100 years ago. Every time I come to the north, the worst disrespect I feel is to turn our today into your yesterday. It is our contemporary moment and I am part of it. Every fourth farmer of the world is an Indian farmer and the majority of them are woman. When I work with them on the defence of the seed or the land, they are saying: We want to be able to continue to farm. And I think they should – we need to listen to those voices. It is a combination of two issues: Half of the world is farming today in non-industrial ways and it would be stupid to tell them right now, in times of all the crises, to get of the land and starve. In Europe, the non-viability of agriculture is an outcome of policy manipulation. We have to lift agriculture up to the level of respect and viability. Even in the north, we need to bring respect and policy support for the present and future farmers, because it is a survival imperative for humanity.

Be the change you want to see

Geseko von Lüpke: As I expected, you put the fingers in a lot of wounds and at the same time you showed a lot of solutions. Would you call yourself an optimist, pessimist or "possibilist"?

Vandana Shiva: I am a huge optimist in terms of the potential for transformation – what we have achieved and what we can achieve further. Of course I observe very closely the very cynical power systems, within which we are placed. I am not a pessimist, but when I look at it I know that they are stupid enough to cause a lot more destruction and will not stop. That is not pessimism – it is more a sad feeling. The opportunities get blocked and people, who are trying to change something, are pushed back, when governments and politicians should be saying: "Yes, organic farms in Austria!" But they are hesitating and kind of always taking the wrong side. For me, potential is the vital issue and potential is limitless.

Geseko von Lüpke: How should we unleash this potential?

Vandana Shiva: We have to clear up the mess and throw out the garbage – including in the head. We need a huge paradigm shift in getting on with it. There are too many people wanting to tell others what to do, but as Gandhi said: "We have to be the change we want to see!" And you can not be a Mega Change. If you want to b the change, you have to be a Micro Change.

As limited human beings we can only be a micro change, but a micro change in multiplication and resonance – resonance of action and of voice. The first change is changing our consciousness and we have to make two little shifts there. One has to be the awareness, that we are part of an amazing universe. It empowers us and we are part of it. I know this personally: If I have carried on for 35 years of being a fighter, it is because every moment I take inspiration from the earth and from nature. The second is the awareness that industrial civilization transformed us into individual consumers. I think we have to break out of this prison of atomization, because it is one of the scariest phenomena not to be part of a community. For example, the power of Slow Food lies in its small scale, local organizational structure. The group of friends, of networks and community is what we are, but our consciousness is shaped by fragmentation.

Geseko von Lüpke: So what you are doing is slowing down destruction, that we have more time for change. The other thing is, you reveal the structural causes of destruction and out of the understanding of the structural causes you build alternatives in your country. The third and most important is you say we need a new worldview and consciousness to go through the shift. Is this new approach different from hierarchical, patriarchal, colonial system and more feminine?

Vandana Shiva: It is definitely a more sharing approach and those are traits, which are called feminine. Even when men were in war, woman were the once, who continued the work and allowed to carry on. Hierarchical arrangements have become very vulnerable in our time, as the crises show. Especially upside down hierarchies are unstable. Nature economy should have been the biggest part of the pyramid, than society, than the market and within the market a role for finance. What we got is an upside down pyramid. Nature economy shrunk because of the ecological crisis. Social economy shrunk. The market economy is totally distorted by the finance economy, which is 70 times bigger than the real economy.

In times of instability, we need to think of resilience and resilience comes from decentralization. You need multiple channels and diversity, because you do not know, what will work. And you definitely need networks at a horizontal level.

Neue Welt, neuer Mensch, neues Denken?

Die weltanschaulichen Grundlagen neuer sozialer Bewegungen

Geseko von Lüpke

Was geschieht, wenn sich überall auf dem Planeten Menschen unterschiedlicher Herkunft, sozialer Stellung, Hautfarbe und Religion in Initiativen, NGOs, Sozialforen und Bürgerbewegungen zusammentun, um für eine „andere Welt" zu arbeiten? Was geschieht, wenn sich demokratische Prinzipien, die Durchsetzung der Menschenrechte, ein neues Verständnis globaler Zusammenhänge, Einsichten über die Vernetztheit und Interdependenz von Umweltfaktoren weltweit immer mehr in den Köpfen der Menschen verankern? Was geschieht, wenn diese Menschen überall in zunehmendem Maß aus der Opferrolle heraustreten und beginnen, als selbstbewusste politische Subjekte die Zukunft selbst mitzugestalten? Dann geschieht mehr als nur Politik! Dann verändern sich Weltbilder, Selbstbilder, Menschenbilder. Dann verändern die Beteiligten ihre Wahrnehmung, ihr Bewusstsein und ihre Art, sich einzubringen.

Dabei baut das erstaunliche und exponentielle Wachstum der großen sozialen Bewegungen der letzten zwanzig bis dreißig Jahre weder auf irgendeine Ideologie noch wird es zentralistisch gelenkt. Es entsteht vielmehr aus Graswurzel-Initiativen, wo Menschen aus meist persönlich empfundener Betroffenheit individuell entscheiden, sich für eine „bessere Welt" zu engagieren. Oft entwickeln sich daraus radikal dezentrale Bewegungen, Netzwerk-Organisationen ohne direkte Leitung und Hierarchie, denen deshalb kein autoritäres Regime den Kopf einfach abschlagen kann. Es sind hoch dynamische, sich immer wieder wandelnde Initiativen, die jenseits verkrusteter Parteistrukturen arbeiten. Ihnen geht es nicht mehr um Macht und Einflusssphären oder Dominanz über andere Positionen, sondern sie definieren Macht als innere Stärke. Sie arbeiten immer öfter nicht mehr mit vorgefertigten Lösungen, die dem gesellschaftlichen Leben aufgezwungen werden, sondern verstehen sich als soziale Prozesse, die statt einem Entweder-Oder die Vielfalt der Positionen würdigen. All das ist relativ neu und entspricht eigentlich nicht den klassischen politischen oder sozialen Organisationsformen. Es scheint – mit anderen Worten – ein Phänomen einer sozialen Evolution zu sein, was sich da beobachten lässt: Ein neues Verständnis von Welt, Mensch, Identität, Ausdruck und Aktion.

So soll in diesem Beitrag den Fragen nachgegangen werden, welches nicht abgesprochene Weltbild diese neuen Bewegungen für eine „andere Welt“ auszeichnet; welche unsichtbare, gemeinsame Matrix des Denkens und Wahrnehmens all diese Initiativen verbindet und auch welches persönliche Selbstbild, welche geistigen und vielleicht spirituellen Ressourcen als Kraftquelle dienen, wenn Menschen auf diese Art die Welt verändern.

Alternative Ansätze und die Krise der Wahrnehmung

Je mehr sich die ökologischen, sozialen und politischen Krisen in den letzten 30 Jahren verschärft haben, desto häufiger haben Menschen ihre politisch-kulturelle Kreativität entdeckt und sich auf den Weg gemacht, andere Wege in die Zukunft zu suchen. Neue Wege der wirtschaftlichen Entwicklung, neue Wege des Schutzes der Natur, neue Wege der Energiegewinnung, der Ermutigung. Sie kämpften um Menschenrechte, um mehr Demokratie, um Selbstbestimmung, für Frieden und für eine neue Ethik und Moral. Die meisten dieser Ansätze entstanden im Verborgenen, irgendwo in der Nachbarschaft. Niemand kennt sie alle, obwohl sie irgendwie alle voneinander wissen und ein Jahr für Jahr wachsendes Netzwerk bilden. Sie spiegeln – wie die vielen Flächen eines Kristalls – die längst vorhandene Vielfalt der praktischen und erprobten Möglichkeiten wider, die schwer geschädigte natürliche Umwelt zu retten und Millionen von Menschen aus Armut, Rechtlosigkeit, Hoffnungslosigkeit und Verzweiflung zu befreien. Man kann sie als die Spitze des Eisbergs der gesellschaftlichen, politischen und ethischen Evolution sehen, die aus den globalen Krisen, Umbrüchen und Katastrophen wächst. Sie folgen keiner festen Ideologie – das wäre nach dem Zusammenbruch des Kommunismus und eines sich zu Tode siegenden Kapitalismus auch keine wirkliche Alternative. Ihre Stärke liegt in der Vielfalt. Jede dieser Graswurzel-Initiativen beheimatet zahlreiche hoch engagierte Aktivisten, die mit offenen Augen durch die Welt gehen, ihre Wunden sehen und sich entschieden haben, die Zukunft in die eigenen Hände zu nehmen. Ohne diesen erstaunlichen Impuls aus zahllosen Quellen hätten die meisten sozialen Veränderungen der letzten zwanzig Jahre nicht stattgefunden.

Wie ist es möglich, dass ein so grundlegender Wandel der Gesellschaft so wenig von der Öffentlichkeit wahrgenommen und in seiner Wirkung verstanden wird? Die Antwort auf diese Fragen ist immer wieder die gleiche: Die prägende Macht des herrschenden Weltbildes lässt die Mehrheit der Menschen wesentliche Bestandteile der Realität gar nicht wahrnehmen. Das bedeutet: Die Krise, die wir in unterschiedlichen Formen erleben, ist zuallererst eine Krise der Wahrnehmung.

Tatsächlich vermitteln die Konzentration der Medien auf Krisen und der häufig hilflose Umgang der journalistischen Zunft mit alternativen Lösungswegen ein schiefes Bild von der Wirklichkeit. Fälschlicherweise scheint es so, als nähmen nur die destruktiven Kräfte zu. Die alternativen Ansätze und Initiativen werden zwar als skurrile „Gegenkultur" wahrgenommen, damit aber gleichzeitig an den Rand der Bedeutungslosigkeit abgedrängt. Und wenn in den etablierten Medien einmal über ein preisgekröntes Projekt berichtet wird, das mit völlig neuen Ansätzen weitaus erfolgreicher war als die offiziellen Maßnahmen, dann wird diese Botschaft zwar staunend registriert, aber nicht als Modell erkannt und wiederholt. So entsteht eine merkwürdige Welt aus zwei Kulturen, die nebeneinander zu existieren scheinen, obwohl sie sich doch fortwährend durchdringen.

Die mangelnde Integration neuer Ansätze in eine Gesellschaft lässt sich nur dadurch erklären, dass die Werte alternativer Ansätze von Medien wie von Entscheidungsträger/innen noch nicht verstanden und die neuen Sichtweisen noch nicht nachvollzogen wurden und deshalb die Bedeutung der „Gegenkultur" völlig unterschätzt wird. Fast scheint es, als seien die meisten Vertreter/innen der industriellen Wachstumskultur schlicht nicht in der Lage, über den Rand ihrer Mythen und Überzeugungen hinauszublicken, nach denen die Welt wie eine große Maschine funktioniert und deshalb eben auch mit mechanistischen Werkzeugen in linearen Ursache-Wirkungsketten kontrolliert und gestaltet werden kann. Diese gänzlich unterschiedlichen Ansätze führen dazu, dass beide „Welten" nebeneinander existieren. Doch was für Welten sind das?

Das mechanistische Weltbild

Die Weltanschauung der klassischen Naturwissenschaft ist *atomistisch*. Sie betrachtet ihre Objekte als getrennt von der Natur und die Menschen als getrennt von einander und von ihrer Umgebung. Indem sie sich auf isolierte, exakt messbare Objekte konzentriert, ist sie *materialistisch*. Frederic Vester hat die Welt, die nach dieser Sicht der Wirklichkeit in den Köpfen entsteht, ein „Klassifizierungs-Universum" genannt, das für jedes Phänomen eine Schublade bereit hält. Die Struktur dieser Schubladen untereinander ist *statisch* und *hierarchisch*, ihre Inhalte vergleich- oder austauschbar. Inhalte verschiedener Schubladen hingegen sind nicht vergleichbar oder befinden sich miteinander im Kampf (vgl. Vester 1999: 143). Mit Darwins Evolutionstheorie hatte die universelle Natur-Maschine der klassischen Wissenschaft zudem eine neue eigenartige Eigenschaft bekommen. Sie funktioniert nicht, indem alle Teile der Maschine wie Zahnräder ineinander greifen, sondern indem alle Teile in Konkurrenz miteinander stehen und der jeweils Stärkste sich im evolutionären Kampf der Arten durchsetzt: *„Die ganze Natur"*, davon war Charles Darwin überzeugt, *„befindet sich im Krieg"* (zit. nach: Goldsmith 1996: 239) und entwickelt sich durch zufällige Mutation und konfliktreiche Selektion. An der Spitze der evolutionären Entwicklungspyramide steht nach diesem Verständnis der Mensch, als höchstes Endprodukt einer langen Kette von Mutationen, die sich in einem selektiven Prozess gegen unterlegene Mutationen durchgesetzt hat. Aber welche Realität ist aus diesem Weltbild entstanden?

Aus dem konventionellen, linearen, mechanistischen Weltbild der letzten Jahrhunderte, welches das Universum als große Maschine und den Menschen als Maschinisten sieht, leitete man das Recht ab, andere Arten und Lebensformen zu dominieren, zu kontrollieren und sie für menschliche Zwecke zu nutzen. Die Natur hat dabei nur einen instrumentellen Gebrauchswert, keinen eigenen inneren Wert. Alles was Natur ist oder ihr „nahe" scheint, darf entsprechend dem mechanistischen Weltbild und dem Glauben, dass der zivilisierte Mensch über der Natur stehe, kontrolliert, dominiert und genutzt werden. Natur wird rein quantitativ begriffen, gilt als zählbar, messbar, wägbar, machbar und programmierbar. Vereinfacht ausgedrückt wurde damit die ganze Erde zu einem Rohstofflager oder einem weltumfassenden Versuchslabor. Die Konsequenzen dieses Weltbildes sind bis heute spürbar, sagt die indische Quantenphysikerin und Umweltaktivistin Vandana Shiva. Sie spricht von „drei Kolonisierungen", die nur gemeinsam überwunden werden könnten: *„Die erste ist die Kolonisation der Natur, die zur ökologischen Krise führte, die zweite ist die Kolonisierung der Frauen, die zum Geschlechterkonflikt und der Benachteiligung und Gewalt gegen Frauen führte. Und die dritte ist die Kolonisierung nicht-westlicher Kulturen, die das ‚III. Welt-Problem' erschuf"* (Lüpke 2003).

Das mechanistische und atomistische Weltbild führt zwangsläufig zu einer Situation, in der die natürlichen Ressourcen durch den außerhalb der Natur stehenden Menschen immer weiter ausgebeutet, Märkte immer weiter erobert und Natur immer weiter kontrolliert wird. Der Ökonom Herman Daly und der Sozialtheologe John Cobb weisen darauf hin, dass ein solches Paradigma dem Gemeinwohl zuwiderlaufen muss: *„Die herrschende ökonomische Theorie baut auf die Annahme, dass wir alle unabhängige Individuen seien, deren einzige Beziehung zueinander der Markt ist. Wer Menschen als voneinander getrennte Individuen sieht, von denen jeder mit allen anderen konkurriert, dann kann das nicht zum Gemeinwohl führen, sondern nur dazu, dass jene, die bei dieser Konkurrenz am erfolgreichsten sind, immer reicher werde"* (John Cobb im Gespräch mit dem Autor).

Langfristig muss ein solches Weltbild dazu führen, dass irgendwann die gesamte Biosphäre vom Maschinist Mensch kontrolliert wird. Die unkontrollierbare wilde Vielfalt des Lebens wird dabei in eine kontrollierte Einfalt umgewandelt. Aus dieser Perspektive erscheinen globalisierte Märkte mit einheitlichen Produkten, die in erster Linie zur Profitmaximierung erzeugt werden, nicht länger als Ausrutscher eines unkontrollierbaren Kapitalismus, sondern als folgerichtiger letzter Ausdruck des dahinter liegenden mechanistischen Weltbilds. Das gleiche gilt für die grüne Gentechnik, die dabei ist, auch die inneren Gesetze nicht-menschlicher Organismen so zu verändern, dass sie den menschlichen Interessen dienen. All das ist im Rahmen des herrschenden Paradigmas völlig normal und nicht zu verurteilen.

Der alternative Nobelpreisträger und ehemalige brasilianische Umweltminister José Lutzenberger nannte die moderne Industriekultur wegen ihrer wenig hinterfragten Grundüberzeugung deshalb eine fanatische Religion: *„Die Priester des wirtschaftlichen Denkens gehen alle von dem absurden Dogma aus, eine Wirtschaft sei nur gesund, wenn sie wächst"* (Lüpke 2003). Der brasilianische Befreiungstheologe Leonardo Boff spricht von einem wirtschaftlichen Monotheismus. *„Der Markt ist sein eigentliches Heiligtum. Er hat seine eigenen Hierarchien und Evangelisten. Für etwa 1,6 Milliarden Menschen funktioniert dieses System, aber was ist mit den anderen 4,5 Milliarden Menschen auf der Erde?"*[1] Der deutsche Umweltschützer und Botaniker Michael Succow hält die wirtschaftlichen Strukturen der Gegenwart für ein *„Raubsystem, dass Naturressourcen rafft und Insellösungen schafft, die mit ungeheuren militärischen Apparaten geschützt werden müssen"* (Succow 2003). Im Rahmen seiner eigenen Glaubenssätze ist das Paradigma einer mechanistischen Welt aber noch nicht an seinem Ende. Da es Teilen der Menschheit zu Macht, Luxus, Freiheit und Gesundheit verholfen hat, gilt es innerhalb des Paradigmas immer noch als das beste aller Modelle. Und weil es bislang enorm erfolgreich dabei war, große Teile der Natur unter die Kontrolle des Menschen zu bringen, ist es aus der Sicht seiner Vertreter selbstverständlich auch in der Lage, mit den bisherigen Methoden die Krisen der Gegenwart zu lösen.

Das systemische Weltbild

Betrachtet man die Projekte und Ideen alternativer Zukunftsentwürfe in der Zivilgesellschaft, wird sehr schnell deutlich, dass alle im Kern von einem anderen Weltbild ausgehen, als der noch herrschende Mainstream politischen und wirtschaftlichen Denkens: Statt die Welt aus einer reduktionistisch-

1 Leornado Boff, zit. nach: Newsweek, Ausgabe vom 28.6.1999.

mechanistischen Perspektive zu betrachten, die von allgegenwärtiger Konkurrenz gekennzeichnet ist, basieren die erfolgreichen alternativen Ansätze auf einem systemischen, vernetzten und interdependenten Weltbild, in dem der Schwerpunkt auf Kooperation und Symbiose beruht. Dieses wird zwar nur selten als solches benannt, prägt aber den Aufbau, die Struktur und den Ansatz der Projekte, die immer bestrebt sind, sich in das größere natürliche System einzupassen.

Statt eine Politik zu akzeptieren, die wegen einer reduktionistischen Weltsicht zahlreiche, immer schwerer kontrollierbare Fehler macht, muss Schritt für Schritt die tatsächliche Vernetzung der Welt herausgearbeitet werden. Erst dann besteht die Möglichkeit, die kreativen Ideen und vorhandenen technischen Möglichkeiten so einzusetzen, dass sie uns in eine nachhaltige Zukunft führen können. *„Was wir dazu brauchen, ist eine neue Sicht der Wirklichkeit: die Einsicht, dass vieles zusammenhängt, was wir getrennt sehen, dass die sie verbindenden unsichtbaren Fäden hinter den Dingen für das Geschehen in der Welt oft wichtiger sind, als die Dinge selbst"*, sagte Frederic Vester: *„Um zu erfassen, was unsere Eingriffe in einem komplexen System bewirken, kommen wir nicht umhin, das Muster seiner vernetzten Dynamik verstehen zu lernen"* (Vester 2001: 9). Wie lässt sich nun diese vernetzte Dynamik darstellen, die aus einer reduktionistischen Anhäufung von Objekten das Bild eines lebendigen Systems werden lässt?

Das systemische Weltbild hat das Potential, unsere Wahrnehmung der Wirklichkeit tiefgreifend zu verändern. Statt Bildern nehmen wir Räume wahr, statt Objekten sehen wir Netzwerke, aus den Betrachter/innen werden Teilnehmer/innen, aus isolierten Individuen und Dingen Knotenpunkte im Netz des Lebens. Während die traditionelle Wissenschaft darauf aus war, die Dinge auf ihre *Substanz* zu reduzieren, geht es der Systemforschung um die *Organisationsstruktur*, die allen Dingen gemeinsam ist und sie miteinander verbindet. Für unsere Psyche ist dieser Prozess eine gewaltige Aufgabe, wird doch das Raster aufgebogen, mit dem wir die Informationsfluten aus der Welt um uns herum seit Jahrhunderten aufnehmen, sortieren und weiterverarbeiten. Der Anthropologe Gregory Bateson nannte diese Sichtweise den *„größten Bissen vom Baum der Erkenntnis seit 2000 Jahren"* (zit. nach Macy 1999: 208).

Der Physiker Fritjof Capra verwendet die Begriffe „systemisch" und „ökologisch" wie Synonyme: ist doch die Ökologie die Wissenschaft von dem Beziehungsgeflecht, das die einzelnen Gattungen und Lebensformen in einem Ökosystem miteinander verbindet, wo sie sich gegenseitig regulieren. Die ganzheitliche ökologische Ethik benutzt das Bild vom „Netz des Lebens", das alles verknüpft und in dem der Mensch nur ein Faden ist. *„Lebewesen leben, weil sie Teil des Ganzen sind"*, sagt der Ökologe und Philosoph Edward Goldsmith: *„Ihre Dynamik, Kreativität, Intelligenz und ihre Zweckorientiertheit sind nicht erkennbar, wenn man sie isoliert von der Hierarchie der natürlichen Systeme untersucht, von denen sie ein Teil sind"* (Goldsmith 1996). Eine Trennung zwischen Mensch und Natur ist bei dieser Perspektive ausgeschlossen. Weil wir selbst Natur sind, ist auch jeder menschliche Eingriff in die Biosphäre letztlich ein Eingriff in uns selbst. Der ägyptische Lehmbau-Architekt und Philosoph Hassan Fathi, erster Träger des Alternativen Nobelpreises, bestätigt: *„Wir sind Teile eines Systems. Wenn ich mich in das System einfüge, dann werden mir alle Teile des Systems zu Hilfe kommen. Wenn ich mich in den Finger schneide, werden alle Elemente meines Körpers helfen, ihn zu heilen. Doch wenn der Finger isoliert wäre, würde er niemals heilen"* (Fathi 1990: 42).

Was aber ist ein System? Jedes natürliche System besteht aus mehreren verschiedenen Teilen, die in einer bestimmten dynamischen Ordnung zueinander stehen und so zusammen wirken, dass das Ganze mehr ist, als die nüchterne Summe der Teile. Wenn man in ein System eingreift, ändert sich die Beziehung aller Teile zueinander. Ein Mensch ist ein natürliches System, ebenso Atome, Moleküle, Zellen, Organe, Familien, Gemeinden, Organisationen, Städte, Staaten, die Biosphäre. Komplexe lebende Systeme sind immer „offen": Sie erhalten sich durch ständigen Austausch mit der Umgebung. Um sich als lebendes System selbst erhalten zu können, kann ein Ökosystem aber niemals statisch sein. Es befindet sich vielmehr in einem ständigen kreativen Ungleichgewicht oder „Fließgleichgewicht". Je größer die Zahl der Untersysteme (oder „Teile") ist, desto besser kann ein lebendes System auf Veränderungen reagieren und sein Gleichgewicht erhalten.

Was die klassische Naturwissenschaft bislang als Teile definierte, erweist sich in der modernen Forschung als vorübergehendes Muster im Netzwerk der Verknüpfungen, Muster, die relativ stabil und damit beständig sind. Doch jedesmal, wenn wir ein solches Muster isolieren, zerstören wir es in seiner eigentlichen Natur. Hier setzt das systemische Weltbild an: Es sucht nach Möglichkeiten, in unserer Welt der Objekte, der Individuen, der Zahnräder und Schubladen jene meist unsichtbaren Beziehungsmuster in den Vordergrund zu rücken, die das Individuum, das Objekt, die Zahnräder und Schubladen verbinden und erst ermöglicht haben. Systemische Weltsicht versucht deutlich zu machen, dass die Wirklichkeit wesentlich komplexer ist, als ein Schrank mit Schubladen. Statt weiterhin die Realität mit der Landkarte zu verwechseln, die wir uns von ihr gezeichnet haben, fordert die systemische Sicht dazu auf, gänzlich neue Kriterien, Begriffe und Bilder zum Maßstab unserer Wahrnehmung zu machen.

Vom kybernetischen über das organismische zum systemischen Denken

Systemisches Denken bildete sich in einem Prozess der Erkenntnis heraus. Zunächst einmal verstand man unter systemischem Denken „kybernetisches Denken": Die Welt, so bewies die Beobachtung, funktioniert nicht als Einbahnstraße, wo Faktor A nur Faktor B anstößt und verändert, sondern eher als vielfacher Kreisverkehr. *„Lebende Systeme funktionieren immer in Kreisläufen"*, so Jose Lutzenberger: *„Es ist ein geschlossener Kreis, in dem die Exkremente des Einen immer die Rohstoffe des Anderen sind und alle Ressourcen immer wieder verwendet werden"* (Lüpke 2003). Wenn Umweltveränderungen ein Glied im ökologischen Kreislauf stören, dann kann das System so flexibel reagieren und die Stabilität des „Fließgleichgewichts" wieder herstellen; „Rückkopplung" wird dieser Effekt genannt, oder „Feedback". Kurskorrekturen folgen dem Prinzip der „negativen Rückkopplung": Das System erkennt die Fehler und gleicht sie aus.

Kybernetisches Denken aber erwies sich bald als zu beschränkt für die Beschreibung der Wirklichkeit, ist es doch zweidimensional und beschreibt die Interdependenz gleichrangiger Faktoren. Der konsequente nächste Schritt war die Entwicklung des „organismischen Denkens". Hier werden die oben beschriebenen Regelkreise in eine vertikale Achse gebracht, die sich am Beispiel eines Lebewesens plastisch darstellen lässt: Moleküle umschließen Atome, Zellen formieren sich aus Molekülen, Organe bestehen aus Zellen und Körper leben nur durch die vernetzte Funktion ihrer Organe. Wirklichkeit stellt sich hier dar wie eine endlose Reihe russischer Matrjoschka-Puppen: Systeme umschließen Systeme vom subatomaren Partikel über Organismen bis hin zu Planeten, Sonnensystemen, Galaxien, Galaxienhaufen und dem Universum. Der Schriftsteller, Philosoph und Mystiker Arthur Koestler schuf für diese Struktur der Wirklichkeit den neuen Begriff des „holon" (von griech. to holon: Das Ganze). Holone sind als funktionierende Systeme integrierte Ganzheiten, umschließen aber Subsysteme ebenso, wie sie von einem größeren System umschlossen werden: Sie sind gleichzeitig ein Teil und ein Ganzes. *„Ein System kann nur stabil sein, wenn die größeren Systeme, deren Teil es ist, ebenfalls stabil sind"*, sagt Edward Goldsmith, Herausgeber des „Ecologist": *„Es gibt zum Beispiel keine stabile Wirtschaft in einer unbeständigen Gesellschaft, keine stabile Gesellschaft in einem instabilen Ökosystem und überhaupt nichts stabiles, wenn die Ökosphäre selbst destabilisiert worden ist"* (Goldsmith 1996: 54, 162).

Die ineinander verschachtelte Struktur in Systemen ähnelt einem dreidimensionalen Netzwerk, dessen gesamte Struktur auf die Vielfalt der Untersysteme aufbaut. Stabilität entsteht in lebenden Systemen nicht durch Macht, sondern durch Kooperation, nicht durch Uniformität, sondern durch Unterschiedlichkeit und Vielfalt, nicht durch verordnete Veränderung, sondern durch flexible Anpassung, nicht durch Herrschaft, sondern durch gegenseitige Abhängigkeit. Damit wird garantiert, dass sich auch so ungeheuer komplexe Systeme wie die Biosphäre erhalten und selbstständig stabilisieren können. Führt man sich die Komplexität ökologischer Systeme vor Augen, dann wird deutlich, dass die lineare Kausalität, wie wir sie aus dem Ursache-Wirkungsmechanismus kennen, in solchen vieldimensionalen lebenden Strukturen schlicht nicht mehr anwendbar ist. Statt von Kausalität muss von Multikausalität gesprochen werden, statt der linearen Ursache-Wirkungslogik von Netzwerk-Logik.

Erneut jedoch stellte sich heraus, dass dieses Denkmodell die Realität nur ungenügend spiegelte. Denn die moderne Quantenphysik, Kosmologie und Evolutionsforschung stellten fest, dass die Schöpfung nicht abgeschlossen ist und wir in einem evolutionären, expandierenden Kosmos leben, in dem nichts gleich bleibt und alles fortwährender Wandlung unterworfen ist. Als vierte Dimension musste also die Zeit integriert werden – die Weitergabe ordnender Prinzipien und ihre ständige Veränderung über große Zeiträume. Damit war das moderne „systemische Denken" geboren, welches heute fast allen modernen Wissenschaften zumindest theoretisch als gemeinsamer Rahmen dient. Alles wurde plötzlich systemisch, nichts mehr ist isoliert zu begreifen, sagt der deutsche Nobelpreisträger für Physik, Gerd Binnig: *„Ich denke es gibt gar nichts anderes als Systeme. Auch ein Individuum ist letzten Endes ein System. Wir sind eigentlich eine Untereinheit und können uns allenfalls einfügen"* (Lüpke 2003).

Das Phänomen der Evolution führt nachweislich nicht nur zu Veränderung, sondern auch zu qualitativer Weiterentwicklung, feinerer Differenzierung und immer mehr Vielfalt. Der eigenständig regulierte Prozess der Selbsterhaltung und die Evolution hängen also von einander ab. In der Systemwissenschaft hat man die Selbstregulation „Homöostase" genannt. Das schwierige Wort steht für nichts anderes als „selbstreguliertes Gleichgewicht". Doch während die Natur ständig daran arbeitet, zu große Instabilitäten zu vermeiden und das Fließgleichgewicht wieder herzustellen, kann sie immer wieder Neues hervorbringen. Hier spricht die Systemwissenschaft von „Emergenz". Dieser Begriff beschreibt das Wunder pausenloser Schöpfung. Emergenz nennt man die neuen Eigenschaften, die erst auf der

Ebene der Verknüpfungen auftauchen und von ihr hervorgebracht werden. Nach und nach entstand so die Erde mit ihrer biologischen Vielfalt, wie wir sie heute kennen. Durch die neuen Strukturen und Funktionen erschaffen sich natürliche Systeme Schritt für Schritt selbst. Sie sind „autopoietisch".

Das neue Evolutionsverständnis basiert nicht mehr auf dem alten Paradigma von Krieg, Kampf und Konkurrenz. Zwar gelten Mutation und natürliche Auslese immer noch als wichtige Aspekte der biologischen Evolution. Dabei ist die Konkurrenz – primär um die begrenzten natürlichen Ressourcen – jedoch die Ausnahme. Immer mehr Forscher/innen sind davon überzeugt, dass sie im kooperativen Rahmen einer kreativen Selbstorganisation der Biosphäre stattfindet. Charles Darwin begann 1858 in London seinen legendären Vortrag bei der Royal Society mit den Worten: *„Alle Natur befindet sich im Krieg miteinander oder mit der äußeren Natur"* (Weber 2008: 58). Statt dem daraus entstandenen Paradigma eines „Kriegs aller gegen alle" entsteht heute das Bild einer „Ko-Evolution", deren Hauptmerkmale Symbiose, Partnerschaft und kreative Weiterentwicklung sind.

Die quasi fünfte Dimension des systemischen Denkens ist die Vernetzung jener vertikal, horizontal und hierarchisch gegliederten Regelkreise, Systeme oder Holone zu einer Art Supersystem: Alles wirkt aufeinander, alles steht mit allem in Verbindung, Wachstum und Entwicklung ist immer ein gemeinsamer Tanz, nie isoliert, sondern immer Ko-Evolution. Die Organisationsstruktur der natürlichen Welt scheint das Potential zu haben, als Vorbild für die kulturellen Strukturen menschlicher Gesellschaftssysteme zu dienen. Die symbiotische, kreative und kooperative Struktur, die in der Natur zu beobachten ist, wurde zum Modell für alternative Konzepte einer zukunftsfähigen Welt.

Die möglicherweise revolutionäre Bedeutung des systemischen Weltbildes liegt also darin, dass es einen – aus der Natur ableitbaren – gemeinsamen Rahmen bildet für so unterschiedliche Disziplinen wie Biologie, Psychologie, Ökologie, den Sozial- wie Geisteswissenschaften und sogar philosophische, ethische und theologische Implikationen hat. Das klingt für Manche gefährlich nach einem neuen, absolut auftretenden „biologistischen" Welterklärungsmodell. Doch die Sorge der Kritiker spiegelt ihre Unkenntnis. Die sozialdarwinistische oder „biologistische" Ideologie, auf die sich der Faschismus genauso bezog wie das moderne System einer industriellen Wachstumsgesellschaft, ist überholt. Denn das Bild der Natur und ihrer Gesetzmäßigkeiten hat sich in den letzten 50 Jahren grundlegend geändert. Moderne Biologie geht kaum mehr davon aus, dass die Natur durch Konkurrenzbeziehungen gestaltet ist. Sie versteht die Natur als interdependentes

System, dass sich gegenseitig stärkt aber nicht schwächt. Zentrales Merkmal dieses Systems ist seine innere Vielfalt und Unterschiedlichkeit, die das System als Ganzes stabilisiert. Es gibt in der Natur kein monolithisches diktatorisches Regime einer Gattung über allen anderen, sondern ein dynamisches, sich ständig neu ausbalancierendes Fließgleichgewicht. Zentrales Merkmal ist nicht die Herrschaft, sondern die „Synergie“ (das „Mitmachen“). Die wesentliche Organisationsform in komplexen natürlichen Systemen ist die kreative Selbstorganisation, die sich in feiner und freier Abstimmung systemisch wie von selbst ergibt. „Mutter Natur“ wird nicht mehr als große Zerstörerin gesehen, sondern als Lebensnetz mit vielen dezentralen Knoten. „Biologismus heute“ unterscheidet sich also von „Biologismus gestern“ wie Tag und Nacht. Die jüngsten Einsichten in die Funktionsweise lebender Systeme lesen sich eher wie das Programm einer grünen Partei: Stabilität durch Vielfalt, dezentrale Organisation, Interdependenz, Vielfalt von Beziehungen und Kooperationen nach dem Prinzip des gegenseitigen Vorteils, der Kreislaufwirtschaft und der effizienten Energienutzung.

Eine neue Freiheit

Die politischen Ideale der meisten Initiativen, die heute an einer „anderen Welt“ arbeiten, orientieren sich an eben diesem Rahmen eines neuen Naturverständnisses: Gefordert wird der Schutz kultureller Vielfalt, Pazifismus und Demilitarisierung, dezentrales Wirtschaften in Kreisläufen nach dem Prinzip „small is beautiful“, die Reduktion von zentralistischen Hierarchien hin zu mehr kommunalen Kompetenzen, der Abbau nationalistischer Ideologien und eine Verlagerung nationalstaatlicher Interessen an internationale Organisationen, sowie mehr basisdemokratische Strukturen. Wichtiger noch: Hinter der systemischen Perspektive verbirgt sich keine Ideologie, die etwas anderes ausschließt. Sie dient eher als theoretisches Fundament für die Vielfalt an Strukturen, Meinungen, Kulturen und Ökonomien als unabdingbare Voraussetzung für die Nachhaltigkeit und das Überleben auf einem begrenzten Planeten.

Hinter den politischen Implikationen aber, die sich aus einem systemischen Weltbild ergeben können, stehen vor allem psychologische und erkenntnistheoretische Konsequenzen. Indem dieses neue Paradigma fordert, sich nicht länger auf isolierte Phänomene und Objekte zu konzentrieren, sondern das Ganze wahrzunehmen, biegt es gewissermaßen die Scheuklappen konventioneller Wahrnehmung auf. Während die alte mechanistische Sichtweise zwangsläufig davon ausging, dass im Rahmen der strengen Naturgesetze eigentlich alles vorherbestimmt sei, gewinnt der Mensch mit der Einsicht in einen offenen Evolutionsprozess eine enorme persönliche Freiheit: Wenn die Zukunft „offen" ist, hat der Mensch umso eher die Möglichkeit, sie schöpferisch zu gestalten. Gleichzeitig wächst seine Verantwortung, jede Veränderung nur im Kontext des Gemeinwohls der gesamten Biosphäre vollziehen zu dürfen.

Die Kernaussage der systemischen Weltsicht lautet: Alles ist mit allem verbunden, alles beeinflusst sich gegenseitig. Im Mittelpunkt des Ansatzes steht die Beziehung, die Verknüpfung, die Einbindung und Überwindung der Isolation. Besteht die Welt für mich aus isolierten Einzelteilen, betone ich eine herausragende Identität: das Ego – und mit ihm Abgrenzung, Konkurrenz, Machtkonflikte sowie Kontrolle. Offene Systeme aber sind in sich ein Plädoyer für offene Grenzen, für größtmögliche Vielfalt, für Kommunikation und Austausch, aber auch für Verletzlichkeit und Verwundbarkeit. Offene Systeme, die in ihren Grenzen durchlässig sind, verschieben auch unser Verständnis von Identität: Begreifen wir uns, im Sinne der Holone, als Teile eines größeren Ganzen, dann wird ein Grundmythos des menschlichen Selbstbildes aufgebrochen: Das isolierte und von seiner Umwelt abgetrennte einsame Individuum, das der amerikanische Philosoph Allen Watts so bildhaft als *skin encapsuled ego* bezeichnet hat. Wer stattdessen erkennt, dass er mit allem anderen hochgradig vernetzt und wechselseitig abhängig ist, kann sich kaum mehr völlig isoliert, bedroht und einsam fühlen. Vielmehr hat er die Wahl, sein Selbstbild über die Grenzen seiner Haut hinaus enorm zu erweitern und sich nicht nur mit seinem individuellen Körper, sondern auch mit der Gemeinschaft, mit anderen Lebensformen und mit der Welt zu identifizieren.

Was als „das Andere" erschien, kann auch als Erweiterung ein- und desselben Organismus betrachtet werden, wie eine „Mit-Zelle" in einem größeren Körper. Verstehen wir uns aber nicht mehr als isoliertes Teil, sondern als Knotenpunkt im Netz des Lebens, dann ist diese Sicht geeignet, auch unseren Handlungen ein größeres Gefühl von Vertrauen und Sinn zu geben: Weil alle Aktivitäten einzelner Subsysteme das Bild des Ganzen verändern können, weben wir als kleine Schlinge am großen Gewebe des Lebens mit. Wenn wir den Wechsel von Konkurrenz zu Kooperation zudem auf die menschliche Ebene bringen, dann können die individuellen Fähigkeiten vieler Einzelner zu *einer* Kraft werden – die Systemwissenschaft spricht von „Synergie". Und aus dem Zusammenspiel kann Neues aus der Kombination bislang getrennter Subsysteme entstehen – die Systemwissenschaft spricht von „Emergenz".

Statt dem Versuch, das ganze System zu dominieren, um mühsam die Kontrolle zu behalten, entsteht bei dieser Form der Wahrnehmung die Chance, die Vielfalt der Realität zu nutzen und am Ganzen teilzunehmen. Statt strikt vorgegebenen ideologischen Zielsetzungen zu folgen, kann sich die Freiheit eröffnen, Absichten mit immer wieder neu entstehenden Möglichkeiten flexibel umzusetzen. Statt zementierter Wahrheiten und Abhängigkeit von fremden Autoritäten gerät die Authentizität der eigenen Erfahrung wieder in den Mittelpunkt.

Selbstorganisation auf der individuellen und sozialen Ebene heißt, aus der Masse herauszutreten, die eigene Wahrnehmung als Teil des Ganzen wahrzunehmen. Das größere Ganze besteht nicht aus vielen gleichen, sondern vielen ungleichen Teilen. Es organisiert sich aus der inneren Vielfalt und Lebendigkeit seiner Teile. Doch ist hier Individualität nicht mehr mit Isolation und Kampf gleichzusetzen. Vielmehr entwickelt sich das lebende System „Individuum" oder „Dorf" oder „Region" eigenständig im ständigen Feedback mit seiner Umgebung. *„Darin besteht das Paradox der Individuation"*, sagt die Ökologin und Systemtheoretikerin Joanna Macy: *„Je mehr ich werde, was ich bin, desto mehr kann ich zum schöpferischen Teil des Ganzen werden. Also ist die Vielfalt und Anerkennung ihres Wertes die Voraussetzung dafür, dass Wandel geschehen kann. Das Gemeinsame im Ganzen kann erst lebendig werden, wenn die inneren Unterschiede volle Anerkennung finden"* (Macy 1999: 217). Aus „Macht über etwas" kann in einem so verstandenen Zusammenleben eine gemeinsame Kraft zur Veränderung entstehen, die integrativ wirkt. Vielleicht liegt darin der erstaunliche Erfolg mancher Initiativen.

Ein neues Bewusstsein

Die systemische Weltsicht bietet demnach einen Wechsel zu einem Muster der Wahrnehmung an, mit dem die Wirklichkeit neu entschlüsselt wird. Da sie den Menschen als integralen Bestandteil größerer lebender Systeme beschreibt, verändert das seine Stellung in der Welt, sein Selbstbild und seine Handlungsmöglichkeiten. Sie verändert damit unsere Wahrnehmung, unsere Ansichten und unser Verhalten. Statt Isolation kann Teilhabe entstehen, statt Trennung Verbindung, aus Kontrolle wird Kooperation, aus Manipulation kreative Anpassung, aus Reduktion Respekt vor Vielfalt. Die Chancen zur Veränderung erscheinen in neuem Licht.

Deutlich dürfte bis hier auch geworden sein, dass eine Veränderung im Weltbild *immer* auch eine Veränderung der Wahrnehmung miteinschließt. Welches Bild – im Sinne einer subjektiven „Realität" – wir uns von der unendlich komplexen Wirklichkeit machen, die uns umschließt, ist *immer* auch eine Frage des „Bewusstseins". Das klingt esoterischer als es ist: Die alltägliche Floskel vom „Umweltbewusstsein" heißt auch nichts anderes, als dass wir lernen müssen, die Umwelt mit anderen Augen zu sehen und uns zu ihr als Mitwelt in Beziehung zu setzen. Deshalb ist es lohnend, dem Aspekt eines heute möglicherweise mit einem systemischen Weltbild entstehenden „neuen Bewusstseins" noch etwas mehr zu folgen.

Wer die Welt als Maschine erlebt und sich selbst darin als ein weitgehend fremdbestimmtes Zahnrad, wird ein anderes Selbst-, Welt- und Menschenbild haben, als jemand, der sich selbst als Teil eines lebenden, sich selbst organisierenden, ihn umschließenden und tragenden Lebensnetzes empfindet, dessen unmittelbarer, schöpferisch kreativer Ausdruck er oder sie selbst ist. Wer sich selbst als isoliertes Objekt in einer bedrohlichen Welt aus konkurrierenden isolierten Objekten empfindet, wird sich anders verhalten, als jemand, der sich als ein unverzichtbarer Knotenpunkt in einem dynamischen Netzwerk wahrnimmt, dass sich immer wieder im Fließgleichgewicht stabilisiert. Und noch weiter: Wer sich als Überlebender eines blutigen und geistlosen Evolutionsprozesses wahrnimmt, in dem es nur darum geht, die eigenen Gene weiterzugeben, wird sich im konfliktreichen Alltag anders verhalten, als jemand, der davon ausgeht, dass in ihm 3,5 Milliarden Jahre Entfaltung des Lebens pulsieren und die Evolution nicht abgeschlossen ist, sondern die Schöpfung vielmehr auf geistiger, ethischer, spiritueller Ebene weiter und weiter geht.

Dabei ist „Spiritualität" nicht als unseriöse Leerformel zu verstehen, sondern im Sinne der indischen alternativen Nobelpreisträgerin Vandana Shiva als *„unsere Fähigkeit, innere Ressourcen zu entwickeln und uns seelisch gegen alle Formen von Gewalt und Einschränkungen zu stärken, die sonst zu Apathie, Lähmung und Angst führen"* (Lüpke 2003). Und was das systemische Weltbild hier spirituell vorschlägt, ähnelt eher einem mystischen Bewusstsein der Verschmelzung mit dem heiligen Netzwerk des Lebens, aus dem die Kraft gewonnen werden kann, eben dieses aus tiefstem Herzen zu schützen und zu bewahren.

Es gehört zu den erstaunlichsten Einsichten modernen Denkens, dass wir endlich beginnen zu begreifen, dass die Evolution nicht abgeschlossen ist, sondern in unserem Bewusstsein weitergeht. Die moderne Bewusstseinsforschung hat in den letzten Jahrzehnten entdeckt, dass wir nicht nur als Embryo die biologische Evolution nachvollziehen, sondern als Säugling, Kleinkind, Kind, Jugendlicher und Erwachsener auch die Evolution des menschlichen Bewusstseins im Lauf der Menschheitsgeschichte wiederholen. Menschliche Kultur- und Bewusstseinsentwicklung dürfte mit einer frühen *archaischen* Bewusstseinsstufe begonnen haben, in der sich der frühe Mensch ungetrennt mit der lebendigen Welt verbunden gefühlt hat, aber keine Ahnung hatte von Individualität. Weitere Stufen dürften das *magische* Bewusstsein des frühen Schamanismus gewesen sein, indem unsere Gattung sich darin erprobte, mit geistiger Kraft gestaltend und lenkend in die Naturprozesse einzugreifen; danach das *mythologische* Bewusstsein, in der der Mensch sich als abgetrenntes Wesen selbst definierte, sich herrschende Götter ausdachte. Die Herrschaft des Egos begann und mit ihm die Phase von Herrschaft, Kontrolle und Macht. Das rationale Bewusstsein der Neuzeit schließlich hat auf dieses Bild der Wirklichkeit die nackte Logik gesetzt, auf die wissenschaftliche Verifizierbarkeit und die Ideologie des Objektivismus – und damit den Planeten an den Rand der Katastrophe manövriert.

Wo sich die Mehrheit der Menschheit nach Ansicht philosophischer Pioniere heute noch befindet, ist eine religiös mythologische Bewusstseinsstufe, die seit Tausenden von Jahren davon geprägt ist, sich einem anthropogenen, patriarchalen und urteilenden Schöpfergott zu unterwerfen, der als Projektion eines übermächtigen Egos weit entfernt in einem Himmel thront und dessen feststehenden Regeln man folgen und unterordnend genügen muss. Dass aus einer so begründeten Religiosität Konformismus, Autoritätsgläubigkeit, Intoleranz, Egozentrik, rechthaberischer Fundamentalismus und Herrschaftsideologien entstehen können, hat die neuere Geschichte deutlich gezeigt. *„Menschen auf einer mythologischen Bewusstseinsstufe sind psychologisch gar nicht dazu in der Lage, ‚global' zu denken. Sie kümmern sich in der Regel auch nicht um Themen wie die weltweite Umwelt, Gesundheit, Finanzlage oder das Bevölkerungswachstum"*, meint der amerikanische Philosoph Jim Marion: *„Sie sind völlig auf ihre eigenen finanziellen, familiären, ethischen, sektiererischen und nationalistischen Themen konzentriert"* (Marion 2004: 6). Der christliche Mystiker will damit nicht gläubige Menschen abwerten, sondern nur deutlich machen, dass aus einer mythologisch begründeten Religiosität quasi zwangsläufig fundamentalistische politische Haltungen entstehen – und zwar bei allen großen mythologisch basierten Religionen. Kombiniert man ein mythologisches Gottesbild mit der nackten logischen Kälte eines die heutige Gesellschaft beherrschenden Zweckrationalismus, dann versteht man, dass wir kaum woanders landen konnten als dort, wo wir sind. In der Moderne ist es das rationale Denken, in dem sich alles um die Stellung des Einzelnen in der Gesellschaft dreht. Macht, Vernunft und Anerkennung stehen im Mittelpunkt. Die Erde ist dem rationalen Menschen dabei ein Ressourcen-Lager, dass es nach den Regeln der Wissenschaft persönlich zu nutzen gilt. Wettbewerb ist der zentrale Wert, Religion ein soziales Ritual. Zwar nimmt die geistige Freiheit zu, doch die kalte Vernunft des Egos herrscht unangefochten und zerstört die von ihm getrennte Welt.

Doch die Geschichte der geistigen Evolution ist nicht zu Ende, auch hier befinden wir uns heute an einem fundamentalen Umbruch. Die Zukunft ist offen und das postmoderne Bewusstsein ist von Pluralismus, Vielfalt, Dialog und Globalität geprägt – die Welt als Ganzes rückt in den Mittelpunkt. Dies kommt auch in den kirchlichen Ansätzen zur Schöpfungsverantwortung zum Ausdruck. Vielleicht liegt die Zukunft in größerer persönlicher Integrität, innerer Reife, visionärem Mut, kooperativem Handeln und kreativer Selbstorganisation. Doch soweit wird es erst kommen, wenn die Ketten sowohl des mythologischen als auch des rationalen Bewusstseins gesprengt sind.

„Unsere Rationalität hat inflationäre Ausmaße erreicht. Die größte Krise ist nicht die ökonomische Instabilität oder das mangelhafte politische System, sondern der Mangel an Sensibilität" sagt Leonardo Boff: *„Die Grundstruktur des Menschen ist nicht der ‚Logos', das Denken, sondern ‚Fathos', die Sympathie, die Fähigkeit, sich berühren zu lassen und zu fühlen. Sie ermöglicht uns, mit der Welt zu leben, anstatt uns zu distanzieren oder außerhalb der Natur zu stellen, wo wir nur noch denken und uns kontrollieren. Wir müssen die Fähigkeit wiederentwickeln, uns berühren zu lassen, zu fühlen und von dort aus eine neue Ethik entwickeln"* (Boff 1999: 7).

Bilden intellektuell-rationales Wissen und die emotionale oder spirituelle Erfahrung der Verbundenheit eine Synthese, bekommen auch politische Begriffe einen neuen Inhalt. Sie werden universale Werte, die gleichermaßen in der biosphärischen wie der menschlichen Gemeinschaft Anwendung finden. Dazu gehören größtmöglichste Partizipation, Bewahrung der Vielfalt, Solidarität, Gerechtigkeit, Schutz der Grundbedürfnisse und Lebensrechte. Aus einem sozialen wird ein planetarisches und ökologisches Demokratieverständnis, das den Mensch nicht als isoliertes Individuum, sondern als Beziehungswesen versteht. Dabei wird die Menschheit als Gesamtheit begriffen, die sich in „kollektiver Subjektivität" über seine Bürger artikuliert und evolutionär weiterentwickelt – gesellschaftlich wie innerlich. Das dynamische Gleichgewicht einer solchen planetaren Option baut auf die Prinzipien von Mitgefühl und Solidarität, ihr höchstes Gut ist der Schutz der irdischen Gemeinschaft. Daraus ergeben sich neue Ansätze der Pädagogik, die das planetare Bewusstsein zum Leitwert machen und eine politische Ökonomie, die mit den begrenzten Ressourcen haushälterisch umgeht, entsprechende Strategien zur autonomen und regionalen Entwicklung verfolgt sowie die Qualität statt der Quantität in den Mittelpunkt stellt.

In jeder der evolutionären Bewusstseinsphasen war der Mensch in seinen eigenen Grenzen des Denkens und Wahrnehmens gefangen: Der archaische Mensch konnte sich nicht differenzieren von der Mutter Natur; der magische Mensch musste sich allgegenwärtig schützen vor Geistern und Dämonen; der mythologische Mensch war Spielball unendlich mächtiger Gottheiten und selbst ein Wurm; der rationale Mensch ist gefangen in seinem einsamen Machbarkeits- und Überlegenheitswahn. Die Chance der Gegenwart besteht nun darin, alte Formen der Wahrnehmung, alte Stufen des Bewusstseins willentlich anzusteuern und mit all unserem Rationalismus zu durchdringen, aber damit auch die Fesseln der Ratio zu weiten und zu lösen. Damit eröffnet sich ein Zugang zu einem „integralen Menschenbild" wie es die Pioniere der Philosophie heute immer öfter beschreiben: Der Einzelne hat die Chance, archaisches, magisches, mythisches und rationales Wahrnehmen zu erfahren und sich so zu einem „integralen" Menschen zu entwickeln. Genau das scheint der evolutionäre Auftrag unserer Zeit zu sein.

Fassen wir zusammen: Die Welt der Gegenwart befindet sich in einem fundamentalen kulturellen Umbruch, der nur mit der landwirtschaftlichen Revolution vor 6.000 Jahren oder der industriellen Revolution vor mehr als 150 Jahren zu vergleichen ist. *„Wir sind gleichzeitig Sterbebegleiter einer alten Kultur"*, sagt Joanna Macy, *„und Geburtshelfer einer neuen Kultur!"* (Lüpke 2003). Im Wesentlichen findet diese historische Wende gleichzeitig auf drei Ebenen statt: Dabei handelt es sich erstens um Aktionen, welche die Umweltzerstörung bremsen und den ökologischen und sozialen Zusammenbruch der industriellen Wachstumsgesellschaft verzögern. Zweitens wird der kulturelle Wandel von einer sorgfältigen Analyse der strukturellen Wurzeln der Fehlentwicklung geprägt, wobei gleichzeitig an der Entwicklung von strukturellen Alternativen und zukunftsfähigen Modellen gearbeitet wird. Diese beiden ersten Ebenen sind unverzichtbar, ihr langfristiger Erfolg verlangt jedoch einen grundlegenden Wandel in unserer Wahrnehmung, unserem Weltbild und unseren Werten. Auf dieser dritten Ebene geht es um nicht weniger, als um die Veränderung einer materialistischen, mechanistischen, Konkurrenz betonten und wachstumsorientierten Sichtweise hin zu einem kooperativen, partnerschaftlichen und ganzheitlichen Weltbild. Auf dieser – sehr breiten – weltanschaulichen Ebene entscheidet sich letztendlich, ob der Umbau unserer Kultur gelingen wird. Die schrittweise Entstehung eines neuen Weltbildes wird aus vielen Quellen genährt. Sie wurzelt in der ganz individuellen Suche nach neuen Lebensformen, die ein Mehr an Lebensqualität und Glück über die Befriedigung materieller Bedürfnisse stellt. Sie ist untrennbar verbunden mit der verbreiteten Sehnsucht, wieder in Kontakt zu treten mit einer lebendigen Umwelt, dem Wunsch, sich rückzubinden an eine Mitwelt, die als großer lebendiger Organismus das einzelne Individuum umgibt. Aber sie wird auch gestützt von den Durchbrüchen und Erkenntnissen der modernen Naturwissenschaft – der Quantenphysik, der Kosmologie, der ökologischen Wissenschaften, der Komplexitäts- und Chaosforschung oder der Allgemeinen Systemtheorie.

All diese Ansätze betonen das enge Beziehungsgeflecht, das alle gesellschaftlichen und natürlichen Phänomene als Teile eines organischen, dynamischen Netzwerks sieht, in dem sich alles gegenseitig beeinflusst, von einander abhängig ist und in einem Prozess kontinuierlicher Veränderung und Evolution befindet. Das ist der zentrale Aspekt eines neuen Welt- und Menschenbildes, dass seine vielfältige Ausprägung in all den unterschiedlichen Bereichen findet, die in diesem Buch thematisiert werden. Als Beispiel sollen hier nur drei Bereiche angeschnitten werden: die Bedeutung der Vielfalt, der Menschenrechte und der Agrarkultur.

Vielfalt, Menschenrechte und Agrarkultur

Der wahrscheinlich zentralste Wert aller alternativen Ansätze ist der Schutz und die Bewahrung von natürlicher *Vielfalt*. Wenn in ökologischen Kreisen vom Schutz der Vielfalt die Rede war, dann waren in der Regel Maßnahmen zum Schutz der *biologischen* Vielfalt gemeint. Der systemische Ansatz ist hier weit umfassender: Er sieht das globale Artensterben als letzten Ausdruck einer reduktionistischen und mechanistischen Weltsicht, die prinzipiell auf die standardisierten Lösungen durch Monokulturen setzt: Monokulturen des Denkens, Monokulturen in der Landwirtschaft, Monokulturen in der Wirtschaft generell sowie nach einem festen Schema standardisierte menschliche Kulturen. Die Wirkung einer verdrängten Vielfalt ist auf allen Ebenen dieselbe: Kurzfristig werden Systeme mit geringer Vielfalt übersichtlicher, leichter steuerbar und oftmals auch produktiver. Langfristig aber verlieren sie innere Stabilität und der evolutionäre Veränderungsprozess verlangsamt sich oder bleibt stehen; Kreativität und Fehlerfreundlichkeit gehen zurück. Sie werden unproduktiv, immer weniger steuerbar und funktionieren schließlich nicht mehr.

Je mehr Vielfalt verloren geht, desto mehr Lösungsansätze gehen auch verloren, die im Verlauf der Evolution erarbeitet wurden. Das bedeutet, dass eine Überwindung von Unterschieden, Widersprüchen und Gegensätzlichkeiten oft nur vordergründig ein „Sieg des Stärkeren" ist. Denn langfristig schwächen sich Monokulturen durch ihre „Einfalt" selbst. *„Wir müssen die Vielfalt akzeptieren. Deshalb sagen wir ‚Nein' zu Monokulturen bei Pflanzen, bei*

Tieren und unter Menschen", sagt die kenianische Friedensnobelpreisträgerin Wangari Maathai: *„Wir können nicht eine globalisierte Menschheit mit einer Kultur werden, die wir gar nicht anerkennen wollen. Wir müssen lokales Selbstvertrauen entwickeln, müssen wissen, wer wir sind und uns selber wertschätzen. Wenn wir unseren eigenen Wert kennen, können wir auch der Natur und kommenden Generationen einen eigenen Wert zubilligen"* (Maathai 2008). Die Betonung der Vielfalt schließt ideologische, standardisierte, kontrollierende und autoritäre Lösungen aus. Auf der gesellschaftlichen Ebene findet sie ihren Ausdruck in möglichst basisdemokratischen Strukturen, die allen gesellschaftlichen Subsystemen ein Recht zur eigenständigen freien Entfaltung einräumt.

Nirgendwo kommt die Beziehung, die wir zur Natur haben, so deutlich zum Ausdruck, wie in der *Landwirtschaft*. Hier entscheidet sich, ob wir die Böden mit Chemikalien vergiften, mit genverändertem Saatgut überlisten, zu monokulturellen Produkten zwingen und uns wie in einem gigantischen Warenhaus kostengünstig bedienen. Oder ob wir alternativ die Qualität der Böden schützen, das enge Netz der biologischen Vielfalt geschickt nutzen, andere Lebensformen respektieren und unsere Bedürfnisse nach Nahrung so decken, dass das lebenserhaltende System auch für kommende Generationen bestehen bleibt. Aus der Würdigung des Eigenwertes allen Lebens resultieren ein respektvoller Umgang mit Flora und Fauna und eine Lebensweise, welche die Vielfalt ehrt.

Die systemische Sichtweise zwingt uns anzuerkennen, dass der Mensch *ist*, was er *isst*. Sie begrenzt das System Mensch nicht länger auf den Organismus innerhalb der Hauthülle, sondern bezieht die Mitwelt mit ein. Sie verweist darauf, dass lebende Systeme integrierte Ganzheiten sind, die innerhalb ihrer Systemgrenzen einen Gleichgewichtszustand herstellen müssen, gleichzeitig aber auch vom Zustand der sie umgebenden größeren Systeme abhängig sind, um das eigene System nachhaltig stabil zu halten: Ein gesunder Organismus kann nur in einem ausgeglichenen Sozialsystem und einer heilen Umwelt entstehen und sich selbst erhalten. Man unterscheidet also zwischen individueller, sozialer und ökologischer Gesundheit, wobei alle drei Ebenen voneinander abhängig sind. Was für den einzelnen Menschen ungesund ist, ist in der Regel auch ungesund für die Gesellschaft und für das beide Teile umfassende Ökosystem; das gleiche gilt anders herum. Um dies zu gewährleisten, muss Agrarkultur für eine dezentrale Versorgung mit strikt ökologisch produzierten Lebensmitteln plädieren. Aus der systemischen Perspektive gelten für das Individuum die gleichen Prinzipien wie für die ganze Biosphäre: die wechselseitige Abhängigkeit aller Bestandteile eines Systems voneinander, die Begrenztheit des Rohstoffe und Ressourcen, die für Stabilität sorgende innere Vielfalt, die funktionierenden Kreisläufe, der offene Fluss von lebenserhaltenden Energien, die das dynamische Gleichgewicht erhaltende Flexibilität, das kooperative innere Zusammenspiel des Organismus mit größeren Systemen, sowie die komplexe evolutionäre Weiterentwicklung des Systems (vgl. Capra 1999).

Aus dieser sehr umfassenden Perspektive wird deutlich, dass ein Ökosystem jenseits eines gesunden Gleichgewichts unmittelbar die Gesundheit der Organismen beeinflusst, die es umschließt: Wer gesunde Menschen und Tiere will, braucht eine gesunde Mitwelt und dafür ein Gesellschaftssystem, dass die oben genannten Prinzipien anerkennt. Alternative Ansätze in der modernen Landwirtschaft haben immer drei parallele Ziele zu verfolgen: Sie müssen erstens mit guten Gründen das herrschende Weltbild in Frage stellen und die katastrophalen Folgen der industrialisierten Landwirtschaft ins öffentliche Bewusstsein bringen. Sie müssen zweitens neben der Entwicklung ihrer alternativen Anbaumethoden ein ganzheitliches Weltbild mitliefern, das als philosophisches Gegenmodell dienen kann. Und sie müssen drittens beweisen, dass mit alternativen Anbaumethoden die enorme Nachfrage des Marktes gedeckt werden kann und ein Umbau zur Nachhaltigkeit wirtschaftlich möglich und lohnend ist.

Fasst man den tragenden Impuls aller zivilgesellschaftlichen Initiativen zusammen, dann geht es beim Aufbau einer nachhaltigen „anderen Welt" um das Recht der Menschen, ihre Zukunft selbstbestimmt in die eigenen Hände zu nehmen, ihr Leben und jenes künftiger Generationen zu verteidigen und politische Systeme zu schaffen, in denen die Vielfalt kreativer Lösungsansätze miteinander kooperieren und in der Synthese eine gerechte, ökologisch verantwortungsvolle Welt schaffen. Schon in dieser knappen Definition wird deutlich, welche zentrale Rolle die *Menschenrechte* beim Aufbau einer lebenswerten Zukunft spielen: Lokale Selbstbestimmung bleibt Illusion, wenn diktatorische Regime jeden Versuch des politischen Engagements im Keim unterdrücken. Reformen bleiben Hirngespinste, wenn politischer Widerstand, der sich in Parteien, Verbänden, Vereinen oder durch zivilen Ungehorsam manifestiert, mit Mord und Folter bedroht wird. Die Hoffnung auf die Umsetzung noch so erfolgreicher Alternativen verpufft wie ein Luftblase, solange die Macht in einem Konglomerat aus Militärs, lokalen Eliten und Konzernen konzentriert ist und es keine demokratischen Strukturen gibt. Aktivisten werden eine lächerliche Minderheit bleiben, solange verbrecherische Regime mit Hilfe von Angst und Folter nichts anderes versuchen, als engagierten Menschen Stolz und Würde zu nehmen. Menschenrechts-Aktivist/innen sind damit die eigentlichen Vorreiter/innen einer nachhaltigen Zukunft, weil sie mit ihrem Kampf um demokratische Rechte die Grundlage schaffen für politische Verhältnisse, in denen andere sich für die Bewahrung biologischer Vielfalt, alternative Entwicklungswege oder dem Wiederaufbau regionaler Gemeinschaften engagieren können. Neue Politik muss sich deshalb darauf konzentrieren, der Wahrung der Menschenrechte allerhöchste Priorität einzuräumen. Denn alle systemischen Ansätze bleiben reine Theorie und werden zur Makulatur, wenn es mutigen Menschen nicht gelingt, diese Vision einer neuen Wirklichkeit zur gesellschaftlichen Realität zu machen.

Wandel findet statt

Eine neue, andere, gerechtere Welt kann nicht geschaffen werden, wenn wir nicht lernen, anders wahrzunehmen, zu empfinden und uns politisch, philosophisch und spirituell neu im größeren Ganzen zu verorten. Weltbilder haben die schwierige Aufgabe, dem Menschen ein Erklärungsmuster für die Vielfalt der Erscheinungen und die eigene Rolle darin zu geben. Jedes Weltbild, jede Perspektive wird unser Verhalten bestimmen, unsere Beziehungen formen, unsere Lebensaufgabe markieren. Herkömmliche Weltbilder haben diese Aufgabe in einer Form erfüllt, die die Vielfalt der Erscheinungen immer mehr zerstörte und damit auch die Rolle des Menschen zunehmend in Frage stellt.

Kann uns das systemische, ökologische und organische Weltbild aus der Sackgasse herausführen, in die uns das mechanistische, rationale und objektive Weltbild geführt hat? Weil alles, was wir über die Natur sagen können, immer nur eine Annährung an eine letztlich nicht beschreibbare Komplexität ist, sollte der systemische Ansatz nicht als neue letzte Wahrheit missverstanden werden. Doch fraglos hat er den Rahmen unserer Wahrnehmung ein Stück erweitert, Zusammenhänge erklärt, neue Werte gesetzt. Brauchbar aber wird ein Weltbild erst in seiner Anwendung. Bislang stand hinter dem Begriff der „Nachhaltigkeit" noch kein durchgängiges operationales Konzept. Er war eher als Schlagwort zu verstehen, um aus der Einsicht in die Zusammenhänge und Dynamik weltweiter Prozesse auch die richtigen Schritte in eine zukunftsfähige Welt entstehen zu lassen. Weil die unabdingbare Selbstorganisation neuer Strukturen aber nicht von oben verordnet werden kann, waren fast alle dirigistischen Ansätze erfolglos. Dort jedoch, wo die Selbstorganisation hingehört, an der Basis, findet Wandel statt. Dort entstehen Modelle für Lösungen und Pilotprojekte einer nachhaltigen Zukunft. Im größeren Rahmen des systemischen Weltbilds geht es dabei schlicht um die zunehmende Selbstkorrektur eines Systems, dass dringend nach einem neuen, stabilen Fließgleichgewicht sucht. Sich in diesem Prozess der Selbstkorrektur zu verorten, ist die Aufgabe, die jede/r für sich annehmen und ausfüllen sollte.

Literatur

Boff, Leornado zit. nach: Newsweek, Ausgabe vom 28.6.1999.

Boff, Leonardo (1998): Plenary Speech on the Earth Charter Continental Meeting, S. 7.

Capra, Fritjof (1999): Ökologie und Gesundheit. In: Sauer-Sachtleben, Monika (Hrsg.): Kooperation mit der Evolution. München: Diederichs-Verlag, S. 220-230.

Goldsmith, Edward (1996): Der Weg. Ein ökologisches Manifest. München: Beltendorf Verlag.

Hassan Fathi (1990). In: Uexküll, Jacob v. et.al. (Hrsg.): Projekte der Hoffnung. München: Raben Verlag, S. 42.

Lüpke, Geseko von (2003): Politik des Herzens. Nachhaltige Konzepte für das 21. Jahrhundert. Uhlstädt-Kirchhasel: Arun.

Maathai, Wangari (2008): Wer den Weg kennt, wird nicht müde. In: Lüpke, Geseko von/ Erlenwein, Peter (Hrsg.): Projekte der Hoffnung. München: oekom verlag, S. 128-140.

Macy, Joanna (1999): Die holonische Perspektive. In: Sauer-Sachtleben, Monika (Hrsg.): Kooperation mit der Evolution. München: Diederichs-Verlag, S. 208-219.

Marion, Jim (2004): The Death of the Mythic God. The Rise of Evolutionary Spirituality. Charlottesville: Hampton Roads Publishing.

Succow, Michael (2003): Einleitung. In: Lüpke, Geseko von: Die Alternative. Wege und Weltbilder des Alternativen Nobelpreises. München: Riemann-Verlag.

Vester, Frederic (2001): Die Kunst vernetzt zu denken. Ideen und Werkzeuge für einen neuen Umgang mit Komplexität. Stuttgart: DVA.

Weber, Andreas (2008): Bio-Kapital. Die Versöhnung von Ökonomie, Natur und Menschlichkeit, S. 58, Berlin: Berlin-Verlag.

Kostbarkeit biologische Landwirtschaft

Elisabeth Loibl

Landwirtschaft und Agrarpolitik bewegen sich in einer Sackgasse. Irgendwann wird es mit der agrarindustriellen Produktion nicht mehr so weiter gehen können wie in den vergangenen fünfzig Jahren. Die Gründe dafür sind bekannt: Die Lebensgrundlagen Boden, Wasser, Luft sind begrenzt, durch diese Art der Produktion sterben Tier- und Pflanzenarten aus oder sind vom Aussterben bedroht. Sie führt zu Hunger, Elend, Tod und Verarmung vor allem in den Ländern des Südens. Die fortschreitende Abwanderung aus der Landwirtschaft führt zu steigender Arbeitslosigkeit und vieles andere mehr.

Die Biolandwirtschaft mit Ausrichtung auf die lokale und regionale Versorgung war und ist Hoffnung, nachhaltige (Aus)Wege daraus zu finden. Die Entwicklungen der vergangenen Jahre lassen jedoch befürchten, dass sie nun selbst dabei ist, in derselben Sackgasse anzukommen, die gekennzeichnet ist durch Industrialisierung von Produktion und Verarbeitung sowie die völlige Ausrichtung auf den Markt.

Mit folgenden Fragen werde ich mich in diesem Beitrag auseinandersetzen: Warum halten Menschen an einem Wirtschaftssystem fest, das sich seit Jahrzehnten als nicht nachhaltig erweist? Warum wird im Zeitalter der Nachhaltigkeitsdebatte noch immer die Industrialisierung und Kommerzialisierung allen Lebens propagiert und durchgeführt, obwohl die verhängnisvollen und nicht nachhaltigen Folgen davon längst bekannt oder absehbar sind? Welche Möglichkeiten bietet die bäuerliche biologische Landwirtschaft, um Auswege aus den ideologischen und wirtschaftlichen Sackgassen zu finden?

Einleitung

Mein wissenschaftlicher Hintergrund sind die Subsistenzperspektive und die Tiefenökologie. Beide Richtungen geben sich nicht mit oberflächlichen Betrachtungen zufrieden, sondern veranlassen uns, den Ursachen auf den Grund zu gehen. In der Subsistenzperspektive bedienen wir uns der wissenschaftlichen Qualitativen Methode, Einzelbeispiele aufzuzeigen, die für andere ein Vorbild werden können.[1] Damit konnte ich mich sofort anfreunden. Menschen bleiben hier Menschen und verschwinden nicht in der Anonymität

---

1 Vgl. Baier/Bennholdt-Thomsen/Holzer 2005; Baier/Müller/Werner 2007; Müller 1997; Bennholdt-Thomsen (Hrsg.) 1997; Bennholdt-Thomsen/Holzer/Müller 1999; Bennholdt-

statistischer Zahlen oder werden „objektiviert": zum Objekt des/r Forschers/in und zum allgemein gültigen Kennzeichen erklärt. Die Tiefenökologie ergänzt meine Forschungsmethode, da sie systemisch und spirituell ausgerichtet ist. Dabei greife ich einerseits auf eigene Erfahrungen zurück, da ich mich gerne an die Empfehlung von Maria Mies halte, die meinte, wir müssen Einsicht in die Verwobenheit der eigenen Lebensgeschichte mit der Zeitgeschichte gewinnen, damit wir uns eine Handlungsebene erobern, auf der wir etwas tun können (vgl. Bennholdt-Thomsen/ Mies 1997: 13). So lange wir die alles überragende (Herrschafts)Geschichte aus der Ferne betrachten, erweckt das Zeitgeschehen in uns den Eindruck, als habe alles, was auf dieser Welt passiert, nichts mit uns selbst zu tun. Wie dieser verhängnisvollen Einstellung zu entkommen ist, zeigt der Abschnitt über die Tiefenökologie.

Vorausschicken möchte ich eine Definition von bäuerlich, so wie ich sie verstehe. Diese Definition ist wichtig, da die Bezeichnung „bäuerlich" den politischen Gewogenheiten, den eigenen Erfahrungen wie auch dem Zeitgeist unterliegt. Bäuerliche Landwirtschaft ist eine eigenständige Art zu wirtschaften, mit einer eigenen sozialen und kulturellen Logik. Bäuerliches Wirtschaften ist nicht primär auf Gewinnmaximierung ausgerichtet, sondern auf das Notwendige und Beständige. Das Notwendige dreht sich vordringlich um die tägliche und unmittelbare Versorgung der eigenen Familie, des familiären und regionalen Umfeldes mit gesunden Lebensmitteln. Eine bäuerliche Wirtschaftsweise will Investitionen für arbeitserleichternde Technik möglichst gering halten und strebt nicht ausschließlich Wachstum an, sondern wirtschaftet mit den vorhandenen Ressourcen. Die Priorität wird auf das Überdauern des Bestehenden gesetzt, ökonomisch wie sozial (vgl. Tschajanow 1923, zit. nach Bennholdt-Thomsen/Mies 1997: 98). Im Gegensatz dazu scheint es die agrarindustriellen Produzenten wenig zu interessieren, ob der Boden durch die Intensivbewirtschaftung auch noch von nachfolgenden Generationen genutzt werden kann. Selbst die biologische Wirtschaftsweise unterscheidet sich heutzutage in vielerlei Hinsicht von dieser bäuerlichen Tradition, weil der „konventionelle Biolandbau" (vgl. Groier/Gleirscher 2005) in die Schienen der agrarindustriellen Wachstumsökonomie eingefahren wurde. Was Biopionier/innen während der 1970er und 1980er Jahre mit großer Beharrlichkeit und Klugheit aufzubauen begannen, die Direktvermarktung auf lokalen und regionalen Märkten, wurde später von großen Handelsketten übernommen und als Marketingstrategie verwendet. An vielen Bioprodukten ist nur noch die landwirtschaftliche Erzeugung biologisch, Verarbeitung und

Thomsen/Faraclas/Werlhof 2001; Werlhof/Bennholdt-Thomsen/Faraclas 2003; Meyer-Renschhausen/Holl (Hrsg.) 2000.

Vermarktung erfolgt jedoch industriell, ohne Anzeichen einer Verbesserung der Situation in der Landwirtschaft mit sich zu bringen. Die soziale Komponente spielt in der Agrarpolitik kaum eine Rolle. Es ist vielmehr das Gegenteil der Fall in Anbetracht hoher Sozialversicherungsabgaben für Direktvermarktungsmaßnahmen und überhöht kalkulierte Fruchtgenussabzüge bei ohnehin geringen Bäuerinnen- und Bauernpensionen. Dass die Landwirtschaft auch eine Lebensform ist, die es Bäuerinnen und Bauern ermöglicht, im ländlichen Raum wichtige soziale und ehrenamtliche Funktionen zu übernehmen, scheint für Politik und Öffentlichkeit mehr oder weniger belanglos zu sein.

Veronika Bennholdt-Thomsen stellte in ihrem Vortrag *„Von der Fülle der Subsistenztätigkeiten und ihrem Verhältnis zur formellen Ökonomie"*[2] die Frage, was die Vertreter/innen der Subsistenzperspektive falsch gemacht hätten, da sich die Wahrnehmung der substantiellen Tätigkeiten in den vergangenen Jahrzehnten gesellschaftlich kaum verändert habe. Unter substantiellen Tätigkeiten werden jene Arbeiten abseits der Erwerbsarbeit verstanden, die unser Leben aufrechterhalten. Bennholdt-Thomsen kommt zu dem Schluss, dass einerseits die Subsistenzproduktion, das was zum Leben tatsächlich notwendig ist[3], in unserer Denktradition gering geschätzt und unsichtbar gemacht wird. Daher sei es erforderlich, aus dem Bild zu springen. Wir müssen den Bezugsrahmen der kommerziellen Verwertung verlassen und einen Paradigmenwechsel vollziehen.

Die beiden deutschen Übersetzer des Buches „Die Reise in ein lebendiges Leben", Nikolaus Einhorn und Norbert Gahbler, sind ebenfalls der Ansicht, dass wir die anstehenden ökologischen, sozialen und existentiellen Probleme nicht mit denselben Denk- und Verhaltensmustern lösen können, durch die sie entstanden sind (vgl. Macy/Young Brown 2007: 10). Dieser Aspekt werde nicht nur in den bestehenden Bildungskonzepten für nachhaltige Entwicklung, sondern in unserer gesamten Kultur nicht hinreichend beachtet und verstanden. Die Agenda 21, die 1992 in Rio vereinbart wurde, um nachhaltige Entwicklung weltweit in die Wege zu leiten, habe bisher noch zu keiner entscheidenden Neuorientierung im individuellen, gesellschaftlichen und politischen Handeln geführt. Und zwar deshalb nicht, weil es eines tiefer greifenden Umdenkens, eines nachhaltigen Bewusstseinswandels bedarf, als wir bislang bewerkstelligen konnten.

---

2 Bennholdt-Thomsen, die zu den Begründerinnen der Subsistenzperspektive zählt, hielt den Vortrag im Rahmen der Tagung „Die Bedeutung der Subsistenz im 21. Jahrhundert. Von der Nische zur zukunftsweisenden Perspektive" (Evangelische Akademie Tutzing und Stiftung Anstiftung München, 21. bis 23. Mai 2007).

3 Siehe Definition bäuerliches Wirtschaften.

Biolandwirtschaft und der Fluch der Geldwirtschaft

„Wir wissen, dass die Weißen unsere Art nicht verstehen. Ein Teil des Landes ist ihnen gleich jedem anderen, denn sie sind Fremde, die in der Nacht kommen und die von der Erde nehmen, was immer sie brauchen. Die Erde ist nicht ihre Mutter, sondern ihre Feindin und wenn er sie erobert hat, schreitet er weiter. Sie lassen die Gräber ihrer Vorfahren zurück – und kümmern sich nicht. Sie stehlen die Erde von ihren Kindern – und kümmern sich nicht. Die Gräber der Vorfahren und das Geburtsrecht der Kinder sind vergessen. Sie behandeln ihre Mutter, die Erde, und ihren Bruder, den Himmel, wie Dinge zum Kaufen, Plündern und zum Verkaufen wie Schafe oder glänzende Perlen. Ihr Hunger wird die Erde verschlingen und nichts zurücklassen als eine Wüste“ (Häuptling Seattle).[4]

Ich habe dieses Zitat aus der Rede des Häuptlings Seattle diesem Abschnitt vorangestellt, weil der „Urgroßvater der ökologischen Bewegung“[5] bereits vor mehr als 150 Jahren vorausgesehen und vorausgesagt hat, wohin die industrielle Wachstumsgesellschaft führen wird. Land kann nach spiritueller[6] Auffassung nicht gekauft oder verkauft werden. Es kann nur genutzt und darauf geachtet werden, dass es auch noch weitere Generationen ernährt. Es ist nur geborgt von den Kindern und Kindeskindern. Dieses Denken in sieben Generationen ist in unserer (Un)Kultur abhanden gekommen.[7]

Warum haben wir Menschen verlernt, ethisch zu handeln?[8] Warum vergegenwärtigen wir uns nicht die Folgen unseres vermeintlichen Luxus-

---

4 Auszug aus der Rede des Häuptlings Seattle, die er 1854 an seinen Stamm im pazifischen Nordwesten der heutigen USA hielt (zit. nach Macy/Young Brown 2007: 234f).

5 www.indianer-web.de/ursprung/seattle.htm.

6 Unter Spiritualität verstehe ich das Bewusstsein von der Göttlichkeit und seelischen Verbundenheit aller Lebewesen (in Anlehnung an www.muz-online.de/religion/spiritualitaet.html).

7 Die Menschen der nordamerikanischen Stämme gehen davon aus, dass sieben Generationen auf das eigene Leben einwirken und das eigene Handeln auf sieben künftige Generationen Auswirkungen haben wird; siehe www.7generationen.at.

8 Dass viele Stämme vor der patriarchalischen Herrschaftsgesellschaft ethisch gelebt und gehandelt haben, beweisen Studien u.a. von Göttner Abendroth (1998), die den Stamm der Mossuo in Südchina erforscht hat und Bennholdt-Thomsen (1997), die in Juchitan eine nicht patriarchale Gesellschaft vorfand, mitten im machistischen Mexiko (vgl. auch Bennholdt-Thomsen/Holzer/Müller 1999). Sehenswert in diesem Zusammenhang ist die Dokumentation über die Todas von Clemens Kuby („Todas – Am Rande des Paradieses“, 1996, www.avrecord.de/todas.htm). Die Todas sind ein besonderer Stamm in Südindien von nur 1.000 Menschen, die noch nie einen Krieg erlebt haben. Sie bauen nichts an und treiben weder Handel noch Handwerk. Sie essen kein Fleisch, sie leben von der Milch wilder Büffel, die sie wie ihresgleichen verehren. Sie haben eine einzigartige Sprache ohne Schrift, glauben nicht an Götter, aber stehen in ständigem Kontakt zu ihren verstorbenen Ahnen

lebens? Warum kümmert es uns nicht, wie Tiere gehalten werden, deren Fleisch spottbillig im Supermarkt angeboten wird? Und warum haben wir kein Erbarmen mit den Menschen, deren Elend die Folge unseres Luxuslebens ist? Sind wir dermaßen hartherzig oder haben wir uns in eine Ablenkung, Verdrängung oder gar in eine Apathie geflüchtet, weil es unerträglich wäre, sich den Zustand dieser Erde vor Augen zu führen und darüber nachzudenken, was jede und jeder Einzelne von uns beitragen könnte, um die Verhältnisse auf der Erde zu verändern?

Wir wissen nicht, wann das Unheil auf dieser Welt begonnen hat. Gewiss besteht ein Zusammenhang mit der Einführung der patriarchalischen Herrschaftsgesellschaft, die einhergeht mit Eroberungskriegen, Kolonialisierung, Missionierung und in der jüngeren Geschichte mit Industrialisierung.[9] Eine wesentliche Manifestation der Herrschaftsgesellschaft ist die Einführung der Geld- und Marktwirtschaft. Denn die Geldwirtschaft löste die selbstgenügsame Wirtschaftsform der Bäuerinnen und Bauern auf. Im Mittelalter wurden auf einem Bauernhof die notwendigen Lebens- und Produktionsmittel selbst, oft gemeinsam mit Verwandtschaft und Nachbarschaft erzeugt. Auf den Märkten wurden lediglich Überschüsse verkauft, die entbehrt werden konnten. Der wesentliche Unterschied zu späteren Zeiten bestand darin, dass bei Ausfall des Marktes nur der Luxus, nicht aber die Existenz bedroht war (vgl. Krammer 1976: 14f).

Durch die Abhängigkeit vom Markt war es nicht länger möglich, die Preise selbst zu bestimmen oder das Sinken der Preise zu verhindern, Unverkäufliches konnte nicht verkäuflich gemacht werden. Und so wurde gerade das, was vormals ein Segen war zum Fluch: eine gute Ernte (vgl. Kautsky, Karl 1902: Die Agrarfrage, zit. nach Krammer 1976: 15). Kann der Geldbedarf durch den Verkauf der Produkte nicht gedeckt werden, müssen Schulden gemacht werden. Verkalkulierte sich ein Bauer oder eine Bäuerin, weil die Preise auf den Märkten verfielen, verloren viele in weiterer Folge ihren Hof. Was davor Feuer, Missernte und hereinfallende Feinde nicht vermochten, nämlich die Existenz der Bauernhöfe zu gefährden, erreichten später die Krisen auf den Korn- und Viehmärkten (vgl. Krammer 1976: 15),

---

und zu den Wesen besonderer Steine, Bäume, Berge und Seen. Ihre Familie ist der Clan, ein Oberhaupt gibt es nicht. Eigentlich ein Paradies, doch nun droht der Stamm zu zerfallen, von außen aber auch von innen. Ebenfalls eine Ahnung, wie unsere Vorfahren noch im Verbund mit der Natur zusammengelebt haben, vermittelt die Schweizer Dokumentation „Tal der Frauen“ von Marianne Pletscher (Schweiz 1994, www.filmeeinewelt.ch).

9 In diesem Zusammenhang empfehle ich das Buch von Heide Göttner-Abendrot (2000).

die Agrarindustrialisierung, die Kolonialisierung und die so genannte Grüne Revolution, *„die weder grün noch revolutionär ist"* (Shiva 2006: 94).

Die Agrarindustrie versprach unter dem Propagandaschlagwort „Grüne Revolution" den Bäuerinnen und Bauern in den Ländern des Südens sehr viel Geld zu verdienen, wenn sie Saatgut im Kombipack mit Handelsdünger und Pestiziden einkaufen und für den Markt produzieren. Dies geschah und geschieht, entgegen den bäuerlichen Traditionen, in Monokulturen und auf allen Flächen, so dass vielfach zu wenig Boden für die Eigenversorgung übrig bleibt. Außerdem müssen dafür Kredite aufgenommen werden. Da jedoch viele Bauern davon überzeugt werden, ist die Produktion so hoch, dass die Preise auf den Märkten weit unter den kalkulierten – sprich vorgegaukelten – liegen. Letztlich endet der versprochene Reichtum in den meisten Fällen in Armut und ist aufgrund der Überschuldung nicht selten Ursache für die erschreckend hohe Selbstmordrate unter Indiens Bauern und anderswo auf diesem Erdball.[10]

Joanna Macy (2003: 95) vertritt die Ansicht, dass unser gesamtes Wirtschaftssystem selbstmörderisch ausgerichtet ist: *„Selbstorganisierende Systeme, ob es eine Gemeinde ist, ein Planet oder eine Nation, korrigieren Fehlentwicklung durch Rückkoppelung oder Feedback. Jedes System, das seine Rückkoppelung abblockt, begeht Selbstmord. Jedes System, das sich weigert, die Konsequenzen seines Handelns zu sehen, ist selbstmörderisch."*

Jeder Mensch, der nicht Augen und Herz verschließt, konnte in der zweiten Hälfte des vergangenen Jahrhunderts feststellen, dass der Einsatz von Handelsdüngern und Pestiziden folgenschwere Auswirkungen auf die Mitwelt, die Tiere, Pflanzen, Gewässer, Luft und auf den Boden hat. Während eines Besuches in meinem Heimatdorf im Burgenland erschrak ich eines Tages, es war während der 1980er Jahre, als ich nach langer Zeit den Bach wieder sah, in dem ich als Kind im Sommer zur Abkühlung barfuß gelaufen bin und an dessen Ufer ich mit meinen Geschwistern oft gespielt habe. Er war nicht länger klar und frisch, sondern verwachsen, verschleimt, und er roch unangenehm. In der Nähe befindet sich eine Quelle, der Frauenbrunnen, dessen Wasser ebenfalls in diesen Bach mündet. Das Wasser des Frauenbrunnens wies Zeit meiner Kindheit beste Trinkwasserqualität auf und

10 Der Spiegel brachte im Jahr 2006 eine erschreckende Statistik mit dem Titel: „Tausend indische Bauern gehen in den Tod. Alle acht Stunden bringt sich in einer indischen Agrar-Provinz ein Bauer um. Diese schockierende Statistik lenkt den Blick auf die Globalisierungsverlierer in der Boom-Ökonomie: Indiens Landwirte leben in unfassbarem Elend – als letztes Mittel des Protests wählen sie den Selbstmord" (www.spiegel.de; November 2006). Siehe dazu auch den Beitrag von Vandana Shiva in diesem Buch.

schmeckte hervorragend. Heute darf das Wasser nicht mehr getrunken werden. Die Nitratwerte sind für den menschlichen Genuss zu hoch.

Natürlich stellt kaum jemand den Zusammenhang zur Landbewirtschaftung her. Sobald laut der Vorwurf geäußert wird, die Umweltverschmutzung habe mit der agrarindustriellen Landbewirtschaftung zutun, wird dies von Bäuerinnen und Bauern heftig dementiert (vgl. Loibl 2003: 10). Mir geht es im Fall der Nitratwerte in den Brunnen meiner Heimatgemeinde wie Molly Young Brown, die in Los Alamos aufwuchs, der so genannten Atomstadt[11] im US-Bundesstaat New Mexico. Im Vorwort zu „Die Reise ins lebendige Leben" schreibt sie: *„Wie sollte ich davon wissen, dass freundliche, liebe Menschen, die ich liebte und bewunderte, mit solch einer zerstörerischen Arbeit beschäftigt waren, wenn sie selbst davon nichts wissen wollten? Wie konnte ich den Mythos einer ganzen Stadt in Frage stellen?"* (Macy/Young Brown 2007: 21). Weiter unten auf derselben Seite zitiert die Anti-Atom-Aktivistin den Herausgeber von World Watch, Ed Ayers: *„Die schlimmsten Schäden auf der Welt werden nicht (nur) von psychopathischen Tyrannen und Terroristen angerichtet. Sie werden durch ganz normale Leute verursacht, gesetzestreue Kirchgänger(/innen), Menschen, die ihre Familien lieben und ein moralisches Leben führen, die Freude an ihrem Sportwagen haben, an ihren Urlaubsreisen, ihren Hamburgern und die gleichgültig sind gegenüber der Frage, woher das alles kommt und was es kostet. Nicht was den Ladenpreis betrifft, sondern was es kostet, wenn all die unzähligen Nebenwirkungen, die mit der Herstellung und dem Gebrauch all dieser Dinge einhergehen, aufsummiert würden."*[12]

Die drei Sozialforscherinnen Andrea Baier, Veronika Bennholdt-Thomsen und Brigitte Holzer (2005: 44) machten in ihrer Studie in der Warburger Börde eine interessante Entdeckung, die erklären könnte, warum Bäuerinnen und Bauern ihre Augen und Herzen vor den Auswirkungen ihrer Handlungen verschließen: *„Auch wenn alle sich gegenseitig versichern, dass man investieren, rationalisieren, industrialisieren muss, weil man sich sonst unweigerlich ins Aus begeben würde, sind die landwirtschaftlichen Produzenten deshalb doch nicht glücklich. Manch einer würde lieber anders produzieren, als er es tut. Sehr viele sind gefühlsmäßig noch gebunden an eine bäuerliche Lebensweise, die sie andererseits dabei sind, systematisch zu eliminieren. (...) Sehr viele Bauern fühlen sich diffus in der Defensive. Sie verteidigen zwar ihre (konventionelle) Wirtschaftsweise, aber sie haben mitunter ein ungutes Gefühl dabei, wie es scheint, sie befinden sich in einer schizophrenen*

---

11 Im Los Alamos National Laboratory wurde während des Zweiten Weltkrieges das so genannte Manhattan Project und die erste Kernwaffenexplosion der Geschichte durchgeführt. Auch nach dem Zweiten Weltkrieg existierte diese Stadt nur aufgrund der dort stattfindenden Atomforschung mit dem Schwerpunkt auf Atomwaffen.

12 Ed Ayers 1998: Zur Lage der Welt Vol. 11, Nr. 1 (zit. nach Macy/Young Brown 2007: 21).

Situation, zu denken, es sei richtig, das Falsche zu tun." Denn wenn sie auf biologische Wirtschaftsweise umstellen würden, würde das heutzutage noch immer für viele Bäuerinnen und Bauern bedeuten, von anderen als nicht ernst zu nehmende Romantiker/innen geschmäht zu werden (vgl. Baier et al. 2005: 46f).

Der Widerstand der industriellen Wachstumsgesellschaft und deren Verwaltung gegen die biologische Wirtschaftsweise war vielfach enorm. Nicht selten wurden und werden jene, die sich kritisch zur industriellen Wirtschaftsweise äußern, schikaniert, als Ideologe/in beschimpft oder als Untergangsprophet/in diskreditiert (vgl. Loibl/Krammer 2007). Es ist nur der Hartnäckigkeit der Pionier/innen und der Unterstützung einiger weniger Fachleute in Wissenschaft und Verwaltung zu verdanken, dass sie ermöglicht wurde. Die Bio-Pionier/innen mussten vielfach Hohn und Spott über sich ergehen lassen, Benachteiligungen, Verleumdungen und das Stigma des Ausgeschlossenseins hinnehmen. Nicht zu vergessen sind die Einkommenseinbußen aufgrund der vorangegangenen Fehlbewirtschaftung und vor dem Bioboom auch deshalb, weil die landwirtschaftlichen Produkte nicht länger über den herkömmlichen Absatzweg (sprich über die Lagerhäuser) vermarktet werden konnten.

Für jene Bäuerinnen und Bauern, die heutzutage umstellen, stellt die Frage des Absatzes natürlich kein Problem mehr dar. Im Gegenteil, aufgrund der Vermarktung von Bioprodukten über Supermarktketten ist der Selbstversorgungsgrad an biologischen Lebensmitteln noch lange nicht erreicht (vgl. Stiftung Ökologie und Landbau 2008).

Die Frage, warum Innovationen immer wieder in konventionellen Schienen landen, beschäftigt mich sehr (vgl. Loibl 2003, Loibl/Krammer 2007). Vor allem kann ich nicht nachvollziehen, warum die Innovator/innen nicht entsprechend gewürdigt werden. Es ist mir ein Anliegen, sowohl die strukturellen als auch die seelischen Ursachen dafür zu erforschen. Welche Auswege gibt es aus der industriellen Wachstumsgesellschaft? Im Folgenden gebe ich einen kurzen Einblick in die Tiefenökologie, die wie die Subsistenzperspektive auf der Suche nach Alternativen ist.

Tiefenökologie

„Das bemerkenswerteste Kennzeichen dieses historischen Moments auf der Erde ist nicht, dass wir dabei sind, die Welt zu zerstören – tatsächlich waren wir sehr lange auf diesem Weg. Es ist, dass wir dabei sind, aufzuwachen wie von einem jahrtausendelangen Schlaf zu einer ganz neuen Beziehung zu unserer Welt, zu uns selbst und zueinander" (Joanna Macy).[13]

13 www.joannamacy.net, Übersetzung: die Autorin.

Unser Erwachen ist höchst an der Zeit. Ich habe des Öfteren den Eindruck, wir Menschen verhalten uns verantwortungslos, so als gingen uns die Folgen unseres Verhaltens nichts an: Hinter uns die Sintflut. Die US-Biologin, Zukunfts- und Systemforscherin Elisabeth Sathouris (vgl. Lüpke 2003: 67) vertritt die Auffassung, dass die Menschheit seit der Aufklärung und mit Beginn der Industrialisierung in der Pubertät sei. Die industrielle Wachstumsökonomie wirtschaftet nach den Prinzipien des Vandalismus, ebenfalls ein Kennzeichen von jugendlichem Verhalten. Um die Ausmaße des schonungslosen Verhaltens zu veranschaulichen: Laut WWF wird jährlich Regenwald auf einer Fläche gerodet, die der Größe von Österreich entspricht. Besonders tragisch empfinde ich die Tatsache, dass die Zerstörung von Natur und die damit einhergehende Schaffung von Elend im Namen des Fortschritts geschehen. Wer sich diesem entgegenstellt, gilt als rückständig, naiv und romantisierend, weil er oder sie an der Realität vorbei lebt oder eine Ideologie verbreitet, die weder Hand noch Fuß hat, wie vielfach unterstellt wird. „Es gibt kein Zurück!" wird argumentiert.

Dem halte ich entgegen, wer vor dem Abgrund steht, tut gut daran, einen Schritt zurück zu setzen. Ist nicht die Fortschrittsgläubigkeit eine Art Romantisierung, die vor allem jungen Menschen den Traum von Reichtum und Luxus in den Kopf setzt? Sitzt nicht die industrielle Wachstumsökonomiegesellschaft einer Ideologie auf, die dabei ist, sich selbst das Wasser abzugraben?

Ich könnte ein Klagelied singen über die imperialistische Wirtschaftsweise, über die Zerstörung der Natur und der bäuerlichen Eigen- und Regionalversorgung, denn derlei Beispiele gibt es unendlich viele. Joanna Macy regt an, diese Trauer und den Schmerz über den Zustand der Erde zu einer Quelle des Mutes zu machen, sie nicht länger zu verdrängen, sondern auszusprechen und miteinander zu teilen. Joanna Macy und Molly Young Brown (vgl. 2007: 27ff) schlagen drei Grundstrategien vor:

1) Handlungen, um die Schädigung der Erde und ihrer Wesen zu verlangsamen;

2) Die Analyse und das Verstehen der strukturellen Ursachen und die Schaffung von alternativen Lebens- und Wirtschaftsformen;

3) Ein grundsätzlicher Wertewandel und eine Veränderung unserer Sicht der Welt.

Ad 1) Unter den „Rettungsaktionen"[14] zum Schutz des Lebens verstehen die Autorinnen defensive Handlungen, um die Zerstörungen der industriellen Wachstumsgesellschaft zu verlangsamen. Rettungsaktionen beinhalten

14 Original: Holding Actions.

politische und gesetzliche Belange und Handlungen wie Richtlinien, Hearings, Lobbying und politisches Engagement, Rettungsaktionen sind aber auch Blockaden, Boykotte und andere Formen des zivilen Widerstands. Diese Möglichkeiten verlangsamen die Zerstörung und bringen Zeit.

Ad 2) Das zweite Handlungsfeld umfasst die Analyse struktureller Ursachen und die Schaffung von alternativen Lebens- und Wirtschaftsformen. *„Es ist unumgänglich, die Mechanismen der industriellen Wachstumsgesellschaft zu verstehen, damit wir uns und unseren Planeten von der fortgesetzten Schädigung, die sie uns zufügt, befreien können. Was sind die stillschweigenden Übereinkünfte, die einigen wenigen geradezu obszönen Reichtum bescheren, während der Rest der Menschheit zunehmend verarmt?"* (Macy/Young Brown 2007: 28f). Es sollen Informationsdienste und Bildungsangebote erstellt werden, die aufzeigen, wie hoch der ökologische und menschliche Preis für unsere Konsumgesellschaft ist. Formen neuer gemeinschaftlicher Lebens- und Wirtschaftsformen (beispielsweise Tauschkreise, Ökodörfer, lokale Initiativen, Gemeinschafts- und interkulturelle Gärten etc.) sollen initiiert werden und Verbreitung finden, damit den Menschen bewusst wird, dass Alternativen lebbar sind.

Ad 3) Der dritte Schritt ist die veränderte Wahrnehmung der Realität, und zwar kognitiv wie spirituell (vgl. Macy/Young Brown 2007: 31ff). Wenn Menschen sich zu alternativen Lebens- und Wirtschaftsformen entschließen, benötigen sie fest begründete Werte. Dafür muss sich die Wahrnehmung der Realität tiefgreifend verändern. Wir müssen aufhören zu glauben, wir seien ein vereinzeltes kleines Ich, das nur durch einen ständigen Konkurrenzkampf überleben kann.

Hier setzt die Tiefenökologie mit ihrer Arbeit, die wieder verbindet[15], an. *„Die Arbeit die wieder verbindet ist eine seelische, politische und spirituelle Bewusstseinsarbeit, eine revolutionäre Art der psychologischen Umweltarbeit, die neue Wege im Umgang mit unserer inneren und äußeren Natur eröffnet, um eine nachhaltige, gerechte und leuchtende Welt zu gestalten"* (Diana Voigt).[16]

Von besonderer Bedeutung in diesem Zusammenhang ist die Beschaffung von Nahrung. Wir dürfen nicht vergessen, dass wir mit dem Konsum unserer Lebensmittel Landschaft und Landwirtschaft gestalten. Wer industriell erzeugtes Billigfutter will, darf sich über ausgeräumte Landschaften und zunehmende Verschmutzung der Gewässer und der Luft wie auch über gesundheitliche Folgen nicht wundern. Das Problem dabei ist jedoch, dass die meisten Menschen mit herkömmlicher Bildung diesen Zusammenhang nicht herstellen können. *„Essen, das wir uns einverleiben, ist nicht nur Lust-*

---

15 The work that reconnects.

16 www.naturundseele.at.

gewinn für unsere leibliche Natur. Es beeinflusst unsere Geisteshaltung, daher unsere wie immer geartete Lebenseinstellung und in weiterer Folge unsere Handlungen" (Veronika Bennholdt-Thomsen). Das Ausmaß der Bedeutung der biologischen Landwirtschaft mit lokaler und regionaler Versorgung der Bevölkerung kann damit unter einem neuen Licht betrachtet werden.

Ganzheitliche Ansätze in der Wissenschaft gehen davon aus, dass es eine wechselseitige Verbundenheit des Menschen mit dem Leben und allem gibt, was existiert (vgl. Macy 2003: 97). Wenn wir uns verbunden fühlen, handeln wir verbindlich und verantwortungsbewusst. So dürfte auch Erwin Wagenhofer gedacht haben, als er seine Dokumentation „We feed the world" nannte, um die Menschen darauf aufmerksam zu machen, dass *wir* es sind, die uns und die Welt ernähren. Diese Dokumentation hat wichtige Informationen aufbereitet.[17] Da wir dazu tendieren, unsere Augen zu verschließen, ist es wichtig, vor Augen geführt zu bekommen, wie agrarindustrielle Produktion tatsächlich funktioniert, respektive was sie zerstört – nicht nur Jahrtausende alte Kultur, sondern auch Ökosysteme – denn sie findet auffallend hinter verschlossenen (Stall)Türen und Fenstern statt. Vor zwei Jahren nahm ich an einer Veranstaltung von Slowfood und Arche Noah teil. Mein Tischnachbar erzählte mir, es wäre ihm nach dem Film „We feed the world" nicht mehr möglich gewesen, ein Huhn im Supermarkt zu kaufen, denn er hatte gesehen, wie in der industriellen Erzeugung mit Küken und Hühnern umgegangen werde. Der Film machte darüber hinaus deutlich, dass die großflächige Produktion von Soja und anderen Futtermitteln für den Weltmarkt den Hunger in den Ländern des Südens hervorruft. Wem dies bewusst wird, wird nicht mehr nur spenden wollen, sondern konsequent Nahrungsmittel boykottieren, die auf zerstörerische, ausbeuterische und Hunger hervorrufende Art erzeugt werden.

Was also ist die Alternative? Im Folgenden skizziere ich zwei Beispiele, – deren es mittlerweile zum Glück schon viele gibt – die veranschaulichen, was möglich ist.

Konkrete Projekte der Hoffnung

„Wenn man etwas Lebendiges aufbauen will, dann muss das vielfältig und ganzheitlich sein. Man muss möglichst viele Facetten der Wirklichkeit berücksichtigen. Es sollte Wirtschaft genauso ins Auge gefasst werden wie die Kultur, der Geist genauso wie alle Rechtsformen. Ganzheitliche Entwicklung geschieht nicht, indem man Menschen Geld gibt oder Arbeit. Das wäre kein nachhaltiger Fortschritt"

17 Österreich 2005; wie auch „Unser täglich Brot" von Nikolaus Geyrhalter (Österreich 2005).

(Abouleish 2008: 141). Der Ägypter Ibrahim Abouleish kehrte nach 20 Jahren, die er in Europa gelebt hatte, in seine Heimat zurück und begann gemeinsam mit anderen mittels biologisch-dynamischer Methode den Wüstenboden urbar zu machen. 2006 gab es in Ägypten bereits 800 biologisch-dynamisch geführte Betriebe, die Heilkräuter, Getreide, Früchte, Baumwolle und vieles andere mehr anbauen. Darüber hinaus wurden im Rahmen des Projektes „Sekem" Firmen gegründet, in denen die Rohstoffe zu Medizin, Lebensmitteln und Textilien verarbeitet werden. Um den Menschen, die auf den landwirtschaftlichen wie gewerblichen Betrieben arbeiten, die ökologischen Zusammenhänge zu erklären, wurde ein Institut für Erwachsenenbildung eingerichtet. Doch entsprechend ihrem ganzheitlichen Ansatz wurden die Menschen auch politisch aktiv. Dazu kam es, weil das ägyptische Landwirtschaftsministerium jährlich 35.000 Tonnen Giftstoffe per Flugzeug auf Baumwollfelder ausbringen ließ. 1991 musste infolgedessen festgestellt werden, dass die biologisch-dynamisch erzeugten Heilpflanzen Pestizidrückstände enthielten. Es wurde eine wissenschaftlich fundierte Anbaumethode ohne Chemie für Baumwolle entwickelt, die die biologisch-dynamische Anbauweise um biologischen Pflanzenschutz ergänzte. Die Qualität der Baumwolle konnte auf diese Art verbessert werden. Als die erste internationale Biobaumwollkonferenz in Kairo veranstaltet wurde, verkündete dort der ägyptische Landwirtschaftsminister die Einstellung der Pestizidspritzungen und die Einführung einer biologischen Insektenkontrolle im Baumwollanbau. Die wirtschaftliche Entwicklung verlief so gut, dass Partner aus der EU das Geschäft mit Sekem ausbauten. 2006 gab es sieben Firmen, die 2.000 Menschen in der Verarbeitung beschäftigten. Insgesamt arbeiten rund 10.000 Menschen in der Rohstoffproduktion.

Wangari Maathai berichtet in ihrem Interview in „Projekte der Hoffnung" (vgl. Lüpke/Erlenwein 2006: 128-138), über die ökologische Selbsthilfe im „Green Belt Movement." Frauen in Kenia wurden dazu angeregt, Bäume zu pflanzen. Vorerst nicht aufgrund theoretischer Überlegungen, sondern einfach um den Frauen zu helfen, ihre Grundbedürfnisse zu decken. Die Bäume sollten sie mit Früchten und Schatten versorgen, letztlich halfen sie gegen die Erosion und Versteppung des Landes und brachten wichtige Einsichten mit sich. Dass aus der Grüngürtelbewegung eine politische Umweltbewegung geworden sei, *„wuchs mit den Bäumen. Erst nach vielen Jahren haben wir begonnen, den Menschen die Zusammenhänge zwischen der ökologischen Zerstörung des Landes und ihrer sozialen Situation aufzuzeigen. Dann konnten sie auch erkennen, dass sie selbst mitverantwortlich waren an der Umweltzerstörung und damit auch verantwortlich für eben die Probleme, die sie bejammerten. Wenn* *dieser Zusammenhang einmal klar wird, dann können die Menschen auch damit beginnen, woanders Bäume zu pflanzen oder mehr für die Umwelt zu tun"* (Lüpke /Erlenwein 2006: 129). Mittlerweile hat das Green Belt Movement ein Stadium erreicht, in dem sich die Menschen nicht mehr nur um ihre kleinen landwirtschaftlichen Betriebe kümmern. Sie haben nicht länger nur ihre existentiellen Grundbedürfnisse im Blick, sie sehen vielmehr die Notwendigkeit, ganze Wälder zu schützen und Naturflächen zu erhalten. Sie haben des weiteren damit begonnen, ihr eigenes Saatgut und dessen Qualität zu verteidigen und als Kleinbäuerinnen und Kleinbauern ihre politischen Rechte einzufordern, damit sie von ihrer Arbeit auch leben können, *„ohne das Land bis auf den letzten Erdkrumen auszubeuten und damit die Böden, das Saatgut und die Ernte immer schlechter werden zu lassen"* (ebd.).

Ausblick: Eine radikale Veränderung ist notwendig

„Das Schlimmste, was man mit einem Problem machen kann, ist eine große Lösung zu finden. Diese großen universellen Lösungen sind immer katastrophal. Große Probleme kann man nur mit kleinen Lösungen lösen. Dann kann auch die Kreativität der Menschen vor Ort genutzt werden, die wissen, was sie brauchen und was möglich ist." Manfred Max Neef empfiehlt, sämtliche Ökonom/innen vor ihrem Universitätsabschluss ohne einen Cent sechs Monate oder ein Jahr in ein Armenviertel zu schicken, damit sie dort lernen, zu überleben. *„Was man da lernt und sieht, das ist ganz unglaublich. Das kann keine Universität auf dieser Welt lehren. (...) Hauptsächlich lernt man Solidarität, in einer solchen Lebenssituation gibt es keine Konkurrenz, sonst wären die Überlebensmöglichkeiten gleich Null. Viele Spezialisten gehen mit vorgefertigten Lösungen im Kopf in Armutsgebiete und wollen den Leuten ihre Lösungen beibringen. Aber es gibt in solch einer Umgebung viel mehr zu lernen, als man lehren könnte. Ich habe in der Indianergesellschaft ungeheuer viel gelernt: Da gibt es statt formellem Wissen sehr viel Weisheit. Und das ist etwas, was ein Ökonom erleben sollte. Dann würde er seine Theorien menschlicher gestalten und nicht mehr absolut kalt und theoretisch und kalkulierend von Humankapital reden"* (Manfred Max-Neef).[18]

Die Veränderung wird radikal geschehen müssen, weil das Übel – die ideologische, politische und wissenschaftliche Berechtigung zur Plünderung dieser Erde – an der Wurzel angefasst werden muss. Im Sinne der Nachhaltigkeit wird es unumgänglich sein, vom mechanistischen Weltbild Abschied zu nehmen, das alles Leben als dienstbar und kommerziell verwertbar ansieht. Im spirituellen Sinn bedarf es dafür der Einsicht in die Verbundenheit

18 Chilenischer Ökonom und Erfinder der Barfuß-Ökonomie (Lüpke/Erlenwein 2006: 76f).

mit allem Sein, wie sie u.a. in den so genannten Naturreligionen (Schamanismus, Animismus, etc.), im Buddhismus und in der Tiefenökologie zum Ausdruck kommt. Besonders wichtig erscheint mir, das Vertrauen wieder zu erlernen, dass *„wir unsere Lebensbedürfnisse befriedigen können, ohne unsere Lebensgrundlagen zu zerstören. Wir verfügen über das technische Wissen, die Werkzeuge zur Kommunikation und die materiellen Grundlagen, um ausreichend gesunde Nahrungsmittel, sauberes Wasser, frische Luft und die wirklich notwendige Energie für alle Menschen bereitzustellen"* (Macy et al. 2008: 13). Für Wissenschaft und Praxis wird es erforderlich sein, die Trennung der Geistes- und Körperwelten zu überwinden, die die wissenschaftliche Rechtfertigung für die bedenkenlose Manipulation und Ausbeutung der Natur darstellt (vgl. Gruber 2005: 18). Die Hinwendung zu einer ganzheitlichen, systemischen Sicht wird neue Perspektiven und Handlungsspielräume eröffnen.

Damit Menschen wieder mehr Handlungsfähigkeit und Eigenverantwortung erlangen, bedarf es darüber hinaus einer Abkehr vom hierarchischen Weltbild und der Hinwendung zu einer egalitären, geschwisterlichen Lebenshaltung. Es wird dabei unumgänglich sein, die *„gefährlichen Superstrukturen des heute die Erde beherrschenden Industriepatriarchats aufzulösen und kleine überschaubare, menschenbezogene, humane Einheiten zu bilden"* (Göttner-Abendroth 2000: 71). Verantwortliche für den Bereich Landwirtschaft werden dann nicht mehr in der Lage sein, agrarpolitische Entscheidungen zu treffen, die sich gegen ihre eigenen Leute richten. Die Verwaltung wird ihren verordnenden Charakter aufgeben und in eine Dienstleistung umgewandelt werden: Wie können wir Menschen, die biologisch wirtschaften und sich mit Lebensmitteln selbst versorgen wollen, unterstützen? Für den Fall, dass es in absehbarer Zukunft Versorgungsengpässe geben sollte, wird – wie während der 1990er Jahre nach dem Umbruch in den Ostblockstaaten (vgl. Hofbauer 1999: 48-60) – die biologische Gartenwirtschaft nicht nur für Menschen, die alternative Lebens- und Wirtschaftsformen anstreben, sondern für eine breitere Bevölkerungsgruppe eine Ziel führende Alternative sein. Denn bei behutsamem gärtnerischem Landbau können zweitausend Quadratmeter Boden einen Menschen ernähren. Selbst wenn keine Engpässe auftreten, ist die Gartenwirtschaft eine nachhaltige Alternative zum agrarindustriellen System. Heinrich Wohlmeyer ist davon überzeugt, dass die Menschen deshalb nicht auf ein angenehmes Leben verzichten müssen. Vielmehr geht es um einen anderen Lebensstil, der durch eine angepasste Technik unterstützt werden kann (vgl. Wohlmeyer 1991; Loibl/Krammer 2007: 68f). Die Gartenwirtschaft ist zwar sehr arbeitsreich, gleichzeitig jedoch die produktivste Form der Bewirtschaftung, ohne verschwenderisch Ressourcen zu verbrauchen wie die Agrarindustrie.

Ob wir „the great turning", den großen Wandel, von dem Joanna Macy spricht, schaffen werden, und endlich damit aufhören, unsere eigenen Lebensgrundlagen zu zerstören, wissen wir nicht. Grundlegend wird die Geisteshaltung sein. Es bedarf eines umfassenden Umdenkens und einer neuen – alten – Bewusstseinsbildung, die sich an den nachhaltigen Kulturen eroberter und unterworfener Völker orientieren kann. Die biologische Landwirtschaft – in bäuerlicher und nicht industrieller Weise geführt – stellt dabei einen entscheidenden Schritt in die richtige Richtung dar, als Gesellschaft die kollektive Verantwortung für die Erzeugung unserer Lebensmittel und für den lebendigen Planeten Erde[19] wieder zu übernehmen.

Literatur

Abouleish, Ibrahim (2008): Biologisch dynamische Landwirtschaft als Modell ganzheitlicher Entwicklung – Einblicke in das ägyptische Projekt Sekem, in: Lüpke, Geseko von/Erlenwein, Peter 2008: Projekte der Hoffnung. Der alternative Nobelpreis: Ausblicke auf eine andere Globalisierung. München: ökom verlag, S. 140-145.

Baier, Andrea/Bennholdt-Thomsen, Veronika/Holzer, Brigitte (2005): Ohne Menschen keine Wirtschaft – oder wie gesellschaftlicher Reichtum entsteht. München: ökom verlag.

Bennholdt-Thomsen, Veronika/Mies, Maria (1997): Eine Kuh für Hillary – Die Subsistenzperspektive. München: Verlag Frauenoffensive.

Baier, Andrea/Müller, Christa/Werner, Karin (2007): Wovon Menschen leben – Arbeit, Engagement und Muße jenseits des Marktes. München: ökom verlag.

Bennholdt-Thomsen, Veronika (Hrsg.) (1994): Juchitán – Stadt der Frauen. Reinbek bei Hamburg: Rowohlt.

Bennholdt-Thomsen, Veronika/Holzer, Brigitte/Müller, Christa (1999): Das Subsistenzhandbuch – Widerstandskulturen in Europa, Asien und Lateinamerika. Wien: Promedia.

Bennholdt-Thomsen, Veronika/Faraclas, Nicholas/Werlhof, Claudia von (Hrsg.) (2001): There is an Alternative – Subsistence and Worldwide Resistance to Corporate Globalization. London: Zed Books.

Göttner-Abendroth, Heide (2000): Für Brigida, Göttin der Inspiration – Neun patriarchatskritische Essays und Thesen zum Matriarchat. Essayband 2. Frankfurt am Main: Verlag Zweitausendeins.

Groier, Michael/Gleirscher, Norbert (Hrsg.) (2005): Bio-Landbau in Österreich im internationalen Kontext, Band 1: Strukturentwicklung, Förderung und Markt, Forschungsbericht Nummer 54. Wien: Bundesanstalt für Bergbauernfragen.

Groier, Michael, Schermer, Markus (Hrsg.) (2005): Bio-Landbau in Österreich im internationalen Kontext, Band 2: Strukturentwicklung, Förderung und Markt, Forschungsbericht Nummer 55. Wien: Bundesanstalt für Bergbauernfragen.

19 Joanna Macy: The Living Body of Earth.

Gruber, Petra C. (Hrsg.) (2005): Zeit für Nachhaltigkeit – Schriftenreihe Bildung und Nachhaltige Entwicklung. Münster: Monsenstein & Vannerdat.

Hofbauer, Hannes (1999): Subsistenz in Osteuropa. In: Bennholdt-Thomsen, Veronika/Holzer, Brigitte/Müller, Christa (Hrsg.): Das Subsistenzhandbuch. Widerstandskulturen in Europa, Asien und Lateinamerika. Wien: Promedia, S. 48-60.

Krammer, Josef (1976): Die Geschichte der Bauern in Österreich. Analyse einer Ausbeutung. Wien: Arbeitsgemeinschaft für sozialwissenschaftliche Publizistik.

Loibl, Elisabeth/Krammer Josef (2007): Das Politische ist persönlich, das Persönliche ist politisch. Zeitzeugen der Agrarpolitik, Forschungsbericht Nummer 58. Wien: Bundesanstalt für Bergbauernfragen.

Loibl, Elisabeth (2003): Das Brot der Zuversicht. Über die Zusammenhänge von Esskultur und bäuerlicher Landwirtschaft, Wien: Bundesanstalt für Bergbauernfragen.

Lüpke, Geseko von (2003): Politik des Herzens. Nachhaltige Konzepte für das 21. Jahrhundert. Gespräche mit den Weisen unserer Zeit. Uhlstädt Kirchhasel: Arun Verlag.

Lüpke, Geseko von/Erlenwein, Peter (Hrsg.) (2008): Projekte der Hoffnung. Der alternative Nobelpreis: Ausblicke auf eine andere Globalisierung. München: ökom verlag.

Macy, Joanna (2003): Die Welt als Geliebte. Im Gespräch mit der Ökologin Joanna Macy. In: Lüpke, Geseko von (Hrsg.): Politik des Herzens. Uhlstädt Kirchhasel: Arun, S. 93 -104.

Macy, Joanna/Gahbler, Norbert (2008): Fünf Geschichten, die die Welt verändern. Einladung zu einer neuen Sicht der Welt. Paderborn: Junfermann Verlag.

Macy Joanna/Young Brown, Molly (2007): Die Reise ins lebendige Leben. Strategien zum Aufbau einer zukunftsfähigen Welt – Ein Handbuch. Paderborn: Junfermann Verlag.

Meyer-Renschhausen, Elisabeth/Holl, Anne (Hrsg.) (2000): Die Wiederkehr der Gärten. Kleinlandwirtschaft im Zeitalter der Globalisierung. Innsbruck: Studienverlag.

Müller, Christa (1997): Von der lokalen Ökonomie zum globalisierten Dorf. Bäuerliche Überlebensstrategien zwischen Weltmarktintegration und Regionalisierung. Frankfurt/Main: Campus Verlag.

Shiva, Vandana (2008): Die Kolonisierung der Zukunft. Widerstand gegen die Gen-Piraterie. In: Lüpke, Geseko von/Erlenwein, Peter (Hrsg.): Projekte der Hoffnung. Der Alternative Nobelpreis: Ausblicke auf eine andere Globalisierung. München: ökom verlag, S. 90-100.

Stiftung Ökologie & Landbau (Hrsg.) (2008): Wachstumsmarkt Bio. Ökologie & Landbau 3/2008. München: ökom verlag.

Tschajanow, Alexander (1987, orig. 1923): Die Lehre von der bäuerlichen Wirtschaft. Frankfurt/New York: Campus Verlag.

Werlhof, Claudia von (1991): Was haben die Hühner mit dem Dollar zutun? München: Verlag Frauenoffensive.

Werlhof, Claudia von/Bennholdt-Thomsen, Veronika/Faraclas, Nicholas (Hrsg.) (2003): Subsistenz und Widerstand. Alternativen zur Globalisierung. Wien: Promedia Verlag.

Wohlmeyer, Heinrich (1991): Agrarpolitik nach dem Koalitionsabkommen. Mit der falschen Landkarte in der Hand tapfer in die Zukunft schreiten. In: Österreichischer Gewerbeverein (Hrsg.): Österreichs Wirtschaft. Journal für Gewerbe, Handel, Industrie, freie Berufe und Wirtschaftsverbände, Heft 3, S. 8-9.

Die Ökologische Landwirtschaft zwischen gesellschaftlichen Trends und der eigenen Identitätsfindung

Bernhard Freyer

Das Erscheinungsbild der ökologischen Landwirtschaft (ÖL) wird immer vielfältiger, sei es auf den landwirtschaftlichen Betrieben oder in den Absatzmärkten. Die endogene Differenzierung und die Konventionalisierung der ÖL ist Gegenstand diverser Debatten, Artikel und Vorträge (siehe z.B. Bartel-Kratochvil et al. 2008; Freyer 2008; Schmid et al. 2008; Lindenthal et al. 2006; Darnhofer et al. 2007). Systeminterne Normen und Werte unterliegen einem Wandel. Auch die Umwelten der ökologischen Landwirtschaft haben sich verändert. Dieses Aufeinandertreffen verschiedener Welten und die damit verbundenen Entwicklungen innerhalb der ÖL sind Gegenstand meiner Überlegungen.

Einem essayistischen Ansatz folgend, versuche ich die ÖL, wie sie sich bis heute ausdifferenziert hat, zu skizzieren sowie punktuell mit Hilfe von Anleihen verschiedener gesellschaftlicher Theorien Entwicklungen nachzuvollziehen und ansatzweise Erklärungen dafür zu identifizieren. Zunächst wird ein Rahmen aufgespannt, innerhalb dessen ich in vereinfachter Weise ausgewählte Aspekte gesellschaftlicher Entwicklungen darlege. Daran anschließend wird wiederum in stark verkürzter Form die Entwicklung der ökologischen Landwirtschaft entlang der Wertschöpfungskette erläutert. Aus einer mehr übergeordneten Perspektive versuche ich, die sowohl endogen als auch exogen verursachte Ausdifferenzierung der ÖL näher zu beleuchten. Am Beispiel sogenannter Neuankömmlinge in der ÖL lege ich im abschließenden Teil dar, welchen Orientierungsschwierigkeiten diese in der Übergangsphase von alten zu neuen Gewohnheiten, Normen und Werten in den verschiedenen Welten ausgesetzt sind. Im Fazit wird abschließend das Potential an Handlungsperspektiven sowohl was die Entwicklung der ÖL betrifft, als auch Forschungsperspektiven, angesprochen.

1. Entwicklungen im Umfeld der Ökologischen Landwirtschaft

Zur Beschreibung der Umwelt der ÖL wird im Folgenden, geleitet durch neo-institutionalistische Interpretationszugänge (vgl. Krücken 2002: 7; Donges 2006: 565), auf drei Typen von Akteuren Bezug genommen:

(a) auf der gesellschaftlichen, der Makroebene;
(b) derjenigen der Organisationen, der Mesoebene;
(c) der individuellen, der Mikroebene.

(a) Gesellschaftliche Entwicklungen bis in die 60er Jahre des 20. Jahrhunderts waren in den westeuropäischen Ländern durch einen Technisierungsschub sowie die Verbreitung von Wohlstand geprägt (vgl. Degele 2002). Dieser Wohlstand blieb nicht folgenfrei für die Umwelt. Während die westlich geprägten Nationen davon profitierten, waren die Folgen für „Drittweltländer", sowohl ökologisch, ökonomisch, sozial und kulturell eher mit negativen Folgen verbunden. Sie konnten an dieser positiven Entwicklung nicht partizipieren, sondern haben mehr oder minder direkt dafür die Kosten übernommen bzw. zu geringen Preisen aber hohen Folgekosten die Rohstoffe für den Wohlstand im Norden geliefert. Nun befinden wir uns in einer Phase, in der das Ökosystem auf dramatische Weise beginnt, für uns alle sichtbar zu reagieren, oder kurz gesagt: Die Natur antwortet: „So geht es nicht!" Sie beginnt um Atem zu ringen und bislang lässt sich zumindest auf globaler Ebene kein Handeln erkennen, welches diesen Entwicklungen spürbar entgegenwirkt. Die heute vor allem durch Globalisierungsprozesse ausgelösten Zerstörungsprozesse werden von vielen politischen und wirtschaftlichen Entscheidungsträger/innen als notwendig oder als Naturgesetz angesehen bzw. verklärt. Rosenberger nennt als eine der systemisch bedingten Ursachen dafür die Blindheit für Zusammenhänge (vgl. Rosenberger 2008: 133).

Einer Interpretation des soziologischen Institutionalismus (vgl. Berger/ Luckmann 1969, in Krücken 2002: 2) folgend, dominieren gesellschaftliche Handlungsroutinen, die derart festgeschrieben sind, dass das Aufgreifen von Alternativen *„(...) zur Behebung ökologisch bedenklicher Wirtschafts- und Lebensformen (...)"* verhindert wird. Ökologische Politik und ökologisches Verhalten von Individuen als eine der Alternativen stößt damit auf erhebliche Hindernisse und scheint als eine Form rationalen Handelns nicht auf. In gleicher Weise lässt sich die Entwicklung der ökologischen Landwirtschaft interpretieren, welche sich zwar bis zu einem gewissen Ausmaß verbreiten konnte, aber sich heute in einer Stagnation befindet. Zwar erwecken Umfragen den Eindruck, dass sich die Einstellungen zugunsten des Konsums biologischer Lebensmittel positiv verändert haben. Dahinter verbergen sich jedoch häufig eher Verhaltensintentionen (vgl. Ajzen 1988), denn in der Wirklichkeit auffindbare Praktiken respektive konkrete Verhaltensweisen.

Auch der neo-institutionalistische „world polity" Ansatz, eine Synthese aus makrosoziologischen und sozialtheoretischen Überlegungen, der gesellschaftliche Entwicklung als umfassenden Rationalisierungsprozess interpretiert, liefert Erklärungen für die Diffusion von Alternativen wie der ÖL (vgl. Meyer 1987: 41, in Krücken 2002: 4). Die gesellschaftliche Makrostruktur wird *„als die entscheidende Ebene der Erzeugung sozialer Wirklichkeit angesehen und nicht vom Individuum her rekonstruierbare Interaktionsbeziehungen"* (Krücken 2002: 5). Hier wird davon ausgegangen, dass weltweit geltende Grundprinzipien der modernen Gesellschaft – Fortschrittsglaube, Säkularisierung und Zweckrationalität *„‚vormoderne' kulturelle Orientierungen und Organisationsformen des Sozialen verdrängen"* (Krücken 2002: 4). Im Gegensatz zu einem strukturfunktionalistischen Neo-Institutionalismus werden Normen nicht als verhaltensregulierend verstanden, sondern im Sinne von *„man weiß, wie man sich zu verhalten hat"*, übernommen (Krücken 2002: 5). Angewendet auf die ÖL: Dieses Wissen um das richtige Verhalten umfasst jedoch bis heute weder eine ÖL noch eine darauf fußende Ernährung. Denn diese ist bislang nicht Gegenstand der *„world polity, welche als die entscheidende Ebene der Erzeugung sozialer Wirklichkeit angesehen wird (...)"* (ebd.: 5).

Folgt man dieser theoretischen Perspektive, so stellt sich die Frage, ob eine Landbaumethode, welche auf traditionelles Wissen einerseits und dem Verzicht auf einen Teil moderner, weithin akzeptierter Techniken andererseits aufbaut, überhaupt eine Chance auf eine dominierende Verbreitung erreichen kann. Doch man muss dem hinter dieser Interpretation stehenden theoretischen Ansatz nicht ohne weiteres folgen. So wird dieser auch in Frage gestellt, indem der Vorwurf erhoben wird, *„gesellschaftliche Differenzen, Heterogenitäten und Ambivalenzen"* systematisch auszugrenzen (Krücken 2002: 4). Gerade die ökologische Landwirtschaft stellt ein Phänomen dar, welches unter Einnahme einer globalen, auf wenige Indikatoren ausgerichteten Entwicklungsperspektive verloren zu gehen droht.

Dennoch, wir leben in einer Informationsgesellschaft, die jegliche Form der Aufklärung bietet, die wir aber nicht mehr überschauen und demnach diesen potentiell hohen Aufklärungsstatus gar nicht differenziert aufgreifen können (vgl. Schulze 1997: 10). Dies führt zu einer unreflektierten Übernahme von „Modellen und Moden", die kulturell legitimiert sind, ohne dass im Einzelfall deren Vorteilhaftigkeit einer Überprüfung unterzogen wird (vgl. Krücken 2002: 6). Ökologisches Handeln, so scheint es, wird auf der institutionellen makrosoziologischen Ebene als nicht kompatibel mit den Grundelementen der kulturellen Ordnung – Individualismus, Fortschritt und Zweckrationalität – bewertet (vgl. Krücken o.A.: 6). Das zögerliche Verhalten in Sachen Klimaschutz in der Politik ließe sich derart interpretieren, oder aber um geographisch etwas näher zu rücken: Die seit Jahrzehnten bekannte und vielfach beforschte Nitratbelastung im Marchfeld (NÖ) harrt einer Lösung – warum?[1] Gesellschaft erzeugt „die sie bevölkernden Akteure", bzw. dominiert deren ökologisches Verhalten (vgl. Krücken 2002: 13), indem sich die Mehrheit der Bürger mit dem „was ist" zufrieden gibt, solange ihr wirtschaftlicher Status nicht gefährdet wird. Mit anderen Worten: Es dominieren nicht-hinterfragbare Grundüberzeugungen (vgl. Garfinkel 1967), welche einer Diffusion von Neuerungen in einem breiten Umfang entgegentreten.

Ökologisches Handeln hat aber insofern auch einen schweren gesellschaftlichen Stand, da damit immer Einschränkungen und Mehrkosten für den Einzelnen unterstellt werden, eine Auffassung, welche in Verbindung mit Bioprodukten immer wieder angeführt wird, ohne dass dabei weder die mit der Produktionsweise verbundene Entlastung der Umwelt mit berücksichtigt wird, noch persönliche gesundheitliche Aspekte, die man gegenrechnen könnte. Der Beitrag für das Gemeinwohl passt jedoch nicht in die derzeitige postmoderne Verfasstheit des „ich bin mir selbst am wichtigsten". Auf medialer Ebene wird ökologisches Handeln mit Nachteilen und Verzichten verbunden, Kontexte, die in der Spaß- und Konsumgesellschaft einfach nicht gut ankommen. Dass es auch anders sein könnte, dass „etwas nicht zu haben" durchaus angenehm und von Vorteil sein kann, lässt sich bislang medial nicht transportieren. Dabei demonstriert gerade die Wegwerfgesellschaft diesen Zug – noch nie war der Drang so groß, sich von „etwas" zu befreien. Der Materialdurchfluss bezogen auf das Individuum befindet sich auf hohem Niveau. Man eignet sich viel an und wirft gleichzeitig viel weg. Mit Verzicht oder anderen etwas abgeben, hat das wenig zu tun.

(b) Auf der Mesoebene haben sich – bezogen auf Organisationen – in den westlichen Gesellschaften zwei Gruppierungen herausgebildet, welche sich mit denkbar gegensätzlichen Konzepten gegenüber stehen.

Auf der einen Seite stehen Organisationen, welche die ökologische Abwirtschaftung des Globus frühzeitig erkannt haben, jedoch wirtschaftlich über einen nur geringen Einfluss verfügen, um dieser Entwicklung gegenzusteuern. Damit sind sozial und ökologisch aktive Nicht-Regierungsorganisationen (NGO) angesprochen, deren Konzepte zumeist massive Eingriffe in die wirtschaftlichen Hierarchien und Gewinne nach sich ziehen würden. Ihr Zugriff auf gesellschaftlich relevante Handlungsfelder wird jedoch nur dann gestattet, *„wenn sie die Prinzipien, Normen und Handlungslogiken der*

1 Politik als Teilsystem der Gesellschaft steht natürlich in erheblicher Abhängigkeit von anderen Teilsystemen wie der Wirtschaft oder den Medien.

nationalen und internationalen Institutionen nicht grundlegend in Frage stellen" (Take 2002: 66 in Garrelts 2008: 336), und *„wenn eine Anschlussfähigkeit ihrer Positionen an bisher vereinbarte Maßnahmen und Diskussionen besteht"* (Brühl 2005: 267, in Garrelts 2008: 336).

Auf der gegenüber liegenden Seite stehen vor allem global agierende Wirtschaftsunternehmen, welche mit der Ökologisierung nicht viel am Hut haben. Zwar wird der Begriff der Nachhaltigkeit facettenreich für das eigene Unternehmen instrumentalisiert, die Handlungsroutinen folgen jedoch gewinnorientierten Maßstäben, selbst wenn sie sich heute mittels „Corporate Social Responsibility" Konzepten (CSR) medial als sozial-ökologisch fortschrittlich präsentieren. Und es scheint so, dass, dem Rationalitätsprinzip der herrschenden Ökonomie und Politik folgend, sich das auch weiterhin vorerst nicht ändern wird. Ethische Verhaltensformen werden demnach nur in jenem Ausmaß integriert, wie sie wirtschaftlich einen Vorteil versprechen (vgl. Hiß 2005: 95).

Gut gemeinte politische Vorstöße versanden in internationalen Gremien in zahnlosen Kompromissformeln – wie anders soll man die zwar mit gutem Willen vorgebrachten, aber doch wirkungslosen Appelle für eine Klimaentlastung anders deuten, wenn gleichzeitig die Treibhausgasemissionen weltweit steigen? Dieser Schlagabtausch zwischen den Vertreter/innen globaler Handels-, Finanz- und Wirtschaftspolitik einerseits und den NGOs als Vertreter/innen der Zivilgesellschaft andererseits, ist für die Bürgerin und den Bürger kaum mehr einsehbar.

Dabei kommt den Medien eine erhebliche Interpretationsmacht über den richtigen Weg bzw. des Bewertens von Verhalten der Organisationen als „gut" oder „schlecht" zu. *„Medien wirken auf Organisationen regulierend ein, indem sie Handlungsverläufe strukturieren und Handlungsmöglichkeiten begrenzen"* (Donges 2006: 568). Institutionelle Regeln beeinflussen Organisationen über Mechanismen wie Zwang, normativer Druck und Imitation. Organisationen können sich diesen Mechanismen kaum entziehen. Nach neoinstitutionalistischer Lesart prägen Medien als Institutionen Organisationen in ihrem Handeln, sie sind jedoch damit nicht die einzigen. Organisationen haben einen Spielraum, die Anforderungen der verschiedenen institutionellen Umwelten auszubalancieren. Sie können den Medien nur das liefern, was diese aus ihrem Eigeninteresse heraus und gemäß ihrem Selbstverständnis als bedeutsam erachten. Wohl hat die Berichterstattung über Umweltthemen zugenommen, doch unterliegt sie, wie viele andere Themen, einem zyklischen Kommen und Gehen.

Von durch Medien getragenen veränderten Verhaltensweisen, welche durchschlagend im Sinne der Nachhaltigkeit wirksam wären, kann nur selten die Rede sein. So kann z.B. im Abfallsektor von einem Bewusstseinswandel in Unternehmen gesprochen werden, nicht zuletzt aus Kosten- und Imagegründen, der sich jedoch im Sortieren von Abfall („Wertstoffen") erschöpft, nicht jedoch in dessen Vermeidung oder Sparlampen, selten in einer Reduktion der Gebäudetemperaturen um 1-2^{0}C. Dort wo Mehrkosten zu erwarten sind oder ein Verzicht vermutet wird, wie z. B. bei der Einführung einer ökologischen Ernährung, sind, abgesehen von einem Wandel in den Verhaltensintentionen, keine oder kaum tatsächliche Verhaltensänderungen festzustellen.

(c) Auf der individuellen Akteursebene (Mikroebene) ist als markante Entwicklung in den zurückliegenden Jahren die Vereinzelung der Individuen zu beobachten. Die traditionelle Großfamilie ist längst nicht mehr die dominierende Lebensform, das Individuum „paart" sich in temporär stabilen Gelegenheitsbeziehungen und Single-Haushalte nehmen in manchen Großstädten bereits einen Anteil von ca. 50 % ein. Die Verantwortung für soziale Gefüge, wie dies in der Familie der Fall war, ist aufgebrochen. Die Mikrostrukturen sind einerseits anonymisiert, andererseits hat sich durch das Internet eine Kommunikationsform eröffnet, die scheinbar beliebig viele Wahlmöglichkeiten für Beziehungsaufnahmen ermöglicht, jedoch ohne die Kategorie der Verbindlichkeit, aber auch eine neue Vielfalt an Beziehungsformen, welche den Beziehungsgehalt im Vergleich zu traditionellen Mustern unterschiedlich und wesentlich facettenreicher auslegen. Was auf Beziehungsebene geschieht, spiegelt sich im Konsum des/der Einzelnen wider. Für die Besserverdienenden bestehen, mit einem gewissen Anspruch auf realen Wahrheitsgehalt, so etwas wie Multioptionen bezüglich ihrer Lebensgestaltung (vgl. Schulze 2003), für die geringer Verdienenden handelt es sich dabei eher um ein Trugbild. Die Wahlmöglichkeit zwischen Produkten hat sich wohl erhöht. Deren Qualität sowie die Menge der erstehbaren Güter sind jedoch für ärmere Schichten stark limitiert und der/die Konsument/in erfährt allenfalls über eine virtuelle Scheinwelt den Eindruck, an diesem „Reichtum" teilhaben zu können. Um mit Benjamin Barber[2] zu sprechen: Konsum ist geprägt nach dem Ethos des globalen Kapitalismus: *„Überflüssige Güter werden in großer Zahl produziert, Kinder zu Konsument/innen gemacht, Erwachsene zu infantilen Schnäppchenjägern transformiert."*

2 Universität of Maryland; Gastredner der Bruno Kreisky Gesellschaft am 22.04.2008.

Individuen, wollen sie als legitime Akteure anerkannt werden, müssen einem *„externen gesellschaftlichen Drehbuch"* folgen und unterliegen einem Konformitätsdruck (analog den Organisationen), wenn sie anerkannt werden wollen (Krücken 2002: 7). Sie konsumieren das, was im Wesentlichen durch die Teilsysteme Wirtschaft und Medien empfohlen wird. Sie gelten als „skripted", so der amerikanische neo-institutionalistische „world polity" Ansatz. Diesem Verständnis folgend, wird das Konstrukt staatlich vorgegebener kollektiver Identitäten zunehmend durch die Konstruktion individueller, zweckrationaler und handlungsmächtiger Identitäten verdrängt (vgl. Krücken 2002: 9). Der dadurch entstandene Freiraum fordert das Individuum zu mehr Eigenverantwortung heraus. Aber auch diese wird vor dem Hintergrund dieses Theorienverständnisses nicht als eine eigenständige, sondern gesellschaftlich konstruierte, medial gelenkte Freiheit interpretiert.

Auf die Ökologie bezogen: Für den Einzelnen sind die Zusammenhänge zwischen seinem alltäglichen Handeln und den damit verbundenen globalen ökologischen, sozialen und ökonomischen Folgen kaum mehr nachvollziehbar. Viele fühlen sich ohnmächtig gegenüber „dem System" und sind nicht motiviert, ihre Alltagsroutinen zu „ökologisieren", denn: In welche Richtung, mit welcher Gewähr, welchen Kosten und welchem Nutzen für das individuelle Fortkommen in einer von Individualisierungstrends dominierten Gesellschaft (vgl. Junge 2002)? Zwar deklarieren Wirtschaft, Politik und Medien ökologisches Verhalten als gesellschaftlich anerkannt und erwünscht und jede/r ist angehalten, Sparlampen zu verwenden sowie den Müll zu trennen und jede/r setzt diese Dinge mehr oder weniger im Rahmen seiner/ihrer individuellen Freiheiten um – mehr aber auch nicht. Die Eigenlogiken von Wirtschaft und Politik verlaufen ebenso in anderen Bahnen und begünstigen in keiner Weise eine umfassende Ökologisierung.

Auch die Umstellung der Ernährung auf Bioprodukte, eine auf den ersten Blick Jedem/r selbst überlassene Entscheidung, ist ein für den/die Konsument/innen schwer durchdringbares Feld. Die Erscheinungsformen der ÖL sind derart vielfältig geworden, sodass der/die Konsument/in kaum mehr in der Lage ist, ÖL als Einheit zu identifizieren oder zwischen den verschiedenen Marken zu unterscheiden, da für andere Produkte mit ähnlichen Marketingstrategien geworben wird. Nur wenigen Menschen gelingt es, mit dem hohen Informationsangebot gestalterisch sinnstiftend umzugehen und einer Fremdsteuerung zu entgehen. Derzeit heißt der Trend: Ein bisschen Bio ist gut, aber mehr? Man weiß ja nicht, worauf man sich da einlässt.

Dennoch besteht die Möglichkeit diesen Gestaltungsraum individuell zu prägen. Die sehr unterschiedlichen und auch widersprüchlichen Erwartungen der Gesellschaft drängen gerade dazu, dass Individuen den Versuch unternehmen, sich möglichst unbehelligt von den Mainstream-Entwicklungen bzw. abseits der gesellschaftlichen Skripte einen eigenen Weg zu bahnen (vgl. Junge 2002: 13). Dabei spielen soziale Netzwerke mit Gleichgesinnten, welche auch anderen Werten und Normen folgen, eine wichtige Rolle (vgl. Haase/Krücken 2005: 77, 88).

2. Die ökologische Landwirtschaft als Teilsystem der Gesellschaft

Im Folgenden wird mit einem kurzen geschichtlichen Abriss versucht, darzulegen, wie sich die ökologische Landwirtschaft in den zurückliegenden Jahren konstituiert, entwickelt und ausdifferenziert hat.

(a) Der gesamtgesellschaftliche Rahmen
Die ökologische Landwirtschaft tritt in den achtziger Jahren erstmals für breitere gesellschaftliche Schichten wahrnehmbar in Erscheinung. Das Konzept der ÖL wird sowohl von einer kritischen, bäuerlichen und sehr heterogenen Gruppe (vgl. Pongratz 1992; Kölsch 1988) aufgegriffen, wie auch seitens umweltbewegter und nach alternativen Lebensformen suchender Städter/innen.

In den 1990er Jahren führte die Zunahme der gesellschaftlichen wie politischen Akzeptanz der ÖL zur Verankerung von ökologisch motivierten Direktzahlungen, nicht zuletzt dadurch, dass sich der Umweltgedanke mit all seinen Facetten innerhalb der Gesellschaft etabliert hat. Die etablierten Handelsketten entdeckten die ökologischen Produkte als lukrative Einnahmequelle, aber auch als denkbar positiv für die eigene Imagepflege. Das Engagement orientiert sich jeweils am ökonomischen Erfolg, abgesehen von einzelnen Visionär/innen, welche ursprünglich hinter dieser Entwicklung standen.

Der Tatbestand der zum Teil erheblich unterschiedlichen Anteile an Biobetrieben in den europäischen Ländern, ist bis heute unzureichend erklärt. Während z.B. in Österreich der Anteil der Biobetriebe sich der 15 % Marke nähert, liegt dieser in Deutschland erst bei ca. 5 %, obgleich auf politischer und gesellschaftlicher Ebene die ökologische Landwirtschaft eine ähnliche Unterstützung und Akzeptanz erfährt. Anzuführen sind einerseits „ökologiefreundliche" Regierungen, welche über Fördermittel die ökologische Landwirtschaft lukrativ gestalten (z.B. Österreich), politische Absichtserklärungen pro ÖL, die sich jedoch nicht gegenüber den herkömmlichen landwirtschaftlichen Verbänden durchsetzen können bzw. von diesen aufgegriffen werden (z.B. Deutschland), aber auch Aktivitäten im Handel (z.B. Österreich), oder aber spezifische kulturell bedingte Ernährungsgewohnheiten, welche den Sonderstatus von Bioprodukten eher konkurrenzieren (z.B. tradierte Esskulturen in Frankreich oder Italien).

(b) Die Bio-Landwirt/innen
Auf Seiten der Landwirt/innen hat sich in den zurückliegenden Jahren herumgesprochen, dass die ÖL eine lukrative wirtschaftliche Variante darstellt. Die Gruppe der klassischen Umstellerbetriebstypen – landwirtschaftliche Betriebe im Grünlandgebiet, Gemischtbetriebe, kleinere Betriebe oder solche in benachteiligten Gebieten – wird heute um flächenstarke, viehlose und auch in Gunstlagen beheimatete Betriebe ergänzt. Während der Produktabsatz in den Anfängen des Biolandbaus überwiegend auf die nähere Region ausgerichtet war, hat er heute ein nationales bzw. internationales Ausmaß angenommen, wobei dies sowohl für die Vermarktung der eigenen Produkte als auch die Ergänzung des eigenen Produktsortimentes zutrifft. Das Prinzip des weitgehend geschlossenen Betriebsorganismus hat insofern über die Änderungen im Absatz eine Erweiterung erfahren. Dem Organismusprinzip folgend wird möglichst aus der Region zugekauft oder innerhalb der Region vermarktet. Dieses Ideal wird allerdings häufig missachtet, wenn die Kundin und der Kunde – Konsument/in und Handel – es wünscht, wie im Folgenden näher beschrieben wird.

(c) Die Konsument/innen
Die breite Diskurs über Umweltthemen und die Normalität sich mit umweltrelevanten Verhaltensweisen auseinander zu setzen (vgl. Brand/Rink 2007) einerseits und die Präsenz von Bioprodukten in weitgehend allen Einkaufsstätten andererseits, hat den Zugang zu Bioprodukten für die Konsument/innen erheblich vereinfacht. Bioprodukte zu kaufen, ist zu einem von vielen akzeptierten Konsumstil bzw. Ernährungsstil geworden.

Innerhalb der Bevölkerung lässt sich allerdings ein immer stärkeres Auseinanderdriften und damit eine Polarisierung der Gesellschaft im Einkaufsverhalten von Lebensmitteln beobachten (vgl. Spiller 2006). Überwiegend besser verdienende Konsument/innen, die meist über einen höheren Bildungsabschluss verfügen, haben die höheren Preise der Bioprodukte akzeptiert. Im Vordergrund der Käufer/innen-Motivationen stehen egozentrisch-hedonistische Kaufargumente wie Gesundheit, Geschmack, Frische und Sicherheit (vgl. Schultz 2003), weniger die mit der ökologischen Wirtschaftsweise oder den Prinzipien der „International Federation of Organic

Agriculture Movements" (IFOAM) zum Ausdruck kommenden spezifischen sozialen, ökologischen und ökonomischen Prozessqualitäten (vgl. Freyer/ Marlovits 2006; Freyer 2006; Fricke 1996; Klausegger 1995). Bio ist chic und liegt voll im Trend. Dieses auch in den Medien transportierte Verhaltensmuster eines hedonistisch-ökonomisch ausgerichteten Typus, prägt die allgemeine Auffassung vom Öko-Konsumenten entscheidend mit.

Nur mehr die „Postmateriellen", eine kleine Gruppe von Bio-Intensivkäufer/innen, die aus dem sogenannten „Alternativen Milieu" hervorgegangen ist, kaufen Bio auch aus altruistischen Motiven, sind jedoch insgesamt weniger politisch bzw. weltanschaulich festgelegt als früher (vgl. Spiller 2006). Dazwischen tummelt sich eine Vielzahl an Käufer/innentypen. Einerseits werden die höheren Preise der Bioprodukte, Einkaufsgewohnheiten und Ernährungsstile als Argument gegen Bio ins Feld geführt, andererseits sprechen persönliche Motive wie die Gesundheit der Kleinkinder für den Einkauf von Bioprodukten (vgl. Freyer/Haberkorn 2008). Veränderungen im Ernährungsverhalten sind oftmals das Ergebnis biographischer Brüche. So kann z. B. die Geburt eines Kindes, ein/e neue/r Partner/in, Krankheit oder andere einschneidende Erlebnisse einen besonderen Einfluss auf den Konsum von Bioprodukten ausüben (vgl. Freyer/Haberkorn 2008; Brunner et al. 2006).

(d) Der Verarbeitungssektor

Im Verarbeitungssektor von Lebensmitteln dominierten lange Zeit die Hofverarbeitung, also kleinere gewerbliche Betriebe sowie Neugründungen von wenigen Betrieben mit regionaler Ausrichtung, die ausschließlich Bioprodukte verarbeiten. Erst in den zurückliegenden fünf bis zehn Jahren haben herkömmliche Verarbeiter/innen neben der konventionellen Schiene Bioprodukte in ihre Verarbeitungsketten integriert. Mit dem Anwachsen der Produktmengen nimmt aber auch der Anteil an größeren, international ausgerichteten Verarbeitungsbetrieben zu, die sich ausschließlich auf Bioprodukte konzentrieren (vgl. Dorninger et al. 2008). Zwar gibt es für den Verarbeitungsbereich ebenso Richtlinien und einen Zertifizierungsprozess, das Regelwerk ist bislang jedoch nicht so intensiv bearbeitet wie für die Produktion.

(e) Der Vermarktungssektor

Die in den 1970er Jahren dominierenden unterschiedlichsten Direktvermarktungsformen von Biolebensmitteln wurden begleitet durch einen Absatz in den Reformhäusern und Naturkostläden. In den 1990er Jahren haben sich länderspezifisch entweder verstärkt der Naturkostbereich (Deutschland) oder aber die Lebensmittelketten (Österreich) den Bioprodukten angenommen. Heute dominieren letztere sowie Biosupermärkte (und Ketten) und Discounter mit internationalem Beschaffungswesen, während die regional orientierte Direktvermarktung, zumindest was den Umsatz anbetrifft, erheblich an Bedeutung verloren hat. Zwar wird der regionale Absatz an Produkten immer wieder propagiert, aber es gibt viele Gründe – Logistik, fehlendes lokales, qualitativ ansprechendes Angebot, Kosten, fehlende Netzwerke – welche diesen verhindern.

(f) Fazit

Zusammenfassend kann festgehalten werden, dass das Teilsystem ökologische Landwirtschaft sowie die Biolebensmittelkette seit ihrer verstärkten Wahrnehmung in der Öffentlichkeit in den 1970er Jahren einen erheblichen Wandel durchlaufen hat. Die Veränderungsprozesse sind regions- und länderspezifisch und mit dem Betriebstyp, der Nachfrage sowie den spezifischen Förderprogrammen erklärbar. Wirtschaftliche Überlegungen spielen zunehmend eine wichtige Rolle. Dennoch lässt sich beobachten, dass selbst der Nachfrageboom nach Bioprodukten, wie er seit 2007 festzustellen ist, nicht zu einem Umstellungsboom in der Landwirtschaft geführt hat.

Ob die generelle Zunahme der Nachfrage nach (konventionellen) landwirtschaftlichen Produkten und der damit verbundene Preisanstieg für Lebensmittel im allgemeinen, ökonomisch orientierte Landwirt/innen von einer Umstellung abgehalten haben und auch weiterhin abhalten, kann nur vermutet werden. Diejenigen, die in den zurückliegenden Monaten in Österreich umgestellt haben, so meine Hypothese, haben eine Entscheidung pro Bio getroffen, welche auf zwei sehr unterschiedlichen Motivsträngen beruht. Entweder sind sie von einer Durchsetzung der Bioprodukte am Markt und stabilen Preisverhältnissen überzeugt, gehen also nicht von einem temporären Boom aus, oder sie folgen anderen, nicht monetären Motiven. Wer dem Markt misstraut und die gestiegenen Preise ins Feld führt, wird eine Entscheidung zugunsten einer Ökologisierung nicht getroffen haben.

Für die Verarbeiter/innen ist das Risiko einer Integration von Bioprodukten ähnlich dem in der landwirtschaftlichen Produktion, denn es sind in der Regel kostenträchtige Verarbeitungsverfahren einzurichten, gerade wenn von der konventionellen Produktschiene getrennte Systeme erforderlich sind. Sie werden ähnlichen Überlegungen folgen.

Im gemischten Handel (Angebot konventioneller und biologischer Produkte) ist das Risiko vergleichsweise gering, denn Bioprodukte lassen sich in einem gewissen Zeitraum wahlweise gegen andere (konventionelle) austauschen. Werden ausschließlich Bioprodukte vermarktet, nimmt dagegen das ökonomische Risiko wiederum zu.

Vor dem Hintergrund einer rein ökonomischen Betrachtung ist demnach die Risikoverteilung einer Umstellung in der Wertschöpfungskette unterschiedlich zu bewerten. Schaut man die Subsektoren im Detail an, so bestehen Unterschiede je nach Produkt, Unternehmensgröße und Lage sowie anderen Faktoren, die hier nicht weiter ausgeführt werden können. Die Produzierenden unterliegen der stärksten zeitlichen Bindung, sie können nicht ad hoc die Richtung wechseln. Der/die Konsument/in bewegt sich dagegen frei und ist in der Lage, sozusagen täglich entsprechend seiner ökonomischen Verhältnisse auch auf preiswerte, nicht biologische Produkte zurückzugreifen.

3. Erklärungsansätze für die Ausdifferenzierung der ökologischen Landwirtschaft

Nachdem nun in verkürzter Form ausgewählte Aspekte gesellschaftlicher und bio-landwirtschaftlicher Entwicklungen dargestellt wurden, soll im Folgenden auf Interaktionen zwischen diesen Systemen eingegangen werden. Meine These ist: Der ökologische Landbau in seinen heutigen Formen ist das Ergebnis einer sowohl von außen als auch von innen getriebenen Entwicklung, einer Mixtur aus den Traditionen der ÖL und den modernen gesellschaftlichen wie individuellen Mainstreams, also eine Ausdifferenzierung von ökologischen, ökonomischen, sozialen, kulturellen sowie spirituellen Formen unterschiedlichster Intensität und Durchmischung, mit einer enormen Vielfalt, zusammengehalten über EU-Richtlinien sowie Prinzipien der IFOAM. Die Verbände der ÖL haben sich einerseits für gesellschaftliche Entwicklungen geöffnet, sind selbst immer stärker zum Mit-Gestalter in verschiedenen Kontexten geworden und befinden sich damit in einem permanenten Prozess der Positionierung innerhalb der Gesellschaft. Insofern können sie nicht auf ihrer ursprünglichen Prägung allein verhaftet bleiben. Andererseits unterliegen Organisationen institutionellen Prägungen, sie sind sozusagen in ihrer Entwicklung pfadabhängig, verbunden mit spezifischen Strukturen und Praktiken aus der Gründungsphase, die nicht ohne Weiteres verändert werden können (vgl. Donges 2006: 572).

So stehen die Verbände der ÖL heute vor der Herausforderung, sich zwischen Tradition und Innovation einen Weg zu bahnen. Im Folgenden wird die Frage gestellt, welche Rolle in diesem Entwicklungsprozess einerseits Richtlinien, also formelle Vereinbarungen einnehmen und andererseits die IFOAM-Prinzipien sowie andere ethische Normen, welche eher informeller Natur sind und zumindest unter rechtlichen Gesichtspunkten nicht bindend sind. Daran anschließend werden die Risiken der Ausdifferenzierung sowie im Besonderen die mit dem Wachstum der ökologischen Landwirtschaft verbundenen Differenzierungsprozesse erläutert. Meine Überlegungen knüpfen dabei im Wesentlichen an die Konventionalisierungsdebatte an, wobei es sich hierbei nur um eine Form der Ausdifferenzierung mit bereits einer eigenen, weiteren Ausdifferenzierung handelt.

3.1. Richtlinien und IFOAM Prinzipien

Mit dem Begriff der Konventionalisierung wird eine spezifische Entwicklung der ÖL vorwiegend auf kritische Weise diskutiert:

- Zum einen verlieren aus der Perspektive der Konventionalisierungskritiker/innen die EU-Richtlinien immer mehr an „nachhaltigen" Konturen, wie z.B. einer enormen Zunahme an Hilfsstoffen, Ausnahme- und Übergangsregelungen u.a.m.
- Zum anderen zeigt sich, dass sich die über die IFOAM Prinzipien (Gesundheit, Ökologie Gerechtigkeit und Fürsorge) vorgegebenen Leitideen in der Prozesskette der ÖL kaum wiederfinden. Diese Prinzipien fordern mehr als nur das Umsetzen von (produktionstechnischen) Normen. Sie erfordern eine Auseinandersetzung mit Werten, welche allerdings keiner Kontrollinstanz unterliegen oder unterliegen können. Deren Aufgreifen bleibt vielmehr einer individuellen Entscheidung vorbehalten.

Folgt man Berger und Luckmann (1969), die davon ausgehen, dass institutionelle Strukturen aus sozialem Handeln hervorgehen, eng an Routinen gebunden und handlungsprägend sind, so kann man für den Prozess der Konventionalisierung schlussfolgern, dass die ÖL zunehmend von Akteur/innen (Vertreter/innen seitens der Wirtschaft und Politik) durchdrungen wird, die maßgeblich durch die konventionelle Landwirtschaft (KL) definiert und tradiert sind und deren Strukturen und Handlungsroutinen in das System ÖL hineintragen. Dahinter verbergen sich auch Macht- und ökonomische Interessen. Die Richtliniengestaltung kann jedoch nichts anderes sein als das Ergebnis eines Aushandlungsprozesses von variierenden Überzeugungen, Machtinteressen und den jeweiligen Ressourcen.

In einem gewissen Ausmaß trägt dieser Prozess auch zur Verständigung zwischen den jeweiligen gesellschaftlichen Gruppierungen und der Entdeckung von bisher nicht erkannten Konvergenzen (Übereinstimmungen) zwischen den verschiedenen Landbaurichtungen bei, die sie gemeinsam gegenüber der Gesellschaft vertreten. So haben sich Interessensgemeinschaften entwickelt, wenn es um einen fairen Milchpreis oder der angemessenen

Förderung naturschutzfachlicher Pflegemaßnahmen geht. Natürlich sind diese Entwicklungen aus der Sicht der Bio-Pionier/innen bzw. derjenigen, die eine Vermischung der ÖL mit Verfahren der KL schlichtweg ablehnen, durchaus als ambivalent zu bewerten.

Darüber hinaus sind es die bereits angesprochenen Institutionen (Regelsysteme) und veränderten Strukturen, welche auch in die Richtliniengestaltung hineinwirken. Denn im Gegensatz zu den Gründerjahren werden die Richtlinien nicht mehr im kleinen Kreis von Biobäuerinnen und -bauern im Hinterzimmer einer Gastwirtschaft diskutiert und auf Vertrauensbasis eingehalten, sondern sind Teil eines EU-weit organisierten, formalisierten und administrierten Aushandlungsprozesses unterschiedlichster Interessensverbände geworden. Damit ist es naheliegend, dass die heutigen Richtlinien aus der Sicht der Bio-Pionier/innen Formulierungen enthalten, die ihren ursprünglichen Ideen entgegenstehen.[3] Auf der anderen Seite konnte sich die ÖL-Bewegung mit den IFOAM-Prinzipien und dem „Code of Conduct for Organic Trade" auf weitreichende Leitideen für einen verantwortungsvollen, nachhaltigen Umgang mit der Natur und den Ressourcen sowie humanistische Grundsätze in ihrem Geschäftsgebaren einigen. Auch wenn diese nicht rechtlich verbindlich sind, so ist an sich allein schon der partizipative Prozess der Entstehung für eine global agierende Organisation als bemerkenswert zu bewerten. Natürlich handelt es sich bei den IFOAM-Prinzipien um nichts mehr als Verhaltensabsichten, und es ist zu vermuten, dass diejenigen, die an der Richtlinienentwicklung arbeiten, nicht zu 100 % deckungsgleich sind mit denjenigen, die die IFOAM-Prinzipien erarbeitet haben. Das heißt, wirkmächtiger sind die Richtlinien, die IFOAM-Prinzipien sind das Zubrot, die „Zehn Gebote".

3.2. Ethische Normen

Auf den ersten Blick gewinnt man den Eindruck, dass zwischen dem originären ethischen Verständnis, wie es in den IFOAM-Prinzipien zum Ausdruck kommt und den Mainstream-Entwicklungen zur Integration ethischer Normen in der Wirtschaft (CSR) keine grundlegenden Unterschiede bestehen. Hier sind in der Tat Entsprechungen festzustellen (vgl. Gössinger/Freyer 2008).

3 Inwieweit die Biopionier/innen eine in sich homogene Gruppe darstellt, entzieht sich an dieser Stelle unserer Kenntnis.

Auch wenn man die zunehmenden Bestrebungen in der Wirtschaft und internationalen politischen Dachverbänden[4], ethische Prinzipien in das Wirtschaftsleben zu integrieren, ernst nehmen muss und diese vor dem Hintergrund einer anzustrebenden nachhaltigen Entwicklung begrüßenswert sind, so wird auf den zweiten Blick deutlich, dass deren tatsächlicher Stellenwert in der Wirtschaft und deren Wirkmächtigkeit auf das wirtschaftliche Geschehen als nachrangig zu bewerten ist (vgl. Hiß 2005).

Wie Untersuchungen über CSR oder ähnliche Konzepte in der ökologischen Landwirtschaft zeigen (vgl. Gössinger/Freyer 2008), werden ethisch orientierte Handlungen oder andere soziale oder ökologische Aktivitäten, welche über die Vorgaben der Richtlinien hinausgehen und Aspekte der IFOAM-Prinzipien aufgreifen, seitens der Biobäuerinnen und -bauern nicht immer kommuniziert. Diese Zurückhaltung ist einerseits nachvollziehbar, denn nicht alle Überzeugungen und Handlungen können zum Inhalt von Marketingstrategien werden. Hier kommt ein differenzierter Umgang mit Werthaltungen zum Ausdruck, indem man einer „Ent-Wertung" über eine „Ver-Marktung" ethisch fundierter Handlungen entgehen will. Andererseits läuft die ÖL Gefahr, dass die Debatte über die Konventionalisierung alle anderen, die ÖL charakterisierenden Qualitäten überdeckt und deren CSR vergleichbaren, wenn nicht gar über diese hinausreichenden Qualitäten (ökologische und soziale Leistungen), aufgrund unterbliebener Kommunikation in der Öffentlichkeit nicht wahrgenommen werden.

Vor allem für die „außen stehenden" Konsument/innen ist es zunehmend schwieriger, die Differenz zwischen den Landbaumethoden sowie Mischformen zu unterscheiden. Einen Teilbeitrag zur Trennschärfe zwischen den Systemen kann z.B. dadurch geleistet werden, wenn es gelingt, sich über eine in Praktiken zum Ausdruck kommende erkennbare Integration von ethischen Standards (z.B. faire Preise, soziale Leistungen) und einer glaubwürdigen Kommunikation des Mehrwerts der ÖL deutlich von der konventionellen Landwirtschaft abzugrenzen. Denn ethisch motivierte Praktiken führen in der Debatte über die ÖL ein Randdasein, die programmatischen Vorgaben dafür wären jedoch mit den IFOAM-Prinzipien längst vorgelegt. Abgrenzung wirkt aber auch auf andere, möglicherweise nicht erwünschte Weise: Mit der Zunahme der Distanz zwischen den Systemen ÖL und KL wird auch der Sprung von Betrieben und Unternehmungen von der konventionellen in die ökologische Wertschöpfungskette erschwert.

4 Siehe z.B. die Millenniumsentwicklungsziele.

Dieses Beispiel zeigt, wie sich von einer Vogelperspektive betrachtet, die Positionierung der ÖL immer sowohl auf die Bewegung selbst als auch deren Dialogfähigkeit nach außen hin auswirkt.

Mit der Abgrenzung über ethische Prinzipien kann natürlich nicht gemeint sein, die KL möge sich diesem Thema möglichst verschließen, um neben den ökologischen Merkmalen auch in dieser Hinsicht für den ÖL ein Alleinstellungsmerkmal zu sichern. Unter Nachhaltigkeitsgesichtspunkten wäre es wünschenswert, wenn die KL den Beispielen der ÖL nachfolgen würde. In diesem Sinne sollte sich die ÖL ihrer innovatorischen Verantwortung in der Entwicklung nachhaltiger Landnutzungsformen bewusst werden. Auch darin könnte ein Teil ihrer Identität begründet sein.

3.3. *Das Risiko der Ausdifferenzierung der ökologischen Landwirtschaft*

Die breite Auslegung der ÖL – von einer extensiven Produktion mit Direktvermarktung bis zu intensivierter Praxis und internationaler Vermarktung – führt einerseits innerhalb der Bewegung zu einer Zunahme an Differenz und Eigenheiten. Andererseits nimmt die Differenz zur konventionellen Wertschöpfungskette an ihren Rändern ab, insbesondere überall dort wo ein bedeutendes Größenwachstum (Betriebsgrößen, Discounter etc.) zu verzeichnen ist. Daraus leitet sich die Frage ab: Wie viel bzw. welche Vielfalt verträgt die ÖL, um sich inmitten der verschiedenen Landbaurichtungen die eigene Identität zu bewahren? Eine für sich gesehen bereits kritische Fragestellung voller Sprengstoff, denn ein Abgrenzen gegenüber Neuem, welches in der Vielfalt verborgen ist, kann der ÖL auch den Ruf einhandeln, innovationsfeindlich oder rückständig zu sein, was einer weiteren Ausbreitung dieser Landbaumethode nicht zuträglich wäre.

Der gesellschaftliche Druck sich zu etwas „normalem", der Norm entsprechend zu entwickeln, führt auf organisationaler Ebene zwangsläufig zu isomorphen, also strukturell ähnlichen Verhaltensformen und Anpassungen an Strukturen der konventionellen Landwirtschaft bzw. Übernahmen von Normen und Werten oder allgemein anerkannten Verhaltensweisen. Es besteht ein Konformitätsdruck (vgl. Krücken 2002: 6), dem sich die Bio-Organisationen kaum entziehen können. Inwieweit eine Strukturangleichung in den verschiedenen Subsektoren – landwirtschaftliche Betriebe, Verarbeitung, Transport, Handel, Verbände, Bildung – bereits stattgefunden hat, bedarf einer näheren Sektor-spezifischen Analyse. Man kann diesen Vorgang aber auch positiv bewerten: als Ergebnis eines Aushandlungsprozesses, welches die Respektierung und Übernahme von breit in der Gesellschaft verankerten Institutionen beinhaltet, die als notwendig für einen

Dialog zwischen Gesellschaft und Organisationen der ÖL zu bewerten sind. Denn der Prozess der Etablierung der ökologischen Landwirtschaft in gewachsene gesellschaftliche Strukturen kann als voraussetzungsvoll für das Vorbringen ihrer Anliegen sowie für die Mitwirkung bei Aushandlungsprozessen auf politischer Ebene bewertet werden. Ein Vergleich mit Entwicklungen, wie sie die Umweltbewegungen durchlaufen haben, zeigt, dass eine derartige Entwicklung mit erheblichen Rückwirkungen verbunden ist (vgl. Brand/Rink 2007). So konnte sich die Umweltbewegung in den zurückliegenden Jahren zwar als wichtiger Diskussionspartner in politischen Gremien etablieren, indem sie sich an spezifische Strukturen und Verfahrensabläufe angepasst hat, verlor damit aber einen Teil ihres aufrührerischen und kontrapunktischen wie innovativen Charakters.

Differenzierung in Richtung Konventionalisierung lässt sich unmittelbar auf der Ebene der Individuen festmachen: Akteur/innen aus der konventionellen Landwirtschaft, die sich der ÖL anzunähern, ohne den ihnen angestammten konventionellen Rahmen, ihre Heimat zu verlassen. Diese ist sozusagen ihre Mitgift, welche sie in die Eheschließung mit der ÖL einbringen. Es ist insofern naheliegend, dass sich die Netzwerke und Strukturen beider Landbaumethoden bei einem weiteren Wachstum der ökologischen Landwirtschaft immer häufiger begegnen, Schnittstellen aufweisen oder vereint werden, mit der Konsequenz der weiteren Diffusion konventioneller Verfahren und Strukturen in die ÖL (wie z.B. die Verfügbarkeit aller Produkte zu allen Jahreszeiten), aber auch in die Gegenrichtung (z.B. Anbau von Gründüngung, extensive Tierhaltungsverfahren). Dieser Diffusionsprozess wird unterschiedlich wahrgenommen. Je nach Klientel heißt es:

- Der Biolandbau gleicht sich immer mehr an den konventionellen – Äußerungen von Seiten der Konventionalisierungsgegner/innen.
- Die konventionelle Landwirtschaft ist doch fast biologisch – eine Bewertung welche seitens Vertreter/innen der konventionellen Landwirtschaft geäußert wird.

Die Übernahme von Techniken[5] der jeweils anderen Landbaumethode wird einerseits kritisch bewertet, indem befürchtet wird, dass sich die ÖL der KL annähert, andererseits sollte die ÖL jede Technikübernahme durch die KL, welche zu einem ressourcenschonenden Umgang und der Erhaltung der Biodiversität beiträgt, als Erfolg verbuchen und nicht als Verlust an Differenz zwischen den Anbauverfahren.

5 Diese war in der KL nicht immer freiwillig (z.B. Reduktion des Düngemitteleinsatzes) und bedurfte in der Regel ökonomischer Anreize gekoppelt an Umweltvorschriften und nur auf indirekte Weise ein auf die ÖL zurückgehender Impuls.

3.4. Die Auswirkungen des Wachstums

Die Wachstumsdynamik des ÖL, gleichbedeutend mit dem Ende der Nischenposition, liefert einen weiteren Erklärungsbeitrag dafür, dass sich die ÖL der KL heute zunehmend annähert. Erreicht das „Unternehmen" ÖL eine bestimmte Größe, nimmt die persönliche Kommunikation zwischen den Akteur/innen zwangsläufig ab, die Netzwerkstrukturen und -qualitäten verändern sich und damit Sicherheiten und Orientierungen für das Individuum. Auch die Konsumtrends unterstützen den Prozess der Entfremdung zwischen den Produzent/innen und den Konsument/innen. Ohne Kommunikation jedoch auch keine Beziehung (vgl. Luhmann 1995). Verantwortung übernehmen basiert auf Vertrauen. Vertrauen kann wiederum nur über Kommunikation oder gemeinsame Erfahrungen und Praktiken entstehen. Wenn sich lokale Netzwerke zwischen Produzent/innen, Verarbeiter/innen und Konsument/innen auflösen, kann Verantwortlichkeit gegenüber „jemanden oder etwas" nicht mehr über persönliche Kontakte entwickelt werden, sondern allenfalls anonymen gesellschaftlichen Erwartungshaltungen folgen.

Begleiterscheinungen (oder Voraussetzungen) dieses Wachstums manifestieren sich insbesondere in einem Auseinanderdriften der beiden Welten, die sich an den Endpunkten der Wertschöpfungskette befinden – den Konsument/innen und Produzent/innen. Während die Mehrzahl der Konsument/innen ein idyllisches, sozialromantisches Bild der ÖL pflegen, das schon lange nicht mehr den realen Produktionsbedingungen entspricht oder gar nie entsprochen hat, haben die meisten Produzent/innen ein hochsimplifiziertes Bild von den Konsument/innen (Brand mündlich). Verfremdungstendenzen zwischen diesen Akteursgruppen sind unübersehbar, was auch bei Landwirtschaftsstudent/innen, die nicht aus der Landwirtschaft stammen, spürbar wird, denn im Gegensatz zu vorausgehenden Generationen verfügen sie kaum mehr über familiäre Netzwerke, die in die Landwirtschaft hineinreichen.

Den Trends gesellschaftlicher Entwicklungen folgend, haben sich unter dem Dach der ÖL Verhaltensformen ausgebreitet und manifestiert, welche sich an den jeweils vermuteten individuellen Vorteilen und dem eigenen ökonomischen Gefüge orientieren, nicht zuletzt deshalb, weil das Gegenüber immer weniger verortet werden kann. So gesehen verhält sich der Mensch zweckrational auf sich bezogen. Damit rede ich einem *homo oeconomicus* das Wort, was mir sicherlich keine Freunde schaffen wird. Dennoch sind diese Tendenzen auch im Bio-Sektor nicht zu übersehen und sie folgen durchaus einer gewissen Logik.

Innerhalb der ÖL hat das Subsidiaritätsprinzip, wie es unausgesprochen gegolten hat, an Bedeutung verloren, da anonyme Regulierungsmechanismen (technische Richtlinien und Kontrolleinrichtungen, zunehmend national und international organisiert) und hierarchisch strukturierte Dach-Organisationen sowie wenige Groß-Unternehmen, immer stärker das Geschehen bestimmen. Die ursprünglich zum Diskurs geeigneten und die Inhalte der ÖL transportierenden sozialen Formen wie Arbeitsgruppen der Produzent/innen, Ab-Hofverkauf oder Erzeuger-Verbrauchergemeinschaften haben ebenso an Stellenwert eingebüßt. Jedoch gerade diese Größenordnungen sozialer Zusammenschlüsse, die auf gegenseitigem Vertrauen und Kooperation beruhen, gelten als geeignete Spielfelder für den Diskurs über ethische Fragen oder die IFOAM-Prinzipien. Die Inhalte sind vorhanden, allein die Strukturen sind am Aufbrechen.

Als Ergebnis oder Begleiterscheinung dieser Anonymisierungsprozesse in allen Sektoren der ÖL-Wertschöpfungskette, werden die über die IFOAM transportierten Prinzipien von sogenannten Marktnotwendigkeiten verdrängt.[6] Systemtheoretisch gesprochen könnte man das auch als Verlust an Systemtreue bezeichnen. Das System ÖL entwickelt sich nicht autopoietisch (aus sich selbst heraus) (vgl. Maturana/Varela 1980), sondern ist zunehmend von gesamtgesellschaftlichen Entwicklungen bestimmt.

CSR-(ähnliche) Konzepte sind ein Denkmodell, um dem Prozess der Isolierung zwischen Produzent/innen, Handel und Konsument/innen entgegenzusteuern, indem über einen Verhaltenscodex ethische Orientierungen sowie soziales wie ökologisches Handeln innerhalb eines Betriebes als Leitbild mehr oder minder verbindlich festgeschrieben werden. Neben der moralischen Aufwertung der CSR-Initiator/innen, werden den Konsument/innen gezielt moralisch hochwertige Verhaltensangebote unterbreitet. Man könnte das als eine Art Parallelveranstaltung zu den IFOAM-Prinzipien bezeichnen, nur wesentlich stärker formalisiert, mit einer Marketingstrategie und einem Audit versehen. Information und schriftliche Kommunikation (z.B. in Form von Produktlabels) können eine Möglichkeit darstellen, um Produzent/innen und Konsument/innen auf einer assoziativ-symbolischen Ebene miteinander zu verknüpfen. Deren Wirkmächtigkeit wird allerdings überschätzt (vgl. Brand 2008: 71; Grunenberg/Kuckartz 2003, in Weller 2008: 55). D.h., dass CSR allein den Prozess der Anonymisierung zwischen Produzent/innen, Verarbeiter/innen, Händler/innen und Konsument/innen wohl kaum aufhalten kann.

6 Offen bleibt allerdings, inwieweit die Prinzipien seitens der in der ÖL Wertschöpfungskette tätigen Akteur/innen je gezielt reflektiert wurden.

In diesem Spannungsfeld zwischen den Spielregeln der konventionellen Landwirtschaft, der Marktwirtschaft, gesellschaftlichen Modernisierungsprozessen und den originären Ideen der ÖL sowie dem Wachstum der ÖL befürchten die Kritiker/innen der Konventionalisierung, dass einerseits die sozial-ökologische Vision der ÖL durch Fehlinterpretationen und -gestaltungen verloren geht, oder durch eine nur bruchstückartige Übernahme der Systemansätze einer sozial-ökologischen Agrar- und Ernährungskultur diese selbst zum Reparaturbetrieb wird. Diese Kritik scheint durchaus berechtigt.

4. Irritationen der Neuankömmlinge in der ÖL-Wertschöpfungskette

Die Entwicklung der ÖL als Produktionsmethode sowie die Ernährung mit Bioprodukten stehen in enger Verbindung mit gesellschaftlichen Veränderungsprozessen. Die „Antragsteller/innen" um eine „Mitgliedschaft" in der ÖL im weitesten Sinne, seien es Konsument/innen, Produzent/innen, Verarbeiter/innen, Händler/innen oder Verkäufer/innen, sind von diesen geprägt, indem sie selbst Akteur/innen innerhalb dieser wirtschaftlichen und sozialen Netzwerke sind. Ihre Herkunft ist so heterogen wie der Ort, zu dem sie streben, was bedeuten kann, zu einer oder mehreren Positionen (z.B. Produzent/innen mit eigener Verarbeitung und Verkauf) innerhalb der Wertschöpfungskette der ökologischen Landwirtschaft. Im diesem Abschnitt gehe ich von daher der Frage nach, mit welchem Hintergrund und welcher Perspektive sich Individuen der heute sehr heterogen auftretenden ÖL annähern und mit welchen Herausforderungen dieser Schritt verbunden ist.

4.1. Aufbruch in eine andere Welt – die individuelle Perspektive in der landwirtschaftlichen Praxis

Interessierte an der ökologischen Landwirtschaft, gleich an welcher Stelle in der Wertschöpfungskette, stehen vor der Aufgabe, ihre eigenen Vorstellungen, Sitten, Routinen und Gewohnheiten (vgl. Berger/Luckmann 1967), ihr bisheriges Beziehungsgefüge und die neue Welt der ÖL, die ja so vielfältig und differenziert sein kann, in Einklang zu bringen. Diese Aufgabe greifen sie in unterschiedlicher Weise auf. In einzelnen Fällen kann das durchaus bedeuten, den eigenen Rucksack mit völlig neuen Inhalten zu packen. Sie werden jedoch nur in Ausnahmen alles Bisherige über Bord werfen und stattdessen Verhaltensweisen, Muster und Normen der neuen Welt einsetzen. Und sie werden dies auch nicht von heute auf morgen, sondern über einen länger andauernden Prozess tun.

Der Prozess der Reflexion, In-Fragestellung und Verwebung von Werten und Normen aus der Herkunftswelt der „Neulinge" mit denjenigen der ÖL-Welt ist kein systematischer, sondern ein individuell spezifischer. Da gibt es niemanden, der die Neuankömmlinge fragt: Wohin des Weges? Da gibt es keine Prüfinstanz (Checkliste) im Sinne von: Wie weit hab ich kapiert, worum es da eigentlich geht? Allenfalls gibt es diese bei den Produzent/innen aufgrund von verpflichtenden Ausbildungskursen, aber auch dort eben nur partiell.

Die in ihrer Herkunftswelt gültigen Werte und Normen können ganz andere sein, als diejenigen, welche mit den IFOAM-Prinzipien transportiert werden und die neben naturwissenschaftlichen Prämissen die Grundlage für die technisch ausgerichteten Richtlinien der ÖL darstellen. Während primär religiös, spirituell oder humanistisch motivierte Individuen an die IFOAM-Prinzipien anschließen können, gelten sie für diejenigen, welche primär konsumorientiert ausgerichtet sind oder nach wirtschaftlichen Alternativen suchen, als nicht entscheidungsrelevant oder andockfähig. Dazwischen tummeln sich naturgemäß eine Vielzahl von Typen mit jeweils spezifischen Bestimmungsgründen für ihre Art der Auseinandersetzung mit der ÖL bzw. deren Auslegung und Umsetzung in ihr spezifisches praktisches Handeln.

Das unmittelbar formal Greifbare für die Neu-Umsteller/innen sind die Anbaurichtlinien, denn nach diesen werden sie jährlich mindestens ein, wenn nicht zweimal kontrolliert. Verstoßen sie dagegen, ist mit zum Teil drastischen Sanktionen zu rechnen, welche ökonomisch belastende und sozial ausgrenzende Wirkungen nach sich ziehen können. Richtlinien haben jedoch nicht zum Ziel, die programmatische Idee, den tieferen Sinn der ÖL zu vermitteln, sondern primär deren Techniken bzw. Spielregeln. Um die Richtlinien zu erfüllen, benötigt der/die Produzent/in weder Kenntnisse über die IFOAM-Prinzipien, noch gibt es eine „Verpflichtung", sich mit diesen auseinander zu setzen.

In diesem Kontext ist nochmals die Wirkung der Richtlinien von einer anderen Seite kritisch zu beleuchten. Richtlinien werden gerade von den bäuerlichen Umsteller/innen auf den Biolandbau nicht als Institutionen mit positiver Funktion (vgl. Haase/Kricken 2005: 19) und nicht selten als nicht angemessen wahrgenommen; ohne deren Umsetzung funktioniert das System jedoch nicht. Deren naturwissenschaftliche Fundierung zu vermitteln, zu verstehen, ist meiner Auffassung nach eine Frage der Ausbildung im Verbund mit den über die eigenen Praktiken gewonnenen Erfahrungen und Beobachtungen bei Dritten.

Da der Biolandbau so konträr zum konventionellen System steht, kommt der fachlichen Einführung und Vertiefung ein hoher Stellenwert bei. Sowohl bei den Richtlinien als auch den IFOAM-Prinzipien kann jedoch davon ausgegangen werden, dass deren Diffusion im Wesentlichen von Kommunikationsangeboten und für die Individuen zugänglichen und überschaubaren sozialen Netzwerken ermöglicht wird (vgl. ebd.: 77).

4.2. Das gesellschaftliche Umfeld

Das Image von Bio hat sich in den letzten Jahren innerhalb der Bevölkerung, der Wirtschaft und auf politischer Ebene stark gewandelt. Heute wird die überwiegende Mehrheit ÖL-Bewegter nicht mehr als Provokation für die Gesellschaft wahrgenommen wie in den Anfängen der ÖL (Aussteiger/innen, Umweltaktivist/innen, Träumer/innen, Idealist/innen, Verfechter/innen einer Landwirtschaft von gestern etc.). Dieser partiellen Normalisierung ist eine über ca. 20-25 Jahre währende Entwicklungsgeschichte vorausgegangen. Die ÖL-Interessierten können heute in ihren bisherigen Beziehungsnetzen verweilen, da dort bereits Gleichgesinnte anzutreffen sind. Sie tragen durch ihre Einbindung in verschiedenste (Nicht-Bio-)Netzwerke zur Verbreitung von Bio bei und das hat Konsequenzen für ihren Zugang zur ÖL. Dort, in ihren alten Beziehungsnetzen, sind sie eingebunden in Wertesysteme und erfüllen bzw. orientieren sich an bestimmten Normen und Werten, denen sie sich bislang verschrieben hatten. Das ist sozusagen der Inhalt ihres Rucksacks, den sie mitbringen und nicht mehr zwangsläufig leeren müssen. Sie sind in der Lage, an den Früchten des Biolandbaus zu naschen, ohne ihr soziales Gefüge verlassen zu müssen. Das erklärt aber auch, dass diese bisherigen Verhaltensweisen ihren Umgang mit der ÖL prägen, sie in diesen diffundieren und Definitionsmacht übernehmen.

In den Anfangsjahren des Biolandbaus war dies anders. Wer mit dem Biolandbau Kontakt aufgenommen hatte, war bereits ein/e „Andere/r“. Man hatte sich zu entscheiden, dazuzugehören oder eben nicht. Zugehörigkeit bedeutete aber auch: das bisherige soziale Umfeld zu verlassen oder zu verändern und sich mit einer neuen Welt auseinander zu setzen, die bislang fremd war. Entsprechend hoch war die zu überwindende Hemmschwelle.

Die heutige Situation lässt sich einerseits mit einer Ent-Ideologisierung beschreiben, die ÖL wird durchlässiger, zugänglicher. Das Thema ist heute durch alle gesellschaftlichen Schichten diffundiert. Andererseits verliert sie damit auch ihre ursprünglichen, schärfer umrissenen Konturen. Bio ist zugleich Trendsetter als auch etwas, was niemanden mehr „hinter dem Ofen hervorholt“. Analog zum Begriff der Nachhaltigkeit verkommt der Begriff zur Leerformel (zur Nachhaltigkeit siehe Brand 2005) und verliert damit sein kritisches Potential im gesellschaftlichen Diskurs. Auch in der medialen Berichterstattung bekommt man den Eindruck, dass vor dem Hintergrund der Energie- und Klimadebatte und dem Thema Lebensmittelknappheit die Frage nach gesunden Lebensmitteln in den Hintergrund gerückt ist.

4.3. Die Wahlfreiheit der Konsumentin und des Konsumenten

Insbesondere der/die Konsument/in ist in seinem Verhalten von Richtlinien völlig unberührt. Die IFOAM-Prinzipien werden ihm/ihr weitgehend nicht bekannt sein, zumindest tauchen diese in der Werbung selten bis nie auf. Für die überwiegend den Individualisierungstrends der Moderne folgenden neuen Bio-Konsument/innen ist nicht von Bedeutung, was den Biolandbau im Einzelnen ausmacht, sondern dass der Verzehr der Bioprodukte zu erhöhter Gesundheit, Fitness, Genuss, Schönheit und langem Leben führt (vgl. Schultz 2003). Bio ist für sie kein Dogma, keine Ideologie, keine 100 % Haltung, sondern lediglich etwas, was sie konsumieren, wenn es in ihr Programm passt. Erdbeeren und Tomaten im Winter sind nun ebenso aus biologischem Anbau erhältlich, die Ernährungsvielfalt hat sich nicht wesentlich erweitert, die äußere Qualität der Produkte ist weiterhin von hoher Bedeutung, Fleisch wird ebenso in großen Mengen konsumiert und wenn etwas zu teuer erscheint, dann wird wieder das konventionelle Produkt vorgezogen, denn es gibt keinen Kontrollmechanismus, der den/die Konsument/in dazu verpflichtet, das in der Regel höherpreisige Biolebensmittel dem konventionellen vorzuziehen. Der/die Konsument/in darf sich „straffrei bedönern" und sich zum Nachtisch eines schorfverzierten biologischen Apfels bedienen. Alle beliebigen Kombinationen zwischen konventionellen Erdbeeren im Winter aus Südafrika bis hin zu mit dem Fahrrad transportierten selbst angebauten Bio-Kartoffeln einer alten, vom Aussterben bedrohten Sorte kennzeichnen das heterogene Verhalten der heutigen Bio-Konsument/innen.

Die Präsentation der Bioprodukte im Lebensmitteleinzelhandel bedient längst dieses Konsument/innenverhalten, legitimiert dieses geradezu, mit allen „Marketingschnickschnacks", wie sie auch im konventionellen Sektor üblich sind.

Der/die Konsument/in sucht sich seine Einkaufsstätte selbst aus. Diese kann ein herkömmlicher Supermarkt sein, ein Naturkostladen oder ein Biohof – er/sie hat die Möglichkeit, sein „ideologisches" Umfeld zu selektieren. Der/die Konsument/in ist frei, er/sie kann kaufen was er/sie will. Da gibt es keinen Betriebsorganismus zu formen, keine Richtlinien, die er/sie zu erfüllen hat, sondern nur das eigene Gewissen. Ebenso scheinen Impulse seitens der Kirchen (vgl. Dobmeier 2008: 127-133) keine „Massenbewegung" in Richtung ethischer Konsum bzw. Biolebensmittel auszulösen.

Der/die seit der „Agrarwende" im Rahmen der „Neuen Verbraucherpolitik" postulierte „gut informierte Verbraucher/in" – eine auch durch das Leitbild des nachhaltigen Konsums unterstützte Neuorientierung im Verständnis eines/r Verbrauchers/in (vgl. Brand 2008: 72) – richtet sein Verhalten auch an sozialen und ökologischen Werten aus, so zumindest die Idee. Dass dieses Verhalten automatisch über eine bessere Informations- und Kommunikationspolitik erzielt und dass sozial und ökologisch verantwortliches Handeln allein damit erreicht werden kann, wird in Frage gestellt (vgl. Weller 2008: 57), insbesondere wenn es um anspruchsvolle Konsummuster geht, die im Sinne der Nachhaltigkeit tatsächlich zu einer spürbaren Veränderung (Ökologisierung) beitragen können.

Abschließend lässt sich festhalten, dass zwar aus der Forschung bereits eine Vielzahl an Erkenntnissen über Konsumstile vorliegen, es jedoch offen bleibt, *„welche konzeptionellen Anforderungen daraus an die Entwicklung und Gestaltung nachhaltigerer Konsumalternativen und der sie unterstützenden Diffusions- und Kommunikationsstrategien und ihrer Umsetzungspraxis abzuleiten sind"* (Brand/Sehrer 2003, in Weller 2008: 56).

4.4. Lebensmittelketten folgen eigenen Spielregeln

Die Lebensmittelketten orientieren sich in ihrem Sortiment weitgehend an einem Multioptionskundentyp. Alles was es konventionell gibt, muss es mit wenigen Abstrichen zu jeder Zeit auch ökologisch geben, wenn man das breite Sortimentsangebot in den Supermärkten studiert. Man könnte auch umgekehrt argumentieren: Sie erwecken Konsumwünsche über ein entsprechendes Angebot. Das Erscheinungsbild der Ware steht an erster Stelle, wenn es um die Konturierung von Marketingstrategien geht. Von den Biobauern wird eine äußere Normierung – Form und Farbe der Produkte – und eine bestimmte Menge gefordert, welche die Biobauern produktionstechnisch an die Grenze des laut der Richtlinien Erlaubten drängt und im Widerspruch zur Intention der IFOAM-Prinzipien steht. Die Lebensmittelketten sind somit diejenigen innerhalb der Wertschöpfungskette, welche auch in der ÖL mit der größten Ressourcen-, Macht- und Kapitalausstattung (vgl. Ortmann et al. 1997, in Haase/Krücken 2005: 86) strukturprägend auftreten und mehr und mehr über Definitionsmacht verfügen.

Auch wenn für den Handel ein spezifischer *„Code of conduct for Organic Trade"* (IFOAM 2006) bereits seit längerem formuliert ist, finden diese Prinzipien bislang kaum Eingang in die Praxis, noch erscheinen sie „geräuschvoll" in der wissenschaftlichen Debatte. Sich diesen sozial-ökologischen Prinzipien zu verpflichten, die vom Ansatz her Ähnlichkeiten zu CSR-Konzepten aufweisen, funktioniert offensichtlich nicht in einer von scharfer Konkurrenz und Wachstumszwang bestimmten Marktsituation. Hierin besteht geradezu ein eklatanter Widerspruch (vgl. Haase/Krücken 2005: 7). Damit will ich nicht diejenigen kritisieren, die sich um die Integration sozialer Standards in ihr Unternehmen bemühen, denn davon gibt es auch eine ganze Reihe, mit beispielgebendem Charakter (vgl. Gössinger/Freyer 2008). Die sogenannte „Freie Marktwirtschaft" setzt sich selbst Grenzen in der Übernahme ethischer Prinzipien.

4.5. Überdauerungsfähigkeit landwirtschaftlicher Netzwerke

Innerhalb der praktischen Landwirtschaft sind die Kräfte wiederum etwas anders verteilt. Soziale Netzwerke innerhalb der Dorfgemeinschaften (vgl. Müller 1998) oder bäuerliche Verbände üben eine starke Kontrollfunktion aus. In Regionen mit einem hohen Biolandbauanteil bedeutet Biobäuerin oder Biobauer sein, bereits der Norm zu folgen, deren Regeln werden zunehmend „unhinterfragt" übernommen (siehe Haase/Krücken 2005). In Regionen mit einem geringen Anteil an Biobetrieben, haben Biobauern und Biobäuerinnen auch heute noch als „Normabweicher", welche entgegen breit akzeptierten Praktiken handeln, einen schweren Stand.

Den Biolandbau konventionell orientiert umsetzen bedeutet, bisherige Normen und Werte, die lokal in der Gemeinschaft gültigen, aber auch die eigenen, gewohnt konventionell ausgerichteten Handlungsroutinen beizubehalten. Was bedeutet dies im Hinblick auf das alltägliche Handeln z.B. im landwirtschaftlichen Betrieb? Landwirt/innen, die sich nach dem Muster einer konventionellen Landwirtschaft dem Biolandbau nähern, waren bislang gewohnt, ihren Betrieb durch zugekaufte Betriebsmittel zu bewirtschaften. Im ökologischen System angekommen, erhalten sie sich diese Mentalität – sie kaufen soviel an Bodenfruchtbarkeit und Futtermittel mit nach Richtlinien zugelassenen Betriebsmitteln zu, wie es ökonomisch Sinn macht. Die Kulturartenauswahl und Fruchtfolgen orientieren sich am kurzfristig erzielbaren Gewinn; Investitionen in die Nachhaltigkeit, welche ca. 1/3 der Fruchtfolge ausmachen, werden diesen kurzfristig orientierten ökonomischen Überlegungen nachgestellt. Ökologische Tierhaltung kann mittels Transponder-gesteuerter Fütterung, künstlicher Besamung, enthornten

Tieren und einem Güllestallsystem praktiziert werden. Eine differenzierte Fütterung in Richtung artenreicher Pflanzenbestände muss nicht nachgewiesen werden – es kann Kleegras, Silomais und Triticale sein. Das funktioniert und die Orientierung dazu gibt die bisherige Bewirtschaftungsweise vor! Die Unterscheidungen zur konventionellen Landwirtschaft bzw. zur integrierten Landwirtschaft sind damit marginal. Die Richtlinien lassen eine derartige Auslegung zu. Die Umsetzung dessen, was die Gestalter der IFOAM-Prinzipien intendierten, wie z.B. Bodenfruchtbarkeit, Artenvielfalt, Sortenvielfalt, Unversehrtheit des Tieres, wird in derartigen Auslegungen der Biolandwirtschaft nicht gelingen.

Diesen Weg einschlagend, werden die eigentlichen Herausforderungen, welche mit der Bio-Praxis verbunden sind, mit Beginn der Betriebsumstellung umschifft. Manche halten diesen Ansatz durch, andere werden mit den daraus entstehenden Problemen konfrontiert: zunehmende Verunkrautung, Ertragseinbußen, Problemen mit der Tiergesundheit und -leistungen sowie mit minderer Produktqualität. Die Notwendigkeit einer umfassenden Unterstützung und Begleitung in der Phase der Umstellung der Betriebe, welche sowohl planerische als auch beratungsspezifische Inhalte einbindet, ist seit langem bekannt (vgl. Freyer 1991a/b). Deren Integration in die Bildungs- und Beratungsarbeit trägt zur Qualitätssicherung bei. Ob die personellen und finanziellen Kapazitäten in diesem Bereich dafür angemessen sind, ist jedoch zu bezweifeln.

5. Fazit

Sowohl die gesellschaftlichen Entwicklungen als auch die Binnendifferenzierung prägen den Entwicklungsprozess der ökologischen Landwirtschaft. Dieser Prozess ist einerseits das Ergebnis der breiten Verankerung der ÖL in der Gesellschaft, was in der Teilnahme an politischen Aushandlungs- und Gestaltungsprozessen zum Ausdruck kommt. Andererseits haben sich mit dem Größenzuwachs zwangsläufig neue Meinungen, Positionen und Auslegungen eingefunden, welche den Entwicklungsprozess dieser Landbaumethode prägen. Insofern ist der Wandel der „ÖL-Gesellschaft" auch das Ergebnis aus dem Zuwachs an Menschen und Organisationen mit ihren spezifischen Ausprägungen und Mustern.

Derzeit bestehen einerseits Tendenzen, das System nach außen hin abzuschließen, mit dem Ziel, Traditionen zu wahren und das System aus der Historie weiter zu bestimmen. Andererseits resultieren über die notwendigen Aushandlungsprozesse mit der Gesellschaft neue Formen, Interpretationen und Zielsetzungen über die Zukunft der ÖL, die von der einen Seite als tragbarer Kompromiss angesehen werden, von anderer Seite als Verlust originärer Zielsetzungen. Die historische Bezugnahme ist von Bedeutung, um zu gewährleisten, dass diese Landbaumethode ihre eigene Identität und damit ihre Legitimierung und Eigenständigkeit bewahren kann. Die ÖL darf sich allerdings nicht gesellschaftlichen Entwicklungen verschließen, wenn sie den Anspruch erhebt, unter einer globalen Perspektive eine Alternative für die Landwirtschaft, Ernährung und den vielen anderen Funktionen anzubieten. Die systemischen Bezüge und damit verbundenen Praktiken zwischen der ökologischen Produktion, den IFOAM-Prinzipien und einer an die Produktion und die Ernährungsrichtlinien angepassten Ernährung müssen jedoch gewahrt werden, denn andernfalls bedarf es einer anderen Überschrift.

Die ÖL verfügt über eine Vielzahl innovativer Lösungsangebote für die heute anstehenden ökologischen, sozialen, gesellschaftlichen und ökonomischen Konflikte. Diese sind, so kann man zunächst kritisch festhalten, bislang nicht durchgehend in der eigenen Wertschöpfungskette umgesetzt. Hier besteht auf allen Ebenen Handlungsbedarf, insbesondere im Handel.

Die Übernahme von einzelnen Bio-Praktiken durch die konventionelle Landwirtschaft trägt dazu bei, den konfliktträchtigen Verfahren einer intensiven Landwirtschaft die Spitze zu nehmen. Zwangsläufig nimmt zumindest von außen betrachtet damit auch die Differenz zur KL ab. Mit einem Systemansatz und den damit verbundenen öko-sozialen Effekten sind diese Einzelmaßnahmen allerdings nicht gleich zu setzen.

Möglicherweise besteht gerade in diesem Wissenstransfer eine der wichtigsten gesellschaftlichen Aufgaben der ÖL. Denn eine kurzfristig massive Zunahme an „100 prozentigen" Bioakteur/innen ist kaum zu erwarten. Der Diffusionsprozess von ökologischen Praktiken kann jedoch nur stattfinden, wenn sich die ÖL einem breit angelegten gesellschaftlichen Diskurs aktiv und programmatisch zuwendet. Den biobäuerlichen Organisationen kommt die Aufgabe zu, die gesamte Wertschöpfungskette sowie deren Umfeld zu diesem Diskurs einzuladen, wenn sie ihr Ziel darin sehen, die ÖL zum Mainstream zu erklären.

Auch Allianzen mit vergleichbaren Denkansätzen in anderen gesellschaftlichen Sektoren sind von erheblicher Bedeutung für die Weiterentwicklung der ÖL. So sind Ähnlichkeiten in Bezug auf den systemischen Zugang zu entdecken, wie z.B. dem Bau von Null-Energiehäusern oder energieeffizienten Verkehrssystemen. Eine Verknüpfung dieser gesellschaftlich gleichermaßen hoch relevanten Lösungsstrategien kann deren jeweilige Ausbreitung wechselseitig unterstützen.

Die Zuwendung zur ÖL kann mit der Suche nach einer neuen Identität einher gehen. Damit verbunden ist: Bisher Bewährtes muss überdacht, neue Praktiken eingeübt, neue Kooperationen eingegangen werden. Wenn, so Giddens (1984: 141; 1990: 92), das Bedürfnis nach Sicherheit ein zentraler Bezugspunkt im Handeln des Menschen ist, so werden sich die an der ÖL interessierten Akteur/innen entlang ihrer sozialen Netzwerke bewegen. Sind diese eng mit der KL verbunden und sind sie dort sozial über Wertesysteme, technische und ökonomische Austauschbeziehungen verankert, wird ihnen der Wechsel in ein anderes Landbausystem schwer fallen. Insofern sind z.B. Ansätze der Umstellung in Gruppen von Neu-Umsteller/innen gemeinsam mit erfahrenen Bäuerinnen und Bauern von Bedeutung, da mit den „Eingesessenen" Andockmöglichkeiten in neue Gruppierungen, d.h. neue Sicherheiten angeboten werden können.

Übertragen auf Konsument/innen bedeutet dies, dass die direkte Kommunikation, Kooperationen, der Dialog oder gemeinsame Aktivitäten zwischen Produzent/innen und Verbraucher/innen zu unterstützen sind, wenn es gelingen sollte, den/die seitens der deutschen Verbraucherpolitik in ihrem Leitbild postulierten „mündige/n Verbraucher/in" zu fördern, der/die neben seinen/ihren individuellen Bedürfnissen auch die kollektiven ökologischen und sozialen Folgen seines/ihres Konsums in die Kaufentscheidungen integriert (vgl. Brand 2008: 73). Informationen, Kriterien oder Symbole allein reichen nicht aus, um das System ÖL nachvollziehbar zu vermitteln (vgl. Brand 2008: 71). Denn das System ÖL ist heute so komplex, dass es selbst für etablierte Akteur/innen kaum mehr überschaubar ist. Neben einer klientenorientierten spezifisch aufbereiteten Information bedarf es daher eines differenzierten Eingehens auf die Lebensstile und Alltagsgewohnheiten der Menschen, um darauf aufbauend spezifische Angebote zu entwickeln, die ein Partizipieren im System der ÖL ermöglichen.

Abschließend ist auf den Forschungsbedarf hinzuweisen. Von vorrangigem Interesse sind interdisziplinäre Zugänge unter Einbezug von Theorienperspektiven, die sowohl die Makro- und Meso-, als auch Mikroperspektive einnehmen (Neo-Institutionalismus, Innovationstheorien, Social Capital Theorie, Praxistheorien, umweltpsychologische Theorien; „weiche" Auslegungen der Rational Choice Theorie etc.) (vgl. Diekmann/Voss o.A.). Die Interpretation empirischer Befunde über die Zusammenschau verschiedener theoretischer Zugänge wird als gewinnbringend gegenüber einer einseitigen Theorienperspektive bewertet (vgl. Haase/Krücken 2005: 77, 102).

Ungeachtet der Betonung der theoretischen Konzepte werden hier vorrangig transdisziplinäre, qualitative und theoriengenerierende Methoden zu präferieren sein, im Sinne einer Horizont erweiternden Einbindung von Praxiswissen. In diesem Zusammenhang sind die sogenannten Brückenkonzepte für die Verständigung sowohl innerhalb der ÖL als auch mit deren Umwelt ein verfolgenswerter Ansatz (vgl. Star/Griesemer 1989). Diese ermöglichen mithilfe von „boundary objects" die Schnittstellenkommunikation zwischen verschiedenen sozialen Welten und Akteursgruppierungen mit ihren jeweils spezifischen Denkhorizonten, Handlungsspielräumen und Binnenlogiken herzustellen und die unterschiedlichen Interessen und Auslegungen zu einem gemeinsamen Verständnis zusammenzuführen.

Nach all dem was nun zur ÖL gesagt wurde, stellt sich die Frage: Befindet sich die ökologische Landwirtschaft in einer Krise? Nicht wirklich, wie man in Österreich zu sagen pflegt, vielmehr befindet sie sich entlang der gesamten Wertschöpfungskette in einem dynamischen Wandlungsprozess, umgeben von einer im Umbruch befindlichen Moderne (Klimawandel, Wasserknappheit, Energiekrise, Börsenkrise etc.). Gerade darin, so fatalistisch wie absurd das auch klingen mag, ergeben sich erhebliche Chancen für eine Ausbreitung dieser Landbaumethode. Diese kann jedoch nur fruchtbringend sein, wenn die originären Qualitäten nicht verloren gehen, denn ansonsten breitet sich nicht eine ÖL aus, sondern nur eine Etikette mit anderem Inhalt.

Literatur

Ajzen, I. (1988): From intentions to actions: A theory of planned behaviour. In: Kuhl, J./Beckmann, J. (Hrsg.): Action-Control: From cognition to behaviour. Heidelberg: Springer, S. 11-39.

Bartel-Kratochvil, R., T. Lindenthal, W. Zollitsch, I. Darnhofer (2008): Was bedeutet Konventionalisierung? Konventionelle Lösungsansätze statt Kreislaufdenken untergraben den Biolandbau. In: Gessl, R. (Hrsg.): Bioforschung für die Praxis 2008, Tagungsband der Veranstaltung am 08.04.2008 im Seminarzentrum am Spiegeln in Wien. Wien: Eigenverlag.

Berger, P. L./Luckmann, Th. (1969): Die Gesellschaftliche Konstruktion der Wirklichkeit. Eine Theorie der Wissenssoziologie. Frankfurt a. M.: Fischer Verlag.

Brand, K.W. (2008): Konsum im Kontext. Der „verantwortliche Konsument" – ein Motor nachhaltigen Konsums? In: Lange, H. (Hrsg.): Nachhaltigkeit als radikaler Wandel. Die Quadratur des Kreises? Wiesbaden: VS Verlag, S. 71-94.

Brand, K.W. (2005): Nachhaltigkeitskommunikation: eine soziologische Perspektive. In: Michelsen, G./ Godemann, J. (Hrsg.): Handbuch Nachhaltigkeitskommunikation. Grundlagen und Praxis. München: oekom verlag, S. 149-159.

Brand, K.-W./Brumbauer, T./Sehrer, W. (2003): Diffusion nachhaltiger Konsummuster. München: oekom verlag.

Brand, K.-W./Rink, D. (2007): Institutionalisierung statt Mobilisierung? Dilemmata der deutschen Umweltbewegung. In: Jacob, K./Biermann, F./Busch, P.-O./Feindt, P. (Hrsg.): Politik und Umwelt. PVS Sonderheft 39, S. 499-517.

Brühl, T. (2005): Vom Einfluss der NGO's auf die internationale Politik. Das Beispiel biologische Vielfalt. In: Brunnengräber, A./Klein, A./Walk, H. (Hrsg.): NGOs im Prozess der Globalisierung. Mächtige Zwerge – umstrittene Riesen. Bonn: Bundeszentrale für politische Bildung, S.266-297.

Brunner, K.-M./Kropp, C./Sehrer, W. (2006): Wege zu nachhaltigen Ernährungsmustern. Zur Bedeutung von biographischen Umbruchsituationen und Lebensmittelskandalen für den Bio-Konsum. In: Brand, K.-W. (Hrsg.). Von der Agrarwende zur Konsumwende. München: oekom.

Degele, N. (2002): Einführung in die Techniksoziologie. München: Wilhelm Fink Verlag.

Darnhofer, I./Bartel-Kratochvil, B./Lindenthal, T./Zollitsch, W. (2007): Konventionalisierung: Gibt es klare Kriterien für den Öko-Landbau? In: Ökologie & Landbau, Vol. 144, Nr. 4, S. 26-27.

Diekmann, A./Voss, Th. (-): Die Theorie rationalen Handelns. Stand und Perspektiven: www.socio.ethz.ch/people/andreasd/ working_papers/diekmannvoss.pdf.

Dobmeier, G. (2007): Nachhaltige Entwicklung durch ökosoziale Lebensstile. In: Jahrbuch Ökologie 2008. München: C.H. Beck, S. 127-133.

Donges, P. (2006): Medien als Institutionen und ihre Auswirkungen auf Organisationen; Perspektiven des soziologischen Neo-Institutionalismus für die Kommunikationswissenschaft: www.m-und-k.info/MuK/hefte/Aufsatz_06_04.pdf.

Dorninger, M./Gadermaier, F./Freyer, B./Watzka, K. (2008): Potentialanalyse Biolebensmittel in Niederösterreich. Zwischenbericht Teil I. ecoPlus/Amt der nö. Landesregierung.

Freyer, B. (1991a): Bearbeitung von Betriebsentwicklungsplänen im Rahmen der Kleingruppenarbeit – eine Fallstudie. In: Schweizerische Gesellschaft für Agrarwirtschaft und Agrarsoziologie (Hrsg.): Agrarwirtschaft und Agrarsoziologie 1/1991. Zürich, S. 81-111.

Freyer, B. (1991b): Ökologischer Landbau, Planung und Analyse von Betriebsumstellungen. In: Reihe Ökologie & Landwirtschaft. Weikersheim: Verlag Margraf.

Freyer, B. (2008): The Differentiation Process in Organic Agriculture (OA) – between Capitalistic Market System and IFOAM Principles. 16th IFOAM Organic World Congress; Cultivating the Future Based on Science, 16.-20. Juni 2008, Modena.

Freyer, B./Haberkorn, A. (2008): Influence of Young Children (3-6 years) on Organic Food Consumption in their Families. In: IFOAM/ISOFAR (Hrsg.): 16th IFOAM Organic World Congress. Vol. 2: Livestock, Socio-economy and cross disciplinary research in Organic Agriculture, 16.-20.6.2008, Modena.

Freyer, B. (2006): Wirkungen von Bioprodukten auf das KäuferInnenverhalten – Phänomene und deren Hintergründe. 9. Wissenschaftstagung Ökologischer Landbau. Beitrag archiviert unter http://orgprints.org/view/projects/wissenschaftstagung-2007.html.

Freyer, B./A. Marlovits (2006): Rekonstruktion mentaler Grundstrukturen von Kaufentscheidungen ökologischer Lebensmittel von Konsument/innen. ÖGA Tagung. Wien.

Fricke, A. (1996): Das Käuferverhalten bei Öko-Produkten. Eine Längsschnittanalyse unter besonderer Berücksichtigung des Kohortenkonzeptes. Dissertation. Kiel. Europäische Hochschulschriften. Reihe V, Band 1960. Frankfurt/M.: Peter-Lang-Verlag.

Garfinkel, H. (1967): Studies in Ethnomethodology. Englewood-Cliffs: Prentice Hall.

Garrelts, H. (2008): Nichtregierungsorganisationen als „Player" in der Nachhaltigkeitspolitik – Möglichkeiten und Grenzen. In: Lange, H. (Hrsg.): Nachhaltigkeit als radikaler Wandel. Die Quadratur des Kreises? Wiesbaden: VS Verlag. S. 315-341.

Giddens, A. (1984): The Constitution of Society. Outline of the Theory of Structuration. Cambridge: Polity (Press).

Giddens, A. (1990): The Consequences of Modernity. Cambridge: Polity Press.

Gössinger, K./Freyer, B. (2008): Corporate Social Responsibility and Organic Farming - Experiences in Austria. In: IFOAM/ISOFAR (Hrsg.): 16th IFOAM Organic World Congress;

Cultivating the Future Based on Science, Vol. 2 Livestock, Socio-economy and Cross disciplinary Research in Organic Agriculture, 16th IFOAM Organic World Congress; Cultivating the Future Based on Science, 16.-20. Juni 2008, Modena.

Gössinger, K./Freyer, B. (2008): In-depth analysis of organicPlus case study companies. In: Padel, S., Gössinger, K. (2008) (Hrsg.): Farmer Consumer Partnerships. Communicating ethical values: a conceptual framework. CORE Organic Project Series Report.

Grunenberg, H./Kuckartz, U. (2003): Umweltbewusstsein im Wandel. Ergebnisse der UBA-Studie Umweltbewusstsein in Deutschland 2002. Opladen: Leske+Budrich.

Haase, R./Krücken, G. (2005): Neo-Institutionalismus. 2. Auflage. Bochum: transcript Verlag.

Hiß, U. (2005): Warum übernehmen Unternehmen gesellschaftliche Verantwortung? Ein soziologischer Erklärungsversuch. Frankfurt a. M./New York: Campus Verlag.

Huneke, M. (2008): Möglichkeiten und Chancen der Veränderung von Einstellungen und Verhaltensmustern in Richtung einer nachhaltigen Entwicklung. In: Lange, H. (Hrsg.): Nachhaltigkeit als radikaler Wandel. Wiesbaden: VS Verlag, S. 95-122.

IFOAM (2005): www.ifoam.org/germanversion/arbeit_der_ifoam/oekologische_landwirtschaft.html.

IFOAM/International Federation of Organic Trade Movements (2006): Code of Conduct for Organic Trade: Basic Principles: www.ifoam.org/organic_facts/justice/code_of_conduct.html.

Jepperson, R.L. (1991): Institutions, Institutional Effects, and Institutionalization. In: Powell/DiMaggio 1991, P. 143-163. In: Krücken, G. (2002): Amerikanischer Neoinstitutionalismus – europäische Perspektiven.

Junge, M. (2002): Individualisierung. Frankfurt/New York: Campus.

Klausegger C. (1995): Entscheidungsverhalten von Konsumenten beim Kauf biologischer Nahrungsmittel. Forschungsergebnisse der Wirtschaftsuniversität Wien. Dissertation. Wien: Service Fachverlag.

Kölsch, O. (1988): Soziale Probleme bei der Umstellung auf ökologischen Landbau. In: Gödde, H./Vögelin, D. (Hrsg.): Für eine bäuerliche Landwirtschaft. Materialien zur Tagung in Bielefeld-Bethel vom 27.-30.1.1988. Schriftenreihe des Fachbereichs Stadtplanung/Landschaftsplanung der Gesamthochschule. Kassel, Band 14, S. 149-152.

Kriz, J. (1999): Systemtheorie für Psychotherapeuten, Psychologen und Mediziner. Wien: Facultas Universitätsverlag.

Krücken, G. (2002): Amerikanischer Neo-Institutionalismus – europäische Perspektiven. In: Sociologia Internationalis 40, S. 227-259. Bezugnahme im Text: www.homes.uni-bielefeld.de/kruecken/importe/krueckentext.pdf.

Leitschuh, H. (2008): Lebensraumkorridore schaffen – Artenschutz in der Praxis. In: Altner et al. (Hrsg.): Jahrbuch Ökologie 2008. München: C.H. Beck, S. 267-270.

Lindenthal, T./Verdorfer, R./Bartel-Kratochvil, R. (2006): Konventionalisierung oder Professionalisierung: Entwicklungen des Biolandbaus am Beispiel Österreich. In: Hirte, K. et al. (Hrsg.): Ökolandbau – mehr als eine Verfahrenslehre? Universität Kassel-Witzenhausen: Eigenverlag.

Luhmann, N. (1984): Die Wirtschaft der Gesellschaft als autopoietisches System. In: Zeitschrift für Soziologie 13, S. 308-337.

Luhmann, N. (1995): Soziologische Aufklärung. Die Soziologie und der Mensch. Opladen: Westdeutscher Verlag, S. 113 - 124.

Maturana, H./Varela, F. (1980): Autopoiesis and cognition. Boston: Reidel.

Menez, R. (o.A.): Soziologie der industriellen Beziehungen. Frankfurt: Institut für Gesellschafts- und Politikanalyse. Skript: www.uni-stuttgart.de/soz/soziologie/regulation/pdf/artikel_ibz.pdf.

Menez, Raphael/Munder: www.uni-stuttgart.de/soz/soziologie/regulation/index_onlinetexte.html.

Meyer, J.W. (1987): The World Polity and the Authority of the Nation-State. In: Thomas, G.M./Meyer, J.W./Ramirez, F.O./Boli, J. (Hrsg.): Institutional Structure. Constituting State, Society, and the Individual. Newbury Park et al.: Sage, S. 41-70.

Müller, Ch. (1998): Von der lokalen Ökonomie zum globalisierten Dorf. Bäuerliche Überlebensstrategien zwischen Weltmarktintegration und Regionalisierung. Frankfurt/New York: Campus Verlag.

Ortmann, G./Sydow, J./Türk, K. (1997): Organisation, Strukturation, Gesellschaft. Die Rückkehr der Gesellschaft in die Organisationstheorie, in: dies. (Hrsg.), Theorien der Organisation. Die Rückkehr der Gesellschaft. Opladen: Westdeutscher Verlag, S. 15-34.

Padel, S./Gössinger, K. (2008) (Hrsg.): Farmer Consumer Partnerships. Communicating ethical values: a conceptual framework. CORE Organic Project Series Report.

Pongratz, H. J. (1992): Die Bauern und der ökologische Diskurs. Befunde und Thesen zum Umweltbewusstsein in der bundesdeutschen Landwirtschaft. Diss. A.. München: Universität der Bundeswehr.

Rosenberger, M. (2008): Im Zeichen des Lebensbaums. Ein theologisches Lexikon der christlichen Schöpfungsspiritualität. Würzburg: Echter Verlag.

Schmid, O./Stolz, H./Lampkin, N./Jeffreys, I./Dabbert, S./Eichert, C./Michelsen, J./Zanoli, R./Vairo, D./Gonzalvez, V. (2008): Lessons learnt from ORGAP Project – planning, implementation and evaluation of Action Plans for Organic Food and Farming. Beitrag präsentiert bei: 16th IFOAM Organic World Congress, Modena, Italy, June 18-20, 2008.

Schultz, I./Birzle-Hader, B./Stieß, I./Empacher, C./Schubert, S. (2003): Analyse der qualitativen Struktur des Konsums von Bioprodukten nach einem Lebenswelten-Modell und Ermittlung der milieuspezifischen Potentiale zur Erhöhung des Konsums sowie der dafür notwendigen Maßnahmen. Bonn: Geschäftsstelle Bundesprogramm Ökologischer Landbau in der Bundesanstalt für Landwirtschaft und Ernährung.

Schulze, G. (2003): Die beste aller Welten. Wohin bewegt sich die Gesellschaft im 21. Jahrhundert. Frankfurt: Fischer.

Schulze, H. (1997): Neo-Institutionalismus: userpage.fu-berlin.de/~segbers/downloads/working_papers/AP04.pdf.

Spiller, A. (2006): Zielgruppen im Markt für Bio-Lebensmittel: Ein Forschungsüberblick. Göttingen: Department für Agrarökonomie und Rurale Entwicklung - Universität Göttingen.

Star, S. L./Griesemer, J. R. (1989): Institutional Ecology, 'Translations' and Boundary Objects: Amateurs and Professionals in Berkeley's Museum of Vertebrate Zoology, 1907-39. In: Social Studies of Science. 19, Nr. 4, S. 387-420.

Take, I. (2002): NGOs im Wandel. Wiesebaden: Westdeutscher Verlag.

Weller, I. (2008): Konsum im Wandel in Richtung Nachhaltigkeit? Forschungsergebnisse und Perspektiven. In: Lange, H. (Hrsg.): Nachhaltigkeit als radikaler Wandel. Die Quadratur des Kreises? Wiesbaden: VS Verlag, S. 43-70.

Biobauer aus Überzeugung

Sepp Ortner

Petra C. Gruber: Warum führt Ihr einen Bio-Bauernhof und keine konventionelle Landwirtschaft?

Sepp Ortner: Meine Frau Franziska und ich haben den Hof 1982 von meinen Eltern übernommen und auf biologisch umgestellt, weil es uns als die sinnvollste Form der Landwirtschaft erscheint. Ich bin sozusagen Biobauer aus Überzeugung. Ich will gesunde Lebensmittel erzeugen – das geht nur, wenn man sich in den Kreislauf der Natur einfügt und versucht diesen zu verstehen, anstatt gegen die Natur zu arbeiten, etwa mit chemischen Spritzmitteln oder Kunstdünger.

Eine Landwirtschaft zu führen, den Boden zu bewirtschaften, ist nicht nur eine private Angelegenheit. Alles ist vernetzt. Wenn auf einem österreichischen Hof importiertes Futter, etwa gentechnisch verändertes Soja aus Brasilien, eingesetzt wird, das von Großgrundbesitzern stammt, wenn aufgrund der Exportorientierung für die Menschen in Brasilien keine Nahrung mehr zur Verfügung steht, damit wir unsere Schweine und Kühe füttern und Überschüsse produzieren können, dann tragen wir an dieser globalen Ungerechtigkeit Mitverantwortung.

Meine Vision ist, Landwirtschaft so zu betreiben, dass überall Ernährungssouveränität verwirklichbar ist und nicht die Ausbeutung der Menschen und der Natur in anderen Kontinenten – bewusst oder unbewusst – beinhaltet ist.

Petra C. Gruber: Biobauer zu sein, bedeutet also mehr als einen Beruf auszuüben...

Sepp Ortner: Es heißt so schön: Der Mensch lebt nicht vom Brot allein. Mir ist die Sinnhaftigkeit meiner Tätigkeit sehr wichtig. Ein großes Vorbild ist dabei Viktor Frankl. In „Der Mensch auf der Suche nach dem Sinn" beschreibt er, dass eine der zentralsten Herausforderungen darin besteht, dass der Mensch für sich die Frage nach dem Sinn beantworten kann. Eine Erfüllung in seiner Arbeit zu finden, ist wesentlich wichtiger ist als die Profitmaximierung. Es ist ein großes Geschenk für mich, dass ich Biobauer sein kann.

Die biologische Landwirtschaft kann in den unterschiedlichsten Bereichen eine Antwort auf so viele Schwierigkeiten unserer Zeit bieten, etwa im Hinblick auf den Klimawandel: Der Biolandbau setzt auf Sonnenenergie und bringt massive Energieeinsparungen durch den Verzicht auf Kunstdünger, chemische Spritzmittel und ausländische Futtermittel, während die industrielle Landwirtschaft riesige Mengen an fossiler Energie verbraucht und durch den Humusabbau das Klima zusätzlich aufheizt.

Der Biolandbau stellt die Pflege des Bodens, der Pflanzen und die artgerechte Tierhaltung in den Vordergrund wirtschaftlichen Handelns. Dem Land ein guter Wirt zu sein, erfordert viel Aufmerksamkeit, Beobachtungsgabe und Wissen über die Vorgänge unserer 30 cm dünnen Lebensgrundlage. Optimale Bedingungen für das Bodenleben zu schaffen, steigert die Bodenfruchtbarkeit und diese ist wiederum Grundlage für gesunde und langfristig stabile Pflanzenerträge. Wirtschaftlichkeit ist natürlich die Basis, so arbeiten zu können – aber nicht die oberste Prämisse. Umso erfreulicher ist es, dass unser Betrieb auf sehr gesunden wirtschaftlichen Beinen steht und darüber hinaus das Potential hat, dass wir uns z.B. im Hinblick auf erneuerbare Energien weiter entwickeln. Die Sonne spendet uns reichlich Energie und es ist unsere wichtigste Aufgabe, sie optimal und effizient zu nützen – durch die Pflanzen, den Wind und das Wasser. Ich bin immer wieder aufs Neue von den Wundern der Natur fasziniert, und wie wir mit dieser zum Nutzen aller arbeiten können. Ich kann nur jeden einladen, daran mitzuarbeiten – es lohnt sich!

Petra C. Gruber: Du bist seit über 25 Jahren Biobauer. Wie war die gesellschaftliche Stimmung damals, gab es fachliche und politische Unterstützung für die Umstellung?

Sepp Ortner: Als ich begonnen habe, gab es etwa 100 Biobauern. Ich hatte eine landwirtschaftliche Ausbildung bis zur Meisterprüfung absolviert, und dann absolut konträr zu einer Ausbildung gearbeitet, die auf Spezialisierung und immer noch weitere Produktionssteigerung setzt, damit man im internationalen Wettbewerb eine Chance haben kann. Ich war ein Außenseiter in der Szene. Mein Vater war damals sehr skeptisch und hatte die große Befürchtung, dass wir den Hof ruinieren, dass ohne Dünge- und Spritzmittel nichts mehr wächst. Es war schon eine harte Zeit. Es hat ungefähr fünf Jahre gedauert, bis er sich zunehmend mit der biologischen Landwirtschaft identifizieren konnte. Früher war es für ihn beschämend und heute ist er sehr stolz darauf, dass der Hof biologisch bewirtschaftet wird. Diese Wandlung erfüllt mich natürlich mit großer Freude. Eine große Stütze sind von Anfang an unsere Konsument/innen gewesen, grünbewegte, alternative Menschen, die sich in der „Dritten Welt-Bewegung“ engagierten. Sie haben auch Verständnis gezeigt, wenn es anfangs mit der Qualität Probleme gab.

Petra C. Gruber: Und wie sieht es heute aus? Was produziert Ihr alles am Hof?

Sepp Ortner: Unsere Qualität ist sehr gut, beispielsweise bei unserem Korn, das mit handwerklichem Können veredelt wird: Franziska bäckt jeden Dienstag Holzofenbrot, das aufgrund der großen Nachfrage schon im Vorhinein ausverkauft ist – Qualität, die man schmeckt! Auf unseren Feldern bauen wir Weizen, Roggen, Dinkel, Erbsen, Kartoffel und Mais an. Unsere Landwirtschaft umfasst 18 ha Acker – dabei baue ich in einer sechsjährigen Fruchtfolge an –, 12 ha Grünland und 8 ha Wald. Wir haben 16 Milchkühe, ca. 25 Stück Jungvieh und 40 Legehennen. Sechs Mal im Jahr schlachten wir einen unserer Bio-Ochsen oder eine Kalbin. Das Fleisch, das beim Metzger zerlegt und aufbereitet wird, verkaufen wir auf Vorbestellung. Neben dem Holzofenbrot bieten wir auch unser Getreide und unsere Kartoffeln im Hofladen an. Milchprodukte und Nudeln kaufen wir von anderen Biobauern zu, außerdem EZA-Produkte wie Kaffee und Schokolade. Entstanden ist unser Hofladen aus ganz pragmatischen Gründen: In unseren Anfangsjahren gab es kaum andere Möglichkeiten der Vermarktung. Zudem befindet sich unser Hof in günstiger räumlicher Lage in Ranshofen, Nähe Braunau. Mir ist die Kommunikation zwischen der Landwirtschaft und den Konsument/innen wichtig, der Einsatz und Aufwand wird damit nachvollziehbar. Ich finde es aber gut, dass Bioprodukte mittlerweile auch über die Handelsketten zu kaufen sind.

Allerdings ist eine bedauerliche Entwicklung zu verzeichnen: Die Ab Hof-Vermarktung geht in Österreich zurück. Darin zeigt sich die Widersprüchlichkeit der österreichischen Landwirtschaftspolitik: Es gibt einerseits ein gutes Bildungsangebot seitens der Landwirtschaftskammer, andererseits sind mit der Hygienerichtlinie so hohe Auflagen verbunden, dass der Ab Hof-Verkauf für Kleinbetriebe durch den enormen Arbeitsaufwand und die Investitionsrichtlinien kaum mehr realisierbar ist. Keiner behauptet, dass Hygiene unnötig ist, aber das Problem ist, dass der ganze Qualitätsbegriff auf Hygiene reduziert wird. Zudem wird man steuerlich bestraft, wenn man die Wertschöpfung am Hof erhöht: Im Rahmen der Sozialversicherung muss ich zusätzlich knapp 7 % für be- und verarbeitete Produkte abführen. Die bäuerliche Interessensvertretung hat die so wichtigen Anliegen der Direktvermarkter/innen nicht wahrgenommen.

Petra C. Gruber: Rein vom ökonomischen Standpunkt aus betrachtet: Lohnt sich das Betreiben eines Bio-Hofes? Würdest Du mit einem konventionellen Betrieb mehr verdienen?

Sepp Ortner: Was die Ernteerträge betrifft, haben wir im Vergleich zu konventionellen Bauern in der Gegend 10-30 % weniger Erträge. Allerdings ist unser Energieeinsatz um ein Vielfaches geringer. Durch den Verzicht auf künstliche Dünge- und Spritzmittel haben wir einen um 30 % geringeren Energieverbrauch. Außerdem werden die Kunstdünger auch immer teurer. Wir stehen jedenfalls wirtschaftlich gut da. Einen Betrieb in unserer Größe könnte man konventionell schwer bzw. gar nicht im Vollerwerb führen.

Das Problem ist, dass das Beratungssystem auch im Bereich der Landwirtschaft auf Kurzfristigkeit ausgelegt ist. Als Bauer lebst du von der Langfristigkeit, wozu brauche ich vierteljährliche Bilanzen? Ein anschauliches Beispiel ist die Lebensleistung unserer Kühe. Ich bin beim Zuchtverband. Die durchschnittliche Leistung liegt auf unserem Hof bei 5.500 Liter Milch pro Kuh und Jahr. Der Landesdurchschnitt liegt um über 1.000 Liter höher. Das sieht auf den ersten Blick unwirtschaftlich aus. Aber sehen wir uns die Lebensleistung der Kühe an: Wir liegen bei 27.000 Liter und im Schnitt 5-6 Kälber pro Kuh; Der Landesdurchschnitt liegt bei 18.000 Litern und 2-3 Kälbern. Unsere Futterkosten sind geringer, da das Futter – Gras, Heu, Silage, sehr wenig Kraftfutter – zum allergrößten Teil vom eigenen Hof stammt. Außerdem habe ich durch die Fitness unserer Kühe geringere Tierarztkosten: Artgerechtes Futter, Laufstall und Weidehaltung und eine Milchleistung, die nicht auf die Substanz der Kuh geht, halten unsere Kühe gesund. Ich stelle bei einer 10.000 Liter-Kuh die Artgerechtheit in Frage. Kühe sind Wiederkäuer, der ganze Organismus ist auf Pflanzen ausgerichtet, nicht auf Kraftfutter; es zeigt sich auch, dass das zulasten der Fruchtbarkeit der Kühe geht.

Petra C. Gruber: Welchen Stellenwert hat die biologische Landwirtschaft in der Ausbildung an den landwirtschaftlichen Schulen bzw. in den Bildungsangeboten, der Beratung und politischen Arbeit seitens der Landwirtschaftskammern?

Sepp Ortner: Es gibt Landwirtschaftsschulen, die sich auf Biolandbau spezialisiert haben, wie in Schlägl, auch wird in einigen Schulen und an der Universität vermehrt Biolandbau gelehrt. Trotz dieser positiven Entwicklungen im Unterricht und der zunehmenden Anzahl von Betrieben, die auf biologische Wirtschaftsweise umstellen, hat der Biolandbau nach wie vor eine zu geringe Bedeutung in der Agrarpolitik. Einerseits werden die Biobauern fachlich gut beraten, diese haben aber in erster Linie eine Funktion als Imageträger für die Landwirtschaft insgesamt und für das Tourismusland Österreich. Die Annäherung an eine ökologisierte Landwirtschaft ist nicht die generelle Ausrichtung. Es gibt etwa in der Agrarpolitik von höchster

Kammerebene Behauptungen, dass die konventionelle Landwirtschaft weniger Klimabelastung bedeute. Das führt zu einer massiven Verunsicherung in der Bauernschaft, zu einer zunehmenden Orientierungslosigkeit. Der politischer Konsens: Alles ist gut – die volle Intensivierung ebenso wie vorbildliche biologische Bewirtschaftung – ist höchst zweifelhaft. Landwirtschaftskammer und Ministerium nehmen hier ihre Verantwortung nicht wahr. Das ist im Hinblick auf die massiven Probleme, mit denen die österreichische Landwirtschaft zu kämpfen hat, ein schweres Versäumnis. Ich erwarte mir, dass die Politik Leitlinien vorgibt.

Petra C. Gruber: Aber es gibt doch ein Bio-Aktionsprogramm...

Sepp Ortner: Die biologische Landwirtschaft wird schon gefördert – aber nur, um ein Marksegment zu bedienen. Es geht nicht um eine generelle Umorientierung, also Ökologisierung der Landwirtschaft. Die biologische Landwirtschaft wird nicht als das Leitbild der Landwirtschaft angesehen, vielmehr erfolgte eine Abkehr. Das zeigt sich auch deutlich am Bio-Aktionsprogramm. Bei den Förderungen im Rahmen des Umweltprogramms (ÖPUL) wurden in der letzten Runde die Bio-Förderungen erheblich gekürzt. Gleichzeitig wurden die Investitionsförderungen erhöht, was die Intensivierung der Landwirtschaft fördert.

Unter dem ehemaligen Landwirtschaftsminister und Vizekanzler Josef Riegler und seinem Leitbild der ökosozialen Agrarpolitik und ökosozialen Marktwirtschaft allgemein wurden damals ganz konkrete Maßnahmen und positive Anreize gesetzt, damit sich die österreichische Landwirtschaft immer mehr in Richtung Ökologisierung hin entwickelt, mit der höchsten Stufe der biologischen Landwirtschaft. Steuern wie die Düngemittelabgabe haben ausgedrückt, dass eine Intensivierung und Überschussproduktion politisch nicht gewünscht sind. Danach kam es zur Doppelgleisigkeit – so wird heute die Intensivierung mit einem grünem Mäntelchen verkauft: Beispiel „Biogas“: Mit irrsinnigem Investitionsaufwand werden Anlagen errichtet, die die Bauern in große finanzielle Abhängigkeit bringen und mit der Monokultur Mais werden die Böden massiv belastet – das dann als Biogas zu bezeichnen und dies noch mit hohen Subventionen zu fördern, halte ich für höchst fragwürdig. Ein anderes Beispiel: In der bäuerlichen Zeitung werden Betriebe als Vorbilder für die fortschrittliche Landwirtschaft präsentiert, die Spitzenleistungen wie die 10.000 Liter-Kuh aufweisen (der Weltrekord liegt mittlerweile bei 18.000 Liter). Mit einer nachhaltigen, ökologischen Landwirtschaft haben solche Höchstleistungen aber nichts mehr zu tun.

Petra C. Gruber: Warum setzt man heute mehr auf Intensivierung, oder anders gefragt, warum sollte ein konventioneller Bauer umstellen?

Sepp Ortner: An der Intensivierung und zunehmenden Industrialisierung verdient der vor- und nachgelagerte Bereich massiv, z.B. die Düngemittelindustrie. Die Chemiekonzerne haben einen großen Einfluss auf die europäische und österreichische Agrarpolitik. Den steigenden Profiten der Agrarkonzerne stehen auf der anderen Seite größere Abhängigkeitsstrukturen für die Bauern gegenüber.

Grundsätzlich sollten die Bauern in den Bildungseinrichtungen viel stärker darüber informiert werden, welche Chance die biologische Landwirtschaft bietet – auch hinsichtlich der wirtschaftlichen Seite.

Petra C. Gruber: Der Einsatz von Gentechnik ist im Biolandbau verboten. Warum sollten konventionelle Bauern keine Gentechnik anwenden?

Sepp Ortner: Am Beispiel Gentechnik ist besonders offensichtlich, dass es rein um Profitmaximierung geht; das geht bis in die Beratungsstrukturen hinein. Der Bauer ist gezwungen, immer wieder neues GVO-Saatgut zu beziehen. Er hat keine Möglichkeit mehr, dieses Saatgut nachzubauen. Der Bauer muss den gesamten Cocktail kaufen und Verpflichtungen eingehen, die den eigenen Handlungsspielraum enorm einschränken. Studien zeigen, dass die Erträge nicht steigen, sondern sogar sinken; Die Behauptung, dass der Chemieeinsatz damit reduziert werden könnte, entpuppt sich als unwahr, de facto bedeuten GVOs einen 3-4fach höheren Chemie-Einsatz. Die Natur versucht sich zu wehren: Die Unkräuter bzw. Beikräuter bilden immer neue Resistenzen, um den Boden mit Grünmasse zu schützen; je mehr man den Boden vergiftet, umso resistentere Pflanzen werden sich entwickeln. Diese negative Unkrautauslese bringt den Bauern letztlich massiven wirtschaftlichen Schaden und nicht einen Vorteil. Hinzu kommt der gesundheitliche Aspekt – man weiß einfach nicht, wie sich das auf das gesamte Ökosystem auswirkt. GVOs sind schlicht unverantwortlich.

Die sogenannte Koexistenz im Sinne einer Wahlfreiheit ist eine Lüge. GVOs werden über Pollenflug, Auskreuzungen durch Wind weit transportiert, das kann zwei oder 200 km weit sein. Damit ist der Biolandbau massiv gefährdet! In manchen Teilen der Welt, z.B. in Kanada, sind die Verschmutzungen bereits so hoch, das die Produkte nicht mehr als Bio vermarktbar sind.

Petra C. Gruber: Biologische Landwirtschaft braucht also eine starke Stimme. Es gibt ja ein Netzwerk der österreichischen Biobauern. Was erwartest Du von Bio-Austria?

Sepp Ortner: Vor allem Lobbying. In Österreich sind alle Verbände zu Bio-Austria zusammengeschlossen. Ich erwarte mir mehr Ecken und Kanten von Bio-Austria. Sie leisten durchaus gute Beratung. Der politische Auftrag, für die Gesamtökologisierung der Landwirtschaft zu kämpfen, wird aber nicht erfüllt. Es fehlt die kritische Distanz zu den Kammern und zum Ministerium. Ich wünsche mir mehr Courage, die Widersprüche in Bezug auf die Ökologisierung von Seiten der Landwirtschaftspolitik aufzuzeigen.

Petra C. Gruber: In der Bevölkerung scheint die steigende Nachfrage für Anerkennung und ein positives Image der biologischen Landwirtschaft zu sprechen. Kann ich als Konsumentin darauf vertrauen, dass überall, wo Bio drauf steht Bio drinnen ist?

Sepp Ortner: Der Biolandbau ist gesetzlich geschützt durch die EU-Bioverordnung. Dieses Regelwerk beinhaltet sämtliche Vorschriften, die ein Bio-Hof und Bio-Verarbeitungsbetrieb einzuhalten hat. Diese Betriebe sind gesetzlich dazu verpflichtet, sich von anerkannten Bio-Kontrollfirmen mindestens ein Mal jährlich kontrollieren zu lassen. Eine Missachtung der Richtlinien wird je nach Schwere des Vergehens streng sanktioniert.

Petra C. Gruber: Eine abschließende Frage: Wie siehst Du die Zukunft der Landwirtschaft?

Sepp Ortner: Ich will nicht missionieren. Es braucht eine gewisse Bereitschaft, sich auf den Bewusstseinsprozess einzulassen. Wir haben in Österreich eine kleinstrukturierte Landwirtschaft. Es ist eine Illusion, dass die Weltmarktpreise unsere Existenz sichern können. Im Zuge der WTO-Verhandlungen sollen die Subventionen für die Landwirtschaft gekürzt bzw. ganz gestrichen werden, mit Ausnahme der Subventionen für die Umweltleistungen, die die Landwirtschaft erbringt (Greenbox). Das landwirtschaftliche Einkommen besteht heute zwischen 40 und 70 % aus Subventionen; je intensiver bewirtschaftet wird, desto mehr Subventionen gibt es, da diese auf Mengenleistung ausgerichtet sind.

Die multifunktionale Bio-Landwirtschaft ist die bessere Alternative zu einer industriellen, technisierten Landwirtschaft. Biolandbau ist langfristig auch die wirtschaftlichste Form der Landwirtschaft: Die Umweltleistungen sind nicht gefährdet, mit Bioprodukten lässt sich ein besserer Preis erzielen, dazu kommen die schon erwähnten Einsparungen im Betrieb. Genau darin liegt die große Chance. Ich bin überzeugt, dass der große Teil der österreichischen Bäuerinnen und Bauern nicht nur das Potential hat, sondern auch bereit wäre, umzustellen, wenn die agrarpolitischen Signale klar in Richtung Ökologie gesetzt werden.

Biologische Landwirtschaft als Weiterentwicklung des konventionellen Landbaus

Humusqualität und Bodenfruchtbarkeit

Hermann Pennwieser

1. Hintergrund

Einer der markantesten Entwicklungsschritte in der Evolutionsgeschichte der Menschheit war der Übergang vom Nomadentum zur Sesshaftwerdung vor gut zehntausend Jahren und dem damit verbundenen Beginn des Ackerbaus, also der kontinuierlichen und vom Menschen beeinflussten Nutzung von Böden. Ausgegangen ist diese Entwicklung von sehr fruchtbaren Gebieten im Orient, in China und in Südamerika, da dort reiche Ernten ein verhältnismäßig angenehmes Leben der Menschen ermöglichten. In ärmlichen Gegenden hatten die Menschen genug damit zu tun, ihren Lebensunterhalt sicherzustellen; in den Gunstlagen hingegen blieb Zeit für andere Tätigkeiten (von der Weberei bis zum Salzhandel) übrig und so haben sich hier die Hochkulturen der Menschheit entwickelt, von den Persern über die Chinesischen Dynastien bis zu den Inkas, Azteken und Römern. Je mehr die Landwirtschaft blühte und abwarf, desto höher die Entwicklung und der damit einhergehende Ressourcenverbrauch einer Kultur – bis zu einem Höhepunkt, auf den wieder ein Niedergang folgte, der sich folgendermaßen erklärt: Es wurde zu jeder Zeit versucht, durch immer ausgefeiltere Methoden der Bearbeitung der Böden, der Artenwahl und Pflanzenzüchtung und später auch der Düngung, die Erträge zu steigern, um diese kulturelle Entwicklung erst zu ermöglichen. Die Grenzen wurden immer dann erreicht, wenn versucht wurde, mehr aus dem Boden, aber auch aus den Wäldern oder aus den Menschen in Form von Erträgen, Rohstoffen oder Leistung herauszuholen, als einem langfristigen Gleichgewicht zuträglich war, und zwar aus den zum Teil vermeintlichen Sachzwängen und der Eigendynamik heraus, die ein steigendes Wohlstandsniveau mit sich bringt. Da diese Versuche für kurze Zeit auch Erfolge brachten, bestand für die Allgemeinheit auch kein Handlungsbedarf. Darüber hinaus vermeiden wir Menschen gerne unbequeme Maßnahmen, solange kein entsprechender Leidensdruck vorhanden ist.

Ich beleuchte diesen Hintergrund, damit wir die derzeitige Phase der Menschheitsentwicklung aus einem möglichst großen zeitlichen Abstand heraus verstehen können. Bei der Reflexion des Ist-Zustandes sollten wir uns auch immer unserer Subjektivität bewusst sein, die der griechische Philosoph Platon in seinem berühmten Höhlengleichnis verbildlicht: Eine Gruppe seit Kindheit in einer Höhle gefangener Menschen empfinden ihr Dasein dort als die wahre Welt. Nachdem einer von Ihnen losgebunden wird, am Tageslicht die Welt von draußen erlebt und dann den Anderen in der Höhle von seinen Erlebnissen erzählt, lacht man ihn aus und bekämpft ihn.

Zurück zur Entwicklung der Hochkulturen: Im 19. Jahrhundert begann mit der industriellen Revolution eine beispiellose Erfolgsgeschichte. Durch den Zugriff auf Kohle und später Erdöl und der damit einhergehenden Entwicklung der Technik wurde die „Produktivität" in der Landwirtschaft erhöht, indem Verbrennungsmaschinen die harte Arbeit der Landarbeiter/innen ersetzten, welche von nun an in der sich entwickelnden Industrie neue Güter herstellten. Je arbeitsextensiver die Landwirtschaft organisiert werden konnte, desto stärker war das Wachstum der Volkswirtschaft. Allen voran gingen die USA mit ihren enormen Vorräten an Bodenschätzen und riesigen Agrarflächen. Die Verbilligung der Produktion und der aufkommende weltweite Agrarhandel, schon sehr früh in den Händen weniger großer Konzerne wie Cargill oder ArcherDanielsMidland konzentriert, brachte andere Volkswirtschaften unter massiven Zugzwang. Treibende Kraft war der Wirtschaftsliberalismus nach Smith und Ricardo, wonach Güter – auch Agrarprodukte – dort hergestellt werden sollten, wo die Produktionskosten am geringsten sind. Aufgrund immer vernetzterer Transportwege, billiger Energie und fehlender Kostenwahrheit explodierte in den letzten Jahrzehnten der grenzüberschreitende Handel förmlich. Wir spüren diese Tatsachen am eigenen Leib in Form des enormen LKW-Verkehrs, in Form billiger Produkte aus Fernost oder neuerdings auch in Form von „Biodiesel" aus dem brasilianischen Urwald. Menschen in den sogenannten Entwicklungsländern spüren die Auswirkungen des Welthandels unter anderem im Niedergang ihrer Landwirtschaft, da sie mit billigen, exportgestützten Agrargütern aus Intensivproduktionsgebieten überschwemmt werden. Die weitere Beibehaltung dieses Systems würde unbegrenzt vorhandene Ressourcen und keine negativen Umweltauswirkungen voraussetzen, nachdem jedoch mittlerweile die Endlichkeit unseres blauen Planeten greifbar ist, führt es sich selbst ad absurdum.

Die Intensivierung und Ertragssteigerung in der Landwirtschaft wurde neben der Motorisierung insbesondere durch die externe Zufuhr von Stoffen erzielt. Mittels anorganischer Dünger wird heute die für die Pflanzen nutzbare Nährstoffmenge erhöht, parallel dazu gesellen sich die Erfolge der

Pflanzenzucht, diese Nährstoffe auch in Biomasse umzusetzen. Den Ausgang nahm die heute vorherrschende Form der Landbewirtschaftung in der zweiten Hälfte des 19. Jahrhunderts, basierend auf der Mineralstofftheorie des deutschen Chemikers Justus von Liebig: Demnach nehmen die Pflanzen ihre Nährstoffe in gelöster Form als Ionen über die Pflanzenwurzel auf. Jede Pflanzenart benötigt verschiedene Mengen an unterschiedlichen chemischen Elementen, die gegenseitig nicht ersetzbar sind. Ertragsbegrenzend ist jeweils das in der geringsten Menge vorhandene Element (Minimumtheorie). Noch heute wird in der landwirtschaftlichen Ausbildung ein von Liebig gezeichnetes stehendes Holzfass gezeigt, das den Boden als Behälter für Nährstoffe symbolisiert, in den man einerseits Nährstoffe hineingibt und andererseits Erntefrüchte herausholt. Ignoriert wird dabei, dass es sich bei der Mineralstofftheorie nur um einen Teilansatz Liebigs handelt (siehe 3.1.).

Anfang des 20. Jahrhunderts wurde begonnen, mit der Wirkung von Chemikalien auf Pflanzen zu experimentieren – man versuchte damit sowohl die unerwünschten Pflanzenarten als auch Schädlinge und Krankheiten zu eliminieren. Es entwickelte sich in der Folge ein bedeutender Wirtschaftszweig, der heute eine Vielzahl an mineralischen Düngemitteln und Chemikalien umsetzt – was auch eine signifikante Verschiebung der Wertschöpfung innerhalb der Produktionskette vom Boden bis zur Nahrung mit sich brachte. Im Klartext: Je intensiver die Produktion und die dafür notwendigen Betriebsmittel, desto weniger Wertschöpfung verbleibt als Konsequenz in der Landwirtschaft und umso größer wird das Kuchenstück, welches der Ressourcenverbrauch für dieses höhere Energieniveau auffrisst.

In der heutigen landwirtschaftlichen Praxis wird die Mineralstofftheorie und deren Nährstoffzufuhr aus externen Quellen vornehmlich auf die Hauptnährstoffe Stickstoff, Phosphor, Kalium und Kalk reduziert. In der landwirtschaftlichen Ausbildung und Beratung wird von Tabellen ausgegangen, die den Bedarf der Kulturpflanzen an diesen Hauptnährstoffen je nach Ertragsniveau abbilden. Daneben ist zwar allgemein das Vorhandensein von Spurenelementen bekannt, in der Bilanzierung finden diese aber nur rudimentär Berücksichtigung. Und über die Notwendigkeit des Vorhandenseins von Enzymen, Hormonen oder über die Interaktionen verschiedener Stoffe im Boden herrscht meist völlige Unwissenheit. Die Erklärung dafür liegt auf der Hand: Die Simplifizierung auf ein lineares Input-Output-Modell mit wenigen Parametern – das sich zudem auf die Betrachtung angenommener chemischer Reaktionen beschränkt – ist leicht verständlich, ist für die derzeit nach mathematischen Prinzipien arbeitenden Datenverarbeitungssysteme ohne Probleme handhabbar und führt kurzfristig auch zu schnellen Erfolgen.

Folglich ist man bestrebt, jeweils nur eine erwünschte Frucht wachsen zu lassen – die restlichen Pflanzen werden chemisch vernichtet – um diese Planbarkeit zu gewährleisten. Dadurch, dass jedoch viele Parameter unberücksichtigt bleiben, entstehen nach und nach Probleme, die wiederum durch neue Hilfsstoffe in den Griff bekommen werden sollen. So werden Abhängigkeiten geschaffen; vor allem aber wird nicht agiert, sondern reagiert.

2. Gedanklicher Ansatz

Es gibt zwei grundlegend verschiedene Denk- und damit verbundene Problemlösungsansätze, die sich diametral gegenüber stehen, was am Beispiel Unkraut oder anders ausgedrückt, Begleitpflanzen der ausgesäten Kultur verdeutlicht werden soll.

Ansatz 1 besteht darin, beim Auftreten des Unkrautes Maßnahmen zu ergreifen, um es „in den Griff zu bekommen". Diese Behandlung auftretender Symptome ist – bei Vorhandensein entsprechender chemischer Mittel – einfach und schnell durchführbar. Das Problem dabei: Es ist eine Reaktion und man gerät unter Zugzwang, nachdem man vor vollendete Tatsachen gestellt ist. Vor diesem Hintergrund wird verständlich, dass ganze Stäbe von Forscher/innen in Labors damit beschäftigt sind, neue Mittel und Methoden gegen neue oder Resistenzen entwickelnde Unkräuter, Schädlinge und Krankheiten zu entwickeln. Die von mancher Seite als hochmodern gepriesene, neueste Errungenschaft der genetischen Veränderung ist genauso eine Reaktion auf bereits bestehende Probleme.

Exkurs: Mais ist eine von der Industrie hoch favorisierte landwirtschaftliche Kulturpflanze. Durch die ausschließliche Verwendung von Hybridsaatgut, welches ja nicht weitervermehrt werden kann, ist die Produktion nur mehr unter Einbeziehung einiger weniger Konzerne möglich. Es gibt im Maisanbau den sogenannten Maiszünsler und neuerdings den Maiswurzelbohrer; zwei Schädlinge, die zu sehr großen Ertragsausfällen führen können – die Landwirte werden via Fachzeitungen ausführlich darüber „informiert" bzw. aufgeschreckt. Dazu muss man wissen, dass die Hauptinserenten die großen Agrarchemiekonzerne sind, die mittlerweile auch die wichtigsten Saatgutfirmen aufgekauft haben. Empfehlungen für die Landwirte seitens der staatlichen österreichischen Agentur für Ernährungssicherheit/AGES sind ebenso vor dem Hintergrund zu beachten, dass die AGES gemeinsame Feldversuchsflächen u.a. mit dem Chemiekonzern BASF betreibt. Parallel zur Informationskampagne werden chemische Mittel sowie genetisch veränderte Sorten zur „Problemlösung" auf den Markt gebracht. Bei genauerer Betrachtung der Schädlingsbiologie stellt sich aber heraus, dass bei ordnungsgemäßer

Bodenbearbeitung und Fruchtfolge sowie der Förderung von Nützlingen (durch Verzicht auf Pestizide und Belassen von Unkräutern als deren Nahrung) Zünsler und Wurzelbohrer im Gleichgewicht bleiben und gar kein Problem darstellen. Zynisch formuliert könnte man die geniale Strategie der Agrarkonzerne, durch die Schaffung von Abhängigkeiten Geld zu verdienen, mit den Worten umschreiben: „Wir müssen ein Problem schaffen, um dann dafür die Lösung präsentieren und verkaufen zu können." Die eng verwobene Struktur aus Interessensvertretung, parteipolitischen Akteur/innen, Ausbildungsstätten und gewinnorientierten Firmen vor- und nachgelagerter Wirtschaftsbereiche führt dazu, dass Entscheidungsprozesse nicht immer nach fachlich begründbaren Aspekten ablaufen. Dazu kommen eine tendenziell konservative, unflexible Weltanschauung im bäuerlichen Milieu sowie aufgrund von Generationskonflikten oft gehemmte Entfaltungsmöglichkeiten junger Landwirt/innen. Anstatt die sich abzeichnenden Probleme aktiv anzugehen, werden sie oftmals verdrängt.

Ansatz 2 besteht hingegen darin, sich beim Auftreten des Unkrautes Gedanken über die Ursachen zu machen. Dies führt zu einer intensiven und mühsamen Kette von Überlegungen mit dem Ziel, durch vorbeugende Maßnahmen gegenzusteuern. In den letzten Jahren sind seitens der Wissenschaft, untermauert durch Erfahrungen aus der Praxis, große Fortschritte auf diesem Gebiet erzielt worden: So weiß man heute beispielsweise sehr genau über das Keimverhalten von Unkräutern Bescheid – der/die Landwirt/in kann also seine Bodenbearbeitung danach ausrichten. Man kennt viele sogenannte allelopathische Effekte im Boden, also Wechselwirkungen zwischen verschiedenen Pflanzen und dem Boden durch Wurzelausscheidungen. Man kann sich das bildlich vorstellen wie im sozialen Zusammenleben von Menschen, bei dem das Gleichgewicht durch ständige Anpassung an neue Gegebenheiten aufrechterhalten wird oder bei dem umgekehrt durch autoritäre Vorgaben von Regimen mit der Zeit Druck entsteht, der sich umso massiver entlädt, je länger er aufgestaut wurde. Je stärker ein/e Landwirt/in versucht, Unkraut erst nach dem Auftreten niederzudrücken, desto intensiver setzt er eine Selektion zugunsten widerstandsfähigerer Arten in Gang. Das Unkraut ist also nicht per se da, sondern ist eine Reaktion auf die jeweilige Bewirtschaftung. *„Gerade wie bei einem unartigen Kinde der böse Keim durch liebevolle, sachgemäße Behandlung häufig eher erstickt wird als durch Prügel und Strenge, gerade so wird bei einem Stück Land der böse Keim, das Unkraut, durch Pflege des guten Keimes eher ausgerottet als durch gewaltsames Ausreißen"* (Praktischer Gemüsebau, 1919).

Die beschriebenen Vorgangsweisen sind Ausdruck zweier entgegengesetzter Denkansätze und Lebenseinstellungen: Entweder glaubt ein Mensch, er habe die Macht, die Natur nach seinen Vorstellungen gestalten und steuern zu können – was in künstlicher Düngung, einseitigen Fruchtfolgen, Genmanipulation usw. mündet, oder er lebt aus dem Bewusstsein heraus, ein Teil im Fluss des Lebens zu sein, und kann sich damit einfügen, zuhören und geschehen lassen – was einen Bauern beispielsweise „Unkraut" als Reaktion auf seine Bewirtschaftung oder organische Düngung als Nahrung für den „Organismus Boden" verstehen lässt. Es gibt nicht umsonst den Spruch: *„Den Boden unter den Füßen verlieren."*

Wenn ich mir anmaßen würde, einem Menschen aufgrund der Parameter Größe und Gewicht die Nahrung vorzuschreiben – und sie ihm auch nur in größeren Abständen, dafür aber umso konzentrierter verabreichen würde (analog zur Mineraldüngerversorgung der Pflanzen), müsste ich da nicht mit physiologischen Unausgewogenheiten und verstärkter Krankheitsanfälligkeit rechnen? Wäre es nicht intelligenter, respektvoller und sogar einfacher, darauf zu achten, dass der Kühlschrank voll ist (analog zu einem fruchtbaren, humosen Boden) und dem Menschen (den Pflanzen) die Freiheit zu lassen, sich selbst die Nahrung je nach Bedarf zu holen? Mittlerweile sind die Zusammenhänge und Hintergründe so offensichtlich, dass sogar im Bericht des Weltagrarrates (vgl. IAASTD 2008) eine Reform der Landwirtschaft angemahnt wird – und zwar in Form einer Abkehr von der industrialisierten Landwirtschaft, da deren ökologischer Fußabdruck zu groß sei. Kritisiert wird u.a. auch die enge Verbindung der Agrarforschung mit privatwirtschaftlichen Unternehmen, die Einfluss auf die wissenschaftlichen Ergebnisse nehmen. Eine Rückbesinnung auf agrarökologische Praktiken wie Wirtschaftsdünger und traditionelles Saatgut sollte stattfinden, so der Weltagrarbericht, der Mitte April 2008 von über 60 Regierungen (drei davon mit Vorbehalt) unterzeichnet wurde.

3. Stand der Wissenschaft

Es gibt den – gerade für die Natur zutreffenden – schönen Spruch: *„Das einzig Beständige im Leben ist die Veränderung"*. Da die Mineralstofftheorie und die auch heute noch darauf aufbauende konventionelle Landbewirtschaftung mittlerweile eineinhalb Jahrhunderte alt sind, soll im Folgenden der derzeitige Kenntnisstand der Agrarwissenschaft näher beleuchtet werden.

3.1. Stickstoff im Ackerboden

Betrachten wir als Beispiel die Bodenreaktionen bei mineralischer Stickstoffdüngung: Der verstärkte Abbau organischer Substanz bei Stickstoff-Zufuhr, bekannt unter dem Namen „priming effect", soll aufgrund seiner Vielschichtigkeit und den weitreichenden Auswirkungen auf die Umsetzung von Kohlenstoff (C) und Stickstoff (N) im Boden näher beleuchtet werden. Peschke und Markgraf (1982), Siegert et al. (1987), Smith et al. (1988) sowie Vilsmeier et al. (1988) berichten von Primingeffekten bis 36 % der Boden-N-Nachlieferung durch Mineraldüngung. Hamid und Ahmad (1993) stellten in Versuchen eine zusätzliche N-Mobilisierung von Boden-N im Ausmaß von 26-64 % bezogen auf die zugeführte Menge an Mineraldünger-N fest. Nach ihren Angaben werden vom ausgebrachten Mineraldünger-N nur zwischen 25 und 34 % von den Pflanzen aufgenommen; die Verluste durch Denitrifikation, Auswaschung, Immobilisierung und Adsorption betragen bis über 50 %. Das heißt, die sichtbar werdende N-Aufnahme der Pflanze resultiert nicht nur aus dem Mineraldünger-N, sondern zu einem bedeutsamen Teil aus einer zusätzlichen Mineralisierung von meist organisch gebundenem Boden-N. Einmal mehr spielen hier die Bodenmikroorganismen die Schlüsselrolle, da sie aufgrund ihrer vorwiegenden, sogenannten Heterotrophie auf den Bodenkohlenstoff als Energiequelle angewiesen sind und parallel zu einer Erhöhung des N-Angebotes verstärkt die C-Reserven des Bodens angreifen; sie werden sozusagen durch zusätzlichen N in ihrem Wachstum und somit in ihrem C-Bedarf stimuliert (vgl. Hamid/Ahmad 1993). Den simplen, linearen Zusammenhang, dass eine Düngung rein den Zweck der Pflanzenernährung erfüllt, gibt es nicht – außer man betrachtet den Boden nur als Medium wie bei einer Hydrokultur. Schon Liebig betonte stets die Notwendigkeit einer guten Humuswirtschaft und erkannte, dass der Boden eben nicht nur einen Pool mit Nährstoffen, sondern eine hochkomplexe Biozönose (Lebensgemeinschaft) darstellt: *„Die Pflanze ist in Beziehung auf die Aufnahme ihrer Nahrung nicht abhängig von äußeren, sondern von einer inneren Ursache. Es wird ihr in normalem Zustande nichts zugeführt, sondern sie führt sich selbst zu, was sie braucht"* (Liebig 1865).

Im Betriebskreislauf konventionell wirtschaftender Betriebe, vor allem bei hohem Viehbesatz, treten teilweise enorm hohe N-Verluste aufgrund großer N-Bilanzüberschüsse auf, die für eine ausreichende N-Versorgung völlig überflüssig sind: Isermann (1992) nennt für Ackerbaubetriebe einen jährlichen Bilanzsaldo von + 41 kg N/ha, für Futterbaubetriebe mit 1,8 GV/ha einen N-Überschuss von mehr als 100 kg N/ha und für Schweinebetriebe mit 3,2 GV/ha über 200 kg N/ha (jeweils repräsentative Betriebstypen in den alten Bundesländern Deutschlands).[1]

Kritisch zu hinterfragen ist, inwieweit die Düngungsempfehlungen nach gängigen Nährstofftabellen noch Gültigkeit haben. In einer Analyse für Niederösterreich kommen Steinmüller et al. (1999) zu der Feststellung, dass bei Düngung entsprechend der sogenannten fachlichen Empfehlungen über 36 % des Stickstoffdüngereinsatzes eingespart werden könnten. Die eklatanten N-Überschüsse resultieren unter anderem aus der Unterschätzung der N-Wirkung von Wirtschaftsdüngern sowie dem Versuch mancher Landwirte, um jeden Preis möglichst hohe Erträge zu generieren und führen fast zwingend zu N-Verlusten. Diese Verluste ziehen das allgemein bekannte Problem der Nitratauswaschung in das Grundwasser nach sich.[2]

Nach Untersuchungen von Berger (1997) sowie Haas (1997) wird auf Biobetrieben 40 bis 64 % weniger Nitrat ausgewaschen. Neben den geringeren N-Bilanzüberschüssen gibt es eine mikrobielle Stickstoffrückresorption im Unterboden durch heterotrophe denitrifizierende Mikroorganismen (benötigen als Nahrungsquelle Kohlenstoff aus organischen Abbauprodukten). Da jedoch im Intensivackerbau durch Verzicht auf Feldfutter und Tiefwurzler mit den Jahren die Kohlenstoffvorräte im Unterboden aufgezehrt wurden, verschwanden auch diese Mikroorganismen. Scheller et al. (1995) schlagen vor, durch den Anbau von Tiefwurzlern, speziell von mehrjährigen Luzerne, wieder Kohlenstoff in den Unterboden zu bringen und gleichzeitig den im Unterboden denitrifizierten N durch die lebenden Wurzeln erneut in den pflanzlichen Nährstoffkreislauf zurückzuführen. Durch eine weite Fruchtfolge mit mehrjährigen Tiefwurzlern sollte soviel Kohlenstoff in tiefere Bodenschichten gebracht werden, wie in den restlichen Jahren der Fruchtfolge durch die Stickstoffauswaschung von Intensivkulturen (z.B. Hackfrüchten) an „Potential zur Denitrifikation" benötigt wird. Hinzu kommt die große Bedeutung einer regen Tätigkeit der Bodenfauna, die einerseits durch ihre lockernde und drainierende Wirkung die Voraussetzung für tiefes Wurzelwachstum schaffen kann. Zudem führt eine hohe Regenwurmdichte zu einem sogenannten „bypass flow", indem das Wasser durch die

---

1 GV/ha = Eine Großvieheinheit (GV) pro Hektar und bedeutet den Viehbesatz von beispielsweise einem Rind älter als 2 Jahre oder 6,66 Mastschweinen oder 250 Legehennen pro Hektar landwirtschaftlicher Nutzfläche.

2 Aus medizinischer Sicht ist ein möglichst niedriger Nitratgehalt im Trinkwasser und in der Nahrung aus zwei Gründen erwünscht: Extrem erhöhte Werte in der Babynahrung können zum Auftreten der Blausucht bei Babys führen, und bei Erwachsenen kann es im Stoffwechsel bei nitratreichem Trinkwasser und nitrathältiger Nahrung zur Bildung von krebsfördernden Nitrosaminen kommen.

senkrechten Röhren besser kanalisiert wird und sich weniger mit Nitrat befrachten kann (Richter und Harrach 1993, Tippelt-Sandner 1993). Zur Abpufferung des N-Kreislaufs im Boden ist außerdem festzustellen, dass Mineraldünger und auch Pestizide häufig Chlor enthalten. Chlor hemmt den Eiweißaufbau und fördert dessen Abbau. Dadurch entsteht eine Anreicherung von löslichen und daher sehr mobilen N-Verbindungen (vgl. Chaboussou 1987).

Neben der Grundwasserbelastung mit Nitrat ist schon seit längerer Zeit die Problematik der gasförmigen Verluste von Stickstoff aus dem Boden bekannt, die in Zeiten des Klimawandels enorme Brisanz und öffentliche Aufmerksamkeit bekommt: Durch das Entweichen von Distickstoffoxid, dem sogenannten Lachgas, wird in hohem Maße der Klimawandel angeheizt, da dieses pro Einheit den rund 300fachen Treibhauseffekt von CO_2 bewirkt und noch dazu in der Stratosphäre extrem langsam abgebaut wird. Nach Smith et al. (2007) beträgt alleine der durch Lachgas verursachte Beitrag der Landwirtschaft an den globalen Treibhausgasemissionen 5-6 %. Nach Angaben des Nobelpreisträgers Crutzen (2007) setzt der benötigte Pflanzendünger drei bis fünfmal mehr Lachgas frei als bisher vom Weltklimarat (vgl. IPPC 2007) angenommen, da beispielsweise auch der als Nitrat ausgewaschene Stickstoff im globalen Wasserkreislauf verbleibt und dort zu Lachgas umgewandelt werden kann. Lachgas entsteht vornehmlich bei Stickstoffüberschuss im Boden in Kombination mit Sauerstoffarmut. Die Kombination hoher N-Bilanzüberschüsse (s.o.) mit tendenziell verdichteten und strukturarmen Böden führt im konventionellen Landbau zu signifikant höheren Emissionen als bei biologischer Bewirtschaftung (vgl. Flessa et al. 2002; Petersen et al. 2005; Robertson et al. 2000).

3.2. Humus

Bei Untersuchung der qualitativen Auswirkungen des Primingeffekts auf den Bodenhumus stellte El Shafie (1990) einen Abbau der hochmolekularen, chemisch stabilen Grauhuminsäuren zu Braunhuminsäuren und folglich eine Verschiebung der Humuszusammensetzung fest. Durch Stallmistgaben wird im Gegensatz zu Mineraldünger der (relativ mobile, wasserlösliche) Fulvosäureanteil des Humus verringert.[3] Siewert (1982) analysierte den Gehalt und die Zusammensetzung der Huminsäuren in einem Dauerversuch auf Podsolboden. Bei gleicher Bearbeitungstechnologie begünstigte mineralischer Dünger die Humusauswaschung durch die Erhöhung der

3 Die verschiedenen Stoffgruppen im Humus werden nach ihrer Löslichkeit klassifiziert.

Humusbeweglichkeit. Begründet wird diese Feststellung ebenfalls mit dem gemessenen höheren Fulvosäureanteil. In einem langjährigen Düngungsversuch von Novak (1982) wurden hohe Gaben von Erdmistkompost und bezüglich Stickstoff äquivalente Mengen an Mineraldünger miteinander verglichen. Von den insgesamt zugeführten N-Mengen wurde in den beiden organischen Parzellen fast 20 % gespeichert, dagegen wurde in den mineralisch gedüngten Parzellen kaum N angereichert. Dies weist ebenfalls auf eine verstärkte N-Mineralisation durch Mineraldünger hin. Die langjährigen, meist schon zwischen 50 und 100 Jahre geführten Dauerdüngungsversuche in vielen Ländern Europas[4] zeigen übereinstimmend, dass sich der Gehalt an organischer Bodensubstanz in Abhängigkeit von der Düngung deutlich differenziert. Ohne Düngung sinkt er ab, wenn die Ausgangsgehalte nicht bereits extrem niedrig sind. Gleichzeitig sinken die Erträge und damit die Mengen an eingebrachter organischer Substanz. Es bleiben allmählich nur noch relativ reaktionsträge Humusverbindungen übrig. Ausschließliche Mineraldüngung führt wider Erwarten nicht zu einer Humusanreicherung, sie verlangsamt bzw. verhindert nur die Verringerung des Humusgehaltes, in manchen Versuchen geht der Humusgehalt langfristig sogar zurück. Durch organische Düngung wird der Gehalt an organischer Bodensubstanz je nach Höhe der zugeführten Mengen und klimatischen Gegebenheiten erhöht. Die Steigerung erklärt sich durch die höhere Mikroorganismenaktivität, durch die höhere Wurzeldichte und der aus deren Abbau entstehenden stabileren Huminstofffraktionen.

Durch Humusabbau werden große Mengen an CO_2 frei – umgekehrt wäre weltweiter Humusaufbau die effizienteste Möglichkeit, CO_2 dauerhaft wieder aus der Atmosphäre zu holen. Biologisch bewirtschaftete Böden bauen mehr Kohlenstoff in den Humus ein (vgl. Haas und Köpke 1994; Pimentel et al. 2005).

Es besteht in den Pflanzenbauwissenschaften prinzipiell Einigkeit darüber, dass der Humus für die Bodenfruchtbarkeit unentbehrlich ist. Er hat essentielle Bedeutung als Wasser- und Nährstoffspeicher in leichten Böden, als Garebildner (Bodenkrümel) und Strukturelement in den mittleren und schweren Böden, als Nahrungsquelle für Bodenorganismen sowie aufgrund seiner günstigen Wirkungen auf Krümelbildung, Porenvolumen, Wärme-, Luft- und Wasserführung. Schon geringe Unterschiede im Humusgehalt bewirken starke bodenphysikalische und -chemische Veränderungen. Huminstoffe

4 Siehe dazu u.a. Studien aus Halle (Garz/Stumpe 1992), Leipzig (Hülsbergen et al. 1992), Järna (Reents 1993), Rothamsted (Oberländer 1995), Moskau (Debruck 1985), Großenzersdorf (Anwarzay et al. 1990) und Therwil (Mäder 1993).

haben Einfluss auf Enzymsysteme, auf den Stoffaustausch und auf das Spross- und Wurzelwachstum von Pflanzen – bei höheren Humusgehalten werden dadurch N-Raten verfügbar, die bei geringerem Humusgehalt noch ertragsunwirksam wären (vgl. Brucker und Kalusche 1976).

Reichliche Humusversorgung und intensives Bodenleben haben auch für die Pflanzengesundheit positive Konsequenzen. Gerade die zersetzungsfähigen organischen Substanzen üben durch ihre Förderung der saprophytischen Bodenlebewesen (Zersetzer) eine komplexe antiphytopathogene (krankheitsabwehrende) Wirkung aus (Brucker und Kalusche 1976, Sauerbeck 1980, Plakolm 1987). Chaboussou (1987) wies eindeutige Zusammenhänge zwischen Pflanzengesundheit und Form der Düngung nach: Bei gleichmäßig fließender organischer Nährstoffversorgung der Pflanzen (z.B. durch reifen Kompost und durch vorrangige Pflanzenernährung über den Boden statt über Düngung) werden Schaderreger in ihrer Vermehrung behindert bzw. entwickeln die Pflanzen bessere Abwehrkräfte. Die Ursache dafür sind geringere Gehalte an freien Aminosäuren und leicht löslichen Zuckerverbindungen in der Pflanze (und damit eine verminderte Nahrungsquelle für Schaderreger), bedingt durch geringere Bodengehalte an gelöstem Stickstoff bei organischer Düngung.

Scheller et al. (1997) weisen darauf hin, dass für den Humusaufbau eine spezielle Aminosäurezusammensetzung der zugeführten organischen Substanz notwendig zu sein scheint. In Düngungsversuchen zeigte sich, dass mit zunehmender Aminosäurezufuhr über Rindermistdüngung die Aminosäuregehalte des Bodens und damit die C- und N-Gehalte ansteigen. Hingegen führte zunehmende mineralische Düngung nicht zu steigenden Gehalten an Kohlenstoff und Stickstoff. Dies stützt nach Aussagen der Autoren die These, dass Aminosäure-N sehr effizient in die organische Bodensubstanz eingebaut wird und der C- und N-Gehalt des Bodens vom Aminosäureumsatz maßgeblich, wenn nicht sogar entscheidend bestimmt wird.

Nach Gisi (1990) ist vor allem die Anlieferung von totem Wurzelmaterial bedeutsam für die Humusbildung, da diese Stoffe speziell langsam wachsenden Mikroorganismen, insbesondere Pilzen, als Substrat dienen.

Zusammenfassend lässt sich feststellen, dass der biologische Landbau aufgrund der intensiveren Dynamik der mikrobiellen Biomasse und eines stärker umsetzbaren Humus (im Sinne einer intensiveren Senken- und Quellenfunktion für Stickstoff) im Vergleich zur konventionellen Wirtschaftsweise die Grundlage für stabile N-Puffersysteme darstellt. Es zeigt sich, dass, obwohl oder gerade weil sich hier größere Mengen an organischen Stoffen im Fluss befinden, diese effizient über Lebewesen im System gehalten werden können. Je höher ihre Organisation und gegenseitige Vernetzung ist, desto besser wird die Verfügbarkeit von C und N aus dem Humus. Gleichzeitig wird das mögliche Verlustpotential verringert, da die Mineralisierung verstärkt erst durch den N-Bedarf der Pflanzen induziert wird und lösliche N-Mengen einer potentiell größeren N-Senke in Form von Mikroorganismen und Humus gegenüberstehen (vgl. Pennwieser 1997).

3.3. Bodenbiologie

Für die N-Aufnahme der Pflanze ist die Durchwurzelungstiefe und Durchwurzelungsintensität von entscheidender Bedeutung. Je dichter und tiefer das Wurzelnetz den Boden durchdringen kann, desto höher ist auch das aufschließbare Nährstoffpotential und umso geringer muss die Konzentration an gelösten Stoffen in der Durchwurzelungsschicht für eine adäquate Nährstoffversorgung der Pflanzen sein.[5]

Pflanzen steuern über Wurzelausscheidungen die Rhizosphärenmikroorganismen und in Folge die Nährstoffmobilisierung aus dem Humus aktiv. Die Rhizosphäre stellt die Kontaktzone zwischen Boden, Wurzeln und Mikroorganismen dar. An der Wurzeloberfläche und in der gesamten Rhizosphäre ist die Besiedlungsdichte von Mikroorganismen viel höher als im wurzelfernen Boden. Die Besiedlungsdichte ist abhängig von der Menge an Wurzelausscheidungen (niedermolekulare Exsudate und hochmolekulare Sekretionen, das sind Schleime und gelartige Substanzen) und an abgestorbenen Zellen (v.a. Wurzelhaare und Wurzelhauben). Wurzelausscheidungen wirken nicht nur indirekt – über die Stimulierung der Aktivität von Mikroorganismen – auf die Nährstoffverfügbarkeit, sondern auch direkt durch ihre komplexbildenden Eigenschaften und Säureanteile (vgl. Marschner 1986; Trolldenier 1986; Guckert 1992; Römheld 1992; Scheffer/Schachtschabel 1992; Gerke 1995). Nach Gisi (1990) erfolgen die Umsetzungen in der Rhizosphäre mindestens 5-10 mal schneller als im restlichen Boden. Die Rhizosphärenorganismen sind wesentlich an der Nährstoffmobilisierung beteiligt und produzieren oft Wachstumsregulatoren zur Veränderung der Wurzelmorphologie. Es erfolgt eine rasche Mineralisierung der organischen Substanz in der Rhizosphäre, was den Pflanzen eine schnelle N-Aufnahme

---

5 Umgekehrt führt eine Verschlechterung der Bodenstruktur durch Verdichtungen und durch die Hemmung von Umsetzungsprozessen aufgrund des Pestizideinsatzes zur Notwendigkeit, über Mineraldünger die Konzentration in der Bodenlösung soweit zu erhöhen, dass eine ausreichende Versorgung der Pflanzen wieder gewährleistet ist, was jedoch aufgrund der daraus folgenden sukzessiven Verschlechterung der Humusstruktur (s.o.) zu immer stärkerer Abhängigkeit von dieser mineralischen Düngung führt.

ohne längere Diffusions- und Massenflusswege ermöglicht. Da gerade Nitrat ein sehr mobiles Anion ist und es schnell zu Verlusten kommen kann, ist es wichtig, dass Ammonifikation und Nitrifikation in Wurzelnähe ablaufen.

Ein Modell für die aktive Steuerung der Nährstoffaufnahme durch die Pflanzen entwickelte Clarholm: Die N-Mobilisierung läuft nach diesem Modell in einer Sequenz von Schritten ab (siehe Abbildung 1):

a) Bodenbakterien halten sich auf der Oberfläche der organischen Substanz auf, aufgrund der beschränkten C-Verfügbarkeit sind sie nur schwach aktiv.
b) Wenn eine Wurzel durch den Boden wächst, kommt es durch C-Ausscheidungen in ihrer Umgebung zu C-Anreicherung. Dieser Kohlenstoff wirkt nun als Auslöser für Bakterienwachstum. Diese wiederum setzen nun für ihr eigenes Wachstum Stickstoff aus der organischen Masse frei.
c) Das Bakterienwachstum lockt die Protozoen (Einzeller ohne Zellwand, aber mit Zellkern) an.
d) Wenn die Protozoen nun die Bakterien fressen, wird 1/3 des bakteriellen N in die Protozoen eingebaut, 1/3 als Bakterienzellwände ausgeschieden und 1/3 als NH_4^+ (Ammonium) freigesetzt.
e) Ein Teil des Ammoniums wird von der Pflanzenwurzel aufgenommen.

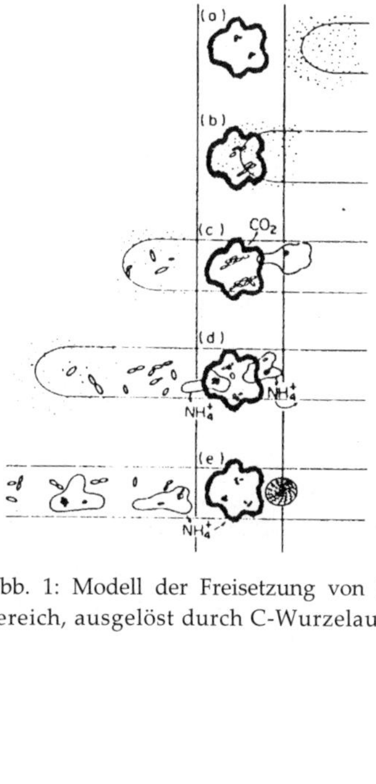

Abb. 1: Modell der Freisetzung von Bodenstickstoff zur Pflanzenernährung im Wurzelbereich, ausgelöst durch C-Wurzelausscheidungen (Clarholm 1985).

Bek (1994) fand zudem eine signifikant höhere Effizienz der C-Nutzung bei Rhizosphären-Mikroorganismen im Vergleich zu unbepflanztem Boden, was eine geringere Veratmung von CO_2 zur Folge hat. Dies deckt sich auch gut mit den Aussagen von Friedel (1993) und Mäder (1993), die eine höhere C-Effizienz und die Veränderung der Mikroorganismenpopulationen bei biologischer Bewirtschaftung, bei Einarbeitung größerer Mengen an organischer Substanz und bei vielfältiger Fruchtfolge feststellten. Daraus lässt sich folgern, dass speziell die Rhizosphäre und die darin ablaufenden Effekte eine enorme Dynamik und Fähigkeit zur Selbstregulierung besitzen. Somit sollte es ein wichtiges Ziel der Bewirtschaftung sein, eine hohe Wurzeloberfläche und gleichzeitig eine große Rhizosphäre durch Förderung der biologischen Aktivität über eine gezielte Humuswirtschaft aufzubauen.

Die Wurzeloberfläche, vor allem die Wurzelspitze, sondert neben niedermolekularen Exsudaten auch hochmolekulare gelartige Schleimsubstanzen, genannt Mucilage, ab. Die Mischung aus diesem gelatinösen Material, den Mikroorganismen, die ihn besiedeln, und eingeschlossenen Tonpartikeln bildet das sogenannte Mucigel. Neben dem Schutz vor Austrocknung der Wurzel und der Funktion als Gleitmittel beim Wurzelwachstum verbessert es den Kontakt zwischen Wurzel und Boden (vgl. Marschner 1986). Zusammen mit Huminstoffen, Pilzfäden, Wurzelausscheidungen, Wurzelhaaren und Bodentieren sorgen vor allem diese Schleimstoffe für eine Verklebung einzelner Bodenpartikel zu größeren Aggregaten und für deren zumindest zeitweilige Stabilisierung (Sauerbeck 1992). Je stärker diese biologische Strukturverbesserung vom Landwirt gefördert wird (u. a. durch organische Düngung, vielseitige Fruchtfolge, Steigerung des Humusgehaltes), umso weniger Schaden entsteht durch einen Bearbeitungseingriff und umso schneller regeneriert sich der Boden.

Neben der Rhizosphäre kommt es auch in unmittelbarer Nähe von in Zersetzung befindlichen Pflanzenresten zur Ausbildung von gelartigen Strukturen, indem Pflanzenzellwandsubstanzen durch Wasser aufquellen. Diese Gel-Strukturen sind dreidimensional vernetzt und bilden mit Wasser sogenannte Hydrogele (vgl. Pauli 1988). In diesem Schleim kommt es zur Ausbildung von Lebensgemeinschaften, sogenannten Zoogloen, in denen sich vernetzte Stoffkreisläufe auf engstem Raum herausbilden.

Eine bedeutsame Rolle in der Grenzschicht zwischen Boden und Pflanzen spielen Mykorrhizapilze. Es kommt nach Gisi (1990) bei schätzungsweise 80 % aller Pflanzengattungen zur Ausbildung einer Symbiose zwischen Wurzeln und einer Vielzahl von Bodenpilzen. Im Gegensatz zu Wurzelsymbiosen mit Bakterien, die große Mengen externer Nährstoffe in den

Boden bringen können (z.B. über N_2-Fixierung), werden durch Mykorrhizapilze die im Boden vorhandenen internen Nährstoffe besser erschlossen sowie in größerer Menge und rascher in die Pflanzenwurzel transportiert. Neben der auf diese Weise erfolgten Verbesserung der Phosphor- und Kalium-Aufnahme ist auch eine Steigerung der N-Versorgung der Pflanzen infolge von Mykorrhizierung nachgewiesen (Marschner 1986, Mäder/ Wiemken 1996). Durch die Mykorrhizierung entsteht eine enorme Vergrößerung der Wurzeloberfläche und somit auch der Rhizosphäre. Die Pilzfäden können dank ihres 10-fach kleineren Durchmessers (2-12 µm) als Wurzelhaare in engere Poren vordringen und diese für die Pflanzen erschließen (Scheffer und Schachtschabel 1992). Zudem verbinden Hyphen[6] von mykorrhizierten Wurzeln verschiedene Pflanzenindividuen miteinander und ermöglichen so einen interindividuellen Stoffaustausch. *„Kohlenhydrate bewegen sich in den Verbindungshyphen frei zwischen verschiedenen Wirtspflanzen entlang von Konzentrationsgradienten[7], die z.B. durch Beschattung eines Pflanzenindividuums zustande kommen. Sie tragen so zur optimalen Ausnutzung der Ressourcen eines Standorts bei und verringern die durch Immobilisation oder Versickern bedingten Stoffverluste"* (Gisi 1990). Sattelmacher et al. (1993) untersuchten die Infektion von Roggenwurzeln mit VA-Mykorrhiza bildenden Pilzen auf zwei Podsolstandorten mit ökologischer bzw. konventioneller landwirtschaftlicher Nutzung. Sowohl Infektionsgrad als auch infizierte Wurzellängendichte waren auf dem ökologisch bewirtschafteten Standort deutlich höher. In 0-30 cm Bodentiefe waren bei konventioneller Nutzung 11 % der Gesamtwurzellänge durch Mykorrhizapilze besiedelt, bei biologisch/dynamischer Bewirtschaftung hingegen 77 %. Die Autoren führen die Unterschiede auf mehrere Faktoren zurück: Neben der sehr engen konventionellen Fruchtfolge (Maismonokultur, unregelmäßig unterbrochen durch Roggen) und des Einsatzes von Mineraldünger (und damit hohe Phosphorgehalte) und Agrarchemikalien wird dem nur sehr eingeschränkten Auftreten von Beikräutern (durch Herbizidanwendung) besondere Bedeutung zugemessen. Ryan et al. (1994) stellten in einem weiteren Vergleichsversuch zwischen organisch und konventionell bewirtschafteten Böden in der biologischen Variante 2- bis 3-fach höhere Besiedelungsdichten von VA-Mykorrhizen bei Weizen unter ähnlichen Fruchtfolgebedingungen fest. Als Begründung wird vor allem die Verwendung leichtlöslicher Phosphordünger bei konventioneller Bewirtschaftung genannt.

6 Fadenförmige Pilzzellen.

7 Konzentrationsgefälle.

3.4. Ausblick

Der Arzt und Bodenforscher Hans-Peter Rusch (1968) beschreibt die Zusammenhänge folgendermaßen: *„Das wirksame Prinzip des Lebendigen ist nicht der mineralische, leblose, chemisch nachweisbare Stoff, sondern die Organisation dieser Stoffe, die Ordnung des Ungeordneten, das sinnvolle und doch verwirrend vielgestaltige und wandelbare Prinzip. Im Bereich des Lebendigen kommen wir offenbar mit Begriffen, wie sie die klassische Physik und Chemie entwickelt haben, nicht aus. Wenden wir sie an, so führt sie uns zu Täuschung und Irrtum. Wer gewöhnt ist, Erkenntnisse durch Selektion und Analyse des Lebendigen zu sammeln, kennt kaum die Kräfte, die wirksam werden, wo das Leben unversehrt und ungestört bleibt."*

Der derzeitige Stand der Molekularbiologie besagt, dass der Stofftransport durch Biomembranen nicht nur aufgrund von Konzentrationsgradienten durch Diffusion gelöster Ionen stattfindet. Zur Aufnahme großer Nahrungspartikel genügen Membranporen nicht mehr. Hier muss die Zelle einen völlig anderen Mechanismus anwenden: Sie stülpt ihre Membran samt Partikel nach innen ein und schnürt sich als Vesikel ab. Diesen Vorgang bezeichnet man als Endozytose, eine Einzelzelle oder ein Kompartiment verleibt sich dadurch einen Flüssigkeitstropfen, bestimmte darin gelöste Substanzen, Makromoleküle oder größere Nahrungsteilchen bis hin zu kleineren anderen Zellen, ein (siehe Abb. 2). Man unterscheidet dabei drei verschiedene Formen der Endozytose:

- Die Phagozytose (auch „Zellfressen" genannt), bei der feste Partikel aufgenommen werden.
- Die Pinozytose (das „Zelltrinken"), bei der gelöste Partikel aufgenommen werden.
- Die rezeptorgesteuerte Endozytose, bei der spezielle Rezeptoren an der Zelloberfläche für die Erkennung der aufzunehmenden Partikel zuständig sind.

Man geht heute auch davon aus, dass sich die Strukturen von Zellen (die Zellorganellen) nicht nur durch Differenzierung innerhalb der Zelle bildeten, sondern dass sich unter anderem Mitochondrien und Plastiden aus eigenständigen prokaryotischen Lebewesen (ohne Zellkern) entwickelt haben – denn sie besitzen eine eigene Erbsubstanz! – und dass sie im Laufe der Evolution per Endozytose in die Zelle gelangten und eine Symbiose mit der Zelle eingingen (Endosymbiontentheorie von Margulis 1967).

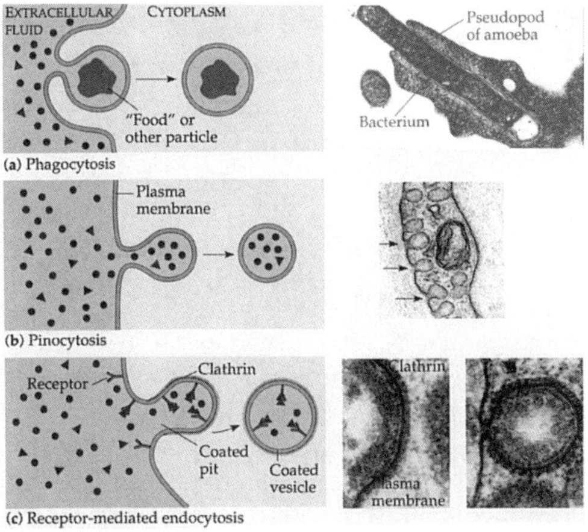

Abb.2: Endozytose (atheneumveurne.com)

Es ist auch zu beobachten, dass amöboide Einzeller Cyanobakterien (Blaualgen) aufnehmen, ohne sie zu verdauen. Auch Blattläuse leben in Symbiose mit Algen oder Bakterien, die im Zellinneren ihrer Wirte leben. Allseits bekannt ist nicht zuletzt die Symbiose von Wurzeln der Leguminosen mit stickstofffixierenden Bakterien (Rhizobien). Diese Hintergründe legen die Schlussfolgerung nahe, dass auch die Stoffaufnahme der Pflanzenwurzeln mit ihren sich ausstülpenden Feinwurzeln in dieser Weise erfolgen kann. Dies würde auch einen Kreislauf der lebenden Substanz (Pommeresche 2004) erklären: Man weiß, dass die abgestorbenen Pflanzenteile nicht zur Gänze bis auf die Ionenebene abgebaut werden, denn sonst gäbe es ja keinen Humus. Huminstoffe sind sehr komplexe organische, eiweißähnliche Moleküle, die als Rückstände der Zersetzung im Boden an der Oberfläche von Tonmineralen gebunden werden. Sie haben aufgrund ihrer Sollbruchstellen, Wasserstoff- und Proteinbrückenbindung sowie Hydrathüllen und funktionellen Gruppen die Fähigkeit, verschiedenste Stoffe anzulagern und auch wieder freizusetzen.

Beim Absterben von Pflanzen werden die Zellwände und Strukturen aufgelöst – nachdem aber die Zelle nicht die kleinste lebensfähige Einheit des Lebens darstellt (da Zellorganellen wie erwähnt eine eigene Erbsubstanz besitzen), ist zu hinterfragen, inwieweit sich das Leben, also die Organisation von Stoffen überhaupt auflöst. Man weiß heute sogar, dass sich bestimmte einfache Eiweißverbindungen, die Prionen, durch identisches Falten kopieren, also vermehren können und die Form und Funktion anderer sie umgebender Proteine verändern können (Prusiner erhielt dafür 1997 den Nobelpreis); und Prionen sind es auch, die nach sensationellen neuen Erkenntnissen die Regenerationsfähigkeit von Stammzellen in Säugetieren erhalten (vgl. Steele and Chang 2006). Schließt sich hier etwa ein Kreis? Werden absterbende organische Verbindungen bis auf die Eiweißebene zerlegt, ohne ihre Informationen zu verlieren und als Humus gespeichert, um beim Wachstum wieder aufgenommen werden zu können und die als Prion oder andere Eiweißverbindung gespeicherte Information an lebendige Zellen weiterzugeben? Warum auch sollte sich die Natur die Mühe machen, beim Absterben den Bauplan des Lebens auszulöschen, um ihn dann bei jedem Wachstum wieder neu erfinden zu müssen. Schon Goethe schrieb in einem Aufsatz über die Natur (1779): *„Der Tod ist der Kunstgriff der Natur, viel Leben zu haben"*. Die Messung der Biophotonenkonzentration (Aussendung von Lichtquanten) als Maßstab für den Energiegehalt ergibt bei biologisch angebauten Nahrungsmitteln signifikant höhere Werte als bei Produkten aus konventioneller Landwirtschaft (vgl. Klima 2006; Velimirov/Müller 2005; Popp 1988). Die Erklärung dafür liegt vor dem Hintergrund des organischen Kreislaufes auf der Hand: Wenn durch Mineraldünger das Pflanzenwachstum und die Erträge gesteigert werden, so geschieht dies durch eine ionisierte Nährlösung auf rein chemischer Basis und verdünnt folglich die aus dem Boden stammenden Stoffe und deren (Lebens)Energie. Da jedoch die gängigen Methoden der Lebensmitteluntersuchung nur deren chemische Zusammensetzung analysieren, werden komplexe Verbindungen und Informationen nicht erfasst. Auf dieser Basis den Schluss zu ziehen, es gäbe keine Unterschiede in der Lebensmittelqualität zwischen konventionellen und biologisch erzeugten Produkten, ist sicherlich zu kurz gegriffen.[8] Der Kreislauf der organischen Stoffe ist einer der Schlüsselbereiche unseres Lebens, die hier erst am Anfang stehende ganzheitliche Forschung birgt enormes Potenzial hinsichtlich der Zukunftsfähigkeit unserer Ernährung in sich.

4. Schlussfolgerungen

Aus heutiger wissenschaftlicher Sicht, verifiziert durch die mittlerweile langjährige und weltweite Umsetzung biologischer Bewirtschaftung in der Praxis, ist festzustellen, dass der konventionelle Landbau nicht mehr zeitgemäß und aufgrund seiner weitreichenden Umweltauswirkungen auch nicht mehr verantwortbar ist. Die Landwirtschaft ist nicht nur für die Produktqualität, sondern für die gesamte Prozessqualität ihrer Produktion

8 Siehe dazu auch den Beitrag von Alberta Velimirov in diesem Buch.

(Energieinput, Wasserbelastung, Klimarelevanz usw.) verantwortlich – auch für jenen Boden, der in den Ländern der südlichen Hemisphäre für den Anbau von Futtermitteln für den Export belegt wird.

Nachhaltige Bodenfruchtbarkeit und Lebensmittelqualität ist nur durch Verzicht auf Mineraldünger und Pestizide sicherzustellen. Nicht zuletzt aufgrund der Tatsache, dass neben der Knappheit der Phosphorlagerstätten insbesondere Stickstoff als wichtigster Mineraldünger extrem energieintensiv auf Basis von Erdöl und Erdgas produziert wird, sollte daran gedacht werden, dass sich angesichts von „Peak Oil und Gas" auch diese Art der Düngung ihrem Ende zuneigen wird. Die Kombination aus dem tradierten Wissen der Vorfahren, die Jahrtausende lang ohne diese Hilfsstoffe arbeiteten, mit der Umsetzung des beschriebenen modernen Wissenstandes durch moderne, angepasste Technik sowie langfristige, vernetzte Denkansätze machen ihre Verwendung überflüssig.

Der Biologische Landbau ist somit die Weiterentwicklung der konventionellen Landwirtschaft und beinhaltet seinerseits noch enormes Forschungs- und Entwicklungspotential. Über 50 % Energie- und Treibhausgaseinsparung je produzierter Einheit durch biologische Produktion, Zukunftsfähigkeit durch Erhaltung kleiner, effizienter Betriebsstrukturen mit kurzen Transportwegen und mehr Wertschöpfung sowie auch mehr Arbeitsplätze pro Flächeneinheit unterstreichen seine volkswirtschaftliche und soziale Tragweite. Folglich ist in der Agrarpolitik von der Doktrin des Nebeneinanders abzugehen, den biologischen Landbau parallel zur konventionellen Bewirtschaftung in einen begrenzten Rahmen zu stellen und ein Masterplan zum generellen Ausstieg aus dem konventionellen Landbau auszuarbeiten, um die Zukunftsfähigkeit sicherzustellen.

Literatur

Anvarzay, M. O./Blum, W./Strauss, P./Kandeler, E. (1990): Bodenbiochemische Aktivitäten in einem 80jährigen Dauerfeldversuch. In: Der Förderungsdienst, 1, S. 18-22.

Bek, S. (1994): Minealization of 14C-labelled unripe straw in soil with and without rape (Brassica napus L.). In: Biology and Fertility of Soils, 17, S. 21-26.

Berger et al (1997): zitiert in Alföldi et al (2002): www.orgprints.org/573.

Brucker, G./Kalusche, D. (1976): Bodenbiologisches Praktikum. Heidelberg: Quelle & Meyer.

Chaboussou, F. (1987): Pflanzengesundheit und ihre Beeinträchtigung. Alternative Konzepte 60. Karlsruhe: Verlag C.F. Müller.

Clarholm, M. (1985): Possible roles for roots, bacteria, protozoa and fungi in supplying nitrogen to plants. In: Fitter, A./Atkinson, D./Read, D./Usher, M. (Hrsg.): Ecological interactions in soil. Oxford: Blackwell Scientific Publications, S. 355-365.

Crutzen P. J./Mosler, A. R./Smith, K. A./Winiwarter, W. (2007): N_2O release from agro-biofuel production negates global warming reduction by replacing fossil fuels. In: Atmospheric Chemistry and Physics Discussions 7, S. 11191-11205.

Debruck, J. (1985): Bodenbearbeitung, Bodenpflege und Düngung. In: Siebeneicher, G. (Hrsg.): Ratgeber für den Biologischen Landbau. München: Südwest Verlag.

Flessa, H./Dörsch, P./Beese, F. (1993): Einfluss anaerober Mikrobereiche auf die N_2O-Emission aus landwirtschaftlich genutzten Böden. In: Mitteilungen der Deutschen Bodenkundlichen Gesellschaft, 72, S. 343-346.

Flessa, H./Ruser, R./Dörsch, P./Kamp, T./Jimenez, M. A./Munch, J. C./Beese, F. (2002): Integrated evaluation of greenhouse gas emissions (CO_2 CH_4 N_{20}) from two farming systems in southern Germany. In: Agric. Ecosys. Environ. 91, S. 175-189.

Friedel, J. (1993): Einfluss von Bewirtschaftungsmaßnahmen auf mikrobielle Eigenschaften im C- und N-Kreislauf von Ackerböden. Hohenheimer Bodenkundliche Hefte 11. Stuttgart: Universität Hohenheim.

Garz, J./Stumpe, H. (1992): Der von Julius Kühn begründete Versuch „Ewiger Roggenbau" in Halle nach 11 Jahrzehnten. In: Kühn Archiv 86, 1, S. 1-8.

Gerke, J. (1995): Chemische Prozesse der Nährstoffmobilisierung in der Rhizosphäre und ihre Bedeutung für den Übergang vom Boden in die Pflanze. Habilitationsschrift an der Universität Göttingen. Göttingen: Cuvillier Verlag.

Gielen, P. (1919): Praktischer Gemüsebau. Leibzig: Voigt.

Gisi, U. (1990): Bodenökologie. Stuttgart: Thieme Verlag.

Goethe, J. W. (1779): Xenien14. Der Kunstgriff. Signatur: GSA 25/W 687 Bl 16r

Guckert, A. (1992): Bedeutung der Pflanzenwurzeln und ihrer Ausscheidungen als Quellen organischer Stoffe im Boden. In: Berichte über Landwirtschaft, Bodennutzung und Bodenfruchtbarkeit, 4, S. 97-114.

Haas, G./Kökpe, U. (1995): Böden als Senke für Kohlenstoff: Vergleich Organischer und Konventioneller Landbewirtschaftung. In: Mitteilungen der Deutschen Bodenkundlichen Gesellschaft, 76, S. 783-786.

Haas (1997): zitiert in ALFÖLDI et al (2002): www.orgprints.org/573.

Hamid, A./Ahmad, M. (1993): Priming effects on 15N-labelled ammonium nitrate on uptake of soil N by wheat (Triticum aestivum L.) under field conditions. In: Biology and Fertility of Soils, 15, S. 297-300.

Hülsbergen, K. J./Rauhe, K./Scharf, H./Matthies, H. (1992): Langjähriger Einfluss kombinierter organisch-mineralischer Düngung auf Ertrag, Humusgehalt und Stickstoffverwertung. In: Kühn Archiv 86, 1, S. 11-24.

IAASTD (2008): Évaluation internationale des connaissances, des sciences et des technologies agricoles pour le développement. Résumé analytique du Rapport de synthèse Report Intergovernmental Plenary Session in Johannesburg, South Africa in April, 2008.

IPCC (2007): Fourth Assessment Report Climate Change. Intergovernmental Panel on Climate Change. Online Report.

Isermann, K. (1992): Nährstoffbilanzen und aktuelle Nährstoffversorgung der Böden. In: Berichte über Landwirtschaft, Bodennutzung und Bodenfruchtbarkeit, 5, S. 15-55.

Klima, H. (2006): Lebensmittelqualität und Biophotonen: www.orgprints.org/9045.

Liebig, J. von (1994): Naturgesetze im Landbau. Vorstellung der wegweisenden Einsichten und Gedanken Justus von Liebigs (1803-1873). SÖL Sonderausgabe 23. Bad Dürkheim: Stiftung Ökologie & Landbau.

Margulis, L. (publ. als Sagan, L. 1967): On the origin of mitosing cells. In: J. Theoretical Biology 14, 3, S. 255-274.
Marschner, H. (1986): Mineral Nutrition in Higher Plants. London: Academic Press.
Mäder, P. (1993): Effekt langjähriger biologischer und konventioneller Bewirtschaftung auf das Bodenleben. In: Zerger, Uli (Hrsg.): Forschung im Ökologischen Landbau. SÖL Sonderausgabe 42. Bad Dürkheim: Stiftung Ökologie & Landbau, S. 271-278.
Mäder, P./Wiemken, A. (1996): Stickstoffversorgung der Pflanzen durch Mykorrhizapilze In: Ökologie und Landbau 97, S. 36.
Novak, B. (1982): Umsatz organischer Stoffe im langjährig systematisch gedüngten Boden unter Schwarzbrache. In: Tagungsbericht der Akademie der Landwirtschaftswissenschaften der DDR, 205, Berlin, S. 249-257.
Oberländer, H. (1995): Humusdynamik. Vortrag an der Universität für Bodenkultur (unveröff.).
Pauli, F. (1988): Lebendverbauung der Grenzfläche zwischen Boden und Pflanze. In: Garten organisch, S. 1-3.
Pennwieser, H. (1997): Analyse der Kohlenstoff-Stickstoff-Dynamik des Bodens im Ökologischen Landbau unter besonderer Berücksichtigung der Einflüsse von organischer Substanz, Bodenbiologie und Bewirtschaftungsmaßnahmen. Diplomarbeit. Wien: Universität für Bodenkultur.
Peschke, H./Markgraf, G. (1982): Vergleichende Untersuchungen zur Stickstoffverwertung der Pflanze mit Ammoniumnitrat und Gülle als 15N-Tracer. Zitiert in Scheller (1993).
Peterson, S. O./Regina, K./Pöllinger, A./Rigler, E./Vally, L./Yamulki, S./Esala, M./Fabbri, C./Syväsalo, E./Vinther, F. P. (2005): Nitrous oxide emissions from organic and conventional crop rotations in five European countries. In: Agric. Ecosys. Environ. 112, S. 200-206.
Pimentel, D./Hepperly, P./Hanson, J./Douds, D./Seidel, R. (2005): Environmental, energetic and economic comparisons of organic and conventional farming systems. In: Bioscience 55, S. 573-582.
Plakolm, G. (1987): Einführung in die ökologische Landwirtschaft. Vorlesungsunterlagen (unveröffentlicht). Wien: Universität für Bodenkultur.
Pommersche, H. (2004): Humussphäre. Xanten: Organischer Landbau Verlag.
Popp, F. A. (1988): Biophotonen-Analyse der Lebensmittelqualität. Ganzheitliche Methoden und Konzepte. Karlsruhe: Verlag C. F. Müller.
Prusiner, S. B. (1991): Molecular biology of prion diseases. In: Science 252, S. 1515–1522.
Reents, H. J. (1993): Bodeneigenschaften bei differenzierter organischer Düngung in einem 32-jährigen Feldversuch in Järna, Schweden. In: Zeger, Uli (Hrsg.): Forschung im Ökologischen Landbau. SÖL-Sonderausgabe 42. Bad Dürkheim: Stiftung Ökologie & Landbau, S. 183-188.
Richter, U./Harrach, T. (1993): Einfluss langjährig differenzierter Bodenbearbeitung auf den N-Entzug der Pflanzen und die Nmin-Gehalte in den folgenden Verlagerungsperioden. In: Ergebnisse von Versuchen zur Bodenbearbeitung und Bestellung, KTBL-Arbeitspapier 190, S. 75-79.
Römheld, V. (1992): Biochemische Strategien der Pflanzen zur Mobilisierung von Nährstoffen. In: Berichte über Landwirtschaft, Bodennutzung und Bodenfruchtbarkeit 5, S. 108-121.
Rusch, H. P. (1968): Bodenfruchtbarkeit. Heidelberg: K. F. Haug Verlag.
Ryan, M. H./Chilvers, G. A./Dumaresq, D. C. (1994): Colonization of wheat by VA-mycorrhizal fungi was found to be higher on a farm managed in an organic manner than on a conventional neighbour. In: Plant and Soil 160, S. 33-40.
Sattelmacher, B./Reinhard, S./Pomikalko, A. (1991): Differences in Mycorrhizal Colonization of Rye (Secale cereale L.) Grown in Conventional or Organic (Biological-dynamic) Farming Systems. In: J. Agronomy & Crop Science 167, S. 350-355.

Sauerbeck, D. (1980): Einfluss der Humusversorgung und Düngung auf Bodenleben und Bodenstruktur. In: Landwirtschaftliche Forschung. Sonderheft 37. Braunschweig: Kongressband.
Sauerbeck, D. (1992): Funktionen und Bedeutung der organischen Substanzen für die Bodenfruchtbarkeit. In: Berichte über Landwirtschaft, Bodennutzung und Bodenfruchtbarkeit 4, S. 13-30.
Scheffer, F./Schachtschabel P. (1992): Lehrbuch der Bodenkunde. Stuttgart: Enke Verlag.
Scheller, E. (1993): Die Stickstoffversorgung der Pflanzen aus dem Stickstoff-Stoffwechsel des Bodens. Weikersheim: Verlag J. Margraf.
Scheller, E./Koi, U./Moritz, CH. (1995): Der Einfluss mehrjähriger Luzerne auf die Nitrat-N-Gehalte der ungesättigten Zone im tieferen Unterboden. In: Wissenschaftliche Tagung Ökologischer Landbau. Kiel, S. 189-192.
Scheller, E./Bachinger, J./Raupp, J. (1997): Einfluss von Mineraldüngung und Stallmist auf die Aminosäuregehalte im Oberboden und auf den Humusaufbau im Darmstädter Düngungsvergleichsversuch. In: Beiträge zur 4. Wissenschaftstagung zum Ökologischen Landbau. Berlin: Verlag Dr. Köster, S. 63-69.
Shafie, F. S. el (1990): Untersuchungen über die Humusfraktionen sowie Makro- und Mikroelemente in Böden von Dauerversuchen. Diss. A. Gießen: Universität Gießen.
Siegert, B./Rauhe, K./Hoberück, J. M. (1987): Untersuchungen zur Verwertung von isotopenmarkiertem Mineraldüngerstickstoff beim Anbau von Winterweizen und Zuckerrüben. Zitiert in Scheller (1993).
Siewert, C. (1982): Einfluss von Grundbodenbearbeitung auf die Struktur und den Gehalt der Huminsäuren des Podsolbodens. In: Tagungsbericht der Akademie der Landwirtschaftswissenschaften der DDR, 205, S. 265-274.
Smith, K. A./Howard, R. S./Crichton, T. J. (1988): Efficiency of recovery of nitrogen fertilizer by winterbarley. Zitiert in Scheller (1993).
Smith, P. (2008): Cool Farming: Climate Impacts of Farming and Mitigation Potential: www.greenpeace.de.
Steinmüller, H. et al. (1999): Einfluss von Forstwirtschaft, Landwirtschaft und Ernährung auf das Klima. Studie im Auftrag der Landesregierung Niederösterreich. St. Pölten: Amt der Landesregierung Niederösterreich.
Tippelt-Sandner, R. (1993): Einfluss von Bodenbearbeitungssystemen auf den Nitrathaushalt. In: KTBL Arbeitspapier 190, S. 80-83.
Trolldenier, G. (1986): Stickstoffumsetzungen und mikrobielle Aktivitäten in der Rhizosphäre. In: Akademie für Naturschutz und Landschaftspflege (Hrsg.): Bodenökologie. Laufener Seminarbeiträge 7. Laufen: Akademie für Naturschutz und Landschaftspflege, S. 29-37.
Vilsmeier, K./Amberger, A./Guster, R. (1988): Dynamik von Boden- und Düngerstickstoff 15N im Weihenstephaner Lysimeter. Zitiert in Scheller (1993).
Velimirov, A./Müller, W. (2003): Die Qualität biologisch erzeugter Lebensmittel. Umfassende Literaturrecherche zur Ermittlung potenzieller Vorteile biologisch erzeugter Lebensmittel. Bericht Wien Bio Austria.
Zhang, C. C./ Steele, A. D./Lindquist, S./Lodish, H. F.(2006): Prion protein is expressed on long-term repopulating hematopoietic stem cells and is important for their self-renewal. In: Proc.Natl.Acad.Sci. 103, S. 2184-2189.

Kontroverse „bio“ – Der Weg aus dem Dilemma

Alberta Velimirov

Die im letzten Jahrhundert zunehmende Industrialisierung und Intensivierung der Lebensmittelproduktion hat zunächst große ökonomische Vorteile und relativ rasche Problemlösungen gebracht. Trotzdem steht in den letzten Jahren das Landwirtschafts-Ernährungssystem im Zentrum vieler Gipfeltreffen und Konferenzen (z.B. Food and Agriculture Organization, Rom, 2008). Negative Nachwirkungen auf ökologischer, sozialer und gesundheitlicher Ebene haben sich aufgetan und alte Probleme konnten nicht weltweit gelöst werden. Neben der „modernen“ Produktion, mit immer neuen Technologien wie z. B der Gentechnologie, hat sich eine alternative Art der Lebensmittelherstellung entwickelt – die biologische Produktion –, die besonders in den letzten Jahren an Bedeutung gewonnen hat. Der prinzipielle Unterschied dieser Arbeitsweise liegt in der erkenntnistheoretischen Grundlage. Biologische Systeme werden nicht additiv, bestehend aus vielen unabhängigen Elementen bzw. linearen Kausalketten gesehen, sondern als vernetzte Ganzheiten mit hierarchischen Ordnungsfunktionen. Das Ganze ist also mehr als die Summe seiner Teile. Diese These hat sowohl in der Lebensmittelproduktion und der dazugehörigen Forschung als auch in sozialen und ethischen Belangen praktische Auswirkungen.

So können zwar integrierte Landwirtschaftsmethoden abiotische Problemzonen wie globale Erwärmung, Energieverbrauch, Grundwasserqualität und Versauerung verbessern, aber nur die biologische Landwirtschaft fördert biologische Aspekte wie Biodiversität, Tierhaltung, Landschaftsgestaltung und Oberflächengewässer (vgl. Köpke 2005).

Aber nicht nur ökologische Belastungen stellen ein Problem dar, auch ernährungsbedingte Gesundheitsstörungen sind im Vormarsch. Hier reicht allerdings eine bloße Umstellung auf biologische Produkte ohne eine Veränderung der Ernährungsgewohnheiten nicht aus, um Abhilfe zu schaffen. Ähnlich wie der Landwirt seine Selbstbestimmung durch den Einfluss der Agrarkonzerne verliert, bestimmt auch zunehmend die Nahrungsmittelindustrie, was auf den Tisch kommt. Als Folge verursachen Reparaturtechnologien der ökologischen und medizinischen Versorgung auf gesundheitlicher Ebene stets steigende Kosten. Dabei werden meist nur Symptome bekämpft, ohne an den Grundpfeilern des gegenwärtigen Produktions- und Ernährungssystems zu rütteln.

Über „gesunde" Ernährung wird jedenfalls in allen Medien berichtet und diskutiert, wobei gelegentlich auch biologisch erzeugte Lebensmittel angesprochen werden. Es ist also klar, dass die Ernährung als wichtiger Gesundheitsfaktor erkannt wurde, aber die Bedeutung des gesamten Nahrungssystems, vom Acker auf den Teller, mit all seinen lateralen, vor- und nachgelagerten Auswirkungen kommt meist zu kurz. Die enge Verflechtung von Umweltproblematik, Lebensqualität und Produktqualität wird dabei völlig ignoriert. In der westlichen Welt wird allgemein empfohlen, tierische zu Gunsten pflanzlicher Lebensmittel zu reduzieren sowie frische, saisonale (oft auch regionale) Produkte zu favorisieren. Beide Empfehlungen sind systeminhärente Eigenschaften der biologischen Landwirtschaft. Bei einer moderaten Verringerung des Konsums tierischer Lebensmittel wäre unter Beibehaltung der derzeit genutzten Agrarflächen eine Gesamtumstellung auf Biolandwirtschaft in Deutschland möglich (vgl. Seemüller 2000). Die Gründe dafür liegen in der Reduktion der Tieranzahl sowie einer artgerechten Fütterung, die v.a. auf Futtermittel aus heimischem Bio-Anbau basiert. Auf diese Weise kann auch ein wertvoller Beitrag für die globale Ernährungssituation erreicht werden, da die Fütterung mit importierten Futtermitteln, die typisch für die Intensivtierhaltung ist, wegfiele.

Die Förderung regionaler Produktionskreise könnte nicht nur die Bevölkerung wie empfohlen mit frischen Produkten versorgen, sondern entspräche auch der Multifunktionalität der Landwirtschaft, die mit zunehmender Globalisierung des Ernährungssystems verloren geht. Somit bildet die biologische Landwirtschaft das Fundament für eine ausgewogene Ernährung mit frischen Lebensmitteln.

Aber die Frage, welchen qualitativen Beitrag Bioprodukte in einer gesunden Ernährung leisten können, ist noch nicht abschließend beantwortet. Im Gegenteil, gerade um diese Frage drehen sich intensive und häufig emotional geführte Diskussionen. Die biologische Lebensmittelproduktion wird entweder als reine Ideologie abgewertet oder als Nischenszene begrenzt, mit dem Hinweis, dass es bislang keine wissenschaftlichen Beweise für eine qualitative Überlegenheit biologisch erzeugter Produkte gäbe.

Zahlreiche Autoren haben seit 1995 die Ergebnisse wissenschaftlicher Vergleichsuntersuchungen von Lebensmitteln aus biologischer und konventioneller Produktion zusammengetragen, ohne jedoch zu einer einheitlichen und eindeutigen Aussage zu kommen (vgl. Woese et al. 1995; Alföldi et al. 1998; Worthington 1998; Heaton 2001; Bordeleau et al. 2002; Bourn & Prescott 2002; Tauscher et al. 2003; AFSSA 2003; Magkos 2003; Györéné et al. 2006). Angesichts der Klimadebatte und des positiven Beitrages, den die biologische Landwirtschaft hier leisten könnte, ist es wichtig zu betonen, dass bei Vergleichen, die keinen Unterschied zwischen den biologisch bzw. konventionell produzierten Nahrungsmitteln ergaben, eine ebenso gute Qualität ohne den Einsatz synthetischer Hilfsmittel und auf umweltschonende Weise erreicht wurde. Das Gesamtbild darf bei dieser Diskussion nicht aus den Augen verloren werden. Trotz dieser Diskussionen um Qualitätsvorteile kaufen Konsument/innen zunehmend Bioprodukte, weil ein höherer Gesundheitswert vermutet und erwartet wird. Die Frage, ob da etwas Wahres dran sein könnte oder es sich nur um eine Illusion handelt, muss mittels differenzierter Methoden bearbeitet werden. Dabei sollten alle Argumente diskutiert werden, um zu Ergebnissen zu gelangen, die guter wissenschaftlicher Praxis entsprechen.

Produktqualität kann grundsätzlich von zwei Seiten gesehen und beurteilt werden: Einerseits geht es um die Vermeidung von Gesundheitsschäden (Lebensmittelsicherheit), andererseits um die Förderung von gesundheitlichen Vorteilen (Salutogenese).

Lebensmittelsicherheit

Was die Sicherheit, also die Vermeidung von potentiell schädlichen Effekten betrifft, gab es bei den oben erwähnten Literaturvergleichen Übereinstimmungen sowohl bezüglich der Reduktion (bzw. Vermeidung) von systembezogenen Rückständen als auch von Nitratgehalten. Da jedoch laut offizieller Risikoforschung bei Einhaltung der Grenzwerte keine Gesundheitsgefährdung vorliegt, hat dieses Qualitätsmerkmal aus wissenschaftlicher Sicht kein Gewicht. Aber für Konsument/innen ist die Rückstandsvermeidung ein grundlegendes Motiv, Bioware zu bevorzugen. Ein Argument, das für diese Haltung spricht, ist die Tatsache, dass es zu Langzeitwirkungen (v.a. durch Mehrfachbelastungen) derzeit noch keine abgesicherten Ergebnisse gibt. Es wurden und werden Pestizide verboten sowie Rückstands-Höchstgrenzen geändert, da es sich bei der Risikoforschung um einen kontinuierlichen Prozess handelt, der stets dem wissenschaftlichen Erkenntnisgewinn angepasst wird.

So gilt ab 1. September 2008 in der EU ein einheitliches Risikoabschätzungsverfahren, das verhindert, dass Mitgliedsstaaten für ein und dasselbe Produkt unterschiedliche Grenzwerte und Höchstgehalte haben. Die bisher national festgelegten Rückstands-Höchstmengen werden harmonisiert. Das wirft natürlich sofort die Frage auf, ob man sich dabei an strengeren oder toleranteren Grenzwerten orientiert hat. Greenpeace kritisierte die meist deutlich höheren Pestizid-Höchstmengen als die bisher gültigen deutschen

Grenzwerte, während der Industrieverband Agrar e. V. (IVA) die Harmonisierung begrüßte und anmerkte, dass die neuen Werte niedriger sein können als die bisherigen nationalen Höchstgehalte, aber auch darüber liegen können und die Verbraucher/innen darauf vertrauen können, dass Lebensmittel in Europa so sicher sind wie eh und je. Wie immer ist der/die Verbraucher/in zwischen Sorge und Beruhigung hin- und hergerissen und muss letztendlich selbst entscheiden, welches „Risiko" er/sie bereit ist, zu akzeptieren.

Rückstands-Höchstmengen, von der guten landwirtschaftlichen Praxis abgeleitet, sind keine Sicherheitswerte für Konsument/innen, sondern Handelsstandards, die als Handelsbarrieren Schwierigkeiten verursachen. Die Anwendung eines Pestizides wäre nicht zugelassen, wenn der erlaubte Höchstwert die vorher festgelegten Sicherheitsgrenzen überschreiten würde. Die akzeptable Tagesdosis (ATD, angegeben in mg/kg Körpergewicht), basierend auf Tierversuchen, gibt an, welche Mengen eines Pestizidrückstandes ein gesunder Erwachsener mit Normalgewicht ein Leben lang aufnehmen kann, ohne gesundheitliche Beeinträchtigungen zu erleiden. Die akute Referenzdosis (ArfD) bezeichnet die Toxinmenge pro kg Körpergewicht, die innerhalb von 24 Stunden nicht überschritten werden darf. ATD und ArfD sind die grundlegenden sicherheitsrelevanten Angaben, die in der Risikoforschung definiert werden. Die Grundlage dieser Risikoerfassung besteht in der Annahme, dass es für jeden Wirkstoff einen Schwellenwert gibt, unter welchem keine Wirkung stattfindet, jedenfalls keine beobachtbare. Aber Substanzen mit krebsauslösender und erbgutschädigender Wirkung haben keinen Schwellenwert, jede Menge kann die Gesundheit schädigen. Weiters kann es zu Überschreitungen der ArfD gekommen, auch wenn die erlaubten Rückstandshöchstmengen eingehalten werden, da diese Werte wie erwähnt auf unterschiedlichen Daten basieren. Solche Vorfälle wurden von Greenpeace 2005 berichtet (vgl. Burtscher 2006). Hier ist eine Harmonisierung dringend notwendig. Darüber hinaus gelten die Werte für Erwachsene; Kleinkinder haben die Blut-Hirn-Schranke noch nicht ausgebildet, sodass Pestizide ungehindert im Hirn wirken können. Mögliche Auswirkungen werden bislang kaum beachtet und finden in Diskussionen bzw. bei der Grenzwert-Definition keine Berücksichtigung. Abgesehen von den Rückstandsmengen, die über die Nahrung aufgenommen werden, besteht für Menschen, die in ihrer Arbeit mit Pestiziden hantieren, ein zusätzliches Gefahrenpotenzial. Das beschränkt sich nicht nur auf akute Vergiftungsunfälle, sondern kann sich chronisch und auch auf die nächste Generation auswirken (vgl. Velimirov/Müller 2003). Erst 2008 wurde wieder eine neue Untersuchung publiziert, die den negativen Einfluss von Pestiziden mit endokriner Wirkung auf die Entwicklung des Reproduktionssystems der Söhne von Glashausarbeiterinnen zeigte, die während der Schwangerschaft Pestiziden ausgesetzt waren (vgl. Andersen et al. 2008). Solche Pestizide wirken als Umwelthormone und verursachen hormonell bedingte Störungen sowohl in Wildtierpopulationen als auch beim Menschen (u.a. Hodenkrebs; Hypospadie, das ist eine angeborene Anomalie der Harnröhre; Cryptorchidismus, bei diesem Leiden senken sich die Hoden nicht in den Hodensack ab; reduzierte Spermienzahlen sowie Brustkrebs und polyzystische Eierstöcke). Neueste Ergebnisse weisen auf Kombinationseffekte von Pestizidmischungen bei geringster Belastung hin (vgl. Kortenkamp 2007).

Die schwer überschaubaren Kosten, die verursacht werden, zuerst durch die jahrelange Entwicklung eines Pestizids, dann durch die Risikoforschung, durch die Kontrolle und Überwachung und letztendlich durch die Reparaturtechnologie, um es wieder aus dem Kreislauf zu entfernen, falls man doch eine unvertretbare Gefährdung erkennt, sowie durch akute Vergiftungen und chronische Erkrankungen, können in der biologischen Lebensmittelproduktion eingespart werden. Sind so gesehen Bioprodukte wirklich teurer?

Der zweite große Bereich in Bezug auf Lebensmittelsicherheit betrifft organische Verunreinigungen (Mykotoxine) und Zoonosen (übertragbare Infektionskrankheiten). Dabei handelt es sich prinzipiell nicht um ein systeminhärentes Merkmal der biologischen Produktion, da Hygienemaßnahmen von allen Akteuren im Lebensmittelsektor eingehalten werden müssen. Trotzdem soll hier kurz diskutiert werden, ob biologische Methoden über die hygienische Sorgfalt hinaus noch potentielle Vorteile bringen könnten.

Immer wieder wird von „Bio-Kritikern" eine höhere Belastung der Bioprodukte mit Mykotoxinen (Pilzgifte) postuliert, da ja keine Fungizide eingesetzt werden dürfen. Diese Schlussfolgerung scheint auf den ersten Blick logisch. Tatsächlich wird aber eine völlige Ignoranz ökologischer Systemzusammenhänge demonstriert; eine ausführlichere Beschäftigung mit Untersuchungsergebnissen zeigt ein ganz anderes Bild. In der umfassendsten Literaturstudie zu diesem Thema berichtete Benbrook (2006), dass bei wissenschaftlichen Untersuchungen in konventionellen Lebensmitteln 50 % häufiger und doppelt so hohe Mykotoxingehalte gefunden wurden als in biologischen. Das Auftreten von Feldpilzen (v.a. Fusarien) wird multifaktoriell ausgelöst und durch die Wahl einer ungünstigen Vorfrucht (z.B. Mais), eine nicht wendende Bodenbearbeitung, hohe mineralische Stickstoffgaben (v.a. Spätdüngung), die Sortenauswahl, zu dichte Pflanzenbestände und den Einsatz von Halmverkürzern begünstigt. Alle diese befallsfördernden Faktoren sind agrarische Methoden, die modifiziert werden können, um Pilzbefall zu reduzieren. Die Anwendung von Fungiziden v.a. im Zusammenhang mit anderen Pestiziden zerstört nicht nur die pathogenen Mikroorganismen, sondern beeinträchtigt auch die schützende Mikroorganismengemeinschaft auf den Pflanzen (Phylloplanenflora) in ihrer Funktion und schädigt so den „natürlichen Pflanzenschutz", was eine höhere Anfälligkeit gegenüber pathogenen Erregern nach sich zieht, die gleichzeitig auch noch Resistenzen ausbilden können. Zudem wird eine Gleichgewichtsstörung der Bodenmikroflora bewirkt, Pilze nehmen in ihrer Gesamtdichte ab, während sich bestimmte Gattungen stärker vermehren. In biologisch bewirtschafteten Böden findet man eine höhere Dichte und Biodiversität der Mikroorganismen, wodurch Krankheitserreger in Schach gehalten werden. Die Akzeptanz der Komplexität biologischer Systeme, in welchen die überwältigende Mehrzahl an Mikroorganismen lebensnotwendige Funktion hat, bildet die Grundlage für biologische Methoden.

Ein ähnliches Bild zeichnet sich auch bei Zoonosen ab. Die Rahmenbedingungen der Tierhaltung und Fütterung müssen den Bedürfnissen der Tiere entsprechen, um möglichst gesunde Tiere im Bestand zu haben. Die starke Zunahme von nahrungsbedingten Infektionskrankheiten wird auf die Zunahme des internationalen Handels zurückgeführt, nicht auf die Intensivierung der Tierhaltung, die aber parallel dazu stattgefunden hat. Eine staatliche Untersuchung in England stellte allerdings ein fünf Mal häufigeres Auftreten von *Salmonella ssp.* bei der Batteriehaltung fest (vgl. Snow et al. 2007), und laut Untersuchungen aus den USA wurde *Escherichia coli 0157:H7* bei artgerechter Fütterung (= bio) 100 Mal weniger häufig gefunden als bei hohem Getreideanteil im Futter (vgl. Gilbert et al. 2005).[1] Weiters zeigte eine Studie, die in Deutschland zwischen Oktober 2002 und 2003 durchgeführt wurde, dass biologische Fleischwaren, die nach den Richtlinien anerkannter Verbände wie Demeter und Bioland erzeugt wurden, im Vergleich zu konventionellen Produkten kein erhöhtes Risiko für Konsument/innen darstellen, an Infektionen durch Bakterien wie Salmonella, enterohämorrhagische Escherichia coli, Listeria monocytogenes, Enterobacteriaceae und Koagulase-positive Staphylokokken zu erkranken (vgl. Kröckel 2005).

Die biologische Wirtschaftsweise hat das Ziel, landwirtschaftlich genutzten Lebewesen eine ökologisch orientierte Lebensgrundlage zu bieten, die ein

1 Salmonellen, Escherichia coli, Campylobacter sind Bakterien, die akute Entzündungen des Magen-Darm-Traktes verursachen.

den Bedürfnissen entsprechendes Leben ermöglicht. Mit diesem Satz treffen wir auch den Kernpunkt aller Qualitätsdiskussionen. In allen mir bekannten Qualitätsdefinitionen steht die Funktionalität im Fokus und entsprechend den verschiedenen Verbraucherbedürfnissen werden Teil- bzw. Unterqualitäten und Eignungswerte festgesetzt. Dazu gehören Ansprüche an die äußere Qualität für den Handel, an die Eignung zur Lagerung und Verarbeitung für die Nahrungsmittelindustrie, an den ernährungsphysiologischen Wert für Konsument/innen und Tierzüchter/innen. Zudem sollen Anbau und Haltung noch möglichst kostengünstig und einfach durchzuführen sein, maximale Erträge einbringen und für Konsument/innen billig angeboten werden. Dabei wird ganz vergessen, dass es sich bei diesen „Produkten" um Lebewesen handelt, die selbst auch Ansprüche an ihre eigene Lebensqualität haben. Respekt vor diesen Bedürfnissen könnte dem Machbarkeitswahn, der in der Verbesserung bzw. Optimierung von Lebewesen durch molekularbiologische Techniken gipfelt, ein Ende setzen. In der biologischen Produktion könnte daher die Hypothese aufgestellt werden, dass optimale Entwicklungs- und Lebensqualität landwirtschaftlich genutzter Pflanzen und Tiere in optimaler Lebensmittelqualität resultiert. Es ist Aufgabe der biologischen Produktqualitätsforschung, diese Hypothese zu überprüfen.

Bisher haben wir im Bereich der Lebensmittelsicherheit gesehen, dass der Genuss von biologischen Lebensmitteln derzeit die einzige Möglichkeit bietet, wertmindernde Rückstände weitgehend zu vermeiden. Weiters konnte gezeigt werden, dass biologische Methoden Mykotoxinbelastungen vorbeugen. Zoonosen konnten nicht ausgeschlossen werden, aber auch hier bilden artgerechte Haltung und Fütterung optimale Voraussetzungen für eine Reduktion des Problems.

Lebensmittelqualität (Salutogenese)

Die Vermeidung von schädlichen Wirkungen ist aber eigentlich nur eine selbstverständliche Voraussetzung, in erster Linie geht es bei Ernährung um die Erhaltung und Förderung von Gesundheit und Leben. Kurz gesagt, gesund ist, was Lebensprozesse fördert. Daher wäre die nächste Frage, was charakterisiert „Leben"? Leben ist gekennzeichnet durch Stoffaustausch, Energie- und Informationsaustausch sowie Gestaltbildung, Reproduktion, mikrobielle Aktivität und Reaktion auf Veränderungen zur Wiederherstellung des (metabolischen) Wohlbefindens. Ein Lebensmittel muss im Optimalfall alle Eigenschaften haben, die diese Charakteristika unterstützen. Lebensmittelqualität kann also durch den Grad der Ausprägung dieser Eigenschaften definiert werden. Diese umfassende Sicht macht verschiedene

Ebenen für Qualitätsdifferenzierungen sichtbar, an welchen die vergleichende Qualitätsforschung ansetzen kann.

Inhaltsstoffzusammensetzung

In der klassischen Ernährungswissenschaft liegt das Hauptaugenmerk auf der stofflichen Zusammensetzung, die mittels chemischer Analyse ermittelt wird und sowohl der Identifizierung als auch der Quantifizierung von Inhaltsstoffen dient. Bestehen hier Vorteile bei der biologischen Produktion? Die meisten Ernährungswissenschaftler/innen stehen auf dem Standpunkt, dass bezüglich der Inhaltsstoffzusammensetzung nur geringfügige Unterschiede zwischen biologisch und konventionell erzeugten Lebensmitteln nachzuweisen sind. Die o.a. Literaturstudien kommen allerdings zu einem etwas differenzierteren Ergebnis. Einheitliche Aussagen diesbezüglich betreffen eine Tendenz zu höheren Gehalten an Trockensubstanz, an einzelnen Mineralstoffen, Vitamin C und in den neueren Arbeiten auch an gesundheitsfördernden sekundären Pflanzenstoffen sowie „gesunden" Fettsäuren in tierischen Lebensmitteln.

Zum besseren Verständnis, wie Produktionsmethoden Inhaltsstoffzusammensetzungen beeinflussen können, werden zwei Beispiele genauer beschrieben. Ein Vertreter der pflanzlichen Lebensmittel, die Tomate, und das wichtige tierische Lebensmittel Milch dienen dieser Veranschaulichung.

In einem 10-jährigen Vergleichsversuch wurden an der Davis Universität in Kalifornien Tomaten biologisch und konventionell angebaut (vgl. Mitchell et al. 2007). Der Vorteil von kontrollierten Feldversuchen liegt darin, dass Produkte derselben Sorte unter den gleichen landwirtschaftlichen Rahmenbedingungen (z.B. Boden, Klima, Fruchtfolge) angebaut werden und so ausschließlich der Einfluss von definierten Bewirtschaftungsmethoden auf Qualitätsparameter gemessen werden kann. In diesem Fall waren Pflanzenschutz, Bewässerung und Düngung differenzierende Parameter. Für den konventionellen Pflanzenschutz wurden synthetische Herbizide und Pestizide verwendet. Die biologischen Tomaten erhielten Schwefel und einen Bt-Spray.[2] Die organische Düngung bestand aus eingearbeiteten Ernterückständen und Winterbegrünung sowie kompostiertem Hühnermist, während auf die konventionellen Felder mineralische Düngemittel N-P-K (Stickstoff – Phosphor – Kalium) aufgebracht wurden.

---

2 Bacillus thurengiensis (Bt) ist ein Bodenbakterium, das verschiedene Toxine gegen Insekten erzeugt. Diese Toxinmischung ist als organisches Pflanzenschutzmittel in der biologischen Landwirtschaft zugelassen, da keine Folgeschäden zu erwarten sind.

Die Düngung ist grundlegend für die Art und Weise wie Nährstoffe im Boden vorliegen und für die Pflanze verfügbar sind. In der biologischen Variante müssen die Nährstoffe erst durch Bodenmikroorganismen für die Pflanzen aufbereitet werden. Dieser Vorgang erfolgt entsprechend der Witterung und erlaubt eine angeglichene Nährstoffaufnahme durch die Wurzeln, während mineralische Düngemitteln den Pflanzen immer direkt zur Verfügung stehen. Über die Jahre fördert außerdem die biologische Düngung die Humusbildung und Bodenfruchtbarkeit. Sowohl die Art der Ernährung als auch der Schädlingsdruck haben Einfluss auf das Pflanzenwachstum und im Besonderen auf die Bildung von sekundären Pflanzenstoffen. Diese Stoffe dienen der Pflanze als Schutz gegen Schädlinge und andere Stressoren (z.B. UV-Bestrahlung) und wurden lange Zeit als gefährliche Inhaltsstoffe gewertet. Zahlreiche Untersuchungen haben aber gezeigt, dass gerade diese Substanzen einen wichtigen Beitrag zur Gesundheit leisten können.

Bei Tomaten sind v.a. die sekundären Pflanzenstoffe *Flavonoide* und *Carotinoide* (Lykopin) von Bedeutung. Sie wirken anti-oxidativ und beugen daher bestimmten Krebsarten vor, verringern hohen Blutdruck und damit das Risiko von Herzerkrankungen und Schlaganfällen. Es ist daher von großem Wert, herauszufinden, welche agrarischen Anwendungen die Gehalte dieser Heilstoffe erhöhen können. Bei dem Tomatenvergleichsversuch konnte gezeigt werden, dass die Gehalte an den Flavonoiden Quercetin, Kämpferol und Naringenin in den biologischen Varianten signifikant höher waren als in den konventionellen Vergleichsproben. Besonders interessant ist der hier gelungene Nachweis, dass die Unterschiede zugunsten der biologischen Tomaten mit den Jahren biologischer Bewirtschaftung immer deutlicher wurden, da die Flavonoidgehalte im biologischen System stetig zunahmen, während sie in den konventionellen Tomaten mehr oder weniger gleich blieben. Die Forscher führen diesen Vorteil u.a. auf die signifikant höhere Humuszunahme in den biologischen Böden und die dadurch ermöglichte Verringerung der Düngeintensität zurück. Die Erträge waren nicht signifikant unterschiedlich zwischen den beiden Systemen. Zudem waren die biologischen Ernten über die Jahre hin stabil, während es starke (v.a. witterungsbedingte) Schwankungen bei den konventionellen Erträgen gab.

Aus diesen Ergebnissen können mehrere allgemeine Schlussfolgerungen abgeleitet werden. Überdüngung mit mineralischem Stickstoff kann den Heilwert unserer Lebensmittel reduzieren, während angepasste organische Stickstoffgaben die Bildung von gesundheitsfördernden sekundären Pflanzenstoffen intensivieren. Die Bodenstruktur und -fruchtbarkeit (Humusgehalt und mikrobielle Aktivität) werden durch biologische Düngemethoden signifikant erhöht und stabilisiert, sie garantieren so stabilere Ernten. Das ist besonders in trockenen Jahren wichtig, da die biologische Strukturverbesserung zu einer besseren Wasserhaltekapazität beiträgt. Die biologische Variante ist auch kostengünstiger, da nach einigen Jahren biologischer Bewirtschaftung die Düngeintensität verringert werden kann, ohne Ernteeinbußen nach sich zu ziehen. Dieses Experiment veranschaulicht auch, dass die Bodenqualität in engster Verbindung mit der Qualität der Lebensmittel steht. Andere Arbeiten bestätigen diese Ergebnisse (vgl. Velimirov/Müller 2003; Velimirov 2008).

Die Nahrungsmittelindustrie bedient sich der gesundheitlichen Vorteile von sekundären Pflanzenstoffen, die u.a. als Zusätze in funktionellen Nahrungsmitteln (Functional Food) benützt werden. Der Wirkungsgrad solcher Nahrungsmittel ist jedoch wissenschaftlich noch nicht bewiesen. Es ist dabei zu bedenken, dass mit Obst und Gemüse immer eine Kombination von verschiedenen sekundären Pflanzenstoffen aufgenommen wird. Dabei weiß man noch nicht, welche Mengen und Kombinationen am günstigsten sind, ganz abgesehen von den unbekannten Faktoren und Wechselwirkungen, die im ganzen Produkt noch mitspielen, um eine Heilwirkung zu erzielen. Es gibt auch Bestrebungen, die Bildung solcher Stoffe durch gentechnische Manipulation zu erhöhen, aber hier muss man sich im Klaren sein, dass die einseitige Erhöhung einzelner Stoffe immer auf Kosten des Gesamthaushaltes der Pflanze geht. Die einfachste und gleichzeitig einzige umweltfreundliche Variante, die Aufnahme von gesundheitsfördernden Substanzen zu erhöhen, ist derzeit der Konsum von biologischen Lebensmitten in ihrer gesamten Vielfalt. Das trifft auch auf tierische Produkte zu, wie im Folgenden beschrieben wird.

Ebenso wie sekundären Pflanzenstoffen wird auch mehrfach ungesättigten Fettsäuren (konjugierte Linolsäuren, Omega-3) ein erhöhter Gesundheitswert zugeschrieben. Omega-3 Fettsäuren sind essenziell, können aber vom Körper nicht selbst erzeugt werden und müssen daher mit der Nahrung (z.B. Fisch, Pflanzenöle) aufgenommen werden. Sie wirken positiv auf das Herz-Kreislaufsystem, senken den Cholesterinspiegel und sind entzündungshemmend. Konjugierte Linolsäuren (CLA), die in Fleisch, Eiern und Milch- bzw. Milchprodukten vorkommen, haben positive Effekte bei verschiedenen Krebsarten, Atherosklerosis, Fettleibigkeit, Knochendichte und Diabetes. Ähnlich wie bei Pflanzen hängt auch die Inhaltsstoffzusammensetzung tierischer Lebensmittel stark von der Ernährung der Tiere ab. Aus mehreren wissenschaftlichen Untersuchungen ist bekannt, dass die biologische Fütterung mit einem hohen Anteil an Raufutter, einem geringen Anteil an Kraftfutter und dem Verzicht auf Silomais das Fettsäuremuster in der Milch zu Gunsten „gesunder" Fettsäuren beeinflusst (vgl. Jahreis et al. 2001; Bergamo et al. 2005; Eichinger 2006; Slots et al. 2006). Natürlich kann man durch Futterzusätze wie z.B. ölreiche Samen, Fisch- oder Sojaöl ebenfalls den Gehalt an ungesättigten Fettsäuren erhöhen (vgl. Khanal/Olson 2004). Das würde aber einer Qualitätsbeurteilung, die ethische und ökologische Aspekte miteinschließt, nicht entsprechen. Das biologische Produktionssystem mit artgerechter Haltung (Weidegang) und Fütterung (Gras) wird diesen Ansprüchen gerecht und erzeugt qualitativ hochwertige Fleisch- und Milchprodukte. Außerdem werden so auch andere positiv bewertete Milchinhaltsstoffe wie Karotinoide, Vitamin E und Phytoöstrogene[3] positiv beeinflusst (vgl. Bergamo et al. 2003; Purup et al. 2005).

Diese beiden Beispiele machen deutlich, dass mittels biologischer Produktionsmethoden die Inhaltsstoffzusammensetzung pflanzlicher und tierischer Lebensmittel positiv beeinflusst werden kann. Aber die Bedeutung solcher punktueller Ergebnisse für das Gesamtsystem muss relativ gesehen werden. Nur eine umfassende Interpretation unter Einbeziehung von Nachhaltigkeitsparametern entlang der Produktionskette spiegelt den Gesamtwert eines Lebensmittels.

Es muss darauf hingewiesen werden, dass die Inhaltsstoffzusammensetzung eines Lebensmittels eine notwendige Voraussetzung darstellt, dennoch aber zur Charakterisierung eines komplexen biologischen Systems nicht ausreicht. Analytische Ergebnisse werden an toten Objekten gewonnen und sagen uns nichts über das „Lebendige" im Lebensmittel. Die Auflistung sämtlicher chemischer Bausteine lässt noch nicht auf Form und noch weniger auf Verhalten und Wirkung schließen. Um einen Organismus zu bilden und seine Form zu erhalten, bedarf es bindender Kräfte, die ein ganzheitliches Zusammenwirken aller Bestandteile ordnen und regulieren. Mit diesem Thema befasst sich die ganzheitliche Produktqualitätsforschung bereits seit mehr als 50 Jahren.

---

3 Karotinoide sind natürliche gelbe bis rötliche Farbstoffe, gesundheitsfördernd für den Konsumenten, am bekanntesten ist das ß-Carotin oder Provitamin A. Phytoöstrogene sind sekundäre Pflanzenstoffe, die Östrogenen strukturell ähnlich sind. Sie können klimakterische Beschwerden lindern und der Osteoporose vorbeugen.

Ganzheitliche Qualitätserfassung

Der Wiener Physiker Erwin Schrödinger war einer der ersten, der auf die Bedeutung der Ordnung (Negentropie) in lebenden Systemen aufmerksam machte. Er vertrat die Meinung, dass die Aufgabe der Nahrung in der Vermittlung von Ordnung und Information liegt (vgl. Schrödinger 1944). Wie könnte diese Ordnung vermittelt werden? Der russische Wissenschaftler Gurwitsch hat bereits 1922 eine interessante Entdeckung gemacht. Er beobachtete eine Wachstumsstimulation, wenn zwei Zwiebelspitzen aufeinander gerichtet waren. Diese Anregung erfolgte auch durch Quarzglas hindurch, während dazwischen geschobenes Fensterglas diesen Informationsfluss beendete. Er schloss aus diesen Experimenten, dass die Zwiebelspitzen miteinander kommunizieren und diese Kommunikation nicht auf chemische Prozesse, sondern auf Licht im Wellenlängenbereich von UV-Licht zurückzuführen ist. Er nannte diese Strahlung mitogenetische Strahlung, da die Zellteilung durch sie angeregt wurde. Erst viel später konnte Popp mittels eines hochempfindlichen Messgerätes diese ultraschwache Lichtemission im Wellenlängenbereich von 200-800 nm nachweisen und nannte sie Biophotonenstrahlung. Er zeigte, dass alle lebenden Zellen Licht aus elektromagnetischen Feldern (wie z.B. DNA) abstrahlen und dass diese Abstrahlung, wie bereits bei den Versuchen von Gurwitsch angenommen, dem Informationsaustausch zwischen Zellen und Organismen dient. Da die Strahlung kohärent ist, handelt es sich nicht um Wärmestrahlung. Diese Entdeckung macht klar, wie Lebensmittel mit unserem Organismus kommunizieren und der Aufrechterhaltung unserer inneren Ordnung, wie es Schrödinger postuliert, dienen können. Es ist bislang bewiesen, dass Zellen Licht abstrahlen und speichern; wie aber die Steuerung physiologischer Prozesse erfolgt, ist noch nicht nachgewiesen und stellt eine der wichtigsten Forschungsaufgaben dar (vgl. Bischof 1995). Allerdings ist die westliche Wissenschaft derzeit auf chemische Prozesse fixiert und man wird vermutlich nach Osten, Russland, China und Japan schauen müssen, um hier weitere Informationen zu erhalten, da in diesen Ländern die Biophotonenforschung in großem Umfang betrieben wird.

Für die Qualitätsforschung bedeutet diese Einsicht in das biologische Kommunikationsnetz, dass die chemischen Bestandteile eines Lebensmittels insofern von grundlegender Bedeutung sind, als sie die innere Ordnung reflektieren und ihre Analyse anzeigt, ob die nötigen Bausteine für den Aufbau überhaupt entsprechend vorhanden sind. Für positive Effekte wären aber der Informationsgehalt und die innere Ordnung verantwortlich.

Die Messung von Biophotonenabstrahlung und Lichtspeichervermögen wurde daher von Popp als ganzheitliche Methode in die Qualitätsforschung aufgenommen (vgl. Popp 1984). Er konnte zeigen, dass das Lichtspeichervermögen von Tomaten mit der Lagerung abnimmt, wobei tiefgefrorene Tomaten die niedrigsten Werte aufwiesen. Die Eier von Hühnern aus der biologischen Haltung hatten höhere Werte als die Eier aus anderen Haltungssystemen, was teils auf den Auslauf und teils auf die Fütterung zurückgeführt wird. Auch die Schlachtungsmethode spiegelte sich in der Biophotonenmessung wider. Die geringere Stressbelastung von Rindern bei Schlachtung ab Hof im Vergleich zum Schlachthaus konnte durch die Biophotonenmessung von Fleischproben ebenfalls nachgewiesen werden (vgl. Klima 1995). In eigenen Versuchen zeigten Weizen und Karotten derselben Sorte aus demselben Anbaugebiet, aber biologisch und konventionell erzeugt, eine signifikant bessere Lichtspeicherkapazität der Bioproben (vgl. Lenzenweger 2001). Abgesehen von Produktionsunterschieden können intensive Verarbeitungsschritte und der Grad der Denaturierung gemessen werden, da die Biophotonen eine elektromagnetische Nichtgleichgewichtsstrahlung lebender Systeme darstellen, die in krassem Gegensatz zum thermodynamischen Gleichgewicht toter Systeme steht.

Auch die elektrodynamischen Größen wie pH-Wert, Redoxpotenzial, elektrischer Widerstand charakterisieren das ganzheitliche Zusammenwirken elektromagnetischer Kräfte von Biosystemen und können zur Qualitätsdifferenzierung herangezogen werden (vgl. Hoffmann 1997; Kappert 2008). Ein niedriges Redoxpotential, also eine hohe Bereitschaft, Elektronen abzugeben, zeichnet sich durch antioxidative Wirkung aus, die gesundheitsförderlich sein kann. Verallgemeinernde Aussagen sind allerdings mit Vorsicht zu betrachten, da immer auch auf das individuelle Gleichgewicht geachtet werden muss, wobei eine optimale Balance zwischen Reduktions- und Oxidationsprozessen erstrebenswert ist. Aber Freie Radikale, Moleküle mit ungepaarten Elektronen, die den Körper schädigen können, werden durch Lebensmittel mit hoher Reduktionskraft neutralisiert.

Die ordnende Funktion von Lebensmitteln, die oben angesprochen wurde, kann auch mit bildschaffenden Methoden sichtbar gemacht werden. Hierbei werden wässrige Lösungen von Testprodukten mit Metallsalzen in Verbindung gebracht und je nach Methode, entweder durch Diffusion oder Kristallbildung, entstehen unterschiedliche Muster. Der Effekt von Verarbeitungsschritten kann eindeutig nachgewiesen werden. Zur Objektivierung und Validierung der kristallbildenden Methode (Kupferchloridkristallisationsmethode) wurde ein Computer-gesteuertes Auswertungsprogramm entwickelt und die Reproduzierbarkeit mittels Ringversuchen überprüft (vgl. Kahl 2004). Bisherige Ergebnisse zeigten, dass eine Differenzierung unterschiedlich gedüngter Karottenproben auf signifikantem Niveau möglich war und diese Methode zur Qualitätsdifferenzierung geeignet ist.

Die Wirkung von Lebensmitteln

Der wesentliche Aspekt bei Lebensmitteln ist aber natürlich ihre Wirkung auf die/den Konsumentin/en. Die unmittelbare Wirkung kann mit Präferenzuntersuchungen überprüft werden. Die Geschmacksentwicklung unterliegt kulturellen Einflüssen und ist subjektiv ausgeprägt. Daher war es überraschend, dass bei 14 selbst durchgeführten Verkostungstests mit Karotten, Äpfeln, Stangen- und Knollensellerie, Kohlrabi und Roten Rüben immerhin in 12 Fällen die Biovariante signifikant bevorzugt wurde (vgl. Velimirov/ Müller 2003). Aber diesbezüglich kann der/die Konsument/in auch ohne wissenschaftliche Erkenntnisse und nach eigenen Erfahrungen vorgehen.

Viel einfacher sind solche Präferenztests mit Tieren durchzuführen, da Tiere entsprechend ihren ernährungsphysiologischen Bedürfnissen und dem metabolischen Wohlbefinden nach der Futteraufnahme wählen. Es ist noch nicht endgültig geklärt, welche viszeralen, also die Eingeweide betreffenden Stimuli, die von der aufgenommenen Nahrung erzeugt werden, dem Präferenzverhalten zu Grunde liegen und wie Geruch und Geschmack mit diesem Feedback eingebunden werden. Aber es ist eindeutig nachgewiesen, dass Tiere eine Ernährungsweisheit besitzen, die für ihr Überleben grundlegend ist. Diese Eigenschaft ist bei Ratten besonders stark ausgeprägt, was sie zu geschickten „Mitarbeitern" in Qualitätsvergleichsstudien macht. In zahlreichen Versuchen konnte gezeigt werden, dass Laborratten biologisch erzeugten Produkten den Vorzug geben (vgl. Plochberger 1992; Velimirov et al. 1995; Velimirov 2001, 2003, 2005).

Für mögliche Langzeitwirkungen von Bio-Lebensmitteln sind allerdings Ernährungsstudien notwendig. Da Interventionsstudien mit Menschen schwierig sind, und vorab eine prinzipielle Überprüfung möglicher Effekte notwendig ist, wurden Tierfütterungsversuche mit biologisch bzw. konventionell erzeugten Lebensmitteln durchgeführt. Als Versuchstiere in Mehrgenerationsversuchen dienten Kaninchen, Hühner und Laborratten. Statistisch signifikante Unterschiede im Aufzuchterfolg und der Überlebensrate von Neugeborenen in den biologisch gefütterten Gruppen zeigten den positiven Einfluss solcher Produkte (vgl. Gottschewsky 1975; Edelmüller 1984; Staiger 1986; Plochberger 1989; Velimirov 2005).

Die Ergebnisse des aktuellsten Fütterungsversuches mit Hühnern wurden erst Ende 2007 in einem Bericht bekannt gegeben (vgl. Huber et al. 2007). Die Testdiäten bestanden aus den gleichen Futtermitteln, aber aus biologischem bzw. konventionellem Anbau. Bei diesem Versuch wiesen die konventionell gefütterten Hühner eine größere Gewichtszunahme auf und zunächst war kein weiterer Einfluss des unterschiedlich angebauten Futters erkennbar. Aber die Belastung der Tiere mit Fremdprotein zeigte ein signifikant reaktiveres Immunsystem bei biologisch gefütterten Hühnern im Unterschied zu Hühnern mit der entsprechenden konventionellen Diät. Besonders interessant sind diese Ergebnisse, da sich die Inhaltsstoffanalysen der beiden Futtervarianten (biologisch versus konventionell), kaum voneinander unterschieden (es waren etwa 10 % mehr Eiweiß in der konventionellen Diätvariante). Ohne immunologische Herausforderung wäre man also dem signifikanten immunreaktiven Unterschied nicht auf die Spuren gekommen. Auf Grund der Inhaltsstoffzusammensetzung waren diese signifikanten Unterschiede nicht vorauszusehen. Es muss also angenommen werden, dass es, wie bereits erwähnt, noch andere Eigenschaften in Lebensmitteln gibt, die durch die Analytik nicht erfasst werden. Tatsächlich war es auch möglich, die biologischen und konventionellen Futtermittel an Hand von Biophotonenmessungen zu differenzieren, was mit den analytischen Vergleichen nicht gelang.

Im Titel des Hühnerfütterungsversuchs stellt Huber (2007) die Frage, ob „bio" gesünder wäre. Aber was ist eigentlich „gesund"? Der „Zustand vollkommenen körperlichen, geistigen und sozialen Wohlbefindens und nicht die bloße Abwesenheit von Krankheit oder Gebrechen" wie die WHO Gesundheitsdefinition lautet, oder handelt es sich bei Gesundheit eher um einen dynamischen Prozess wie es Antonowsky (1979) postuliert? Im klinischen Verständnis wird Gesundheit als die Fähigkeit gesehen, mit Effizienz gegen Stressoren und Anfechtungen anzukämpfen und das Gleichgewicht (Homöostase) wieder herzustellen, wobei anerkannterweise die Zusammensetzung der Ernährung eine wichtige Rolle spielt. Mit dem Hühnerfütterungsversuch konnte nun gezeigt werden, dass die Qualität der Lebensmittel noch zusätzlich einen modulierenden Effekt hat.

Bisher liegen diesbezüglich nur wenige direkte Untersuchungen vor. So zeigten Versuche mit Krebszellkulturen stärkere wachstumshemmende Wirkungen von biologischen Erdbeerextrakten (vgl. Olsson et al. 2006) und biologischem Butterfett (vgl. Bergamo et al. 2005). Eine erst kürzlich publizierte Untersuchung bei Kleinkindern mit unterschiedlichen Anteilen an biologischen Lebensmitteln in ihrer Nahrung zeigte, dass der Anteil an biologischen Milchprodukten in der Ernährung ein signifikant verringertes Ekzemarisiko bei 2-jährigen Kindern bedeutet (vgl. Kummeling et al. 2008).

Schlussfolgerungen

Abschließend möchte ich auf die fragliche Sinnhaftigkeit der immer noch andauernden Kontroverse „biologisch" gegen „konventionell" eingehen. Dieser Diskurs wird fortlaufend durch neue Ergebnisse aus der Vergleichsforschung in Gang gehalten, einmal „gewinnt" die eine Seite, dann wieder die andere. Über die Medien erfährt dann der/die Konsument/in die neuesten Teilergebnisse der Wissenschaft und wird hin und hergerissen zwischen pro und contra. Erst 2008 wurden wieder zwei Studien publiziert, die nachweisen konnten, dass der ernährungsphysiologische Wert von Bioprodukten höchstens marginal, aber eigentlich gar nicht höher wäre als bei konventionellen Waren. Dabei ging es um die Gehalte an Mineralstoffen und Spurenelementen (vgl. Kristensen et al. 2008) und um das antioxidative Potential von Lebensmitteln (vgl. Stracke et al. 2008).

Bei der ersten Arbeit wird zwar angemerkt, dass der Haupteinfluss auf die Gehalte an Mineralstoffen und Spurenelementen in der Bodenfruchtbarkeit und der Nährstoffverfügbarkeit des Bodens liegt, aber Bodenuntersuchungen wurden nicht angegeben. Aus anderen Untersuchungen ist aber bekannt, dass die Bodenfruchtbarkeit durch die biologische Anbauweise stark positiv beeinflusst wird (vgl. Worthington 1998; Mäder et al. 2002; Mitschel et al. 2007). Weiters wurden von den sechs untersuchten Produkten zwei der konventionellen Variante ebenfalls auf biologischen Böden angebaut. Es traten auch starke Schwankungen zwischen den beiden Erntejahren auf. Die Mineralstoff- und Spurenelementgehalte wurden auf Trockensubstanzbasis verglichen. Da aber Bioprodukte häufig höhere Trockensubstanzgehalte haben, sollte ein möglicher Verdünnungseffekt bei konventionellen Proben beachtet werden. So sind die Ergebnisse, wie die Autoren auch selbst angeben, nur relevant für getrocknete oder verarbeitete Produkte, nicht für frische Ware. Es ist aus ökologischer Sicht auch wichtig anzumerken, dass bei dem zweijährigen Feldversuch die biologischen und integrierten Varianten einmal mit Schweinegülle gedüngt wurden, während die konventionellen Testprodukte in allen Fällen mineralische Düngemittel erhielten. Es ist nicht klar, ob möglicherweise die Nährstoffgehalte oder die mikrobielle Aktivität in den Böden vergleichbar waren. Die Aussagen treffen für die untersuchten Produkte zu, aber eine allgemeine Schlussfolgerung, Bioprodukte seien nicht reicher an Mineralstoffen und Spurenelementen, kann aus diesem Versuch nicht gezogen werden.

Die Ergebnisse der zweiten Untersuchung beziehen sich auf das antioxidative Potenzial von Karotinoiden in Karotten und Weizen sowie von Polyphenolen (entzündungshemmende und krebsvorbeugende sekundäre Pflanzenstoffe) in Äpfeln. Die Proben stammten jeweils aus biologischen und konventionellen Anbausystemen. Die Gehalte an sekundären Pflanzenstoffen werden u.a. auch durch Düngung beeinflusst. Die biologischen Düngemittel müssen wie bereits erwähnt meist durch die mikrobielle Aktivität im Boden aufbereitet werden, um so der Pflanze die nötigen Nährstoffe zur Verfügung zu stellen. Besonders wichtig ist hier die Stickstoffversorgung der Pflanze, die bei mineralischer Düngung direkt erfolgt. So wird eher der Stickstoff(N)-Stoffwechsel (weniger der Kohlenstoff(C)-Stoffwechsel) und damit die Bildung von Blättern und Blattgrün bei mineralischer Düngung mehr gefördert, während bei biologischer Düngung eine ausgeglichenere Pflanzenernährung erfolgt. Daher ist es wichtig, sich zuerst zu überlegen, welche dieser Stoffe durch mineralische bzw. biologische Düngemittel eher gefördert werden können. Es liegt hier bereits vorab der Schluss nahe, dass N-abhängige sekundäre Pflanzenstoffe eher durch mineralische Düngung, C-abhängige Stoffe eher bei biologischer Bodenernährung gefördert werden. So werden einige sekundäre Pflanzenstoffe (z.B. Karotinoide) durch Stickstoffdüngung gefördert, andere (z.B. Polyphenole) aber reduziert. Diese prinzipiellen Überlegungen sind notwendig bei der Beurteilung von Vergleichsuntersuchungen sekundärer Pflanzenstoffe, da die Ergebnisse zumindest zum Teil systeminhärente Eigenschaften reflektieren. Nach dieser Einführung ist es nun nicht weiter verwunderlich, dass bei der vorliegenden Studie die Polyphenolgehalte um ca. 10 % höher und damit auch das antioxidative Potential der biologischen Äpfel höher war, während bei den Karottenvergleichen kein bedeutender Einfluss der Anbauweise auf die Karotinoidgehalte gefunden wurde. Interessant ist hingegen der Weizenvergleich. Die konventionellen Proben hatten zwar den höchsten Karotinoidgehalt, aber gleich gefolgt von einer der biologischen Varianten. Es wurden signifikante Unterschiede zwischen den Anbaujahren gefunden, was mit dem Einfluss der Witterung auf die Pflanzenernährung zusammenhängt und zwischen den Sorten, was auf deren genetische Ausrüstung zurückzuführen ist. Dieser Versuch erbrachte grundlegend wichtige Erkenntnisse darüber, welche Sorte unter welchen Witterungseinflüssen am besten geeignet ist, unter biologischen Anbaubedingungen die Gehalte an wertgebenden Inhaltsstoffen in den drei Testprodukten zu erhöhen. Er dient nicht zur generalisierten Feststellung, dass biologische Produkte nur in Einzelfällen ein höheres antioxidatives Potential haben.

Im Rahmen dieses Versuches wurden auch Humanstudien durchgeführt, die zu dem Schluss führen, dass „biologisch erzeugte Äpfel und Karotten daher keine ernährungsphysiologische Relevanz besitzen". Aber bei den Humanstudien wurden sowohl Karotten als auch Äpfel verwendet, die keine signifikanten Unterschiede im Karotinoidgehalt und/oder im antioxidativen Potential zeigten.

Zusammenfassend erbringen natürlich beide Untersuchungen wertvolle Informationen bezüglich Qualitätsunterschieden unter verschiedenen Anbaubedingungen wie Anbausystem, Witterungs- und Sorteneinfluss. Aber die Ableitung, dass auf Grund dieser Ergebnisse keine bzw. nur geringfügige Unterschiede zwischen biologischen und konventionellen Lebensmitteln im Gehalt an Mineralien und Spurenelementen bzw. sekundären Pflanzenstoffen und antioxidativem Potential bestünden, ist nicht möglich und unseriös. Es muss darauf hingewiesen werden, dass es angesichts zunehmender Umwelt- und Klimaprobleme sowie ernährungsbedingter Gesundheitsstörungen wichtiger sein könnte, die potentiellen Vorteile biologischer Wirtschaftssysteme zu betonen als in jahrzehntelangen Kontroversen jeden diesbezüglichen Fortschritt zu verzögern.

In allen Literaturübersichten wird auf den Mangel an wissenschaftlichen Beweisen auf Grund zu weniger relevanter Untersuchungen hingewiesen, was einer endgültigen Aussage im Wege stünde. Dem ist gegenüberzustellen, dass es durchaus genügend Ergebnisse gibt, die dazu geeignet sind, prinzipielle Zusammenhänge zwischen Produktionsmethoden und Qualitätseffekten aufzuzeigen. Im Sinne eines proaktiven Handelns wäre es zukunftsweisend, diese grundlegenden Prinzipien wahrzunehmen und in der Lebensmittelproduktion zum Wohle aller umzusetzen.

Literatur

AFSSA (2003): Évaluation nutritionnelle des aliments issus de l'agriculture biologique. 233 p.

Andersen, H. R./ Schmidt I. M./Grandjean P./Jensen T. K./Budtz-Jørgensen E./Kjærstad M. B./Bælum J./Nielsen J. B./Skakkebæk N. E./Main K. M. (2008): Impaired Reproductive and Development in Sons of Women occupationally exposed to Pesticides during Pregnancy. In: Environ Health Perspect 116, 4, S. 566–572.

Antonovsky, A. (1979): Health, stress and coping: New perspectives on mental and physical well-being.

Antonovsky, A. (1987): Unraveling the mystery of health. How people manage stress and stay well.

Alföldi, T./Bickel, R./Weibel, F. (1998): Vergleichende Qualitätsuntersuchungen zwischen biologisch und konventionell angebauten Produkten. Frick: Forschungsinstitut für biologischen Landbau, S. 32.

Benbrook, Ch. (2006): Breaking the mould – impacts of organic and conventional farming systems on mycotoxins in food and livestock feed.

Bergamo, P./Fedele, E./Iannibelli, L./Marzillo, G. (2003): Fat-soluble vitamin contents and fatty acid composition in organic and conventional Italian dairy products. In: Food Chemistry 82, 4, S. 625-631.

Bergamo, P./Luongo, D./Maurano, F./Rossi, M. (2005): Butterfat Fatty Acids Differentially Regulate Growth and Differentiation in Jurkat T-Cells. In: Journal of Cellular Biochemistry 96, S. 349–360.

Bischof, Marco (1995): Biophotonen – das Licht in unseren Zellen. Frankfurt: Zweitausendundeins.

Bordeleau, G./Myers-Smith, I./Midak, M./Szeremeta, A. (2002): Food Quality. A comparison of organic and conventional fruits and vegetables. Student Report. Frederiksberg: Den Kongelige Veterinoer- og Landbohøjskole.

Bourn, D./Prescott, J. (2002): A Comparison of the nutritional Value, sensory Qualities and Food Safety of organically and conventionally produced Foods. In: Critical Reviews in Food Science and Nutrition 42, 1, S. 1-34.

Edelmüller, I. (1984): Untersuchungen zur Qualitätserfassung von Produkten aus unterschiedlichen Anbausystemen (biologisch-dynamisch bzw. konventionell) mittels Fütterungsversuchen an Kaninchen. Diss. A. Wien: Universität Wien.

Eichinger, Hans M. (2006): Rindfleischqualität – Einfluss des Produktionsverfahrens. Omega 3 Weidemilch – Chancen und Möglichkeiten für Milch- und Rindfleischerzeugnisse vom Grünland. Interdisziplinäres Symposium. Kempten (14. März 2006): www.aktivdrei.de/files/tagungsband_kempten_1.pdf.

Gilbert, R.A./Tomkins, N./Padmanabha, J./Gough, J.M./Krause, D.O./McSweeney, C.S. (2005): Effect of finishing diets on Escherichia coli populations and prevalence of enterohaemorrhagic E. coli virulence genes in cattle faeces. In: Journal of Applied Microbiology 99, 4, S. 885-894.

Gottschewsky, G.H.M. (1975): Neue Möglichkeiten zur größeren Effizienz der toxikologischen Prüfung von Pestiziden, Rückständen und Herbiziden. In: Qualitas Plantarum – Plant Foods for Human Nutrition 25, S. 21-42.

Györéné KG./Varga, A./Lugasi, A. (2006): A comparison of chemical composition and nutritional value of organically and conventionally grown plant derived foods. In: Orv Hetil 147, 43, S. 2081-2090.

Heaton for Soil association (2001): Organic farming, food quality and human health. A review of the evidence: www.soilassociation.org.

Hoffmann, M. (1997): Vom pH-Wert zum Pyhysiogramm. In: Hoffmann, M. (Hrsg.): Vom Lebendigen in Lebensmitteln. Alternative Konzepte 92. Holm: Deukalion Verlag, S. 62-69.

Huber, Machteld (Hrsg.) (2007): Organic, More Healthy? A search for biomarkers of potential health effects induced by organic products, investigated in a chicken model. Driebergen: FQH publication.

Jahreis, G. et al. (2001): Conjugated Linoleic Acid in Milk Fat: High Variability Depending on Production System. In: Nutrition Research 17, 9, S. 1479-1484.

Kahl J./Busscher N./Meier-Ploeger A. (2003): Ganzheitliche Untersuchungsmethoden zur Erfassung und Prüfung der Qualität ökologischer Lebensmittel: Stand der Entwicklung und Validierung. Abschlussbericht Bundesprogramm Ökologischer Landbau: Projektnummer: 02OE170: www.orgprints.org/4815.

Kahl J./Busscher N./Mergardt G./Andersen J.O./Huber M./Meier-Ploeger A. (2004): Bestimmung der Zeitabhängigkeit der Kristallisationsvorgänge bei der Kupferchlorid-Kristallisation als eine Voraussetzung zur Validierung der Methode. In: EdN 80, S. 85-94.

Kappert, R. (2008): Konventioneller und ökologischer Gartenbau. Das System Boden-Pflanze unter Standortfaktoren in bodenbiologischen und elektrochemischen Parametern. Saarbrücken: VDM Verlag Dr. Müller.

Khanal, R.C./Olson, K.C. (2004): Factors Affecting Conjugated Linoleic Acid (CLA) Content in Milk, Meat, and Egg: A Review. In: Pakistan Journal of Nutrition 3, 2, S. 82-98.

Klima, H./Katzinger, R. (1995): Photonenemission von Rindfleisch unterschiedlicher Schlachtarten. Nach Auftrag von ORF-Redaktion „Argumente".

Köpke, U. (2005): Organic agriculture: maintaining old principles in a changing environment? In: Köpke, U./Niggli, U./Neuhoff, D./Cornish, P./Lockeretz, W./Willer, H. (Hrsg.): Proceedings of the 15th IFOAM Organic World Congress "Researching and Shaping Sustainable Systems", 21.-23. Sept. 2005. Adelaide.

Kortenkamp, A. (2007): Introduction: Endocrine Disruptors – Exposure Assessment, Novel End Points, and Low Dose and Mixture effects. In: Environ Health Perspect 115, 1, S. 7.

Kristensen, M./Østergaard, L.F./Halekoh, U./Jørgensen, H./Lauridsen, Ch./Brandt, K./Bügel S. (2008): Effect of plant cultivation methods on content of major and trace elements in foodstuff and retention in rats. In: Journal of the Science of Food and Agriculture 88, 12, S. 2161-2172.

Kröckel, L. (2005): Mikrobiologische Qualität von Fleischerzeugnissen aus ökologischer Produktion (Microbiological Quality of Organically Produced Meat Products). Bundesforschungsanstalt für Ernährung und Lebensmittel (BFEL): www.orgprints.org/5607/.

Kummeling, I./Thijs, C./Huber, M./Van de Vijver, LPL./Snijders, BEP/Penders, J./Stelma, F./Van Ree, Ronald/Van den Brandt, P.A./Dagnelie, P.C. (2008): Consumption of organic foods and risk of atopic disease during the first 2 years of life in the Netherlands. In: British Journal of Nutrition 99, 3, S. 598-605.

Lenzenweger, M. (2001): Single-Photon-Counting in der Lebensmittelqualität. Ein Vergleich von Weizenkeimlingen und Karotten aus zwei verschiedenen Anbauformen. Diplomarbeit: Universität Wien, Ludwig Boltzmann Institut für Biologischen Landbau und Angewandte Ökologie.

Mäder, Paul/Fließbach, Andreas/Dubois, David/Gunst, Lucie/Fried, Padruot/Niggli, Urs (2002): Soil Fertility and Biodiversity in Organic Farming. In: Science 296, 5573, S. 1694-1697.

Magkos, F./Arvaniti, F./Zampelas, A. (2003): Organic food: nutritious food or food for thought? A review of the evidence. In: International Journal of Food Science and Nutrition 54, 5, S. 357-371.

Mitchell A. E./Hong, Y-J./Koh, E./Barrett, D.M./Bryant, D.E./Ford, Denison R./Kaffka, S. (2007): Ten-Year Comparison of the Influences of Organic and Conventional Crop Management Practices on the Content of Flavonoids in Tomatoes. In: Journal of Food and Agricultural Chemistry 55, 15, S. 6154-6159.

Olsson, Marie E./Andersson, C. Staffan/Oredsson, Stina/Berglund, Rakel H./Gustavsson, Karl-Erik (2006): Antioxidant Levels and Inhibition of Cancer Cell Proliferation in Vitro by Extracts from Organically and Conventionally Cultivated Strawberries. In: Journal of Agricultural and Food Chemistry 54, 4, S. 1248 –1255.

Plochberger, K. (1989): Feeding Experiments. A Criterion for Quality Estimation of Biologically and Conventionally Produced Foods. In: Agriculture, Ecosystems and Environment 27, 1-4, S. 419-428.

Plochberger, K../Velimirov, A. (1992): Are Food Preference Tests with Laboratory Rats a Proper Method for Evaluating Nutritional Quality? In: Biological Agriculture and Horticulture 8, S. 221-233.

Popp, Fritz-A. (1984): Biologie des Lichtes. Grundlagen der ultraschwachen Zellstrahlung. Berlin/Hamburg: Verlag Paul Prey.

Popp, Fritz-A. (1999): Die Botschaft unserer Nahrung. Frankfurt: Zweitausendeins.

Schrödinger, E. (1944): What is Life? Cambridge: Cambridge University Press.

Seemüller, M. (2000): Der Einfluss unterschiedlicher Landbewirtschaftungssysteme auf die Ernährungssituation in Deutschland in Abhängigkeit des Konsumverhaltens der Verbraucher. Diplomarbeit. München: TU München Weihenstephan.

Slots, Tina/Leifert, Carlo/Butler, Gillian/Kristensen, Troels/Nielsen, Jacob Holm (2006): Effect of dairy management on quality characteristics of milk: http://orgprints.org/7631/.

Snow, L. C./Davies, R. H./Christiansen, K. H./Carrique-Mas, J. J./Wales, A. D./O'Connor, J. L./Cook, J. C./Evans, S. J. (2007): Survey of the prevalence of Salmonella species on commercial laying farms in the United Kingdom. In: The Veterinary Record 161, S. 471-476.

Staiger, D. (1986): Einfluss konventionell und biologisch-dynamisch angebauten Futters auf Fruchtbarkeit, allgemeinen Gesundheitszustand und Fleischqualität beim Hauskaninchen. Diss. A. Bonn: Universität Bonn.

Stracke, B. A./Rüfer, C. E./Briviba, K./Bub, A./Watzl, B. (2008): Bestimmung der ernährungsphysiologischen Qualität von Öko-Produkten anhand des antioxidativen Potentials der Lebensmittel. Abschlussbericht des Forschungsprojektes -04OE027-. http://forschung.oekolandbau.de unter der BÖL-Bericht-ID 14071.

Velimirov, A./Plochberger, K./Schott, W./Walz, V. (1995): Neue Untersuchungen zur Qualität unterschiedlich angebauter Äpfel. Nicht alles, was golden ist, ist auch delicious! In: das bioskop. Fachzeitschrift für Biolandbau und Ökologie 6.

Velimirov, A. (2001): Ratten bevorzugen Biofutter. In: Ökologie & Landbau 117, 1.

Velimirov, A./Müller, W. (2003a): Die Qualität biologisch erzeugter Lebensmittel. Ist bio wirklich besser? Umfassende Literaturrecherche zur Ermittlung potenzieller Vorteile biologisch erzeugter Lebensmittel: http://orgprints.org/2246/.

Velimirov, A. (2003b): Biogram and Quality Count as Suitable Indicators of Product Quality. In: Freyer, B. (Hrsg.) Beiträge zur 7. Wissenschaftstagung zum Ökologischen Landbau. Ökologischer Landbau der Zukunft. Wien: Universität für Bodenkultur, S. 233-236.

Velimirov, A. (2005a): Reproductive Health of Rats. In: International Research Association for Organic Food Quality and Health (Hrsg): Proceedings of the 1st Scientific FQH Conference "What we achieved – where we will go". Frick: Research Institute of Organic Agriculture.

Velimirov, A. (2005b): The consistently superior quality of carrots from one organic farm in Austria compared with conventional farms. In: Köpke, U./Niggli, U./Neuhoff, D./Cornish, P./Lockeretz, W./Willer, H. (Hrsg.): Proceedings of the 15th IFOAM Organic World Congress "Researching and Shaping Sustainable Systems". Adelaide.

Velimirov A. (2008): Neueste Ergebnisse zur Qualität biologisch erzeugter Lebensmittel. Potenzielle Vorteile der Bioproduktion. Update, gesponsort von Basic Biosupermärkte, S. 20.

Woese, K./Lange, D./Boess, C./Bögl, K.W. (1995): Ökologisch und konventionell erzeugte Lebensmittel im Vergleich. BgVV-Hefte 4-5. Berlin: Bundesinstitut für gesundheitlichen Verbraucherschutz und Veterinärmedizin.

Worthington, V. (1998): Effect of agricultural methods on nutritional quality: a comparison of organic with conventional crops. In: Alternative Therapies 4, 1, S. 58-69.

Tauscher, B./Brack, G./Flachowsky, G./Henning, M./Köpke, U./Meier-Ploeger, A./Münzing, K./Niggli, U./Pabst, K./Rahmann, G./Willhöft, C./Mayer-Miebach, E. (2003): Bewertung von Lebensmitteln verschiedener Produktionsverfahren. Statusbericht 2003. BMVEL.

Bio-Lebensmittel als tragende Säule der nachhaltigen Ernährung

Ein Blick über den ernährungswissenschaftlichen Tellerrand

Theres Rathmanner

„Der Klimawandel ist eine große Chance!" Mit einem glühenden Plädoyer gegen die Klimapanik schloss Helga Kromp-Kolb, Klimaforscherin und Wissenschaftlerin des Jahres 2005, ihren Vortrag, den sie am 30. Mai 2008 auf einer Fortbildungsveranstaltung für Ernährungswissenschafter/innen zum Thema „Ernährungsökologie in der Praxis" hielt. Bestehende Werte in Frage zu stellen, Umdenken und Mut zu unkonventionellen Lösungen, das brauche es angesichts der drohenden Katastrophe!

Noch einmal zum Mitschreiben: Bestehende Werte in Frage stellen. Umdenken. Mut zu unkonventionellen Lösungen. Ja, wenn wir Nachhaltigkeit leben wollen, dann brauchen wir das auch bei unserer täglichen Ernährung!

Ernährung ist mehr als Gesundheit

Ernährung ist ein omnipräsentes Thema. Das zeigen unter anderem die mediale Aufmerksamkeit und der Verkauf einschlägiger Ratgeber, Diät- und Kochbücher. Ernährung wird dabei so gut wie immer mit Gesundheit in Verbindung gebracht. Mehr noch, dem Gesundheitswert wird häufig alles andere untergeordnet: am „gaumenscheinlichsten" der Geschmack. Man denke zum Beispiel an Fruchtjogurt: Der Fettgehalt wird reduziert, darunter leidet der Geschmack, was mit Aromatisierung zu kompensieren versucht wird.

Im öffentlichen Diskurs der „gesunden Ernährung" stehen Nährstoffgehalt und -zusammensetzung im Vordergrund, oberstes Ziel ist die Gesundheit der Konsument/innen. Die Erfahrung zeigt, dass selbst beim Ausspruch „Essen mit gutem Gewissen" jede/r zuerst an Kalorien und Nährstoffe denkt. Diese Kriterien werden oft auch auf Lebensmittel aus ökologischer Produktion angewandt: Ist „bio" gesünder? Doch diese Frage wird dem mehrdimensionalen Ansatz der biologischen Landwirtschaft nicht im Entferntesten gerecht (mehr dazu weiter unten und im Beitrag von Alberta Velimirov).

Auch das derzeit gültige Verständnis der Ernährungswissenschaft ist fast ausschließlich gesundheitsorientiert. Aufgrund der Nähe dieser naturwissenschaftlichen Disziplin zur Medizin verwundert das auch nicht. Hier lässt sich eine interessante Analogie herstellen: Die westliche Medizin ist eine kurative, sie ist eindimensional auf das Reparieren von Schäden ausgerichtet. Gesundheitsförderung und Prävention dagegen setzen viel früher an, zu einem Zeitpunkt, an dem der Mensch (noch) gesund ist. Salutogenese steht im Vordergrund. Diese gelingt aber nur, wenn die Strategie mehrdimensional ist und Faktoren wie das soziale und regionale Umfeld, die psychosoziale Befindlichkeit oder die sozio-ökonomischen Rahmenbedingungen mit berücksichtigt (vgl. WHO 1998).

Die Ernährungswissenschaft ist ähnlich eindimensional wie die kurative Medizin. Doch dieser Zugang ist zu kurzsichtig. Auf die Gefahr, bereits Geschriebenes zu wiederholen: Sehen wir uns um in der Welt: Der Temperaturanstieg im letzten Jahrhundert betrug im globalen Mittel 0,7°C, im alpinen Raum sogar 2°C – ohne Aussicht auf Einhalt. Die Prognosen bis 2100 reichen von 1,8 bis 6,4°C weiterer Erwärmung (vgl. Kromp-Kolb 2008: 16ff). Für 20 % der Gesamtproduktion an Treibhausgasen ist der Bereich Ernährung verantwortlich, die Hälfte davon stammt aus der Landwirtschaft und hier wiederum zum größten Teil aus der Produktion tierischer Lebensmittel (vgl. Koerber et al. 2007). Der Klimawandel hat nicht nur ökologische Dimensionen: Der 2006 erschienene Bericht von Sir Nicolas Stern, dem ehemaligen Chefökonomen der Weltbank, beziffert die Langzeitkosten des Klimawandels mit bis zu 20 % des globalen Bruttoinlandsprodukts (vgl. HM Treasury 2006). Mehr als 800 Millionen Menschen weltweit sind unterernährt, 100.000 sterben pro Tag an Hunger oder seinen unmittelbaren Folgen (vgl. Ziegler 2000: 14). Gleichzeitig – und das ist geradezu obszön – sind weltweit rund eine Milliarde Menschen übergewichtig und 300 Millionen adipös (fettleibig) (vgl. Flegal et al. 2002), und ernährungsmitbedingte Erkrankungen nehmen vor allem in den Ländern der westlichen Welt die Ausmaße von Volkskrankheiten an (vgl. Kiefer et al. 2006: 101ff). Ein Drittel der 200 weltweit wichtigsten genutzten Fischbestände sind überfischt. Sollte jede/r Erdenbürger/in der Ernährungsempfehlung nachkommen, eine Portion Fisch pro Woche zu konsumieren, überstiege der Bedarf das Angebot um 11,8 Millionen Tonnen (vgl. Wittner 2008: 25ff). Lebensmittel sind in Relation zum Gesamthaushaltsbudget viel billiger als vor 50 Jahren (vgl. Statistik Austria 2008; Eder et al. 2003). Landwirt/innen können mit ihrer Produktion ihre Existenz nicht sichern, Exportsubventionen zerstören lokale Märkte in sogenannten Entwicklungsländern, und gut ein Drittel der weltweiten Getreideernte wird an Nutztiere verfüttert (vgl. Koerber/Kretschmer 2000). Die „Veredelungsverluste" bei der Umwandlung von pflanzlichen in tierische Lebensmittel tragen zur Welthungerproblematik bei.

Was bedeutet das? Nein, was MUSS das bedeuten? Wir brauchen – ähnlich dem Umdenken in der Medizin vom eindimensionalen Heilen zum mehrdimensionalen Vorbeugen – einen Paradigmenwechsel in der Ernährung. Ihr gesundheitlicher und gesund erhaltender Wert ist zweifellos ein ganz wichtiger, aber er ist längst nicht der einzig bedeutende. Wir müssen ökologische, ökonomische, ethische und soziale Aspekte ebenso berücksichtigen. „Essen mit gutem Gewissen" erfordert eine ganzheitliche Betrachtungsweise der Ernährung. Das gilt in der Wissenschaft genauso wie im Ernährungsalltag, auf der privaten wie auf der Ebene der Gemeinschaftsverpflegung – und sollte endlich auch Einzug in den öffentlichen Diskurs halten!

Ernährungsökologie und Vollwerternährung

Auf wissenschaftlicher Ebene ist im deutschsprachigen Raum so ein mehrdimensionaler Ernährungsansatz seit 1986 als Teildisziplin der Ernährungswissenschaften unter dem Namen „Ernährungsökologie" bekannt. Diese wurde aufgrund der Initiative eines studentischen Arbeitskreises um Claus Leitzmann, Ernährungswissenschaftler an der deutschen Universität Gießen, gegründet. Seit 2003 gibt es ebendort eine Professur für Ernährungsökologie – Verhältnisse, von denen wir in Österreich bislang nur träumen können.

Ernährungsökologie wird wie folgt definiert: Die Ernährungsökologie ist ein interdisziplinäres Wissenschaftsgebiet, das die komplexen Beziehungen innerhalb des gesamten Ernährungssystems untersucht und bewertet. Dieses beinhaltet alle Teilbereiche von der landwirtschaftlichen Erzeugung der Lebensmittel über Verarbeitung, Verpackung, Transport und Handel bis zu Verzehr und Abfallentsorgung. Über die in der Ernährungswissenschaft übliche Dimension Individuum bzw. Gesundheit hinaus werden die Dimensionen Umwelt, Wirtschaft und Gesellschaft gleichwertig einbezogen. Ziel der Ernährungsökologie ist, wissenschaftlich fundierte Erkenntnisse über die vernetzten gesundheitlichen, ökologischen, ökonomischen und sozialen Bedingungen und Auswirkungen des Umgangs mit Lebensmitteln zu gewinnen. Dies ermöglicht die Entwicklung von realisierbaren, nachhaltigen bzw. zukunftsorientierten Ernährungskonzepten und bietet die Basis für ein bewusstes Essverhalten (vgl. Koerber et al. 2004: 6).

Die Ernährungsökologie baut auf dem erkenntnistheoretischen Hintergrund des Holismus auf, versucht also, das Phänomen Ernährung in seiner Gesamtheit zu erfassen. Sie grenzt sich damit von der vorherrschenden reduktionistischen, eindimensionalen, linear-kausalen naturwissenschaftlichen Herangehensweise ab (vgl. Koerber et al. 2004: 12ff).

Der Begriff *Ernährungsökologie* ist dabei möglicherweise irreführend. Denn es werden neben den individuellen eben nicht nur ökologische, sondern auch soziale und ökonomische Aspekte berücksichtigt. Ich präferiere daher die Bezeichnungen „nachhaltige Ernährung" oder – in der Kommunikation mit Laien – „Ernährung mit gutem Gewissen".

In der „Vollwerternährung" findet das wissenschaftliche Konzept der Ernährungsökologie seine Umsetzung in die Praxis. Diese Ernährungsweise verfolgt sieben Grundsätze (vgl. Koerber et al. 2004: 110):

1. genussvoll und bekömmlich;
2. überwiegend pflanzlich;
3. bevorzugt gering verarbeitet;
4. ökologisch erzeugt;
5. regional und saisonal;
6. umweltverträglich verpackt;
7. fair gehandelt.

Die gängigen Ernährungsempfehlungen sind zu wenig nachhaltig

„Brokkoli fängt freie Radikale", „Rotwein schützt vor Herzinfarkt", „Fünf kleinere Mahlzeiten pro Tag halten den Hunger in Schach", „Zwischendurch Essen kann zu Übergewicht führen". Tagtäglich wird man mit einer Fülle von Ernährungsinformationen überhäuft, viele davon sind unseriös.

Besser beraten ist man mit den Ernährungsempfehlungen verschiedener offizieller Ernährungsgesellschaften (z.B. Deutsche Gesellschaft für Ernährung, Weltgesundheitsorganisation, Amerikanische Herzgesellschaft, Amerikanische Diabetesgesellschaft) (vgl. Bantle et al. 2006; Deutsche Gesellschaft für Ernährung 2004; Franz et al. 2003; Krauss et al. 2000; Lichtenstein 2006; WHO 2003: 54ff). Da gesunde Ernährung im Grunde eine einfache Angelegenheit ist, unterscheiden sich diese Empfehlungen nur marginal. Sie zielen auf eine ausreichende Versorgung des Körpers mit lebensnotwendigen Nährstoffen ab und/oder auf die Prävention oder Linderung von ernährungsmitbedingten Krankheiten wie Adipositas (Fettleibigkeit), Herz-Kreislauferkrankungen, Diabetes mellitus Typ 2 („Alterszucker") oder verschiedenen Krebserkrankungen. Ökologische, ökonomische, ethische oder soziale Aspekte finden sich darin allerdings nicht.

Im Folgenden werden die Ernährungsempfehlungen der Fachgesellschaften in Bezug auf ihre Nachhaltigkeit kommentiert (*kursiv*). Als Basis dafür dienen die Empfehlungen für die Lebensmittelauswahl in der Vollwerternährung (vgl. Koerber et al. 2004: 190). Damit handelt es sich gleichzeitig um eine detaillierte Empfehlung für die nachhaltige Ernährung. Ergänzende Praxistipps finden Sie am Ende dieses Beitrags.

- Empfehlung Obst und Gemüse: mindestens fünf Portionen pro Tag, ein Viertel bis die Hälfte des Gemüses als Rohkost oder Salat
  Dabei fehlen die Kriterien aus biologischem Anbau, regionaler Herkunft, saisonal (Freilandgemüse), umweltgerecht verpackt, gering verarbeitet (z.B. Frisch- statt Tiefkühlware oder Konserven, Erdäpfel statt Pommes Frites, getrocknete Hülsenfrüchte statt Dosenkonserven). Hülsenfrüchte werden explizit empfohlen, weil sie bei geringem Fleischkonsum eine wichtige Eiweiß- und Eisenquelle sind.
- Empfehlung Getreideprodukte: sechs Portionen pro Tag, bevorzugt Vollkornprodukte
  Hier fehlen ebenfalls die Kriterien aus biologischem Anbau, regionaler Herkunft, saisonal, umweltgerecht verpackt, gering verarbeitet (z.B. Flockenmüsli statt Frühstückscerealien), hauptsächlich Vollkornprodukte.
- Empfehlung Fett: Qualität vor Quantität, pflanzliche vor tierischen Fetten bevorzugen, besonderes Augenmerk auf Omega-3-Fettsäuren, daher zwei bis drei Portionen Fisch pro Woche sowie bevorzugt Raps-, Sojaöl und Walnüsse
  Auch Fette und Öle sollten biologisch und regional sein, Öle vorwiegend kaltgepresst. Das Naturprodukt Butter ist gegenüber industriell hergestellter Margarine zu bevorzugen. Auch Nüsse, Ölfrüchte (z.B. Oliven) und Ölsamen (z.B. Sonnenblumenkerne, Kürbiskerne, u.a. auch geröstet), biologisch und regional, tragen zur Versorgung mit essenziellen Fetten bei. Die Fisch-Empfehlung ist nicht nachhaltig, sie muss revidiert werden: maximal einmal pro Woche, aus Bio-Zucht oder aus nachhaltigem Wildfang, möglichst unverarbeitet, also eher frisch und weniger als Konserve. Lein-, Rapsöl und Walnüsse sollten als regionale, pflanzliche, alternative Quellen für Omega-3-Fettsäuren bevorzugt werden.
- Empfehlung Milch, Milchprodukte: mindestens zwei Portionen pro Tag, fettarme Produkte bevorzugen
  Es fehlen die Kriterien aus biologischer, weil artgerechter Tierhaltung, regionaler Herkunft, umweltgerecht verpackt, gering verarbeitet, Vermeidung von Zusatzstoffen (z.B. Farbstoffe, Süßstoffe, Konservierungsmittel, Aromen). Roh- oder Frischmilch ist empfehlenswerter als lang haltbare Milch. Fettarme Produkte müssen nicht generell bevorzugt werden.
- Empfehlung Fleisch, Wurst, Eier: zwei bis drei Portionen Fleisch und Wurst pro Woche, bevorzugt fettarm; bis zu drei Eier pro Woche
  Auch die Fleischempfehlung muss revidiert werden: maximal zwei, besser ein Mal pro Woche, aus biologischer Produktion und regional, möglichst unverarbeitet, also eher als Fleisch denn als Wurst. Eier sollten von Hühnern aus biologischer

Freilandhaltung stammen. Bei allen Produktgruppen sollte beim Einkauf auf die Verpackung geachtet werden.

- Empfehlung Getränke: täglich insgesamt mindestens 1,5 Liter, bevorzugt energiearme Getränke. Alkohol wird nicht empfohlen, aber auch nicht verboten: maximal zwei Getränke für Männer und ein Getränk für Frauen werden als gesundheitsverträglich angesehen
  Der Anspruch „energiearm" ist zu wenig, das trifft auch auf mit Süßstoffen gesüßte Getränke zu. Besonders empfehlenswert sind wegen des geringen Verpackungsaufwands Leitungswasser sowie Kräuter- und Früchtetees. Empfehlenswert sind auch Mineralwasser, verdünnte Frucht- und Gemüsesäfte, letztere biologisch und alles regional. Limonaden und Energydrinks sind wegen des enthaltenen Zuckers und der Zusatzstoffe nicht empfehlenswert. Kaffee und schwarzer Tee sind Genussmittel und sollten entsprechend mit Bedacht konsumiert werden. Auf jeden Fall sollten sie aus fairem Handel und aus biologischer Produktion stammen. Alkoholische Getränke sind ebenfalls Genussmittel, sollten in entsprechend geringen Mengen konsumiert werden und wenn, dann regional und biologisch sein.
- Empfehlung Zucker und Süßigkeiten: im Rahmen einer gesunden Ernährung in geringen Mengen möglich
  Süßes am besten in Form von frischem oder getrocknetem, ungeschwefeltem Obst, regional und aus biologischer Produktion; zum Süßen heimischer, kaltgeschleuderter Honig, als Alternative biologischer Vollrübenzucker. Schokolade, die Süßigkeit schlechthin, sollte aus fair gehandelten und biologischen Zutaten hergestellt sein.
- Empfehlung Salz, Gewürze: weniger als 6 Gramm Salz pro Tag, würzen bevorzugt mit Kräutern und Gewürzen
  Empfehlenswert ist Würzen bevorzugt mit regionalen, saisonalen, biologischen Kräutern und Gewürzen, frisch und getrocknet, sowie sparsam mit jodiertem Salz. Importierte Gewürze sollten aus fairem Handel stammen.
- Empfehlung Nahrungsergänzungsmittel: nicht empfohlen, Aufnahme aller lebensnotwendigen Nährstoffe über die Ernährung.

Die nachhaltige Ernährungsweise ist wissenschaftlich legitimiert

Eine nachhaltige Ernährungsweise ist gesund und präventiv wirksam. Dass die Vollwerternährung der harten naturwissenschaftlichen und medizinischen Prüfung standhält, zeigen die Ergebnisse der Gießener Vollwerternährungsstudie, die von 1989 bis 1994 an der Universität Gießen durchgeführt wurde. 418 gesunde Frauen im Alter von 25 bis 65 Jahren nahmen daran teil. 243 von ihnen praktizierten die Vollwerternährung, einige davon rein vegetarisch, andere konsumierten geringe Mengen an Fleisch und Fisch. Die restlichen 175 Frauen aßen typisch deutsche Mischkost. Untersucht wurden ihre Nährstoffaufnahme mittels Ernährungsprotokollen über sieben Tage sowie einige Blutparameter.

Die „Vollwertköstlerinnen“ waren schon zu Beginn schlanker und hatten einen gesünderen Lebensstil. Die Ergebnisse der Studie zeigten deutliche ernährungsphysiologische Vorteile der Vollwert- gegenüber der Mischkost: Vollwertköstlerinnen nahmen mehr Kohlenhydrate, weniger Fett in günstigerer Zusammensetzung, weniger Eiweiß und wesentlich mehr Ballaststoffe auf als die Mischköstlerinnen. Mit Ausnahme der Vitamine D, Niacin, B_2 und B_{12}, die hauptsächlich in tierischen Lebensmitteln vorkommen, hatte ihre Ernährung höhere Gehalte an allen untersuchten Vitaminen und Mineralstoffen. Die Aufnahmeempfehlungen fast aller untersuchten Nährstoffe wurden von den Vollwertköstlerinnen erfüllt, lediglich Vitamin D und Vitamin B_{12} wurden von ihnen nicht ausreichend aufgenommen. Mischköstlerinnen blieben dagegen bei den Ballaststoffen, Vitamin D, Vitamin E und Folsäure hinter den Empfehlungen zurück. Selbst Eisen, an denen es Frauen im gebärfähigen Alter, die wenig Fleisch essen, häufig mangelt, wurde von den Vollwertköstlerinnen über die Empfehlung hinaus aufgenommen und ihre Eisenspeicher im Blut waren ausreichend. Problematisch waren lediglich die Vitamine D und B_{12} (vgl. Koerber 2004: 217ff). Vitamin D kommt hauptsächlich in fettem Fisch, Eigelb und fetten Milchprodukten vor, kann aber vom Körper auch selbst synthetisiert werden. Dazu reicht täglich eine etwa 20-minütige Sonnenbestrahlung von Gesicht und Händen aus (vgl. Elmadfa/Leitzmann 1998: 301ff). Vitamin B_{12} kommt in nennenswerten Mengen ausschließlich in tierischen Produkten vor, die größten Mengen in Fleisch. Der körpereigene Speicher reicht allerdings selbst bei Vitamin B_{12} armer Ernährung über Jahre hinweg (vgl. Elmadfa/ Leitzmann 1998: 372ff). Die Studienautor/innen schließen aus ihren Ergebnissen, dass die nicht-vegetarische Variante der Vollwerternährung, die neben Eiern und Milchprodukten auch geringe Mengen an Fleisch und Fisch enthält, die sicherste Nährstoffversorgung bietet (vgl. Koerber et al. 2004: 223). Dass die Vollwerternährung einen Beitrag zur Herz-Kreislaufprävention leistet, darauf weist auch folgendes Ergebnis hin: Die Blutkonzentration des guten HDL-Cholesterins war bei Vollwertköstlerinnen signifikant höher (vgl. Koerber 2004: 217ff).

Ein Aspekt scheint mir noch beachtenswert: Omega-3-Fettsäuren haben sich in den letzten Jahren als äußerst vielversprechende Ernährungsfaktoren in der Prävention von Herzerkrankungen, Schlaganfall und Darmkrebs etabliert (vgl. Deutsche Gesellschaft für Ernährung 2006). Diese Alleskönner kommen vor allem in fettreichem Seefisch wie Lachs, Thunfisch, Makrele, Sardine und Hering, aber auch in den heimischen Forellen und Saiblingen vor. Mit den vielfach empfohlenen zwei Portionen fettem Fisch pro Woche kann man die wirksame Menge an Omega-3-Fettsäuren aufnehmen (vgl. Fussenegger et al. 2007). Diese Empfehlung ist allerdings ökologisch nicht vertretbar. Nachhaltige, pflanzliche und regionale Alternativen sind Lein, Raps und Walnüsse. Die hier vorkommende Fettsäure ist zwar selbst im Körper nicht wirksam, kann aber in wirksame Formen umgewandelt werden. Mit zwei Esslöffeln Rapsöl (z.B. zum Kochen) oder einem Teelöffel Leinöl (z.B. im Salat) kann die gesundheitsförderliche Menge an Omega-3-Fettsäuren auch ganz ohne Fisch erreicht werden.

Biologische Lebensmittel sind eine tragende Säule der nachhaltigen Ernährung

Spätestens dann, wenn Sie dieses Buch bis hierher aufmerksam gelesen haben, kennen Sie längst die Vorteile der biologischen Landwirtschaft: Reduktion der Treibhausgasemissionen durch Verzicht auf Stickstoffdünger, Verbesserung der Bodenqualität, geringere Pestizidbelastung der Lebensmittel, Förderung der Biodiversität, artgerechte Tierhaltung, höhere Erzeuger/innen-Preise, Beitrag zur Ernährungssicherheit und -souveränität, um nur einige zu nennen. Bio-Lebensmittel leisten damit ein ganz wesentlicher Beitrag zur nachhaltigen Ernährung. Wenn es um Ernährung geht, spielt natürlich auch der Geschmack eine wesentliche Rolle. Auch wenn dieser schwer zu messen, weil er sehr subjektiv ist, gibt es zahlreiche Anhaltspunkte, dass biologische Lebensmittel besser schmecken.

Bei einem Argument ist allerdings Vorsicht geboten, weil man sich damit sehr schnell ins wissenschaftliche Out manövriert. Eine Ernährungsweise mit biologisch erzeugten Lebensmitteln ist nicht per se gesünder. Zum einen ist noch nicht hinlänglich geklärt, ob Bioprodukte einen ernährungsphysiologischen Vorteil gegenüber konventionellen haben. Zum anderen ist selbstverständlich die Lebensmittelauswahl ausschlaggebend für den Gesundheitswert der Ernährung, d.h. dass eine unausgewogene Bio-Ernährung gegenüber einer ausgewogenen konventionellen Ernährung keine gesundheitlichen Vorteile bietet.

Es ist aber ohnehin nicht nur nicht notwendig, sondern vom Ansatz her unzureichend, biologische mit konventionellen Produkten ausschließlich hinsichtlich ihres Gesundheitswerts zu vergleichen. Denn es wird mit zweierlei Maßen gemessen. Die biologische Lebensmittelproduktion verfolgt mit dem Wirtschaften in geschlossenen Kreisläufen einen mehrdimensionalen Ansatz. Die Vorteile von Bioprodukten liegen in vielen anderen Aspekten als nur ihrem gesundheitlichen Wert. Nährstoffgehalte zu vergleichen entspricht dem reduktionistischen (natur)wissenschaftlichen Vorgehen und lässt die vielen anderen Qualitätsmerkmale außen vor. Ein holistischer Vergleich von biologischen und konventionellen Produkten dagegen muss selbstverständlich den Bioprodukten eine deutlich höhere Qualität im umfassenden Sinne bescheinigen (vgl. dazu auch den Beitrag von Velimirov).

Bio-Lebensmittel kann ich mir nicht leisten

Sowohl in der Öffentlichkeit als auch in der Wissenschaft wird die Preisgestaltung von biologischen Lebensmitteln diskutiert. Weitgehende Einigkeit herrscht, dass Bio-Lebensmittel teurer sind als herkömmliche konventionelle (vgl. Aschemann et al. 2008). Eine kürzlich veröffentlichte Studie legt nahe, dass eine Ernährung auf Basis von Bioprodukten nicht zwangsläufig teurer sein muss. Die Daten zum Lebensmittelkonsum wurden mit den erhobenen Daten zu (konventionellen) Lebensmittelpreisen in Supermärkten und Naturkostläden verknüpft. Die Vollwertkost wirft monatlich Kosten von € 227,30 pro Person auf, die Mischkost € 259,07. Die Unterschiede beruhen auf den signifikant niedrigeren Ausgaben in der Vollwertkost für Fleisch- und Fleischprodukte, Fisch und Meeresfrüchte, Eier, Fertigprodukte, Süßspeisen und Süßigkeiten sowie Getränke. Die Ausgaben für Brot und Backwaren, Getreideprodukte, Gemüse und Hülsenfrüchte, Sojaprodukte, Obst, Nüsse und Samen sowie Speisefette und Öle liegen dagegen signifikant über jenen im Rahmen der Mischkost (vgl. Mertens et al. 2007).

In dieser Studie wurde zwar mit Preisen von konventionellen Lebensmitteln gearbeitet, sie lässt daher keine direkten Aussagen über die Kosten einer Bio-Ernährung zu. Dennoch zeigt sie eine Möglichkeit für den kostenbewussten, wenn auch nicht zwangsläufig günstigeren, Bio-Einkauf auf. Durch eine bewusste Lebensmittelauswahl, vor allem wenig teure Fleischwaren, Fertigprodukte, Süßigkeiten und Getränke und mehr günstige, wenig verarbeitete pflanzliche Lebensmittel, lässt sich der Gesamtpreis günstig beeinflussen.

Erlauben Sie mir an dieser Stelle noch eine persönliche Bemerkung. Um die Akzeptanz von Bioprodukten und ihren höheren Preise zu erhöhen, mag auch folgender Vergleich hilfreich sein: Laut Konsumerhebung 2004/2005 der Statistik Austria wurden von den durchschnittlichen monatlichen Ausgaben aller privaten Haushalte von € 2.540,- ca. 13 % für Ernährung und alkoholfreie Getränke verwendet. Das ist genauso viel wie für Freizeitaktivitäten und weniger als für Wohnen und Energie (22 %) und Verkehr (16 %) (vgl. Statistik Austria 2008). Im Vergleich dazu wendeten Mitte der 1950er-Jahre wohlhabendere Haushalte 30-37 % und ärmere Haushalte 58-60 % des Haushaltseinkommens für Ernährung auf (vgl. Eder et al. 2003).

„Der Preis scheint letztlich doch nicht so stark kaufentscheidend zu sein wie häufig dargestellt" schließen Aschemann et al. ihre Publikation über den Preisvergleich biologischer und konventioneller Lebensmittel (2008). Abgesehen vom realen Haushaltseinkommen ist die Leistbarkeit der nachhaltigen Ernährung damit wohl eher eine Einstellungs- denn Finanzierungsfrage.

Praxistipps für eine „Ernährung mit gutem Gewissen"

Die folgenden Praxistipps sind als Leitfaden für alle gedacht, die sich gesund ernähren wollen, dabei aber den Blick aufs Ganze nicht verlieren möchten. Sie basieren auf den Empfehlungen der Ernährungsökologie und der Vollwerternährung, erweitert um zahlreiche Erfahrungen aus der Beratungspraxis (detaillierte Empfehlungen zur Lebensmittelauswahl finden Sie weiter oben). Allen, die sich noch weiter in die Vollwerternährung vertiefen möchten, sei das mehrfach zitierte Buch „Vollwert-Ernährung. Konzeption einer zeitgemäßen und nachhaltigen Ernährung" von Karl von Koerber, Thomas Männle und Claus Leitzmann wärmstens empfohlen (siehe Literaturliste).

- *Qualität statt Quantität:* Lieber einmal pro Woche ein gutes Stück Bio-Weiderind als jeden Tag zähes Industriefleisch;
- *Lebensmittel aus biologischer Produktion:* Die notwendige kritische Einstellung dabei nicht vergessen. Bio bezeichnet ursprünglich einen mehrdimensionalen Ansatz nachhaltiger Produktion, wird jedoch zunehmend als Marketinginstrument eingesetzt. Südafrikanische Bio-Erdbeeren zu Weihnachten sind zwar bio, aber nicht nachhaltig. Ähnliches gilt für hoch verarbeitete biologische Fertigprodukte.
- *Pflanzenbetonte Lebensmittelauswahl:* vorwiegend vegetarisch, mit Milch(produkten) und Ei; Fleisch und Fisch sind Genussmittel und sollten entsprechend selten konsumiert werden;
- *Regionalität und Saisonalität:* [1] Obst, Gemüse und Kräuter aus der Region, dann, wenn sie hierzulande wachsen; Freiland- statt Treibhausware;

1 Eine Liste mit Bio- und Fisch-Gütesiegeln sowie Hinweise auf Saisonkalender als Einkaufshilfe können Sie gerne bei mir anfordern. Kontakt: tr@ernaehrungsgewissen.at; www.ernaehrungsgewissen.at.

Saisonkalender zu Rate ziehen; generell Produkte und Geschäfte regionaler Klein- und Mittelbetriebe gegenüber Lebensmittelkonzernen und Supermarktketten bevorzugen; Ab-Hof-Verkauf, Bauernmärkte und Abo-Kisten erleichtern die regionale und saisonale Wahl;

- *Geringer Verarbeitungsgrad:* Frische Ware statt Tiefkühlkost, Vollkorn- statt Weißmehlprodukte, Natur- statt Fruchtjogurt, Flockenmüsli statt Frühstückscerealien, Erdäpfel statt Pommes Frites, selber kochen statt Fertigprodukte; Lebensmittel mit Zusatzstoffen vermeiden (beim Einkaufen die Zutatenliste lesen);
- *Fair gehandelt:* Überregionale und Produkte außerhalb der Saison, die aus den Ländern des Südens importiert werden, sind Genussmittel: Kaffee, Tee, Schokolade, Gewürze, Südfrüchte und Säfte daraus; deshalb mit Bedacht konsumieren und auf jeden Fall aus fairem Handel kaufen (Gütesiegel);
- *Verpackung vermeiden:* Lebensmittel möglichst unverpackt oder umweltverträglich verpackt kaufen; Überverpackung (Korb, Tragtasche und Behälter) zum Einkaufen mitnehmen;
- *Bedarfsgerechte Mengen einkaufen:* Lebensmittelverderb und -abfall vermeiden;
- *Einkaufen zu Fuß oder mit dem Fahrrad*
- *Energieeffiziente Haushaltsgeräte:* Bei Neuanschaffungen Energieeffizienzklasse A+++ wählen; Kühlgeräte, die älter als zehn Jahre sind, möglichst austauschen (vgl. Koerber 2008: 9);
- *Nicht zunehmen:* Gewichtszunahme bedeutet, mehr zu konsumieren, als man benötigt. Abgesehen vom gesundheitlichen Aspekt ist das nicht nachhaltig (das gilt selbstverständlich nicht für physiologisch notwendige Zunahme wie etwa bei Kindern und Jungendlichen, schwangeren und stillenden Frauen oder beim Muskelaufbau durch Sport oder schwere körperliche Arbeit!);
- *Geschmack und Genuss, lustvoller Zugang zum Essen, soziale und psychologische Funktion des Essens leben:* Wer nicht genießt, ist ungenießbar und hält keine Ernährungsform lange durch;
- *Kochen lernen und mit Freude praktizieren:* Viel mit frischen Zutaten zu hantieren erfordert Kochkenntnisse. Kochen nicht als unliebsame Alltagsarbeit wahrnehmen, sondern als Entspannung und Freude;
- *Gelassenheit und Vorbildfunktion:* Dogmatismus, missionarische Einstellung, Verzicht und der erhobene Zeigefinger erzeugen Ablehnung; die nachhaltige Ernährung lieber durch gelebten Genuss weiter vermitteln;

- *Bewusstsein über die Macht als Konsument/in:* Letztlich bestimmen wir mit unserer Kaufentscheidung, was produziert wird. Einkaufen ist ein politischer Akt;
- *Bewegung:* mindestens 30 Minuten pro Tag, möglichst jeden Tag im Alltag und in der Freizeit; am besten bei Tageslicht im Freien (verbessert die Stimmung und sorgt für die Eigenproduktion von Vitamin D).

Zusammenfassung und Ausblick

Während für die/den Einzelne/n meist der Geschmack wichtigstes Kriterium bei der Lebensmittelwahl ist, dominiert im öffentlichen wie auch im wissenschaftlichen Diskurs der Gesundheitswert. Beides ist zu kurz gedacht. Angesichts der globalen Probleme ist es höchst an der Zeit, einen Blick über den Tellerrand zu werfen und Aspekte der ökologischen und sozialen Nachhaltigkeit in den Kriterienkatalog aufzunehmen. Das Bedürfnisfeld Ernährung drängt sich da aus mehreren Gründen auf: Zum einen ist Essen essenzieller Bestandteil unseres täglichen Lebens. Jede/r von uns isst mindestens zwei, drei Mal pro Tag. Zweitens ist Essen quantitativ und qualitativ eng mit den globalen Problemen verknüpft: So verschlingt beispielsweise die Lebensmittelkette, also Produktion, Verarbeitung, Transport, Lagerung und Zubereitung rund 20 % des Gesamtenergieumsatzes (vgl. Koerber et al. 2007) und erzeugt einen ebenso großen Anteil an den gesamten Treibhausgasemissionen (Daten für Deutschland) (vgl. Koerber 2008: 7ff). Bei der Ernährung anzusetzen, um die Welt zu verbessern, ist also nicht nur moralischer Auftrag, sondern auch wirkungsvoll!

Dabei geht es keineswegs um eine Entscheidung zwischen altruistischen, individuellen, gesundheitlichen oder hedonistischen Motiven. Im Gegenteil! Eine nachhaltige Ernährungsweise integriert all diese Ansprüche: Sie ist umwelt- und sozialverträglich, gesund und genussvoll.

Diesen erweiterten Zugang zur Ernährung gilt es auf allen Ebenen zu implementieren: im privaten Alltag ebenso wie in der Gemeinschaftsverpflegung, im öffentlichen Diskurs, in den Medien und nicht zuletzt in der Wissenschaft. Selbstverständlich ist hier die Politik gefordert. Doch ich vertraue eher auf die Macht der Zivilgesellschaft: Wir alle sind gefordert, die nachhaltige Ernährung innerhalb unseres Wirkungsbereiches zu verbreiten.

Das Aufdecken von Problemen allein ist zu wenig. Schwarzsehen hilft uns nicht weiter und theoretische Konzepte auch nur, wenn sie in die Praxis umgesetzt werden. Es sind also Taten gefragt! Ich bin eine glühende Optimistin und überzeugt, dass wir etwas verändern können, etwas verändern werden. Denn jeder Konsumakt und – in unserer Überflussgesellschaft vielleicht noch viel aussagekräftiger – jeder Nicht-Konsum ist ein politischer Akt. „Der Kunde ist König." Wir entscheiden mit unserer tagtäglichen Ernährung die Geschicke der Welt mit. Wenn das kein Grund für Optimismus ist?!

Literatur

Aschemann, J./Hamm, U./Riefer, A. (2008): Wie teuer sind Öko-Produkte wirklich? In: Ökologie und Landbau 2008, Vol. 146, Nr. 2, S. 39-42.

Bantle, J./Wylie-Rosett, J./ Albright, A./Apovian, C./Clark, N./ Franz, M./Hoogwerf, B./Lichtenstein, A./Mayer-Davis, E./Mooradian, A./Wheeler, M. (2006): Nutrition recommendations and interventions for diabetes 2006. A position statement of the American Diabetes Association. In: Diabetes Care, Vol. 29, S. 2140-2157.

Deutsche Gesellschaft für Ernährung (DGE) (2004): DGE-Ernährungskreis – Lebensmittelmengen. www.dge.de/modules.php?name=News&file=article&sid=415

Deutsche Gesellschaft für Ernährung (DGE) (2006): Evidenzbasierte Leitlinie: Fettkonsum und Prävention ausgewählter ernährungsmitbedingter Krankheiten. www.dge.de/pdf/ws/ll-fett/DGE-Leitlinie-Fett-11-2006.pdf.

Eder, F./Eigner, P./Resch, A./Weigl, A. (2003): Wien im 20. Jahrhundert. Wirtschaft, Bevölkerung, Konsum. Querschnitte 12. Innsbruck/Wien/München/Bozen: Studien Verlag.

Elmadfa, I./Leitzmann, C. (1998): Ernährung des Menschen. Stuttgart: Verlag Eugen Ulmer.

Flegal, K.M./Carroll, M.D./Agden, C.L./Johnson, C.L. (2002): Prevalence and trends in obesity among US adults. In: JAMA, Vol. 288, S. 1723-1727.

Franz, M.J./Bantle, J.P./Beebe, C.A./Brunzell, J.D./Chiasson, J.L./Garg, A./Holzmeister, L.A./ Hoogwerf, B./Mayer-Davis, E./Mooradian, A.D./Purnell, J.Q./Wheeler, M. (2003); American Diabetes Association. Evidence-based nutrition principles and recommendations for the treatment and prevention of diabetes and related complications. In: Diabetes Care, Vol. 26, S. 51-61.

Fussenegger, D./Suppin, D./Raheem, S.M.A./Widhalm, K. (2007): Welcher Fisch soll auf den Tisch? Omega-3-Fettsäuren versus Quecksilberbelastung. In: Journal für Ernährungsmedizin, Vol. 3, S. 6-13.

HM Treasury (UK Wirtschafts- und Finanzministerium) (2006): Stern Review: Der wirtschaftliche Aspekt des Klimawandels. Zusammenfassung der Schlussfolgerungen: www.hm-treasury.gov.uk/d/stern_shortsummary_german.pdf.

Kiefer, I./Rieder, A./Rathmanner, T./Meidlinger, B./Baritsch, C./Lawrence, K./Dorner, T./Kunze, M. (2006): Erster Österreichischer Adpositasbericht. Grundlage für zukünftige Handlungsfelder: Kinder, Jugendliche, Erwachsene. Wien: Verein Altern mit Zukunft.

Krauss. R.M./Eckel, R.H. /Howard, B./Appel, L.J./Daniels, S.R./Deckelbaum, R.J./Erdman, J.W./Kris-Etherton, P./Goldberg, I.J./Kotchen, T.A./Lichtenstein, A.H./Mitch, W.E./Mullis, R./Robinson, K./Wylie-Rosett, J./St Jeor, S./Suttie, J./Tribble, D.L./Bazzarre, T.L. (2000): AHA (American Heart Association) Dietary Guidelines Revision 2000. A statement for healthcare professionals from the Nutrition Committee of the American Heart Association. In: Circulation, Vol. 102, S. 2284-2299.

Kromp-Kolb, H. (2008): Landwirtschaft schafft Klima – Klima schafft Landwirtschaft. In: Verband der Ernährungswissenschafter (Hrsg.): Genuss ohne Klimaverdruss – Ernährungökologie in der Praxis. Veranstaltungsband. Wien: Verband der Ernährungswissenschafter.

Lichtenstein, A.H./Appel, L.J./Brands, M./Carnethon, M./Daniels, S./Franch, H.A./Franklin, B./Kris-Etherton, P./Harris, W.S./Howard, B./Karanja, N./Lefevre, M./Rudel, L./Sacks, F./Van Horn, L./Winston, M./Wylie-Rosett, J. (2006): Diet and lifestyle recommendations revision 2006: A scientific statement from the American Heart Association Nutrition Committee. In: Circulation, Vol. 114, S. 82-96.

Mertens, E./Hoffmann, I./Schneider, K./Claupein, E./Spiller, A. (2008): Lebensmittelkosten bei verschiedenen Ernährungsweisen. In: Ernährungs Umschau, Vol. 3, S. 139-148.

Statistik Austria (2008): Konsumerhebung 2004/2005. Wien: www.statistik.at/web_de/statistiken/soziales/verbrauchsausgaben/konsumerhebung_2004_2005/index.html

Koerber, K.v./Kretschmer, J./Schlatzer, M. (2007): Ernährung und Klimaschutz. Wichtige Anhaltspunkte für verantwortungsbewusstes Handeln. In: Ernährung im Fokus, 7/05, S. 130-137.

Koerber, K.v./Kretschmer, J. (2000): Zukunftsfähige Ernährung. Gesundheits-, Umwelt-, Wirtschafts- und Sozialverträglichkeit im Lebensmittelbereich. In ERNO, Vol. 1, S. 39-46.

Koerber, K.v./Männle, T./Leitzmann, C. (2004, 10. Aufl.): Vollwert-Ernährung. Konzeption einer zeitgemäßen und nachhaltigen Ernährung. Stuttgart: Karl F. Haug Verlag.

Koerber, K.v. (2008): Klimafreundliche Ernährung: Bewusst essen – Klima schützen und Nachhaltigkeit fördern. In: Verband der Ernährungswissenschafter (Hrsg.): Genuss ohne Klimaverdruss – Ernährungökologie in der Praxis. Veranstaltungsband. Wien: Verband der Ernährungswissenschafter.

WHO (World Health Organization) (2003): Diet, nutrition and the prevention of chronic diseases. Report of a joint WHO/FAO consultation. Technical report series 916, Geneva: WHO.

WHO (World Health Organization) (1998): Glossar Gesundheitsförderung. Genf: WHO.

Wittner, G. (2008): Fisch – Empfehlungen im ökologischen Spannungsfeld. In: Verband der Ernährungswissenschafter (Hrsg.): Genuss ohne Klimaverdruss – Ernährungökologie in der Praxis. Veranstaltungsband. Wien: Verband der Ernährungswissenschafter.

Ziegler, J. (2000, 4. Aufl.): Wie kommt der Hunger in die Welt? München: cbt.

Verantwortungsvoller Genuss am Beispiel der Slow Food Philosophie

Philipp Braun

„Die Speisen haben vermutlich einen sehr großen Einfluss auf den Zustand der Menschen, wie er jetzt ist, der Wein äußert seinen Einfluss mehr sichtbar, die Speisen tun es langsamer, aber vielleicht ebenso gewiss, wer weiß, ob wir nicht einer gut gekochten Suppe die Luftpumpe und einer schlechten den Krieg oft zu verdanken haben."

Georg Christoph Lichtenberg, deutscher Physiker und Schriftsteller (1742-1799)

Genuss als Weg zu einer lebenswerten Welt? Ist das überhaupt verwirklichbar? Hier soll gleich ein potentielles Missverständnis ausgeräumt werden: Unter genussvollem Essen ist nicht ein Akt des puren Hedonismus, das alleinige Streben nach lukullischen Sinneslüsten und egoistischem Genuss zu verstehen. Die Philosophie von Slow Food impliziert, dass wir der Ernährung die ihr zustehende Bedeutung beimessen, die zahlreichen Rezepte und Geschmacksnuancen schätzen lernen, regionale wie saisonale Produkte bevorzugen und die Bedeutung der verschiedenen Essensrituale respektieren. Genuss setzt vor allem Bewusstsein und Verantwortung voraus. Verantwortung gegenüber unserer Umwelt und Verantwortung gegenüber unseren Mitmenschen (vor allem der Bauern und Bäuerinnen) hier, wie auch in den Ländern des Südens (vgl. Petrini 2001). Gefragt sind insbesondere die Konsument/innen – die „Ko-Produzent/innen" (siehe dazu weiter unten) – sich näher mit Lebensmitteln zu beschäftigen. Fragen wie: Wo kommt das Gemüse her, wann hat etwas Saison, wie und von wem wird etwas unter welchen Bedingungen hergestellt, wann ist Erntezeit, wie schmeckt etwas und wie bereite ich Lebensmittel wohlschmeckend zu, sind wesentlich, um am Leben der Bauern und Bäuerinnen teilzunehmen, um die Produktion und die Zubereitung von Lebensmitteln wertzuschätzen und Verantwortung im eigenen Handeln zu übernehmen.

Genuss hat auch Grenzen. Eine grenzenlose Völlerei führt nicht zu wahrem Genuss. Vielmehr ist das Glücksgefühl durch Genuss mit maßvollem Essen (weniger ist mehr) untrennbar verbunden. Die „kleine Schule des Genießens" besagt, dass Genuss individuell ist, vor allem Zeit und Erfahrung braucht und nicht nebenher geht. Je öfter wir genießen und wissen, was uns gut tut, desto mehr Kraft können wir schöpfen und Energie tanken. Bewusster Genuss sorgt für Entspannung und Momente des Glücks, macht das Leben bunter und ist intensiver, je mehr Biodiversität vorhanden ist (vgl. Koppenhöfer 2005). Aus der Verschiedenheit und Vielfalt entspringt Lebenslust und -freude, nicht aus der Homogenität (vgl. Fort 2008: 150). Folglich braucht es Vielfalt auf den Feldern, in den Wiesen, in den Speisekarten und in den Köpfen aller Menschen (siehe dazu den Beitrag von Shiva).

Allerdings wird der Begriff Genuss häufig inflationär verwendet (wie auch Qualität, Nachhaltigkeit oder Regionalität) und verliert dadurch an Bodenhaftung und seine umfassende Bedeutung. Eine Gesellschaft, die Genuss oberflächlich und inhaltsleer betrachtet, läuft allmählich Gefahr, ungenießbar zu werden (vgl. Wagner 2008: 4). Am Beispiel der Genussregionen in Österreich wird deutlich, dass ein differenzierter Blick erforderlich ist. Mit dem nachstehenden Ziel wird etwa die Produktionsmethode ausgeblendet: *„Es sollen die landschaftlichen und kulturellen Attraktionen mit den erzeugten Lebensmitteln und Getränken der Region zu einer Marke verschmelzen und damit die regionale Wertschöpfung für die Produzenten, die Verarbeiter, den Handel, die Gastronomie und die Tourismuswirtschaft gesteigert werden"* (BMLFUW 2007: 156). Nicht die Förderung einer ökologisch verträglichen Landwirtschaft und somit einer Unterstützung der biologischen Vielfalt stehen im Vordergrund, sondern vielmehr die Vermarktung von „scheinbar" regionaltypischen Spezialitäten; bei einer inflationären Verleihung des Titels „Genussregion".[1]

Das „auf den Markt bringen um jeden Preis" ist laut Carlo Petrini Ausdruck eines technokratischen Systems, in dem der Profit über Politik und Wirtschaft über Kultur herrscht und wo Quantität zum Kriterium menschlicher Aktivitäten gemacht wird (vgl. Petrini 2007: 30). Die Slow Food Philosophie geht weit über diese reduktionistische, ökonomisch zentrierte sowie oberflächliche Sichtweise hinaus. Die Basis bildet der Qualitätsbegriff von „gut, sauber und fair"; diese Grundpfeiler stehen dabei in einem engen wechselseitigen Austausch.

Was ist gut?

Man kann nie eine allgemein anerkannte Definition von „gut" erreichen. Die Vielfalt der beeinflussenden Faktoren erlaubt keine Generalisierung. In erster Linie geht es um Respekt gegenüber der kulturellen und biologischen

---

1 Solange die Kriterien für die Genussregionen das EU-Label „geografischen Angabe (g.g.A)", ein Markenzeichen, welches keine regional erzeugten Qualitätsprodukte garantiert, erlauben und besonders berücksichtigen, erscheint die Beziehung zwischen dem Endprodukt und der namensgebenden Region sehr lose (vgl. Frieder/Schekahn 2008).

Vielfalt. Wenn wir von guten, qualitativ hochwertigen Lebensmitteln sprechen, dann ist dies immer nur vor dem jeweiligen persönlichen Hintergrund zu sehen. Persönliche, kulturelle, historische, gesellschaftliche, wirtschaftliche wie auch zufällige Erfahrungen und Aspekte spielen dabei eine prägende Rolle (vgl. Petrini 2007: 119ff).

Als Makrokriterium, welches für jede Kultur seine Gültigkeit besitzt, kann unser Sinnesvermögen genannt werden, das uns aufgrund der visuellen, auditiven, olfaktorischen, gustatorischen und haptischen Wahrnehmung ermöglicht, ein Lebensmittel mit seinen vielfältigen Eigenschaften zu beschreiben und zu bewerten. Geruchssinn und Geschmackssinn gehören zu den frühesten Fähigkeiten des Menschen und sind ein evolutionär entwickeltes System zur Beurteilung der Nützlichkeit von Lebensmitteln; sie haben somit eine so genannte Torwächterfunktion (vgl. Dürrschmidt 2008). Da jedoch aufgrund der starken Verarbeitung der Lebensmittel der typische Geschmack verloren geht, versucht die Lebensmittelindustrie mithilfe künstlicher Aromen, Geschmacksverstärker oder sonstiger billiger Zusatzstoffe unsere Sinne zu täuschen.[2] Die immer stärker werdende Konzentration der Geschmacksrichtungen bewirkt, dass Jugendliche heute 20-mal intensivere Reize als vor 10 Jahren brauchen, um einen Geschmack als solchen noch wahrzunehmen. Im Jahr nimmt der/die Europäer/in jährlich 19 kg Industriekonzentrate wie Aromen, Geschmacksverstärker und Zusatzstoffe zu sich. Als Folge werden etwa frische Himbeeren als fad schmeckend empfunden, während Konzentrate mit Himbeeraroma intensiver erlebt und auch präferiert werden (vgl. Grimm 1999: 54ff).

Eine Studie im Auftrag der AMA-Marketing (Agrar-Markt Austria) kommt zum Schluss, dass drei Viertel aller österreichischen Kinder im Alter zwischen 10 und 13 Jahren süß, sauer, salzig und bitter nicht mehr unterscheiden können. Die Ursachen liegen laut Studie in einer „überaromatisierten" Welt, wie im häufigen Genuss von Schnellimbissen (Pizza, Burger oder Kebab), Fertiggerichten, sehr süßen Getränken und viel Weißbrot sowie wenig Obst und Gemüse. Neben der unzureichenden Geschmackswahrnehmung zeigten die Kinder auch Defizite in der Geruchswahrnehmung. Bei einer vielfältigen Ernährung, bestehend aus einem hohen Anteil an Obst und Gemüse, verbessern sich allerdings die Geruchstestergebnisse (vgl. Dürrschmid/Unterberger/Bisovsky 2008).

---

2 Wenn dem Körper künstliche Geschmacksstoffe vorgesetzt werden, wird das Hirn alarmiert, woraufhin die Verdauungsdrüsen aktiviert werden, um das dementsprechende „Gericht" zu verarbeiten. Der Körper befindet sich physiologisch allerdings im Mangelzustand, weshalb man das Bedürfnis hat, weiter zu essen (vgl. Grimm 1999: 101ff).

Künstliche Zusatzstoffe wie Natriumglutamat oder Süßstoffe wie Cyclamat oder Saccharin können zudem zu physischen Beschwerden führen. Aspartam steht etwa unter Verdacht, die Regulierung von Sättigung und Hunger zu stören (vgl. Dürrschmidt 2008). Dies ist auch vor dem Hintergrund bedenklich, dass laut der Weltgesundheitsorganisation (WHO) Adipositas (Fettleibigkeit) epidemische Ausmaße angenommen hat: Gegenwärtig sind 20 % der Kinder übergewichtig, ein Drittel davon adipös; für die Zukunft wird prognostiziert, dass jedes zehnte Kind fettleibig ist (in den USA spricht man bereits von 30-40 % adipösen Minderjährigen).[3] Eine weitere Ursache für Fettleibigkeit ist neben den falschen Ernährungsgewohnheiten (hier vor allem der starke Konsum von kalorienreichem, zucker- und fetthaltigem Essen) freilich auch die mangelnde Bewegung (vgl. Freisling/Elmadfa 2006). Viele Menschen sind sozusagen quantitativ überernährt und qualitativ unterernährt (vgl. Reiter 2007: 3), wobei hinsichtlich des Alters, der Bildung, des Einkommens, der Berufstätigkeit, der Haushaltsform, des Geschlechts und der Region zu differenzieren ist (vgl. Brunner/Kropp 2004: 28).

Die entsprechende Schulung, Sensibilisierung und Weiterentwicklung unserer Sinne ist notwendig, damit wir wieder fähig werden, Qualität in seiner ganzen Vielfalt und seinen unterschiedlichsten Nuancen zu erkennen (vgl. Petrini 2007: 115ff.). *„Es ist keine Kunst, süß von sauer, salzig von bitter zu unterscheiden. Darin liegt auch nicht der Sinn der Sinne. Dieser liegt vielmehr darin, süß von süß, sauer von sauer, bitter von bitter zu unterscheiden; und darin, das Bittere in Süßem, das Saure in Salzigem zu erschmecken. Der Sinn bewährt sich darin, in dem gleichförmig Erscheinenden Vielfältigkeit wahrzunehmen. Im Einerlei das Mannigfache, wie umgekehrt im Mannigfachen das einende Eine zu erkennen. Die Sinne sind gerichtet auf das Erspüren von Spuren, von einem Fast-Nichts, von Nuancen. Und auch nur dann können die Sinne sich entfalten zu dem, was sie sind, wenn sie zur Wahrnehmung von Spuren beansprucht werden"* (Kükelhaus; in Heindl 2007: k.A.).

Gut sind Lebensmittel, die uns schmecken, die uns Lust am Genuss bereiten, und die in einem Respekt vor uns selbst als auch vor unserer Mitwelt wurzeln. Diese Kunst des Lebens, das sinnvolle Maß an Genuss, ist keinesfalls neu, sondern wurde schon von Epikur (341-270 v. Chr.) erörtert: *„Es ist nicht möglich, lustvoll zu leben, ohne gleichzeitig vernünftig, schön und gerecht zu leben"* (Epikur; in Schulak 2005: 46).

3 Siehe: www.euro.who.int/Document/NUT/ObesityConf_10things_Ger.pdf.

Was ist Sauber?

Als sauber werden die Produktions- und Transportmethoden bezeichnet, die die Vielfalt respektieren und in der gesamten Produktionskette keine natürlichen Ressourcen verschwenden. Im Wesentlichen bildet die ökologische Nachhaltigkeit die wichtigste Bedingung für ein sauberes Produkt, indem sie den Rahmen, die natürliche Grenze für die Entfaltung bzw. nachhaltig gesicherte Funktionsfähigkeit der (Sub)Systeme Gesellschaft und Wirtschaft bildet. Ein permanent schadhafter Eingriff und respektloser Umgang mit unserer natürlichen Umwelt gefährdet schlussendlich Gesellschaft und Wirtschaft in ihrer eigenen Existenz (vgl. Kratochvill 2005: 55ff).

Eine Form der Landwirtschaft, die als Grundlage chemische Düngemittel und/oder Pestizide einsetzt und/oder auf die Gentechnik (gilt auch im Bereich der Futtermittel) vertraut, kann nicht als ökologisch nachhaltig gesehen werden – ist sie doch der stärkste Verursacher des Biodiversitätsverlustes (vgl. Reichholf 2008: 146). Wenn rein auf Produktivitätssteigerung abgezielt wird (im Sinne der „economies of scale"), negiert man den Wert der Vielfalt; dieser einseitige, ökonomische Denkansatz führt zu einem verstärkten, wenn nicht sogar ausschließlichen Einsatz von Monokulturen, der sich für die Betriebe auch nur deswegen rechnet, weil die externen Kosten nicht berücksichtigt werden. Die Internalisierung dieser Kosten (wie Verschmutzung durch Pestizide, Emission in die Atmosphäre, Erosion der Böden, Verminderung der biologischen Vielfalt, Flächenverbrauch, Lärm und die verschiedenen Auswirkungen auf die menschliche Gesundheit) ist jedoch dringend erforderlich, um Belastungen nicht weiterhin auf die Allgemeinheit abzuwälzen. Nach dem Verursacherprinzip sollen diejenigen für die Vermeidung oder Beseitigung eines Umweltschadens aufkommen, die mit ihrem Verhaltens oder ihrer Unterlassung dazu beigetragen haben. Die Verwirklichung der Kostenwahrheit, des Verursacherprinzips und eine gleichzeitige Sensibilisierung der Konsument/innen wären wichtige Schritt zur Etablierung eines ökologischen Systems (vgl. Petrini 2007: 135ff).

Selbst aus kurzfristiger, ökonomischer Perspektive wird es immer schwieriger, die agroindustrielle Produktionsmethode zu argumentieren: Einerseits sind Saatgut, Lizenzen und Agrarchemikalien für Bauern und Bäuerinnen mit hohen Kosten und Abhängigkeiten verbunden; andererseits resultieren einige Krankheiten aus einer funktionalen Überbeanspruchung der Tiere. So ist z.B. bei einer Kuh mit einer überdurchschnittlich hohen Milchleistung (was nur durch viel Kraftfuttereinsatz möglich ist) mit einer physiologischen Belastung zu rechnen, was wiederum eine verminderte Fruchtbarkeit zur Folge haben kann. Eine wirtschaftliche Nutztierhaltung ist jedoch nur mit gesunden Tieren möglich, da Krankheiten direkte (Tierarzt oder Medikamente) und indirekte Kosten (Leistungsminderung, Liefer- und Verkaufsverbote) verursachen (vgl. Willam 2007).

In Anbetracht dessen kann eine biologische, diversifizierte, insbesondere auch kleinbäuerliche Landwirtschaft eine Alternative zur Agrarindustrie werden, sofern sie nicht in die konventionellen Fußstapfen tritt und sich von ihren kreislauforientierten, systemischen Ansätzen verabschiedet. Durch eine Vernachlässigung tierethischer Aspekte (artfremde Haltung und Fütterung), steigende Spezialisierung im Pflanzenbau und/oder in der Tierhaltung bzw. Standardisierung der verarbeiteten Produkte ist eine klare Unterscheidung zwischen biologischer Landwirtschaft und industrieller Landwirtschaft nur noch schwer möglich. Die biologische Landwirtschaft gerät dabei in Gefahr, ihre Identität zu verlieren (vgl. Darnhofer et al. 2008) (siehe dazu auch den Beitrag von Freyer).

„Sauber" und „gut" bedingen sich gegenseitig: Gemüse und Obst, welches auf fruchtbarem Boden gewachsen ist, in der Vollreife geerntet wird, keine lange Transportkilometer zurückgelegt hat und keine Pestizidrückstände aufweist, sowie eine artgerechte Tierhaltung und Fütterung, als auch eine stressfreie Schlachtung von Tieren, werden den/die Genießer/in wie den/die Umweltfreund/in glücklich stimmen. Ein langsames Wachstum[4] ist beispielsweise Voraussetzung für die Herausbildung des intramuskulären Fetts (sichtbar als Marmorierung an der Muskelabschnittfläche), das für den Geschmack, das Aroma und die Saftigkeit von Fleisch sorgt (vgl. Willam 2007). Der Gourmetkritiker Christoph Wagner formuliert treffend: *„Rindfleisch, das moralisch einwandfrei ist, schmeckt nicht nur besser, sondern lässt sich auch mit besserem Gewissen genießen. Dasselbe gilt sinngemäß auch für alle anderen Arten von Fleisch und Fisch, für Hühnereier, Aufstriche, Käse und natürlich auch und gerade für Gemüse oder Getreide"* (Wagner 2008: 7).

Was ist Fair?

In ländlichen Gebieten Afrikas und Asiens sind es insbesondere die Frauen, die sich um die Landwirtschaft und die Nahrungsmittelproduktion sowie Verarbeitung kümmern. Die Landwirtschaft zählt neben Bergbau und Hoch- bzw. Tiefbau zu den gefährlichsten und beschwerlichsten Gewerben. Nicht genug, dass Arbeiter/innen oft mehr als 45 Stunden die Woche (in der Erntezeit meist von Sonnenaufgang bis Sonnenuntergang) unter körperlich

4 In der industriellen Produktion erreichen viele Masttiere (vor allem Puten, Masthühner und Schweine) am Ende ihrer kurzen Mastperiode ein Vielfaches ihres Geburtsgewichts.

anstrengenden Bedingungen (gebeugte Haltung, langes Stehen, wenig bis gar keine Ruhepausen) arbeiten, kommt das Risiko von Unfällen im Zusammenhang mit Maschinen und die Gesundheitsgefährdung durch Pestizide oder Agrarchemikalien hinzu (für etwa 20.000 Menschen endet dies jedes Jahr tödlich).

Gerade in den Ländern des Südens besteht ein Informations- und Bildungsdefizit über den sorgsamen Gebrauch von Chemikalien. So wird teilweise ohne bzw. in mangelhafter Schutzkleidung gearbeitet, chemisch verschmutztes Saatgut am Feld eingesetzt und alte Chemikaliencontainer dienen für die Aufbewahrung von Wasser und Essen. Erschwerend kommt hinzu, dass gerade in ländlichen Gebieten die Arztdichte sehr gering ist, sodass die Distanzen für eine Behandlung bzw. ärztliche Soforthilfe häufig zu groß sind. Zudem können sich viele Arbeiter/innen den Zugang zu einer ausreichenden medizinischen Versorgung nicht leisten, zählen doch die Beschäftigten in der Landwirtschaft (hier vor allem die Erntehelfer/innen und Lohnarbeiter/innen) zu der ärmsten und einkommensschwächsten Bevölkerungsschicht. Ein Teufelskreis bildet sich vor allem dann, wenn die Arbeiter/innen leistungsmäßig (z.B. pro Kilo geerntete Früchte) entlohnt werden, was einen Anreiz zu längeren Arbeitseinsätzen bildet, womit in der Regel jedoch nur die eigene Grundversorgung sichergestellt ist. Gleichzeitig wird aber das Risiko einer physischen wie psychischen Überbelastung erhöht, was langfristig zu Arbeitsunfähigkeit wie zum vollständigen Einkommensverlust (da auch meistens keine soziale Absicherung vorhanden ist) führen kann (vgl. ILO 2008). Eine faire Bezahlung sowohl für die Erntehelfer/innen[5] wie auch für die Bauern und Bäuerinnen[6] trägt zur Existenzsicherung bei (vgl. Petrini 2007).

Darauf aufbauend geht es für die Bauern und Bäuerinnen um die Möglichkeit, Saatgut für sich und die lokale Gemeinschaft selbst zu vermehren, ökologische und kulturell angepasste Lebensmittel anzubauen und auch die Verfügungsmacht darüber zu haben (vgl. Petrini 2007). Subventionierte Produkte aus den westlichen Ländern untergraben die Ernährungssicherheit

---

5 Gerade in Österreich sind die Erntehelfer/innen im arbeitsintensiven Obst- und Gemüsebau für das erfolgreiche Einbringen der Ernte unverzichtbar. Ab 01.01.2009 beträgt in den Gartenbaubetrieben in Wien, Niederösterreich und Burgenland der Stundensatz im ersten Kalenderjahr laut Kollektivvertrag EUR 5,98.- (vgl. www.landarbeiterkammer.at/noe/images/pdf/kv/Gartenbau.pdf).

6 Obwohl die Verbraucherpreise für Semmeln in den letzten 10 Jahren stiegen, konnten die österreichischen Bauern und Bäuerinnen nicht in dem gleichen Ausmaß profitieren, da die Erzeugerpreise für Getreide laut Agrarnet Austria in den letzten 10 Jahren kontinuierlich gesunken sind.

und Ernährungssouveränität in den Ländern des Südens. Kleinbäuerinnen und -bauern, die in harter Arbeit ihre Lebensmittel anbauen, ist es unmöglich, mit „Dumpingprodukten" zu konkurrieren (vgl. Petrini 2007: 163). Vandana Shiva spricht von einer absichtlichen Zerstörung der lokalen Märkte, damit eine Handvoll Konzerne die gesamte Nahrungskette kontrollieren, die Alternativen zerstören, danach Saatgutmonopole aufbauen und neue Ernährungssysteme etablieren können (vgl. Shiva 2004: 33). Die Produktion von hochpreisigen Luxusgütern für Nischenmärkte bzw. eine rein exportorientierte Produktion von „cash crops" unter Ausblendung der jeweiligen Verhältnisse und Anforderungen steht nicht nur einer Unabhängigkeit der Bäuerinnen und Bauern entgegen. Auch wird damit der Boden für eine Intensivierung der Landwirtschaft aufbereitet (vgl. Forum Umwelt & Entwicklung 2005). Eine Änderung der agrarpolitischen und weltwirtschaftlichen Rahmenbedingungen sowie eine dementsprechende Landreform zugunsten der ländlichen Bevölkerung kann hier für mehr Fairness in der Welt sorgen (siehe dazu die Beiträge von Klaffenböck und Strickner).

Die Rolle der Konsument/innen

Welche Rolle spielen dabei die Konsument/innen? In den letzten Jahrzehnten zeigt sich eine Entfremdung der Konsument/innen vom Produktionsprozess. Einen großen Anteil daran hat die zunehmende Spezialisierung und Technisierung unserer Produktionsmethoden. Die Orte der Herstellung und einzelnen Produktionsphasen geraten aus dem Blickfeld, übrig bleibt das verpackte, mit einem Markenzeichen versehene Endprodukt. Die Nachvollziehbarkeit, von wo die vielen Bestandteile herkommen, wie und unter welchen Bedingungen etwas angebaut und verarbeitet wird, ist nur mit großem Aufwand, wenn überhaupt, nachvollziehbar. Damit geht auch das nötige Feingefühl, der Bezug zur Natur und der Respekt für die Tiere, Pflanzen, Bauern und Bäuerinnen und deren Arbeit verloren. Zurück bleiben Produzent/innen wie Konsument/innen, denen die sinnliche Wahrnehmung fehlt und die ihre eigene Zukunft nicht mehr in der Hand haben (vgl. Petrini 2007: 193ff).

Das nicht-funktionale (irrationale) und deshalb krankmachende Konsumieren schwächt – oder zerstört sogar – die produktive Entwicklung des Menschen, beraubt ihn seiner Lebendigkeit und verwandelt ihn in ein „Ding" (vgl. Fromm 1989: 151). Ein entsprechender Wandel kann dann gelingen, wenn sich die Konsument/innen als Ko-Produzent/innen begreifen und erkennen, dass Essen eine *„landwirtschaftliche Tätigkeit"* (Wendel Berry) ist. Wenn man sich als Teil des ganzen Produktionsprozesses sieht und nicht bloß als „außenstehende/r“ Verbraucher/in, kann ein Gemeinschafts- und Zugehörigkeitsgefühl mit den Produzent/innen entstehen, welches die Wertigkeit und den Respekt für die Bauern und Bäuerinnen und dem Anbau, die Herstellung und die Verarbeitung von Lebensmittel wieder in den Vordergrund stellt. Neben der eigentlichen Agrarproduktion sind die Bauern und Bäuerinnen für die Versorgungssicherheit der Bevölkerung mit Nahrungsmittel, die Pflege der Kulturlandschaft, die Erhaltung der natürlichen Produktionsgrundlagen und Artenvielfalt verantwortlich und tragen zur wirtschaftlichen und sozialen Lebensfähigkeit des ländlichen Raumes bei (Multifunktionalität der Landwirtschaft).[7] Lebensmittel sind viel mehr als ein einfaches Konsumprodukt: Sie bedeuten Glück, Identität, Kultur, Genuss, gemeinsames Essen, Ernährung, lokale Wirtschaft und Einkommen (vgl. Petrini 2007: 193).

Die Gastronominnen und Gastronomen können laut Christoph Wagner eine *„Art Geschmacksschule der Nation“* sein und als *„Schaufenster des Genusses“* dienen (Wagner 2008: 8, 1). Sie sind in dem gleichen Masse als Ko-Produzent/innen aufgefordert, sich mit der Herkunft der Lebensmittel bewusster auseinander zu setzen und das Fundament für eine erfolgreiche Beziehung zu legen. Bisher gibt es in Österreich, trotz einer dementsprechenden Nachfrage nach regionalen Bio-Lebensmitteln, nur wenig Kooperationen zwischen Gastronom/innen und den Bauern und Bäuerinnen. Gründe sind neben einem logistischen Mehraufwand, dass die gewünschten Mengen häufig nicht bzw. nicht fristgerecht lieferbar sind und die Qualität der verarbeiteten Produkte teilweise unzureichend ist. Erfolgreiche Gastwirt/innen reduzieren Tiere jedoch nicht auf die Edelteile, sondern verarbeiten, der Tradition entsprechend, alle Teilstücke (vgl. Braun et al. 2008).

Anzumerken ist dabei, dass es die vielen Halb- und Fertiggerichte sowie vorverarbeiteten Produkte den Köchen und Köchinnen ermöglichen, schneller und effizienter Gerichte zu „kochen“; die Fertigkeiten eines Koches bleiben dabei langfristig auf der Strecke. *„Selbst in der Spitzengastronomie wird immer mehr Prefabricated Food verwendet. Welcher Küchenjunge kann heute noch einen Fasan rupfen? Braucht er ja auch nicht zu können. Die Brust kommt ohnedies schön portioniert im Vakuum ins Haus. Und wie soll man von der Hausfrau oder dem Hobbykoch verlangen, komplizierte Garungsverfahren mühsam zu erlernen, wenn sich heute bei jeder Lehrabschlussprüfung schon herausstellt, dass jeder zweite der Angetretenen kein Gulasch und keinen Kaiserschmarren mehr*

7 Siehe www.blw.admin.ch/old/agrarbericht0/anhang/d/begriffe.htm.

richtig zubereiten kann" (Wagner 2008: 7). Es geht also auch darum, dass die Köch/innen ihr Handwerk (wieder) erlernen müssen.

Möglichkeiten für einen Wandel

Um eine Transformation zu einem verantwortungsvollen Genuss und damit einer lebenswerteren Welt herbeizuführen, ist es erfolgsversprechend, am Geschmack der Kinder anzusetzen (samt der Herausbildung einer Esskultur), neue Handelssysteme in Betracht zu ziehen und vor allem die Langsamkeit wieder zu entdecken.

Geschmäcker der Kinder werden schon in der pränatalen Phase durch die Aufnahme von Aromastoffen im Mutterleib geformt und bilden sich zunächst durch das Stillen heraus. Essen übt einen großen Einfluss auf Emotionen aus, indem vertraute Gerichte und Geschmäcker aus der Kindheit zur Identität und Sicherheit beitragen. Die Geschmackspräferenz aus der Kindheit geht selten verloren, kann aber erweitert werden, was die Wahrscheinlichkeit einer vielseitigen Ernährung und die Akzeptanz für ein großes Spektrum an mannigfaltigen Gerichten, Gewürzen und Geschmackserlebnissen erhöht. Da Kinder nicht von selbst ihr Geschmacksspektrum erweitern, sind die Eltern gefordert, die Verantwortung für ihre Kinder nicht abzugeben (schon gar nicht an die Werbeindustrie), sondern für ein dementsprechend vielfältiges Angebot zu sorgen und eine Familien-Esskultur[8] zu etablieren (vgl. Methfessel k.A.).

„Wenn das, was unsere Mütter ihre Kinder heute zu schmecken lehren, nur noch Hamburger und Pizzas sind, dann lässt sich heute schon erkennen, wie tief das Niveau unserer Esskultur in ein, zwei Generationen sein wird. Die Verantwortung von Gastronomen und bewussten Genießern ist es also nicht zuletzt, Mütter und Väter von heute — und damit auch deren Kinder — in Sachen Geschmackskultur mit immer neuen Impulsen zu versorgen. Und das tun sie am besten durch eine auf Frische und Wohlgeschmack, auf Tradition einerseits und Weltoffenheit andererseits, vor allem aber auch auf ökologische Verträglichkeit bedachte Küche, die auch dazu anregt, das Essverhalten zuhause auf ein gutes Niveau zu bringen und damit die Esskultur ganz allgemein zu fördern" (Wagner 2008: 8).

Eltern können eine Vorbildfunktion einnehmen, indem sie den Genuss mit Fröhlichkeit vorleben (statt zu belehren oder zu verordnen) und die geeigneten individuellen Strukturen (kollektives Einkaufen, Kochen und Essen, geregelte Essenszeiten, Ausflüge zu Bauernhöfen, usw.) schaffen. Darüber hinaus

---

8 Esskultur beschränkt sich aber nicht auf das korrekte Benehmen am Tisch und im Restaurant, vielmehr zeigt sich im Alltag, welchen Stellenwert das Essen einnimmt.

kommt den Schulen die Aufgabe zu, Geschmackserziehung, Kochen, das Anlegen von Schulgärten wie auch Sport im Unterricht zu forcieren.

In Anbetracht des großen Anteils der Großhandelsketten an der Standardisierung von Lebensmitteln, gehören neue Vertriebswege angedacht und verwirklicht. Da nicht jede/r in der Landwirtschaft tätig sein kann und will, gibt es Modelle wie CSA (Community Supported Agriculture), was in den USA, Frankreich oder Deutschland bereits erfolgreich umgesetzt wird. Diese Landwirtschaftsgemeinschaft basiert auf einer gemeinsamen, wechselseitigen Verantwortung und Gestaltung an der Lebensmittelproduktion zwischen Produzent/innen und Konsument/innen. Vereinfacht gesagt bietet dieser partnerschaftliche Ansatz den Bauern und Bäuerinnen die Möglichkeit, freier in Bezug auf die Umsetzung der eigenen Werte und hinsichtlich des ökonomischen Drucks zu agieren und eine optimale Verwertung der Produkte zu garantieren. Die Konsument/innen erklären sich bereit, dem Hof die nötigen Finanzmittel zur Verfügung zu stellen. Freiwillige Mitarbeit am Hof sorgt für den wichtigen Dialog und Zusammenhalt zwischen Produzent/innen und Konsument/innen. Der Hof wiederum versorgt die Konsument/innen das ganze Jahr mit den gewünschten Lebensmitteln – biologisch, saisonal und regional. Das Produktionsrisiko wird solidarisch getragen, ebenso werden der Preis und der Inhalt der Produktion im Voraus bestimmt. Erfahrungen zeigen, dass die Möglichkeit, aktiv die eigene Umgebung mitgestalten zu können, zu einer starken Identifikation mit der Landwirtschaft führt; zudem rechnet sich ein CSA Modell durch die Ausschaltung des Zwischenhandels und einen geringen Zeitaufwand im Marketing auch finanziell (vgl. Kraiss/Elsen 2008).

Für eine positive Zukunft ist eine schnelle und radikale Änderung unserer nichthaltigen Lebensstile erforderlich und dies impliziert auch eine Annäherung und Wiederentdeckung der Langsamkeit. *„Langsamkeit ist nicht die Vergangenheit der Schnelligkeit, sondern auch ihre Zukunft"* (Cassano; in Petrini 2007: 215). Wollen wir unsere Zukunft zurückerobern, so führt kein Weg an einer tendenziellen Entschleunigung vorbei (vgl. Obrecht 2005: 78). Entschleunigen heißt, sich bewusst Zeit zu nehmen, zum Einkaufen, zum Kochen, für den Dialog mit den Produzent/innen – und sich seiner Grenzen gewahr zu sein. Der Langsame sieht klar seine Grenzen, versteht sie und kann damit gut leben (vgl. Petrini 2007: 209ff).

„Wenn man die Menschen dazu einlädt, langsamer zu leben, fordert man sie auf, die Natur zu respektieren und sie nicht für sich selbst zu beanspruchen, man fordert zum Respekt gegenüber den Mitmenschen auf und man merkt, dass die ‚langsamen Wissensformen', wie die traditionellen Kenntnisse der Bauern und

Bäuerinnen das Wissen beinhalten, das die Welt wieder in Einklang bringen kann" (Petrini 2007: 214).

Slow Food wurde 1986 vom Italiener Carlo Petrini gegründet und setzt sich weltweit mit mittlerweile über 85.000 Mitgliedern für das Recht auf Genuss, den Schutz der Biodiversität und die Förderung regionaler Geschmacksvielfalt, für die Pflege der traditionellen und nachhaltigen Handwerkskunst, wie für die Vernetzung von Produzent/innen und Konsument/innen ein. Es geht um Lebensmittel und Produktionsmethoden, die *gut, nachhaltig und fair* sind. Slow Food verwirklicht verschiedene Projekte wie etwa essbare Schulgärten: Kinder legen Gärten an ihren Schulen an, ernten und verkochen die angebauten Lebensmittel. Darüber hinaus wurde die Universität der gastronomischen Wissenschaften (UNISG) gegründet sowie die Terra Madre, ein Netzwerk von Lebensmittelproduzent/innen, Vertreter/innen lokaler Gemeinschaften, Köch/innen, Wissenschafter/innen und jungen Leuten ins Leben gerufen. Nicht zuletzt versucht man in der Slow Food Foundation for Biodiversity traditionelle Kornarten, Gemüsesorten, Früchte, Tierarten und Lebensmittelprodukte zu schützen, die aufgrund der weiten Verbreitung von „bequemem Essen" und Agrarindustrie langsam verschwinden. Slow Food beteiligt sich auch an Initiativen gegen gentechnisch veränderte Organismen, da diese zu einem Verlust der Tierarten- und Pflanzenvielfalt führen, eine steigende Abhängigkeit von der Agrarindustrie zur Folge haben und die Ernährungssicherheit und -souveränität gefährden. Nicht zuletzt sind die nicht absehbaren und unkontrollierbaren Risiken für Mensch und Natur ein wichtiger Aspekt für ein klares NEIN zur Gentechnik.

Slow Food will die Menschen über die Hintergründe der Lebensmittelproduktion aufklären und Bewusstsein für die Zusammenhänge von Umwelt, Landwirtschaft, Ernährung, Gesundheit und echtem Genuss schaffen. Jede/r soll animiert werden, ökologische, soziale, kulturelle und (tier)-ethische Gesichtspunkte zu berücksichtigen, anstatt einseitig ökonomischen Kriterien zu folgen. Erst daraus entsteht verantwortungsvoller Genuss.

Literatur

BMLFUW – Bundesministerium für Land- und Forstwirtschaft, Umwelt und Wasserwirtschaft (Hrsg.) (2007): Lebensmittelbericht Österreich 2008. Wertschöpfungskette Agrarerzeugnisse – Lebensmittel und Getränke. Wien: BMLFUW.

Braun, Philipp/Kreuzer, Sepp/Bartel-Kratochvill, Ruth/Leitner, Heidi (2008): Regionale Bio-Lebensmittel in der Gastronomie – Stärken, Schwächen, Chancen, Risiken. In: Land & Raum, Vol. 3, S. 31-33.

Brunner, Karl-Michael/Kropp, Cordula (2004): Ökologisierungspotentiale der privaten Konsum- und Ernährungsmuster. BMBF-Forschungsprojekt „Von der Agrarwende zur Konsumwende?“, Diskussionspapier Nr. 1: www.konsumwende.de/downloads_fr.htm.

Darnhofer, Ika/Zollitsch, Werner/Bartel-Kratochvill, Ruth/Lindenthal, Thomas (2008): Droht dem Biolandbau die Konventionalisierung? In: Blick ins Land, Vol. 11, S. 22-23.

Dürrschmid, Klaus/Unterberger, Eva/Bisovsky, Sabine (2008): Untersuchungen zu den gustatorischen und olfaktorischen Wahrnehmungsfähigkeiten von 10- bis 13-jährigen Schulkindern in Österreich. AMA, Essenziell Ernährungskommunikations GmbH: www.wu-wien.ac.at/portal/iv/betriebsrat/outside-wu/2008_05_09_geschmack.

Dürrschmidt, Klaus (2008): Lebensmittelsensorik. Vorlesung und Übung im Sommersemester 2008. Wien: Universität für Bodenkultur. Department für Lebensmittelwissenschaften und -technologie. Abteilung für Lebensmittelqualitätssicherung.

Europäische Kommission – Generaldirektion Landwirtschaft und ländliche Entwicklung (2007): Fact Sheet. Politik der Europäischen Union zur Förderung landwirtschaftlicher Qualitätserzeugnisse.

Fort, Matthew (2008): Iss, und du wirst verstehen. In: Petrini, Carlo (Hrsg.): Slow Food Almanach 2008. Bra: Slow Food Editore, S. 146-152.

Forum Umwelt & Entwicklung (Hrsg.) (2005): Ökologische Landwirtschaft. Ein Beitrag zur nachhaltigen Armutsbekämpfung in Entwicklungsländern? Bonn: Knotenpunkt GmbH.

Freisling, Heinz/Elmadfa, Ibrahim (2006): Ernährungssituation in Österreich – Mangel und Überfluss. In: AWI/Neunteufel, Marta/Pfusterschmid, Sophie (Hrsg.): Esskultur – Agrikultur. Beiträge des Symposions über Essen und Landwirtschaft in unserem heutigen Schlaraffenland. Wien: AWI – Bundesanstalt für Agrarwirtschaft, S. 83-103.

Frieder, Thomas/Schekahn, Anke (2008): EU-Label für Agrarerzeugnisse und Lebensmittel – Eine Chance für die Regionalvermarktung? Workshop: EU-Label für Agrarerzeugnisse und Lebensmittel – Chance für die Regionalvermarktung? am 4. März 2008 in Kassel. Im Auftrag des AgrarBündnis.

Fromm, Erich (1989): Vom Haben zum Sein. Wege und Irrwege der Selbsterfahrung. München: Wilhelm Heyne Verlag & Co. KG.

Grimm, Hans-Ulrich (1999): Die Suppe lügt. Die schöne neue Welt des Essens. München: Droemerische Verlagsanstalt Th. Knaur Nachf.

Heindl, Ines (2007): Einflüsse der Ernährung auf die kindliche Entwicklung: www.familienhandbuch.de/cmain/f_Aktuelles/a_Ernaehrung/s_1090.html.

ILO: Agriculture; plantations; other rural sectors.: www.ilo.org/public/english/dialogue/sector/sectors/agri.htm.

Koppenhöfer, Eva (2005): Kleine Schule des Genießens. In: Broda, Michael/Köllner, Volker (Hrsg.): Praktische Verhaltensmedizin. Stuttgart: Georg Thieme Verlag, S. 76-80.

Kraiß, Katharina/Elsen, Thomas van (2008): Community Supported Agriculture (CSA) in Deutschland. Konzept, Verbreitung und Perspektiven von landwirtschaftlichen Wirtschaftsgemeinschaften. In: Lebendige Erde, Vol. 2, S. 44-47.

Kratochvill, Ruth (2005): Biologischer Landbau und nachhaltige Entwicklung: Kongruenzen, Differenzen und Herausforderungen. In: Groier, M./Schermer, M. (Hrsg.): Bio-Landbau in Österreich im internationalen Kontext. Band 2: Zwischen Professionalisierung Konventionalisierung. Forschungsbericht Nr. 55. Wien: Bundesanstalt für Bergbauernfragen, S. 55-75.

Methfessel, Barbara (k.A.): Esskultur und familiale Alltagskultur: www.familienhandbuch.de/cms/Ernaehrung_Esskultur.pdf.

Obrecht, Andreas J. (2005): Keine Zeit für „Entwicklung". In: Gruber, Petra C. (Hrsg.): Zeit für Nachhaltigkeit. Münster: Monsenstein und Vannerdat Verlag, S. 75-111.

Petrini, Carlo (2003): Slow Food. Genießen mit Verstand. Zürich: Rotpunktverlag.

Petrini, Carlo (2007): Gut, Sauber und Fair. Grundlagen einer neuen Gastronomie. Wiesbaden: Tre Torri Verlag.

Reichholff, Josef H. (2008): Ende der Artenvielfalt? Gefährdung und Vernichtung von Biodiversität. Frankfurt am Main: Fischer Verlag.

Reiter, Maike (2007): Ernährungserziehung in der Grundschule. München/Ravensburg: Grin Verlag.

Schulak, Eugen-Maria (2005): Lust und Nachhaltigkeit. In: Gruber, Petra C. (Hrsg.): Zeit für Nachhaltigkeit. Münster: Monsenstein und Vannerdat Verlag, S. 43-59.

Shiva, Vandana (2004): Geraubte Ernte. Biodiversität und Ernährungspolitik. Zürich: Rotpunktverlag.

Wagner, Christoph (2008): Genuss zwischen Tradition und Zukunft. Vortrag an der Universität Linz am 10. Oktober 2008: www.oberoesterreich-tourismus.at/sixcms/media.php/1271/VortragWagner.pdf.

WHO: Europäische Ministerkonferenz der WHO zur Bekämpfung der Adipositas 2005: 10 mal Wissenswertes über Adipositas. www.euro.who.int/Document/NUT/ObesityConf_10things_Ger.pdf.

Willam, Alfons (2007): Tierzucht. Unterlagen für die Bachelor-Studien Agrarwissenschaften und Pferdewissenschaften. Wien: Universität für Bodenkultur. Department für Nachhaltige Agrarsysteme. Institut für Nutztierwissenschaften.

Bio-Landwirtschaft als agrarpolitisches Leitbild

Thomas Fertl / Martin Tragler

Vision für Agrarpolitik 2013+ gesucht

Die Zielsetzung der österreichischen und europäischen Agrarpolitik hat sich seit der Nachkriegszeit stark gewandelt: Standen zu Beginn die Sicherstellung ausreichender Nahrungsmittelproduktion und die Preispolitik im Vordergrund, so wurden später Umweltschäden und Überproduktion zur Herausforderung. Als letzten großen Reformschritt hat der ehemalige EU-Kommissar Franz Fischler 2003 die Abkehr von der produktionsgekoppelten Stützung eingeleitet.

2008 wurde die aktuelle EU-Agrarpolitik einem sogenannten „Health Check", also einer Art politischen Gesundheitsprüfung unterzogen. In diesem Zusammenhang wurde offen darüber diskutiert, dass angesichts steigender Lebensmittelpreise Agrarförderungen durch die EU-Bürgerinnen und Bürger in Frage gestellt werden und zunehmend öffentliche Leistungen zu rechtfertigen sind. Kommissarin Fischer-Boel dazu in einer Rede zur Gemeinsamen Agrarpolitik (GAP) der EU:[1]

„Personally, I expect that the public will demand more targeting in the future. Our citizens want to see clear results for the money which they pay into a policy out of their pockets. It's not always easy to make things so clear, of course. But that's what we must aim for in the run-up to the next Financial Perspectives, when we will have to justify an adequate budget for the CAP (Common Agricultural Policy)."

Die Beschlüsse zum „Health Check" sind am 20. November 2008 gefallen. Erwartungsgemäß greifen Sie nicht grundlegend in das System der Gemeinsamen Agrarpolitik ein, die bewahrenden Kräfte haben sich weitgehend durchgesetzt. Damit sind die Rahmenbedingungen bis 2013 fixiert und die Diskussion über die Zukunft der Agrarpolitik darüber hinaus voll entbrannt. Kränkelt die EU-Agrarpolitik und wenn ja, welche Behandlung ist ratsam? Als nächster politischer Schritt steht die Verhandlung des EU-Budgets für die Periode nach 2013 an.

Wie muss die Agrarpolitik aussehen, damit die Bürger/innen weiterhin bereits sind, sie zu subventionieren? In diesem Beitrag gehen wir der Frage

---

1 Rede von Mariann Fischer Boel am 3.11.2008 in Brüssel: Perspectives for the CAP in the Health Check and after 2013. Meeting of the EP Agricultural Committee/National Parliaments: http://ec.europa.eu/commission_barroso/fischer-boel/speeches/index_en.htm.

nach, wie ein agrarpolitisches Leitbild „Bio-Landwirtschaft" aussehen könnte und welche Potentiale es für Landwirt/innen, Konsument/innen und die Umwelt mit sich bringt.

Produktionssteigerung als Leitbild

Bevor man sich an die Definition neuer Leitbilder macht, lohnt ein Blick auf die bereits existierenden Zielsetzungen. Das europäische Leitbild findet man im Art. 33 des EU-Vertrages (vgl. Europäische Union 2008). Dort werden die Ziele der Gemeinsamen Agrarpolitik wie folgt festgelegt:

a) Die Produktivität der Landwirtschaft durch Förderung des technischen Fortschritts, Rationalisierung der landwirtschaftlichen Erzeugung und den bestmöglichen Einsatz der Produktionsfaktoren, insbesondere der Arbeitskräfte, zu steigern;
b) auf diese Weise der landwirtschaftlichen Bevölkerung, insbesondere durch Erhöhung des Pro-Kopf-Einkommens der in der Landwirtschaft tätigen Personen, eine angemessene Lebenshaltung zu gewährleisten;
c) die Märkte zu stabilisieren;
d) die Versorgung sicherzustellen;
e) für die Belieferung der Verbraucher zu angemessenen Preisen Sorge zu tragen.

Die Ziele der österreichischen Agrarpolitik sind im Paragraph 1 des Landwirtschaftsgesetzes verankert (vgl. Bundeskanzleramt 2002):

1. Eine wirtschaftlich gesunde, leistungsfähige, bäuerliche Land- und Forstwirtschaft in einem funktionsfähigen ländlichen Raum zu erhalten, wobei auf die soziale Orientierung, die ökologische Verträglichkeit und die regionale Ausgewogenheit unter besonderer Berücksichtigung der Berggebiete und sonstigen benachteiligten Gebiete Bedacht zu nehmen ist;
2. die vielfältigen Erwerbs- und Beschäftigungskombinationen zwischen der Landwirtschaft und anderen Wirtschaftsbereichen auszubauen;
3. die agrarische Produktion, Verarbeitung und Vermarktung marktorientiert auszurichten;
4. die Produktivität und Wettbewerbsfähigkeit der Landwirtschaft, insbesondere durch strukturelle Maßnahmen zu erhöhen, dabei ist auf eine leistungsfähige, umweltschonende, sozialorientierte, bäuerliche Landwirtschaft besonders Bedacht zu nehmen;
5. den in der Land- und Forstwirtschaft tätigen Personen die Teilnahme am sozialen und wirtschaftlichen Wohlstand zu ermöglichen und

6. die Landwirtschaft unter Bedachtnahme auf die Gesamtwirtschaft und die Interessen der Verbraucher zu fördern, damit sie imstande ist,
a) naturbedingte Nachteile gegenüber anderen Wirtschaftszweigen auszugleichen,
b) der Bevölkerung die bestmögliche Versorgung mit qualitativ hochwertigen Lebensmitteln und Rohstoffen zu sichern,
c) sich den Änderungen der volkswirtschaftlichen Verhältnisse anzupassen
d) und die natürlichen Lebensgrundlagen Boden, Wasser und Luft nachhaltig zu sichern, die Kultur- und Erholungslandschaft zu erhalten und zu gestalten sowie den Schutz vor Naturgefahren zu unterstützen und
7. für die Land- und Forstwirtschaft EU-Kofinanzierungsmöglichkeiten umfassend auszuschöpfen.

Die Ziele der Gemeinsamen Agrarpolitik gemäß EU-Vertrag sind stark konzentriert rund um die Produktionssteigerung angesiedelt. Dieser enge Blickwinkel mag historisch verständlich sein, wurde aber mittlerweile selbst von der Realpolitik der EU überholt, etwa durch Berücksichtigung von Fragen des Umweltschutzes und der Lebensmittelqualität oder Zielsetzungen im Bereich der Agrar-Treibstoffe. Im Vergleich dazu sind die österreichischen Ziele deutlich differenzierter und umfassender und doch so allgemein gehalten, dass sich wohl vergleichsweise leicht ein breiter Konsens über deren Zweckmäßigkeit finden lässt. Doch was bedeuten Ziele wie *„bestmögliche Versorgung mit qualitativ hochwertigen Lebensmitteln und Rohstoffen“* oder *„die natürlichen Lebensgrundlagen Boden, Wasser und Luft nachhaltig zu sichern“* in der Praxis? Diesbezüglich gehen die Meinungen stark auseinander: Manche verstehen darunter eine spezialisierte Hochleistungslandwirtschaft, die ausschließlich auf Ertragsmaximierung abzielt, andere wiederum die biologische Wirtschaftsweise.

Welche Form der Landnutzung ist zukunftsfähig?

Längst ist klar, dass die Anforderungen an eine nationale, regionale wie globale Agrarpolitik nicht nur in der Produktivität, sondern auch in sozialen und ökologischen Komponenten liegen. 2002 hat die Weltbank beim World Summit on Sustainable Development (WSSD) in Johannesburg einen globalen Meinungsfindungsprozess gestartet: International Assessment of Agricultural Science and Technology for Development (IAASTD), deutsch auch „Weltagrarrat“ genannt. Unter Beteiligung von Weltbank, FAO, UNDP, UNEP, WHO, UNESCO, Regierungen, NGOs, Wissenschaft und dem privaten Sektor wurde „bottom up“ nach einer Antwort auf folgende

Frage gesucht: Wie können Hunger und Armut reduziert und die Lebensqualität im ländlichen Raum erhöht werden sowie eine faire, ökologisch, sozial und ökonomisch nachhaltige Entwicklung über Generationen durch landwirtschaftliches Wissen, Wissenschaft und Technologie unterstützt werden? Eine Suche nach einem globalen Leitbild für die Agrarpolitik also.

Im 2008 vorgestellten Synthese-Report des IAASTD wird als ein zentrales Ergebnis darauf hingewiesen, dass die anstehenden Herausforderungen nur bewältigt werden können, indem auf institutioneller, ökonomischer und rechtlicher Ebene die Anforderungen nach Produktivität und Schutz der Bioressourcen wie Böden, Wasser, Wälder und Biodiversität kombiniert werden. Dem biologischen Landbau wird in den Empfehlungen des Weltagrarrates insbesondere in Bezug auf Ernährungssicherheit und ökologische Nachhaltigkeit eine wichtige Rolle zugeschrieben:

"Investment opportunities in AKST (Agricultural Knowledge, Science and Technology, Anm.) *that could improve sustainability and reduce negative environmental effects include resource conservation technologies, improved techniques for organic and low-input systems, a wide range of breeding techniques for temperature and pest tolerance, (...) increasing water use efficiency and reducing water pollution, biocontrols of current and emerging pests and pathogens, biological substitutes for agrochemical, and reducing the dependency of the agricultural sector on fossil fuels"* (IAASTD 2008).

Diese Ansätze müssen natürlich auf ein operationalisierbares Niveau herunter gebrochen werden. Folgende Grundsätze wären eine Umsetzungsmöglichkeit:

- Erhaltung und Förderung des Bodenlebens und der natürlichen Fruchtbarkeit des Bodens, der Bodenstabilität und der biologischen Vielfalt des Bodens zur Verhinderung und Bekämpfung der Bodenverdichtung und Bodenerosion und zur Versorgung der Pflanzen mit Nährstoffen hauptsächlich über das Ökosystem des Bodens;
- Minimierung der Verwendung von nicht erneuerbaren Ressourcen und von außerbetrieblichen Produktionsmitteln;
- Wiederverwertung von Abfallstoffen und Nebenerzeugnissen pflanzlichen und tierischen Ursprungs als Produktionsmittel in der pflanzlichen und tierischen Erzeugung;
- Berücksichtigung des örtlichen oder regionalen ökologischen Gleichgewichts bei den Produktionsentscheidungen;
- Erhaltung der Tiergesundheit durch Stärkung der natürlichen Abwehrkräfte der Tiere sowie durch Auswahl der geeigneten Rassen und durch entsprechende Haltungspraktiken.

Ähnlich wie bei den oben zitierten Zielen für die österreichische Agrarpolitik würde sich für diese Grundsätze wohl ein breiter politischer Konsens finden lassen. Es handelt sich dabei um die ersten fünf Vorschriften der Grundsätze für die landwirtschaftliche Erzeugung laut EU-Bioverordnung.[2]

Die biologische Landwirtschaft bietet sich als bereits verfügbares System für nachhaltige Landnutzung an. Dabei ist neben den Vorteilen hinsichtlich der ökologischen Nachhaltigkeit und Lebensmittelqualität jener der geringen Abhängigkeit von externen Betriebsmitteln zu nennen. Dadurch kann Biolandbau nicht nur einen wesentlichen Beitrag zur Ernährungssicherheit, sondern auch zur Ernährungssouveränität leisten – etwa durch die Reduktion der Erdöl-Abhängigkeit der Landwirtschaft und damit der Lebensmittelproduktion.

Typische Praktiken der biologischen Landwirtschaft sind:

- Mehrjährige Fruchtfolgen als Voraussetzung für eine effektive Nutzung von lokal verfügbaren Ressourcen;
- Verbot der Verwendung chemisch synthetischer Pflanzenschutzmittel und synthetischer Düngemittel;
- Verbot für die Verwendung von gentechnisch veränderten Organismen;
- Nutzung von lokal vorhandenen Ressourcen wie z.B. Stalldünger zum Düngen oder hofeigenes Futter;
- Auswahl von Pflanzen- und Tierarten, die krankheitsresistent und an lokale Bedingungen angepasst sind;
- Aufzucht von Nutztieren in Freilauf- und Freilufthaltung sowie ihre Versorgung mit Biofutter;
- Artgerechte Tierhaltungspraktiken, die auf die verschiedenen Tierarten abgestimmt sind.[3]

Sektorale oder systemische Lösungsansätze?

Die Europäische Union versucht sich in ihrer Agrarpolitik nach sektoralen Lösungen für die identifizierten Herausforderungen. So wird etwa nach Lösungen für die schwindende Biodiversität gesucht. Gleichzeitig soll, um die Erdölabhängigkeit zu reduzieren, der Agrartreibstoffmarkt ausgebaut werden. An diesem Ansatz offenbaren sich die Grenzen der sektoralen

---

2 Art. 5 der Verordnung (EG) Nr. 834/2007 des Rates vom 28.06.2007 über die Produktion und die Kennzeichnung von ökologischen und biologischen Erzeugnissen und zur Aufhebung der Verordnung (EWG) Nr. 2092/91: www.raumberg-gumpenstein.at/cms/index.php?option=com_docman&task=cat_view&gid=283&Itemid=53.

3 Zitiert nach der Bio-Website der Europäischen Kommission: http://ec.europa.eu/agriculture/organic/organic-farming/what-organic_de; Zugriff: 24.11.2008.

Herangehensweise: Der Ausbau der Agrarenergie kann die Biodiversität gefährden und die Biodiversitäts-Ziele stehen der Entwicklung der Agrartreibstoffe im Wege. Schlimmstenfalls wird durch den Einsatz fossiler Energie im Ölpflanzenbau das Ziel der Erdölunabhängigkeit verfehlt. Analoge Zielkonflikte können z.B. zwischen Lebensmittelqualität und Ertrag oder Klimaschutz und Tierschutz auftreten.

Die anstehenden Herausforderungen schreien förmlich nach ganzheitlichen Lösungsansätzen. Abb. 1 veranschaulicht den systemischen Ansatz in der biologischen Landwirtschaft: Es wird versucht im Hinblick auf eine Vielzahl von Zielen das Gesamtsystem zu optimieren. Die Ziele können nicht unabhängig voneinander erreicht werden, da sämtliche Parameter miteinander verbunden sind. Im Vergleich zu einer z.B. nur auf Ertragsmaximierung ausgerichteten Landwirtschaft, sind die Erträge etwas geringer, dafür aber werden andere Leistungen ebenfalls auf sehr hohem Niveau erreicht. Bildlich gesprochen ist die Bio-Landwirtschaft Weltmeister im Zehnkampf. Es gibt zwar Sportler, die ein bisschen höher hüpfen oder schneller laufen, aber im Zehnkampf ist Bio unschlagbar.

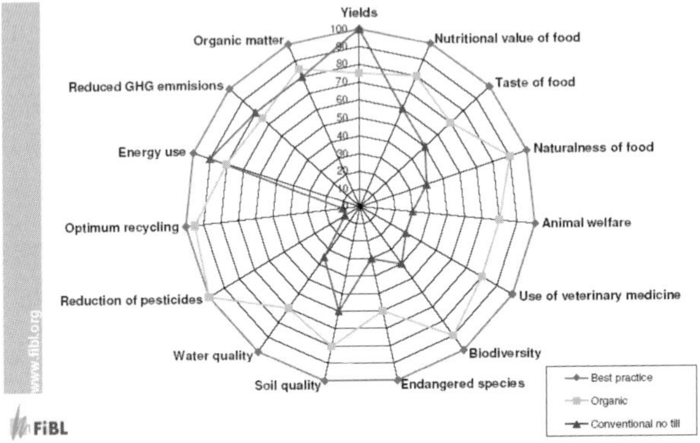

Abb. 1: Schematische Veranschaulichung des Multi-Ziel-Ansatzes in der biologischen Landwirtschaft. Der dunkle äußere Ring mit den Rauten stellt das Gedankenmodell einer idealen („Best Practise") Landwirtschaft dar, die alle Ziele zu 100 % erreicht (praktisch nicht erreichbar). Die hellgraue Linie mit den quadratischen Markierungen steht für die biologische Landwirtschaft, die systemisch optimiert und damit insgesamt ein sehr gutes Ergebnis erzielt. Dem gegenübergestellt ist – dunkelgrau mit dreieckigen Markierungen – ein Modell der pfluglosen, konventionellen Landwirtschaft, das hinsichtlich der Einzelziele Energieeinsatz und Ertrag besser abschneidet als Bio, in seiner Gesamtbilanz jedoch deutlich zurück liegt (Quelle: Niggli 2007).

Wenn schon Intensivierung, dann aber richtig!

Die Zeiten als in der Politik vom Ziel der Extensivierung der Landwirtschaft gesprochen wurde, sind vorbei. Als Argument für eine notwendige Intensivierung wird die Bekämpfung des Hungers in der zukünftigen Welt mit einer stets wachsenden Bevölkerung ins Treffen geführt. Doch eine vorschnelle Intensivierungs-Debatte wird dem Problem nicht gerecht. Zu schnell fallen die eigentlichen Ursachen und damit Lösungen unter den Tisch. Dass laut FAO fast eine Mrd. Menschen an Hunger oder Unterernährung leiden (vgl. FAO 2006), obwohl mengenmäßig ausreichend Nahrungsmittel für 12 Mrd. Menschen zur Verfügung stehen würden (vgl. United Nations General Assembly 2008), sollte zu denken geben. Der Schweizer Soziologe und einstige UN-Sonderberichterstatter für das Recht auf Nahrung meint dazu in einem Interview: *„Um die großen Millenniumsziele der UN zu erreichen, also die acht schlimmsten Plagen der Menschheit vom Hunger bis zur mangelnden Bildung zu besiegen und wirklich die ganze Dritte Welt aus der materiellen Not zu führen, bräuchte es laut UN-Berechnungen nur 82 Milliarden Dollar pro Jahr für einen Zeitraum von fünf Jahren!"* [4] und fügt hinzu, dass der amerikanische Finanzminister soeben 700 Milliarden Dollar mobilisiert hat, um die Finanzmärkte zu stützen. Wir können also nicht davon ausgehen, dass zusätzliche Produktion automatisch auch den tatsächlich Bedürftigen zu Gute kommen wird. Wenn nicht gleichzeitig etwa in Bezug auf die Entschuldung der Entwicklungsländer (als Grundlage für Ernährungssouveränität statt Exportabhängigkeit) und dem Zugang zu Land die notwendigen Verbesserungen erfolgen, ist sogar das Gegenteil zu befürchten.

Obwohl einerseits die heutige Nahrungsmittelproduktion 12 Mrd. Menschen ausreichend ernähren könnte, sieht die UNO gleichzeitig den Bedarf, die Lebensmittelproduktion bis zum Jahr 2030 um 50 % zu steigern (vgl. FAO 2008). Dies lässt sich nur bedingt durch die wachsende Weltbevölkerung erklären – für 2050 werden etwa 9 Mrd. Menschen prognostiziert (vgl. UNO 2004) –, vielmehr liegt ein wesentlicher Grund in den sich ändernden Konsummustern, v.a. im rasant zunehmenden Fleischkonsum. Gleichzeitig gehen laut UNO jährlich weltweit 20 Millionen Hektar fruchtbarer Ackerboden verloren.[5] In den Jahren von 1981 bis 2003 ist weltweit schon etwa ein Viertel der fruchtbaren Fläche verödet. Neben dem Klimawandel werden

---

4 Jean-Ziegler im Interview mit der Frankfurter Rundschau am 4.11.2008.

5 L. Gnacadja (Exekutivsekretär der UN-Konvention zur Bekämpfung der Wüstenbildung/ UNCCD) gegenüber der APA, zitiert nach Presse Online: http://diepresse.com/home/ panorama/klimawandel/430859/index.do; Zugriff: 17.11.2008.

für die Erosion zu intensiver Anbau, Überweidung, Rodung und falsche Bewässerung (Versalzung) genannt.

Vor diesem Hintergrund ist die Versuchung groß, voll auf Intensivierung zu setzen. Doch was hilft es, wenn durch zu intensive Nutzung die Böden weiter erodieren und sich die anfangs durch hohen Input maximierten Erträge mittelfristig nicht halten lassen? Das schadet freilich mehr als es nützt, denn einmal ruinierte Böden können nur ganz schwer oder gar nicht mehr saniert werden. Dazu kommen zunehmende Abhängigkeit von Erdöl, Bedrohung der Artenvielfalt und Untergrabung der Ernährungssouveränität.

Gefragt ist daher die „Bio-Intensivierung", eine Intensivierung durch optimale Ausnutzung der biologischen Ressourcen innerhalb der Grenzen des nachhaltig Möglichen. Die Forschung und Beratung sollte daher einen eindeutigen Schwerpunkt auf die Frage legen, wie die Bio-Erträge gesteigert werden können, ohne die Bio-Prinzipien zu verletzen und damit die Nachhaltigkeit zu gefährden.

Die Frage, ob durch biologische Wirtschaftsweise die Welt ernährt werden kann, muss gestellt werden und wird bereits heftig diskutiert (vgl. Badgley et al. 2007; Avery 2007). Die Antwort lautet: Ja. Wenn, dann kann die Welternährung nur mit einer systemisch optimierten, Low-Input Landwirtschaft wie der biologischen Wirtschaftsweise sichergesellt werden, welche die nachwachsenden Ressourcen maximal effizient nutzt. In dem Diskurs muss es aber auch gestattet sein, politische, rechtliche, wirtschaftliche und soziale Rahmenbedingungen sowie Konsummuster zu hinterfragen. Und man darf nicht vergessen, dass die geringeren Erträge der biologischen gegenüber der konventionellen Landwirtschaft vor allem ein Phänomen der nördlichen Breiten sind (auf Grund der geringen Sonneneinstrahlung), das nicht global verallgemeinert werden kann.

Beispiel Klimaschutz

Klimaschutz und Landwirtschaft, dieses Beispiel zeigt, dass zur Lösung komplexer Fragen systemische Antworten notwendig sind. Die Landwirtschaft hat einerseits beträchtlichen Einfluss auf den Klimawandel, indem sie selbst schädliche Treibhausgase produziert. Andererseits ist die Landwirtschaft – in Summe meist negativ – betroffen durch den Treibhauseffekt. Was ist der richtige Weg damit umzugehen?

Es lohnt sich den Blick auf die Zahlen zu vertiefen: Global betrachtet stammen ca. 25 % der Treibhausgasemissionen aus der Land- und Forstwirtschaft. Fast die Hälfte dieser Emissionen wird bei Brandrodung oder Abholzung von Regenwäldern freigesetzt. In Österreich betragen derzeit die

Emissionen der Treibhausgase Methan- und Lachgas aus der Landwirtschaft rund 7,6 Millionen Tonnen Kohlendioxid-Äquivalente, das entspricht 8 % des österreichischen Gesamtausstoßes (vgl. Freyer/Dorninger 2008). Dazu kommen jedoch noch die Emissionen, die durch den Energieeinsatz z.B. in der Kunstdünger-Erzeugung verursacht werden. Und auch das Potential zur Bindung von Kohlendioxid im Bodenhumus bleibt in den üblichen Betrachtungen unberücksichtigt. Das gilt natürlich auch für den umgekehrten Fall: Freisetzung von Kohlendioxid durch Abbau von Bodenhumus.
Durch den Verzicht auf energieintensive Düngemittel, den Aufbau gesunder Humusböden zur Kohlendioxid-Bindung und Tierhaltung im ökologischen Kreislauf trägt der Biolandbau wesentlich zum Klimaschutz bei:

- Die österreichischen Biobauern sparen so pro Jahr bereits jetzt Emissionen im Ausmaß von mindestens 180.000 Tonnen Kohlendioxid-Äquivalente ein. Dazu kommen jährlich ca. 60.000 Tonnen, die im Bodenhumus gespeichert werden.
- Mindestens eine Mio. Tonnen Kohlendioxid-Äquivalente an Einsparungspotential pro Jahr besitzt die heimische Landwirtschaft bei Vollumstellung auf „Bio".
- Im Humus gesunder Bio-Böden könnten zusätzlich in einem Zeitraum von 25 Jahren 12 Mio. Tonnen Kohlendioxid gespeichert werden.

Niggli (2007) betont in diesem Zusammenhang, dass biologisch bewirtschaftete Böden etwa durch erhöhtes Wasserspeichervermögen auch besser mit Extremwetterereignissen umgehen können. Bei einer gesamtökologischen Betrachtung wird schnell ersichtlich, dass die biologische Landwirtschaft klimafreundlich ist. Doch wenn man etwa die für die Herstellung der Stickstoff-Dünger aufgewandte Energie oder die Speicher- bzw. Freisetzungskapazitäten des Bodenhumus nicht mitrechnet, dann werden diese Vorteile nicht sichtbar.

Beispiel Gentechnik

Für die Leitbild-Diskussion lohnt es sich besonders, den Einsatz der Gentechnik in der Landwirtschaft, insbesondere die Problematik gentechnischer Verunreinigungen zu betrachten. Seit mehr als zehn Jahren werden gentechnisch veränderte Organismen (GVO) kommerziell angebaut, vor allem Soja, Mais, Raps und Baumwolle – über 85 % der insgesamt 120 Mio. Hektar in den USA, Kanada, Argentinien und Brasilien. Während die versprochenen Vorteile weiter auf sich warten lassen, sind die negativen Folgen bereits unübersehbar.

Eine Analyse der ersten zehn Jahre kommerziellen GVO-Anbaus zeigt deutlich Probleme auf und bestätigt die konsequente Ablehnung von GVO in der biologischen Landwirtschaft:

- Es wird immer deutlicher, dass die Grundannahme der Gentechnik „Ein Gen verursacht eine Eigenschaft" so vereinfacht nicht richtig ist. Folglich führt der gentechnische Einbau einer fremden Erbsubstanz zu einer Vielzahl ungewollter und unkontrollierbarer Veränderungen.
- Die gesundheitliche Unbedenklichkeit von gentechnisch veränderten Lebensmitteln muss auf Grund hoher Unsicherheiten und mangelhafter Zulassungsverfahren (etwa fehlender Langzeitfütterungstests) angezweifelt werden.
- Insektizid-produzierende GVO (z.B. sogenannter „Bt"-Mais) können nützliche Insekten schädigen.
- Durch den Einsatz von Totalherbiziden beim Anbau von herbizidtoleranten GVO entstehen resistente Beikräuter, wodurch die Giftspirale weiter angetrieben wird.
- Die unsägliche Kombination von GVO und Biopatenten hat die Abhängigkeiten der Bäuerinnen und Bauern von multinationalen Konzernen weiter erhöht und untergräbt damit das Ziel der Ernährungssouveränität.
- Gentechnische Verunreinigungen sind unweigerlich mit dem Anbau von GVO verbunden und mittlerweile weltweit ein großes Problem.
- Vorteile entfalten GVO ausschließlich in der industrialisierten Landwirtschaft, indem sie das Management erleichtern, etwa durch erhöhte zeitliche Flexibilität bei der Anwendung von Totalherbiziden. GVO passen perfekt in jene Form der Landwirtschaft, der man die Zukunftsfähigkeit absprechen muss.

Mit steigenden Anbauflächen nimmt der Kontaminationsdruck zu. In Kanada ist es längst unmöglich geworden, gentechnikfreien Raps anzubauen. In Spanien, dem EU Land mit den größten GVO-Anbauflächen, treten erhebliche Verunreinigungen auf. Eine Studie hat gezeigt, dass bereits 2005 von 40 Mais-Proben sieben kontaminiert waren und zwar zwischen 0,07 % und 12,6 %. Der höchste Wert stammt von einer Bio-Probe (vgl. Friends of the Earth/Greenpeace 2003). Und auch der Skandal um nicht zugelassene Reissorten LL601, LL62, Bt 63 – die nirgendwo auf der Welt kommerziell angebaut werden, aber in der Lebensmittelkette vielerorts aufgetaucht sind – zeigt die Problematik eindringlich. Der Schaden durch LL601 (Bayer) wird auf 1,2 Mrd. USD geschätzt (vgl. Greenpeace 2007).

Verunreinigungen sind auch im Falle von EU-weit als sicher zugelassener GVO kein rein ökonomisches Problem. Eine neue Studie aus Österreich hat in Langzeit-Fütterungsversuchen mit Mäuse festgestellt, dass Mäusen, die mit den GVO-Mais-Sorten NK603xMON810 gefüttert wurden, im Vergleich zu der Kontrollgruppe, die mit normalem Futter versorgt wurde, signifikant weniger Nachkommen hatten (vgl. Zentek 2008). Weiters hatten die Nachkommen der mit GVO-Mais gefütterten Mäuse ein signifikant geringeres Gewicht. Aufgrund eines mangelhaften Zulassungsverfahrens und v.a. von fehlenden Langzeittests können daher auch zugelassene GVO nicht als sicher anerkannt werden; zudem ist Kontamination auch ein relevantes Thema der Gesundheitsvorsorge.

Der Anbau von GVO führt immer zu Verunreinigungen, in der Gentechnikfrage muss man sich also jedenfalls für den einen oder anderen Weg entscheiden. Zwischenlösungen (Stichwort „Koexistenz") sind jedenfalls unbefriedigend und mit extrem hohen Kosten (in der Regel nicht auf Kosten der Verursacher) verbunden.

Österreich hat sich im Anbau für die Gentechnikfreiheit entschieden: Anbauverbote und Reinheitsgebote für Saatgut halten die heimische Landwirtschaft als Gentechnik-freie Zone und schaffen damit optimale Bedingungen für eine gentechnikfreie Landwirtschaft. Darüber herrscht breiter Konsens, wie ein diesbezüglicher Nationalratsbeschluss aller Parteien aus dem Sommer 2008 zeigt. Ein bislang erfolgreiches Beispiel für ein klares Leitbild mit konsequenter Umsetzung.[6]

Wermutstropfen sind die Importe von gentechnisch verändertem Soja, das vor allem zu Futtermittel für die konventionelle Landwirtschaft verarbeitet wird. Dies ist trotz der starken Ablehnung genmanipulierter Lebensmittel seitens der österreichischen Konsument/innen möglich, da ein mit Hilfe von GVO-Futtermittel erzeugtes Lebensmittel nicht als gentechnisch verändert gekennzeichnet werden muss. Konventionell gentechnikfreie wie biologische Lebensmittel verzichten selbstverständlich auch auf GVO-Futtermittel.

Bio in Österreich, der EU und weltweit

In Österreich haben 2007 ca. 20.000 Bauern ca. 372.000 ha biologisch bewirtschaftet, was einem Anteil von ca. 15 % entspricht (vgl. BMLFUW 2008). Damit liegt Österreich in der EU nach wie vor an der Spitze, gefolgt von Italien und Estland mit Anteilen je knapp unter 10 %. Abb. 2 zeigt die Entwicklung der biologisch bewirtschafteten Fläche in Österreich über die Zeit, Abb. 3 das jeweilige Wachstum gegenüber dem Vorjahr.

---

6 Entschließung des Österreichischen Nationalrates zum Thema Gentechnik. Beschlossen am 8. Juli 2008: www.parlament.gv.at/PG/DE/XXIII/I/I_00629/fname_113249.pdf.

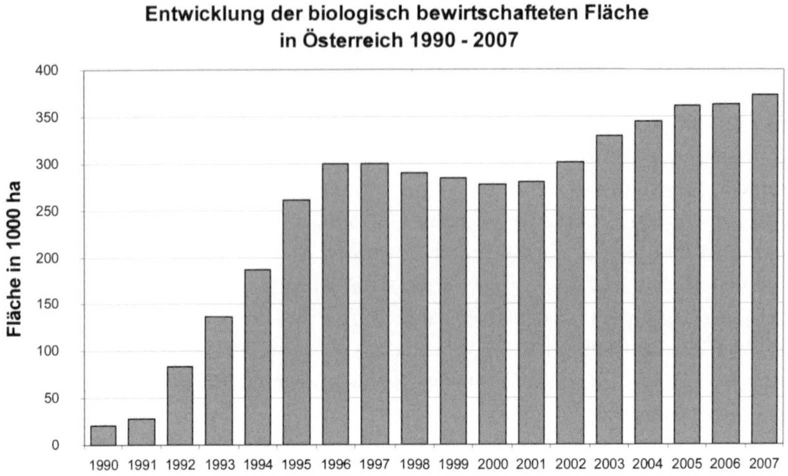

Abb. 2: Entwicklung der biologisch bewirtschafteten Fläche (ohne Almen) über die Zeit (nach: BMLFUW 2008 und Arge Biolandbau).[7]

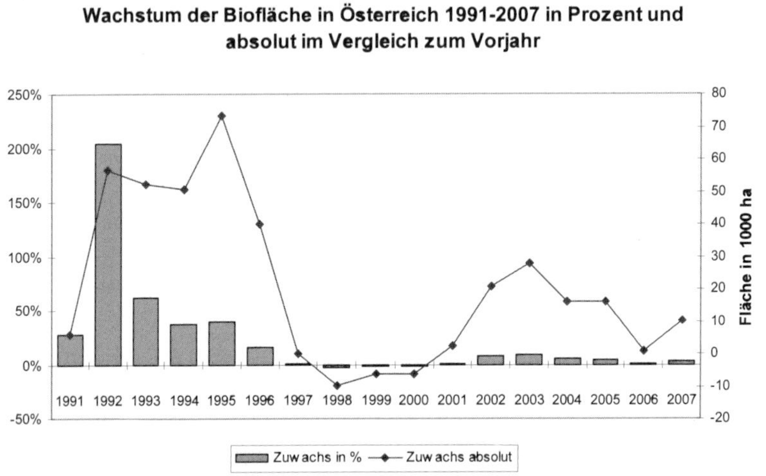

Abb. 3: Wachstum der biologisch bewirtschafteten Fläche in Prozent und absoluten Flächen-Angaben, jeweils bezogen auf das Vorjahr (nach: BMLFUW 2008 und Arge Biolandbau).

7 Arge Biolandbau: Statistik über die biologische Landwirtschaft in Österreich (Eigenrecherche). Archiv BIO AUSTRIA, Wien.

Die Entwicklung zeigt, nach dem starken Wachstum Mitte der 90er-Jahre und einem kleinen Einbruch danach, tendenziell ein leichtes Wachstum. Das starke Wachstum ging u.a. sicherlich auf die Einführung (1992) bzw. Verbesserung der Förderbedingungen (mit dem Beitritt zur EU 1995) und den Einstieg der Supermärkte in die Vermarktung zurück. Die folgende wellenförmige Entwicklung hängt mit den Verpflichtungszeiträumen der Förderungen zusammen, an deren Ende es immer zu Ausstiegswellen kommt, während der Einstieg in die neuen Programme sich über Jahre verteilt. Dazu kommt, dass mit der Einführung des neuen Programms für Ländliche Entwicklung im Jahre 2007 die Bio-Förderung (flächenbezogene Fördersätze) empfindlich gekürzt wurde.

Dass es dennoch ein leichtes Wachstum gibt spricht für sich, respektive für die Biolandwirtschaft. Interessant anzumerken ist, dass die Anzahl der landwirtschaftlichen Betriebe in Österreich insgesamt kontinuierlich gesunken ist, nämlich von ca. 261.000 Betrieben im Jahr 1990 auf 174.000 im Betriebe im Jahr 2005. Im gleichen Zeitraum ist die Anzahl der Biobetriebe von ca. 1.500 auf ca. 20.000 gestiegen (vgl. BMLFUW 2008). Die biologische Wirtschaftsweise hat offensichtlich vielen Betrieben das Überleben erst ermöglicht und hat gute Voraussetzungen, dem Strukturwandel zu trotzen.

Im EU-Schnitt werden vier Prozent der landwirtschaftlichen Nutzfläche biologisch bewirtschaftet (vgl. Bund ökologische Lebensmittelwirtschaft 2008). Der Anteil der ökologischen Anbaufläche an der landwirtschaftlich genutzten Fläche insgesamt ist in der EU-25 zwischen 2003 und 2005 von 3,7 % auf 3,9 % nur leicht gestiegen (vgl. Europäische Gemeinschaften 2007).

Weltweit sind etwa 30 Mio. Hektar als „organic" zertifiziert (vgl. IFOAM et al. 2008), was bei einer globalen landwirtschaftlichen Nutzfläche von ca. 5 Mrd. Hektar[8] einem Anteil von deutlich unter einem Prozent gleichkommt. Dazu ist jedoch zu ergänzen, dass traditionelle, bäuerliche Landwirtschaft in den Ländern des Südens oftmals nahe an den Bio-Standards betrieben wird (jedoch nicht kontrolliert und zertifiziert ist).

Die Zahlen machen klar, dass die Entwicklung der biologischen Landwirtschaft in der EU und weltweit in einem krassen Missverhältnis zu den Leistungen steht, die der Biolandwirtschaft zugeschrieben werden. Dafür gibt es eine Vielzahl von Ursachen, die sich zudem von Mitgliedsstaat zu Mitgliedsstaat teilweise stark unterscheiden. Neben dem jeweiligen Einflussgefüge spielen etwa der Bewusstseinsgrad der Konsument/innen, das Ausmaß der Förderung der biologischen Landwirtschaft (im Verhältnis zur

---

8 „Agricultural Area" der gesamten Welt für 2003 nach FAO Statistik-Datenbank FAOSTAT: http://faostat.fao.org; Zugriff: 20.04.2008.

Förderung der konventionellen Landwirtschaft), die emotionale Grundstimmung gegenüber der biologischen Landwirtschaft in Agrarkreisen und vieles mehr eine Rolle.

Ein Leitbild sagt mehr als tausend Worte

Die Verankerung der Bio-Landwirtschaft als Leitbild kann national sowie auf EU-Ebene und international zu einer ökologisch wie sozial nachhaltigen Weiterentwicklung der Landwirtschaft beitragen. Und diese Wende ist angesichts der anstehenden Herausforderungen höchst an der Zeit. Es geht dabei primär um die mentale Verankerung, der eine gesetzliche Verankerung zur Seite steht. Bio-Landwirtschaft als Agrarpolitisches Leitbild bedeutet beispielsweise:

- Ökologisierung der Landwirtschaft als Zielvorgabe;
- systemischer Ansatz für die Herausforderungen der Zukunft;
- entsprechende Prioritätensetzung bei Förderungen und Steuern sowie in der Bildung und Forschung;
- Evaluierung agrarpolitischer Maßnahmen hinsichtlich der Auswirkungen auf die Biolandwirtschaft.

Jenseits jeder wirtschaftlichen Rentabilität ist die emotionale Komponente nicht zu vernachlässigen: Folgt das Ansehen der Biolandwirtschaft innerhalb der Agrarszene dem positiven Image auf gesellschaftspolitischer Ebene, so ist eine wichtige Voraussetzung für die Weiterentwicklung der biologischen Landwirtschaft erreicht.

Bio als Leitbild bedeutet nicht, dass alle Bauern biologischen wirtschaften müssen, sondern dass es erwünscht ist. Das ist der Unterschied zur Akzeptanz („jeder darf"). Und es geht nicht darum, die ökologische Wende von heute auf morgen einzuleiten, sondern sie klar als Ziel vor Augen zu haben. Die konventionellen Bäuerinnen und Bauern von heute sind die Biobäuerinnen und Biobauern von morgen.

Leitbild Bio in der Praxis

Österreich hat mit etwa 70 % des Budgets der Ländlichen Entwicklung (als Teil der Gemeinsamen Agrarpolitik) einen hohen Anteil für die Agrar-Umweltprogramme vorgesehen und die Flächenförderung liegt im internationalen Vergleich auf hohem Niveau. Dennoch wurden die Förderungen im österreichischen Agrar-Umweltprogramm (ÖPUL) 2007 gegenüber dem Vorgängerprogramm empfindlich gekürzt (bis 30 % der Flächenprämien).

Angesichts der schleppenden Zuwächse der Bioflächen in Österreich würde ein Leitbild Bio das Überdenken dieses Eingriffes erfordern.

Laut Bio-Aktionsprogramm des Lebensministeriums sollen bis 2010 mindestens 20 % der landwirtschaftlichen Nutzfläche in Österreich biologisch bewirtschaftet werden. 2007 waren es 371.251 Hektar, was einem Anteil von ca. 15 % entspricht. Seit dem Inkrafttreten des neuen Agrarumweltprogramms mit reduzierten Bio-Betriebsförderungen im Jahre 2007 gab es zwischen 2006 und 2007 lediglich einen Zuwachs von 9.764 Hektar. Bei Fortschreibung dieser Entwicklung werden 2010 statt der im Bio-Aktionsprogramm 2008 angekündigten 20 % nur rund 17 % der Landwirtschaft auch tatsächlich Bio-Flächen sein. Dieses zögerliche Wachstum ist ein Abbild der Politik. Ein Leitbild Bio würde etwa nahe legen, dass der Einstieg in die Bio-Förderung über 2010 hinaus ermöglicht wird (was derzeit nicht der Fall ist). Ein Leitbild Bio würde eine Begleitung der Förderung durch Maßnahmen zur Sicherstellung der Kostenwahrheit im Sinne der Internalisierung externen Kosten begleitet werden. Etwa eine Kohlendioxid-Steuer würde das High-Input-System verteuern und damit die biologische Landwirtschaft konkurrenzfähiger machen.

Auf EU-Ebene ist Bio aktuell vor allem im „Europäischen Aktionsplan für ökologisch erzeugte Lebensmittel und den ökologischen Landbau" verankert. Darin werden 21 Maßnahmen definiert, um den Markt für biologische Lebensmittel zu entwickeln und die Normen effizienter und transparenter zu machen und dadurch das Vertrauen der Verbraucher/innen zu stärken.[9] Angesichts der langsamen Entwicklung des Biolandbaus würde ein Leitbild Bio einen neuen Bio-Aktionsplan nahe legen. Ein Ansinnen, das von der EU-Kommissarin Fischer Boel derzeit abgelehnt wird.

Kernelement der aktuellen Förderung der biologischen Landwirtschaft in der EU sind die Agrar-Umweltprogramme (als Teil der Programme zur Ländlichen Entwicklung). Die Ausgestaltung dieser Programme obliegt dabei den Mitgliedsstaaten, eine Bio-Förderung ist möglich, aber nicht verpflichtend. So reicht das Spektrum von praktisch keiner Bio-Förderung bis zu ambitionierten Programmen. Ein Leitbild Bio würde verbindliche Vorgaben über Mindeststandards für die Bioförderung erfordern.

Das Top-Thema der EU-Agrarpolitik im Jahr 2008, der Gesundheitscheck der GAP-Reform 2003, wurde praktisch ohne Thematisierung des Biolandbaus abgehandelt. In den Vorbereitungen auf den GAP-Gesundheitscheck werden zwar ökologische Themen wie die Bewältigung des Treibhauseffekts

9 Siehe DG AGRI: http://ec.europa.eu/agriculture/qual/organic/plan/index_de.htm bzw. Evaluierungsprojekt „ORGAP": www.orgap.org.

angesprochen, die biologische Landwirtschaft bleibt jedoch unerwähnt. Auch die Auswirkungen der vorgeschlagenen Legislativvorschläge auf die Biolandwirtschaft wurden im 158 Seiten umfassenden „Impact Assessment“ (vgl. European Kommission 2008) nicht einmal angerissen.

Ein „Leitbild Bio“ würde die biologische Landwirtschaft ins Zentrum der agrarpolitischen Diskussion heben, dorthin wo die biologische Landwirtschaft gehört. Damit würde die gesellschaftspolitische Akzeptanz der Agrar-Förderungen steigen und die Forderungen nach einer ausreichenden Dotierung der „Gemeinsamen Agrarpolitik“ im EU-Budget gestützt werden.

Fazit

Die biologische Landwirtschaft ist kein Gegenmodell zur konventionellen Landwirtschaft, sondern eine Weiterentwicklung. Und diese Entwicklung ist auch noch nicht abgeschlossen.

Die Herausforderungen an die Landwirtschaft der Zukunft sind enorm und die biologische Landwirtschaft bietet sich als das beste verfügbare Modell für die Entwicklung der zukünftigen Landwirtschaft an.

Ein „Agrarpolitisches Leitbild Bio-Landwirtschaft“ würde sich dazu bekennen und helfen, das Ziel einer zukunftsfähigen Landwirtschaft auch tatsächlich zu erreichen und das vielfältige Potential der Biolandwirtschaft voll auszuschöpfen.

Literatur

Avery, A. (2007): ‚Organic abundance' report: fatally flawed. In: Renewable Agriculture and Food Systems, Vol. 22, No. 04, S. 321-323.

Badgley, C./Moghtader, J./Quintero, E./Zakem, E./Chappell, M. J./Avilés-Vázquez, K./Samulon, A./Perfecto, I. (2007): Organic agriculture and the global food supply. In: Renewable Agriculture and Food Systems, Vol. 22, No. 02, S. 86-108.

BMLFUW/Bundesministerium für Land- und Forstwirtschaft, Umwelt und Wasserwirtschaft (2008): Grüner Bericht 2008. Wien: www.gruenerbericht.at.

Bund ökologische Lebensmittelwirtschaft (2008): Zahlen, Daten, Fakten. Die Bio-Branche.

Bundeskanzleramt (2002) Landwirtschaftsgesetz 2002 (konsolidiert) zitiert nach RIS (Rechtsinformationssystem des Bundeskanzleramtes): www.ris2.bka.gv.at.

European Commission (2008): Impact Assessment. Commission Staff Working Document accompanying the proposals for the Health Check. SEC(2008) 1885. Brüssel.

Europäische Gemeinschaft (2007): Unterschiedliche Strukturen beim ökologischen Landbau in der EU-25.

Europäische Union (2008): Vertrage über die Arbeitsweise der Europäischen Union (konsolidiert). Amtsblatt der Europäischen Union 9.5.2008: http://eur-lex.europa.eu.

FAO (2006): The State of Food Insecurity in the World 2006. Rom: ftp://ftp.fao.org/docrep/fao/009/a0750e/a0750e00.pdf

FAO (2008): High-Level Conference on World Food Security: The challenges of climate change and bioenergy. Report of the Conference. Rom: www.fao.org/foodclimate/ conference/doclist/en/?no_cache=1.
Freyer, B./Dorninger, M. (2008): Aktuelle Leistungen und zukünftige Potentiale der Ökologischen Landwirtschaft für den Klimaschutz in Österreich. Studie der Universität für Bodenkultur im Auftrag von BIO AUSTRIA. Wien.
Friends of the Earth/Greenpeace (2003): The Impact of GM Corn in Spain. Amsterdam.
Greenpeace (2007): Risky Business. Economic and regulatory impacts from the unintended release of genetically engineered rice varieties into the rice merchandising system of the US. Amsterdam.
IAASTD/International Assessment of Agricultural Science and Technology for Development (2008): Executive Summary of the Synthesis Report. Johannesburg: www.agassessment.org/docs/SR_Exec_Sum_280508_English.pdf.
IFOAM et al. (2008): The World of Organic Agriculture 2008. Bonn.
Kommission der Europäischen Gemeinschaften (2007): Vorbereitungen auf den GAP Gesundheitscheck. Mitteilung der Kommission an den Rat und das Europäische Parlament. KOM(2007)277. Brüssel.
Niggli, U. (2007): Climate Change. Strengh and Weaknesses of Organic Agriculture. Vortrag an der Bioacademy 2007. Lednice.
Niggli, U. (2007): Emissionen senken und Kohlenstoff binden. Biolandbau ist gefragt. In: Ökologie und Landbau, 143/2/2007.
UNO (2004): World Population 2300. New York: www.un.org/esa/population/publications/longrange2/WorldPop2300final.pdf.
United Nations General Assembly (2008): Promotion and Protection of all human Rights, Civil, Political, Economical, Social and Cultural Rights, including the Right to Development. Report of the Special Rapporteur on the right to food. Jean Ziegler. Genf. 10.01.2008: www.righttofood.org/new/PDF/CHR2008.pdf.
Zentek,J./Velimirov, A./Binter, C. (2008): Biological effects of transgenic maize NK603xMON 810 fed in long term reproduction studies in mice. Studie im Auftrag des BMLFUW und des BMGFJ. Wien.

Konturen einer ökologisch und sozial nachhaltigen internationalen Agrarpolitik

Alexandra Strickner

Mit der Explosion der Lebensmittelpreise ab 2007 hat sich zu den bereits bestehenden globalen Krisen (Finanzmarkt- und Klimakrise) eine weitere dazugesellt. Neben der ökologischen Krise der Landwirtschaft, wird damit auch die soziale Krise der Landwirtschaft und des aktuellen Lebensmittelsystems sichtbar, welche für Menschen in Nord und Süd spürbar ist. Im Falle von Millionen Menschen im globalen Süden steht durch die Explosion der Lebensmittelpreise das nackte Überleben auf dem Spiel. UN-Organisationen schätzen die Zahl der vom Hunger bedrohten Menschen nunmehr auf über 1 Milliarde Menschen. Von einer drastischen Verringerung der Hungernden (der Großteil davon lebt im ländlichen Raum), so wie sie in den Millenniums-Entwicklungszielen zu Beginn des neuen Jahrtausends festgelegt wurden, ist man heute weiter denn je entfernt. Die steigenden Lebensmittelpreise – nebst steigenden Kosten für Wohnen, Energie oder Gesundheit und zugleich stagnierenden oder sinkenden Reallöhnen – bringen auch viele Menschen in Industrieländern immer näher an die Armutsgrenze. Die steigenden Armutszahlen in den Industrieländern belegen diesen Trend.

Für die ökologische Krise der Landwirtschaft und der Lebensmittelproduktion wird gemeinhin das agroindustrielle Produktionsmodell, welches sich schrittweise in der Nachkriegszeit etabliert hat, verantwortlich gemacht. Es ist durch Monokulturen, industrielle Tierhaltungsformen, die massive Verwendung von Herbiziden, Pestiziden, Düngemitteln, Hormonen und Antibiotika sowie einen hohen Verarbeitungsgrad von agrarischen Rohstoffen gekennzeichnet (Fertiggerichte, Fast Food etc.).

Die soziale und ökologische Krise der Landwirtschaft und Lebensmittelproduktion ist u.a. die Folge einer seit drei Jahrzehnten verfolgten Politik der Deregulierung und Liberalisierung der Landwirtschaft und des Agrarhandels auf nationaler und globaler Ebene. Die Strukturanpassungsprogramme der Weltbank und des Internationalen Währungsfonds (IWF), denen sich Entwicklungsländer infolge der Schuldenkrise ab den 1980er Jahren unterwerfen mussten, und die Liberalisierung des Agrarhandels durch das Agrarabkommen der Welthandelsorganisation (WTO) und einer Reihe von bilateralen oder bi-regionalen Handelsabkommen (u.a. die

Nordamerikanische Freihandelszone) sind zentrale Elemente der heutigen „internationalen Agrarpolitik", die massive Auswirkungen auf die landwirtschaftlichen Produktionsstrukturen sowie auf Konsumgewohnheiten im Süden wie im Norden haben. Dieser Beitrag beschäftigt sich damit, wie eine auf ökologische und soziale Nachhaltigkeit ausgerichtete internationale Agrarpolitik aussehen müsste.

Kritik der aktuellen internationalen Agrar- und Handelspolitik

Die Strukturanpassungsprogramme des IWF und der Weltbank haben Entwicklungsländer dazu gezwungen, ihre Landwirtschaft auf exportfähige Produkte (cash crops) zu fokussieren, um damit die notwendigen Devisen zur Begleichung der hohen Auslandsschulden zu erwirtschaften. Das hat letztendlich bedeutet, dass Entwicklungsländer einerseits angehalten wurden, investitionsfreundliche Rahmenbedingungen (z.B. Freihandelszonen oder Steuererleichterungen) zu schaffen, um Auslandsinvestitionen anzuziehen. Andererseits mussten sie eine Reihe von Politikmaßnahmen abschaffen, die Kleinbäuerinnen und -bauern (damals wie heute lebt in vielen Entwicklungsländern der Großteil der Menschen am Land und von der Landwirtschaft) unterstützt haben, wie z.B. günstige Kreditprogramme für den Kauf von Saatgut oder Dünger oder staatliche Vermarktungsorganisationen. Auch Preiskontrollen, die sicherstellten, dass die lokale Bevölkerung Zugang zu leistbaren Lebensmittel haben, mussten abgeschafft werden. Mit diesen Politikmaßnahmen wurde somit einerseits die Ausweitung einer monokulturellen Produktion für den Export gefördert, andererseits wurden die Rahmenbedingungen für lokale landwirtschaftliche Produzent/innen extrem verschlechtert. Sie verloren quasi von einem Tag auf den anderen Unterstützungen, die für sie wichtig waren und sahen sich zunehmend mit einer unfairen Importkonkurrenz von billigen Produkten v.a. aus den USA und der EU konfrontiert. Die Fokussierung der Agrarpolitiken der USA und der EU auf die Steigerung der landwirtschaftlichen Produktivität (und somit das Vorantreiben des agrarindustriellen Modells) hat dort zu einer Überschussproduktion geführt, die seit Jahren unterhalb der tatsächlichen Produktionskosten (via Exportsubventionen oder -kredite oder auch als Lebensmittelhilfe) auf die Agrarmärkte von Entwicklungsländern exportiert wird. Diese Praxis wird gemeinhin als „Dumping" bezeichnet. Umgekehrt hat der zunehmende Import v.a. von billigen Futtermitteln (u.a. Soja und Mais) in die USA und die EU die Ausdehnung der industriellen Tierhaltung ermöglicht und eine enorme Zunahme des Fleischkonsums in den USA und der EU vorangetrieben.

Mit dem Abschluss der Uruguay Runde der GATT-Verhandlungen 1994 wurde die Schaffung der Welthandelsorganisation und die Festschreibung der Liberalisierung des Agrarhandels durch das Agrarabkommen beschlossen, welches 1995 mit der Etablierung der WTO in Kraft trat. Vordergründig sollte das Agrarabkommen die Dumpingpraxis der USA und der EU beenden und die Exportmöglichkeiten für Entwicklungsländer in Industrieländer durch die Senkung der Importzölle für agrarische Produkte verbessern. In der Realität hat das Agrarabkommen – dessen Grundzüge von zwei US-Agrarkonzernen (Cargill und Archer Daniels Midland/ADM) geschrieben wurden – die kleinbäuerliche Landwirtschaft in Entwicklungsländer und auch in Industrieländern weiter zerstört. Die weitere Senkung von Importzöllen und deren Festschreibung hat die Agrarmärkte der Entwicklungsländer weiter geöffnet, während die Industrieländer – insbesondere die EU – für viele Agrarprodukte, die lokal erzeugt werden, weiterhin hohe Importzölle verhandelt hatte.

Die Dumpingpraxis wurde mit der Begrenzung und Festschreibung des Subventionsvolumens ebenfalls nicht abgeschafft. Dies deshalb, weil im Rahmen des WTO-Abkommens Dumping nur dann besteht, wenn ein landwirtschaftliches Produkt am Weltmarkt unterhalb des Verkaufspreises im Entstehungsland vertrieben wird. In der Folge haben die USA und die EU ihre Agrarpolitiken WTO-kompatibel umgestaltet. Produktionsbedingte Subventionszahlungen wurden zunehmend durch Direktzahlungen oder antizyklische Zahlungen ersetzt (fällt der Weltmarktpreis unter die tatsächlichen Produktionskosten wird z.B. den US-Bauern die Differenz mit öffentlichen Mitteln bezahlt). Die Reformen der EU-Agrarpolitik seit 1992 zeichnen sich genau dadurch aus. Das EU-interne Preisniveau für agrarische Rohstoffe (Interventionspreise) wird immer mehr gesenkt, der Einkommensausfall für Produzent/innen wird mit Direktzahlungen kompensiert. EU-Agrarexporte können somit langfristig ohne direkte Exportsubventionen erfolgen, da sie durch indirekte Exportsubventionen ersetzt werden. Laut WTO-Definition findet dann kein Dumping mehr statt.

Das Agrarabkommen der WTO hat somit den Zugang lokaler Produzent/innen v.a. in Entwicklungsländern zu ihren eigenen Märkten weiter unterminiert. Auch der Abschluss der Doha-Runde, welche 2001 begonnen wurde, würde diese Situation nicht verändern, da der Kern der Vorschläge in einer weiteren Senkung der Agrarzölle besteht sowie in der Legitimierung von Direktzahlungen als nicht marktverzerrende Subventionen. Zwei der anschaulichsten Beispiele für die Auswirkungen dieser Deregulierungs- und Liberalisierungspolitik ist die Zerstörung der Geflügelproduktion in

Westafrika durch den Export von billigsten Geflügelteilen aus der EU und die Zerstörung der Lebensgrundlage von Millionen von mexikanischen Maisbauern und -bäuerinnen infolge der Nordamerikanischen Freihandelszone (NAFTA), welche 1994 in Kraft trat. Im Falle der Geflügelproduktion in Westafrika wurde ein Großteil des Geflügelkonsums in der Region bis vor einigen Jahren noch aus eigener Produktion gedeckt, heute werden durchschnittlich noch 5 % in den Westafrikanischen Ländern erzeugt, der Rest kommt aus der EU. Mit dem Inkrafttreten der NAFTA verloren innerhalb weniger Jahre viele mexikanische Kleinbäuerinnen und Kleinbauern, die Mais anbauten, ihre Existenzgrundlage, da nunmehr US-Mais unterhalb der tatsächlichen Produktionskosten auf den mexikanischen Markt kam. Viele dieser Mexikaner/innen migrierten in die USA. Sie sind heute Teil der großen Masse von nicht dokumentierten Arbeiter/innen unter anderem auf den großen US-Farmen.

Aber – wie bereits erwähnt – auch in den Industrieländern stehen Kleinbauern und -bäuerinnen unter massivem Druck. So mussten z.B. in den USA allein zwischen 1995 und 2000 90.000 Farmen, die kleiner als 810 ha waren (für US amerikanische Verhältnisse sind das kleine Produktionseinheiten), ihre Arbeit aufgeben. In Frankreich – um ein europäisches Beispiel zu nehmen – fiel die Zahl der kleinen Bauernhöfe zwischen 1993 und 2004 um ein Drittel. Zugleich wuchs die durchschnittliche Größe eines Bauernhofs um 40 %. Dieser Trend ist in allen EU-Ländern zu beobachten.

Die Zerstörung kleinbäuerlicher Existenzen durch unfaire Importkonkurrenz und die mangelnde Förderung des Landwirtschaftssektors in Folge der Abschaffung öffentlicher Institutionen und Politiken für die Verbesserung der Erträge aus kleinbäuerlicher Produktion hat in Entwicklungsländern Millionen von Menschen vom Land in die Städte getrieben. In Industrieländern, wo weitaus weniger Menschen direkt in der Landwirtschaft tätig sind, hat die Politik der Liberalisierung des Agrarhandels gemeinsam mit der Deregulierung der dortigen Agrarpolitiken (siehe z.B. die Reform der US-Agrarpolitik 1996 oder die Reformen der EU-Agrarpolitik seit 1992) den seit Jahrzehnten bestehenden Prozess der Zerstörung v.a. von kleinen Produktionseinheiten weiter vorangetrieben. Diese Zerstörung geht mit der Ausweitung von agrarindustriellen Produktionsstrukturen einher.

Dieser Prozess hat auch dazu geführt, dass die Kapazitäten zur eigenständigen Versorgung mit Lebensmitteln in den Entwicklungsländern massiv gesunken sind und die Abhängigkeit von Lebensmittelimporten massiv gestiegen ist. Laut der Ernährungs- und Landwirtschaftsorganisation der Vereinten Nationen (FAO) sind zwei Drittel der Entwicklungsländer, die in den 1980er Jahren noch Nettolebensmittelexporteure waren, heute Nettolebensmittelimporteure. Innerhalb der am wenigsten entwickelten Länder ist dieser Anteil noch viel höher. Weltweit hat die damit verbundene Forcierung von größeren Produktionseinheiten, von mehr Monokulturen und somit der Ausbreitung des agrarindustriellen Modells die Erosion von Böden, die Verschmutzung von Wasserressourcen und auch die Verringerung derselben sowie eine Zerstörung der Biodiversität vorangetrieben.

Wer profitiert von der gegenwärtigen internationalen Agrarpolitik?

Neben den Millionen von Verlierer/innen gibt es jedoch auch Gewinner/innen. Die Deregulierung und Liberalisierung der Agrarpolitiken und des Agrarhandels hat zu einer extremen Konzentration und Kontrolle des gesamten Agrar- und Lebensmittelsektors in den Händen einiger weniger Konzerne geführt. Eine Handvoll von global agierenden Konzernen, die v.a. in den USA und in der EU angesiedelt sind, profitiert seit über drei Jahrzehnten von immer stärker deregulierten Agrarmärkten. Sie sind es auch, die diese Deregulierungspolitik massiv vorantreiben. Konzerne wie Monsanto oder DuPont, zwei der größten Saatgutproduzenten der Welt, Syngenta (Nummer eins bei den Pestizidproduzenten), Cargill oder Nestle (zwei große Player im Bereich des Handels von agrarischen Rohstoffen) haben ein Interesse an der Ausweitung des agrarindustriellen Modells und der Schaffung eines globalen Marktes. Ihre Gewinne und ihre Marktmacht steigen seit Jahren kontinuierlich an.

Zur Verdeutlichung: Laut einem Bericht von Grain vom April 2008 konnte Monsanto im Jahr 2007 seinen Gewinn im Vergleich zum Vorjahr um 44 %, DuPont um 19 % steigern. Syngenta verzeichnete ein Plus von 28 % allein im ersten Quartal 2008 und Cargill stolze 86 % Plus. Auch Supermärkte wie Wal Mart, Carrefour oder Tesco erfreuen sich satter Gewinnzuwächse. Entlang der gesamten Produktionskette haben letztere gegenüber landwirtschaftlichen Produzent/innen, Lebensmittelverarbeiter/innen und Konsument/innen mittlerweile die größte Marktmacht.

Während also über eine Milliarde Menschen vom Hungertod bedroht ist, die Qualität von Lebensmitteln und somit auch die Gesundheit von Menschen kontinuierlich sinkt und die ökologische Basis für die Landwirtschaft zusehends zerstört wird, erzielen transnationale Agrar- und Nahrungsmittelkonzerne Rekordgewinne.

Der Großteil der landwirtschaftlichen Produzent/innen kann von derartigen Gewinnsteigerungen nur träumen. Steigende Kosten für Benzin, Saatgut oder Dünger gleichen allfällige höhere Preise, die Produzent/innen erhalten, in den meisten Fällen sofort aus – Bauern und Bäuerinnen zählen in den wenigsten Fällen zu den Gewinner/innen steigender Rohstoffpreise.

Biologische Landwirtschaft global?

Vor dem Hintergrund der ökologischen und sozialen Krise der Landwirtschaft stellt sich die Frage, wie wir genügend, gesunde und qualitativ hochwertige Lebensmittel für alle Menschen dieser Erde erzeugen können und welche Rahmenbedingungen dafür notwendig sind; heute und in Zukunft vor dem Hintergrund der langfristigen Erhaltung der natürlichen Ressourcen wie Boden und Wasser sowie einer breiten Vielfalt an Pflanzen- und Tierarten, die Basis für jegliche Nahrungsmittelproduktion sind. Die Klimakrise und auch die Energiekrise sind dabei weitere zentrale Faktoren bzw. Herausforderungen, die mitzudenken sind. Die Bewältigung dieser Herausforderungen kann und muss angesichts der globalen Dimension und angesichts der Rolle, die die aktuellen internationalen Politiken und Strukturen hinsichtlich der aktuellen Krise der Landwirtschaft spielen, nur gemeinsam erfolgen.

Von den Verfechter/innen des agrarindustriellen Landwirtschaftsmodells und auch von vielen Regierungen, wird angesichts des Anstiegs der Weltbevölkerung immer wieder argumentiert, dass biologische Landwirtschaft nicht die notwendige Menge an Lebensmitteln erzeugen kann, die für das Überleben einer heute bereits über 6,5 Milliarden Menschen zählenden Weltbevölkerung notwendig sei. Bis 2050 soll die Weltbevölkerung auf 9 Milliarden Menschen anwachsen. Insbesondere seit der Explosion der Lebensmittelpreise werden einmal mehr technologische Lösungen – allen voran gentechnisch veränderte Getreidesorten und Lebensmittel – propagiert. Für Afrika wird von UN-Organisationen, der Weltbank und auch der Bill Gates Stiftung eine „Grüne Revolution" als Lösungsvorschlag vorangetrieben.

Demgegenüber steht eine umfassende Evaluierung des IAASTD (International Assessment of Agricultural Science and Technology for Development) über die aktuelle soziale und ökologische Lage der Landwirtschaft. Diese wurde von UN-Institutionen und auch der Weltbank in Auftrag gegeben, die Ergebnisse im April 2008 publiziert. Der Bericht stellt der industriellen Landwirtschaft ein vernichtendes Zeugnis aus und ruft die Regierungen zu einem ganzheitlicheren Zugang zur Landwirtschaft auf. Darin wird festgehalten, dass neben Ernteausfällen in Folge von Dürren oder Überschwemmungen auch zunehmend beobachtbar ist, dass Ernteerträge in jenen Ländern sinken, die jahrzehntelang industrielle Landwirtschaft betrieben haben. Bodenerosion, der Verlust der Bodenfruchtbarkeit und auch von Anbauflächen durch Versalzung der Böden, erhöhte Resistenz gegen Pflanzenkrankheiten und die Erschöpfung von Wasserressourcen sind Auswirkungen dieser Anbaupraxis, die sich negativ auf die Ernteerträge auswirken. Der Direktor von IAASTD, Robert Watson, hat anlässlich der Präsentation des Berichtes gesagt: *„Business as usual würde weitere Umweltzerstörung bedeuten und die Kluft zwischen den Habenden und Habenichtsen weiter vertiefen. Es würde zu einer Welt führen, in der niemand leben will."* Die Vorschläge und Empfehlungen sind eindeutig: Es bedarf einer radikale Trendwende – weg vom agrarindustriellen Modell, hin zu einer kleinräumigen, biologischen Landwirtschaft.

Neuere Forschungsergebnisse zeigen auch sehr klar auf, dass die Weltbevölkerung sehr wohl mittels ökologisch nachhaltiger Landwirtschaft ernährt werden kann. In einem 2007 erschienen Beitrag in der Zeitschrift „Renewable Agriculture and Food Systems" haben Forscher/innen der University of Michigan (USA) die Ergebnisse ihrer Studie zu genau dieser Fragestellung publiziert. Die Wissenschafter/innen haben mehr als 290 Datensätze analysiert und dabei festgestellt, dass biologische Landwirtschaft in Industrieländern 92 % der Menge produziert, die im Vergleich dazu mit konventioneller Produktion erzeugt wird. In Entwicklungsländern hingegen erzielt man mit biologischer Landwirtschaft um 80 % höhere Erträge als mit konventioneller Landwirtschaft! Die Wissenschafter/innen haben auch errechnet, dass eine vollständige Umstellung der gesamten Landwirtschaft auf biologischen Anbau die gegenwärtige Weltbevölkerung und auch eine weitaus größere Weltbevölkerung ernähren kann, ohne dabei mehr Agrarflächen in Produktion nehmen zu müssen.

Dies setzt sicherlich auch eine Veränderung der Ernährungsgewohnheiten, insbesondere in Industrieländern voraus, welche durch einen extrem hohen Fleischkonsum gekennzeichnet sind. Fleischproduktion benötigt nicht nur enorme Anbauflächen, um die notwendigen Futtermittel zu erzeugen, hoher Fleischkonsum ist auch extrem gesundheitsschädlich – wie z.B. die enorm hohen Zahlen an Herz-Kreislauf-Erkrankungen, Diabetes-Fällen oder von Menschen, die in den USA an Fettleibigkeit leiden, belegen. Abgesehen davon gibt es auch immer mehr Studien die nachweisen, dass der Nährwert von Lebensmitteln, die biologisch erzeugt werden, weitaus höher ist und somit die Menschen, die diese essen, gesünder sind. Der US-Autor Michael Pollan beschreibt in seinem kürzlich erschienenen Buch „In Defense of Food" den aktuellen Stand dieser Diskussion und zeigt auf, wie die moderne Ernährungswissenschaft Teil des agrarindustriellen Komplexes ist, der anstatt unverfälschte, gesunde Lebensmittel zu produzieren (die weitaus weniger Wertschöpfung und somit geringere Profite bedeuten würden), agrarische Rohstoffe in seine Einzelteile (Eiweiß, Kohlehydrate, Fette) zu zerlegen versucht, um sie dann wieder künstlich zusammenzubauen. Die Lebensmittel der „Functional Food"-Industrie, die vorgeben, gesundheitsfördernde Wirkungen zu haben, erzielen jedoch niemals denselben Effekt, wie biologisch produzierte, naturbelassene Lebensmittel.[1]

Angesichts der Herausforderungen, alle Menschen mit gesunden und leistbaren Lebensmitteln zu versorgen, und angesichts der empirischen Befunde über die Auswirkungen und Ergebnisse des seit Jahrzehnten propagierten agrarindustriellen Agrarmodells, liegt es klar auf der Hand, dass nur eine biologische Landwirtschaft, die in erster Linie an lokalen Wirtschaftskreisläufen orientiert ist, langfristig die Weltbevölkerung mit gesunden, nahrhaften Lebensmitteln zu versorgen mag und dabei auch die Lebens- und Überlebensinteressen der kommenden Generationen miteinbezieht. Darüber hinaus kann nur ein derartiges Landwirtschaftsmodell auch vielen Menschen Beschäftigung und eine Lebensexistenz garantieren. Denn für die Milliarden von Menschen, die heute in und von der Landwirtschaft leben, gibt es keine reale Beschäftigungsalternative.

Konturen einer ökologisch und sozial nachhaltigen internationalen Agrarpolitik

Abschließend stellt sich die Frage, welcher internationalen Agrarpolitik es bedarf, um eine ökologisch und sozial nachhaltige Landwirtschaft und ein gleichermaßen orientiertes Lebensmittelsystem zu fördern und zu verankern. Im Speziellen folgen hier Überlegungen hinsichtlich internationaler Handels- und Investitionsregeln, die zu den zentralen Elementen einer „internationalen Agrarpolitik" gehören.

Jegliche internationale Agrarpolitik – so wie auch die nationalen oder regionalen Agrarpolitiken – erfordert in einem ersten Schritt eine Zieldefinition. In vielen Industrie- und Entwicklungsländern ist gegenwärtig die Stärkung der Wettbewerbsfähigkeit der Landwirtschaft und der Lebensmittelindustrie im globalen Wettbewerb als oberstes Ziel der jeweiligen Landwirtschaftspolitiken definiert. Die Änderung dieser Zielrichtung ist ein erstes wesentliches Element für eine andere internationale Agrarpolitik. Vor dem Hintergrund von Bevölkerungswachstum, Energiesicherheit (oder anders ausgedrückt Peak Oil) und Klimawandel müssen die Landwirtschaftspolitiken – angefangen von der „Farm Bill" in den USA, über die EU-Agrarpolitik

---

1 Siehe dazu auch den Beitrag von Velimirov.

(GAP) bis hin zu den Agrarpolitiken der Agrarexporteure im Süden und jenen von Entwicklungsländer – sich an sozial und ökologisch relevanten Zielen orientieren. Dazu zählen u.a.:

- Die Sicherstellung des Zugangs zu gesunden Lebensmitteln für alle Menschen.
- Die Förderung von Produktionsmethoden, die eine nachhaltige Nutzung und Erhaltung der natürlichen Ressourcen (Land, Biodiversität, Wasser) garantieren und die auch für künftige Generationen das Überleben sichern.
- Eine Wertschätzung der landwirtschaftlichen Produzent/innen, die das Land bestellen – insbesondere durch einen fairen und angemessenen Preis für ihre Produkte und Arbeit.
- Die Stärkung und der Ausbau von lokalem Wissen über nachhaltige, der Region angepasste Produktionsmethoden sowie lokaler Biodiversität.
- Die Stärkung der Kontrolle von Produzent/innen und Konsument/innen über die Produktionsmittel und das Nahrungsmittelsystem.
- Die Lokalisierung von Nahrungsmittelsystemen, in denen Produktion und Konsum von Lebensmitteln so nah wie möglich organisiert wird, u.a. um Abhängigkeiten vom globalen Markt zu verringern und auch um die Energieeffizienz der landwirtschaftlichen Produktion zu verbessern.

Entwicklungsländer müssen in der Formulierung von Agrarpolitiken unterstützt werden, die die Stärkung der eigenen Landwirtschaft für die Versorgung der lokalen Bevölkerung entlang der oben beschriebenen Zielsetzungen vorantreiben. Der Anbau von Produkten für den Export ist dabei zwar nachrangig, aber auch für diesen Produktionszweig sind klare ökologische und soziale Nachhaltigkeitsstandards einzuführen. Weltbank und Internationaler Währungsfonds sollen sich an diesen Richtlinien bei einer allfälligen Vergabe von Krediten orientieren müssen. Abgesehen davon müssen Handels- und Investitionsabkommen, die die Landwirtschaft betreffen, entlang dieser übergeordneten Ziele verändert werden. Folgende drei Elemente, wären u.a. wesentliche Regulierungen der internationalen Agrarpolitik, die es zu verändern oder zu etablieren gilt:

a) Überarbeitung des Agrarabkommens der Uruguay Runde und des Doha Mandats

Das Agrarabkommen der WTO muss überarbeitet werden. Anstatt einer weiteren Öffnung der Agrarmärkte (also einem weiteren Abbau von Zollschranken und der Abschaffung u.a. von Regeln für ausländische Direktinvestitionen) müssen Regierungen wieder die Möglichkeit erhalten, Politiken, die die lokale Lebensmittelproduktion und lokale Landwirtschaft stärken, umzusetzen. Regierungen brauchen Instrumente, mit denen sie sich vor subventionierten Lebensmittelimporten, die unterhalb des tatsächlichen Produktionspreises verkauft werden, schützen können. Multilaterale Handelsregeln im Agrarhandel müssen sicherstellen, dass die Lebensmittelsicherheit und eigenständige Lebensmittelproduktion von Ländern nicht zerstört werden. Agrarhandel sollte nicht dazu führen, dass lokale Lebensmittelproduktion ersetzt wird, denn diese ist wichtig für Arbeitsplätze und Entwicklung. Auch bilaterale und biregionale Freihandelsabkommen, die bereits abgeschlossen wurden oder gegenwärtig verhandelt werden (siehe z.B. die Wirtschaftspartnerschaftsabkommen der EU mit den afrikanischen, pazifischen und karibischen Ländern) müssen sich an diesen Zielsetzungen orientieren.

b) Maßnahmen zur Verringerung der Schwankungen von Lebensmittel- und Agrarpreisen

Staaten müssen wieder öffentliche Getreidelager auf nationaler und regionaler Ebene einrichten. Solche Getreidelager sind ein wichtiges Instrument gegen Preisschwankungen und Lebensmittelunsicherheit. Um Preisschwankungen handzuhaben, bedarf es auch einer koordinierten internationalen Zusammenarbeit zwischen Staaten im Bereich des Angebotsmanagement sowie Maßnahmen, die die Investitionsmöglichkeiten von institutionellen Investoren (z.B. Hedgefonds oder Pensionsfonds) auf den Rohstoffbörsen massiv einschränken (z.B. Zugangsbeschränkungen für die Rohstoffbörsen oder Spekulationsverbote). Eine bessere Koordination von globalen Rohstoffmärkten würde es erlauben, einen fairen Deal für landwirtschaftliche Produzent/innen sowie eine qualitativ bessere und quantitativ abgesicherte Lebensmittelversorgung der Menschen sicherzustellen.

c) Schaffung von globalen Wettbewerbsregeln

Multilaterale Handelsregeln können nicht länger die zunehmenden Marktverzerrungen infolge der hohen Marktkonzentration ignorieren. Einige wenige transnationale Unternehmen kontrollieren große Teile des globalen Rohstoff- und Lebensmittelmarktes. Es braucht verbindliche Regeln, um die Marktmacht dieser Unternehmen einzuschränken. Ein erster Schritt wäre die Dokumentation des Einflusses und der Marktmacht dieser Unternehmen. Es bedarf der Entwicklung von nationalen und internationalen Wettbewerbsregeln, die es diesen Unternehmen verunmöglicht, ihre Marktmacht zu ihrem Vorteil auszunutzen. Der 1980 entwickelte Code über restriktive Unternehmenspraktiken der Welthandels- und Entwicklungskonferenz (UNCTAD) stellt ein erstes Gerüst für globale Wettbewerbsregeln dar und könnte demnach ein Ausgangspunkt sein. Ebenso bedarf es einer Überarbeitung von globalen Abkommen, die gegenwärtig Patente auf Pflanzen und Tiere ermöglichen. Statt Patenten auf Leben sollte eine öffentliche globale Datenbank von natürlichen Ressourcen, die im Sinne der Verbesserung der ökologischen Nachhaltigkeit getauscht und weiterentwickelt werden können, etabliert werden.

Diese Zielsetzungen und Maßnahmen würden bedeuten, dass der nationalen (oder regionalen) Ernährungssicherheit und dem Zugang von lokalen Produzent/innen zu ihren eigenen Märkten Vorrang vor der Öffnung der Agrarmärkte für Importe oder der Exportproduktion eingeräumt wird. Zölle und Importquote ebenso wie soziale und ökologische Produktionsstandards wären erlaubt bzw. würden gefördert. Qualitätskriterien bei der Produktion könnten als Maßstab für die Bestimmung der Höhe des Zollsatzes für ein Produkt sein. Für jede Zollstufe könnten Quoten für Importe aus wirtschaftlich schwächeren Ländern vorgesehen werden, sofern ein Land importieren möchte. Diese Importe erfolgen jedoch zu Konditionen, die die lokale Landwirtschaft nicht unter Wettbewerbsdruck hinsichtlich der ökologischen und sozialen Standards führt.

Der Widerstand gegen die Doha-Runde der WTO oder auch gegen geplante bilaterale oder biregionale Freihandelsabkommen nimmt seit Jahren zu – im Süden wie im Norden. Nicht zuletzt auch deshalb konnte die Doha-Runde bisher nicht abgeschlossen werden; viele bilaterale Verhandlungen kommen nur langsam voran. Vor dem Hintergrund der bisherigen Erfahrungen mit der Schaffung eines globalen Agrarmarktes und der Wirkungsmechanismen der bestehenden Regeln für den internationalen Agrarhandel ist klar, dass eine sozial und ökologisch nachhaltige Landwirtschaft dort allenfalls einen Nischenplatz hat. Die langfristige Verantwortung der Versorgung aller Menschen mit gesunden Lebensmitteln und die Erhaltung der natürlichen Ressourcen für die nachkommenden Generationen werden wir nur mit einer radikalen Umgestaltung des Landwirtschaftsmodells in Richtung einer biologischen, kleinräumigen Landwirtschaft schaffen. Die Veränderung der internationalen Handels- und Investitionsregeln ist dabei ebenso wichtig, wie die radikale Änderung der Landwirtschaftspolitiken auf nationaler oder regionaler Ebene.

Literatur

Badgley, Catherine et al. (2007): Organic agriculture and the global food supply. In: Renewable Agriculture and Food Systems, Vol. 22, S. 86-108.

Barker, Debbie (2007): The rise and predictable fall of globalized industrial agriculture. International Forum on Globalization.

Berthelot, Jacques (2008): Sorting the truth out from the lies about the explosion of world agricultural prices: www.solidarite.asso.fr.

Evangelischer Entwicklungsdienst e.V. (EED) (2007): Keine Chicken schicken. Wie Hühnerfleisch aus Europa Kleinbauern in Westafrika ruiniert und eine starke Bürgerbewegung in Kamerun sich erfolgreich wehrt: www.eed.de//fix/files/doc/ eed_chicken_07_deu.pdf.

Sachs, Wolfgang/Santarius, Tilman (2007): Slow Trade – Sound Farming. Handelsregeln für eine global zukunftsfähige Landwirtschaft. Heinrich Böll Stiftung und Miseror.

FAO (2004): The State of Agricultural Commodity Markets.

GRAIN (2008): Against the Grain. Making a killing from hunger. www.grain.org/atg/

IATP/Smaller, Carin (May 2008): Seven reasons why the Doha Round will not solve the food crisis: www.tradeobservatory.org.

IATP/Constantin, Anne Laure (April 2008): A time of high prices: an opportunity for the rural poor? www.tradeobservatory.org.

IATP: US Farm Bill 2007 series: www.iatp.org.

IATP/Murphy, Sophia/Suppan, Steve (June 2008): The 2008 Farm Bill and the Doha Agenda: www.iatp.org.

International Assessment of Agricultural Knowledge, Science and Technology for Development: www.agassessment.org.

Ho, Mae-Wan/Burcher, Sam/Ching, Lim Li et al. (2008): Food Futures Now. ISIS-TWN Report: www.i-sis.org.uk/food Futures.php.

Murphy, Sophia (2008): The Food Price Explosion: What should governments do? In: Food Ethis Magazine, Vol. 3, Nr. 2: www.foodethicscouncil.org.

Polanski, Sandra (2006): Winners and Losers. Impact of the Doha Round on Developing Countries. Carnegie Endowment for International Peace.

Pollan, Michael (2008): In Defense of Food. An Eaters Manifesto.

Stewart, Sinclar/Waldie, Paul (2008): Feeding frenzy: www.iatp.org/tradeobservatory/library.cfm?refID=102948.

Vorley, Bill (2003): Food Inc. Corporate Concentration from Farmer to Consumer. UK Food Group.

Globale Nahrungsmittelkrise

Ist eine Welt frei von Hunger zur Illusion geworden?

Gertrude Klaffenböck

Mitte des Jahres 2007 gingen erstmals Berichte von Hungerrevolten aus einzelnen Ländern um die Welt; diesen Aufständen sollten in den nächsten Monaten Bilder und Reportagen aus Ländern wie den Philippinen, Mexiko oder Kenia folgen. In mehr als 40 Ländern haben bis Anfang des Jahres 2008 Nahrungsmittelverknappung und/oder enorme, kurzfristige Preissteigerungen tausende von Menschen auf die Straße getrieben, weil Grundnahrungsmittel nicht mehr leistbar oder schlichtweg nicht mehr verfügbar waren. Bereits vor Ausbruch der Nahrungsmittelkrise waren weltweit annähernd 850 Millionen Menschen täglich Hunger und Unterernährung ausgesetzt – ein Dauerphänomen, das von der medialen Öffentlichkeit kaum mehr beachtet wurde. Die von der UN-Organisation für Ernährung und Landwirtschaft (FAO) festgestellte Anzahl von Menschen, die täglich weltweit unterernährt sind, ist seit mehr als zehn Jahren im Steigen begriffen: War Mitte der 1990er Jahre noch von etwa 800 Mio. Menschen die Rede, musste im September 2008 ein Rekordhoch von 923 Millionen Menschen verzeichnet werden. UN-Expert/innen warnen mittlerweile sogar, dass diese Zahl innerhalb des nächsten Jahres um weitere 100 Mio. Menschen steigen könnte, würde nicht sofort wirksam gegengesteuert. Tatsache ist jedoch bereits heute: Noch nie waren auf diesem Globus so viele Menschen Hunger und Unterernährung ausgesetzt! Hat der überwiegende Teil der Menschheit es bereits als unabwendbare Tatsache akzeptiert, dass mehr als 30 Millionen Menschen jährlich die Folgen von Unter- und Mangelernährung nicht überleben?

Was die FAO wiederholt in ihren Dokumenten bestätigt, ist nicht neu: Die Welt erzeugt bereits heute genug Nahrungsmittel, um 8 Milliarden Menschen zu ernähren und hat das Potenzial, bis zu 12 Milliarden Menschen zu ernähren. Paradoxerweise leben etwa 80 % der Menschen, die weltweit chronischem Hunger ausgesetzt sind, auf dem Land – also jenen Regionen, wo eigentlich Nahrungsmittel erzeugt werden. Bei weitem mehr als die Hälfte von ihnen sind Frauen. 90 % des weltweiten Hungers zeigt sich in chronischer Unter- und Mangelernährung, mit entsprechenden Folgen für Gesundheit, physiologischer Entwicklung und Lebenserwartung – insofern ist Hunger durchaus mit Folter zu vergleichen. Anders als in Fällen von (Natur)Katastrophen oder Kriegen, liegen die Ursachen für chronische Unterernährung in strukturellen Bedingungen: In Machtverhältnissen, die Menschen, gesellschaftliche Gruppen und/oder Teile der Bevölkerung diskriminieren, marginalisieren, ausgrenzen – also soweit an den Rand der Gesellschaft drängen, dass ihre Existenzgrundlagen dauerhaft gefährdet oder gar endgültig entzogen sind. Einer solchen (nationalen und internationalen) Gesellschaftsordnung liegen verschiedene Formen von Gewalt zugrunde und diese beraubt täglich Millionen von Menschen des Rechts auf ein Leben in Würde.

Das Recht auf Nahrung – eine Pflicht der Staaten

Während sich in zahlreichen Ländern des Südens mittlerweile die Wahrnehmung von Hunger als Menschenrechtsverletzung durchsetzt, ist eine solche in wohlhabenden Ländern des Nordens (u.a. in Österreich) nach wie vor selten anzutreffen. Mit der Allgemeinen Erklärung der Menschenrechte von 1948 anerkennt die UN-Staatengemeinschaft unter anderem das grundlegende Recht jedes Menschen, frei von Hunger zu sein.[1] Mehr noch: Seit im Jahr 1976 der Pakt über wirtschaftliche, soziale und kulturelle Menschenrechte in Kraft getreten ist, bekennen sich mittlerweile mehr als 150 Staaten zum Recht jedes Menschen auf einen angemessenen Lebensstandard, wie er in Artikel 11 festgelegt ist. Ein angemessener Lebensstandard umfasst Grundbedürfnisse, wie Nahrung, Kleidung, Wohnen, aber auch eine entsprechende Vorsorge für Not- und Krisenfälle, in welche Menschen im Laufe ihres Lebens geraten können. Durch das Bekenntnis der Paktstaaten zu wirtschaftlichen, sozialen und kulturellen Grundrechten jedes Menschen wird die Befriedigung von Grundbedürfnissen nicht mehr „nur" zur Frage von Ethik und Moral, sondern sie wird zu einer Frage von Gesetz und von Recht. Eine Regierung, die sich zu Demokratie und Menschenrechten bekennt, steht vor allem gegenüber jenen Menschen in der Pflicht, die aufgrund herrschender Strukturen an den Rand der Gesellschaft gedrängt werden. Das Recht auf Nahrung wird u.a. als eines der grundlegenden Menschenrechte betrachtet, weil dessen Erfüllung als Voraussetzung für den Genuss weiterer Menschenrechte wie Gesundheit, Bildung oder Teilnahme am kulturellen Leben gilt. Während Staaten verpflichtet sind, diese

1 Artikel 25 (1): „Everyone has the right to a standard of living adequate for the health and well-being of himself and of his family, including food, clothing, housing and medical care and necessary social services, and the right to security in the event of unemployment, sickness, disability, widowhood, old age or other lack of livelihood in circumstances beyond his control" (Universal Declaration of Human Rights).

Rechte zu achten, zu schützen und zu gewährleisten und diese durch Mittel des Rechtsstaates um- und durchzusetzen, stehen alle Akteur/innen der Gesellschaft gleichermaßen in der Verantwortung, zur Erfüllung dieser Menschenrechte für alle beizutragen.

Nichtsdestotrotz finden wir uns – und viele von uns immer wieder fassungslos – in einer Staatengemeinschaft wieder, die einem global geknüpftem Regelwerk wie Handels- und Investitionsabkommen höhere Priorität einräumt als jenen völkerrechtlichen Verpflichtungen, die den Menschen weltweit die grundlegendsten Rechte sichern und Freiheiten garantieren.

In den Allgemeinen Rechtsbemerkungen Nr. 12 zum Recht auf angemessene Nahrung[2] sind grundlegende Elemente mit normativen Charakter beschrieben: Diese beinhalten u.a. den ökonomischen und physischen Zugang zu angemessener Nahrung sowie die (direkte und indirekte) Verfügbarkeit derselben; der ökonomische Zugang umfasst jene wirtschaftlichen Aspekte, nach denen adäquate Nahrung leistbar bleiben muss, ohne andere Grundbedürfnisse (etwa Wohnen, Kleidung, Hygiene etc.) zu gefährden. Der physische Zugang spricht Behinderungen bzw. Hindernisse an, mit denen sich Menschen einzeln oder in Gemeinschaft konfrontiert sehen, wenn sie sich nicht adäquat ernähren können. Dies können zum einen ältere und/oder pflegebedürftige und/oder physisch beeinträchtigte Menschen sein, Opfer von Katastrophen oder auch indigene Gemeinschaften, die auf verschiedenste Weise von Territorien abgeschnitten sind, die für ihre adäquate Ernährung wesentliche Bedeutung haben.

Die Verfügbarkeit von Nahrungsmitteln erlegt dem Staat die Pflicht auf, sowohl die direkte als auch die indirekte Verfügbarkeit durch Gesetze, Programme oder andere rechtsstaatliche Mittel zu achten, zu schützen und zu gewährleisten. Die direkte Verfügbarkeit beinhaltet beispielsweise produktives Land und andere natürliche Ressourcen, die notwendig sind, um Menschen adäquat ernähren zu können. Funktionierende Verteilungs- und Verarbeitungssysteme etwa sind mit indirekter Verfügbarkeit angesprochen. Dazu gehören auch Marktsysteme, die Produktion und Nachfrage ins Gleichgewicht bringen: auf Haushaltseben sowie lokaler, nationaler und internationaler Ebene. Regierungen haben darüber hinaus sicherzustellen, dass Nahrung in entsprechender Qualität (z.B. frei von gesundheitsgefährdenden Inhalten) und den altersgemäßen physiologischen Erfordernissen

2 Die Allgemeinen Rechtsbemerkungen wurden vom UN-Komitee für wirtschaftliche, soziale und kulturelle Rechte zur näheren Auslegung des Rechts auf Nahrung verfasst.

erhältlich ist. Der normative Inhalt des Rechts auf Nahrung befasst sich neben den qualitativen Aspekten auch mit Aspekten der Nachhaltigkeit, die für den biologischen Landbau von besonderer Bedeutung sind: So wird darin der nachhaltige Zugang und die nachhaltige Verfügbarkeit sowohl von Ressourcen als auch von Nahrung im engeren Sinne betont. Staaten haben demgemäß dafür Sorge zu tragen, dass langfristig die Voraussetzungen und die Befähigung der Gesellschaft aber auch einzelner Menschen, sich zu ernähren, nicht gefährdet werden. Das Recht auf Nahrung betrifft schließlich auch kommende Generationen, die einen Anspruch darauf haben, dass dieses grundlegende Recht für sie gewahrt bleibt.

Wirtschaftspolitische Rahmenbedingungen und die Aushöhlung des Rechts auf Nahrung

Aus der Perspektive einer Menschenrechtsorganisation für das Recht auf Nahrung stellt sich nicht nur chronischer Hunger, sondern auch die aktuelle Nahrungsmittelkrise als ein Ergebnis jahrelang praktizierter Verletzungen grundlegender Rechte jedes Menschen dar. Mit der verstärkt vorangetriebenen Globalisierung wurden politische Entscheidungen nicht mehr nur auf nationaler Ebene getroffen, insbesondere für wirtschaftspolitische Rahmenbedingungen gewinnt die internationale Ebene zunehmend an Bedeutung. Damit sind wesentliche Einflussfaktoren für die Nahrungsmittelkrise u.a. in einer internationalen Politik zu suchen, die viele Staaten jenen wirtschaftspolitischen Kurs einschlagen ließ, der für die Erfüllung menschenrechtlicher Verpflichtungen kaum mehr Spielraum lässt. Als zentrale Organisationen, mit denen eine solche Politik international durchgesetzt werden konnte, sind etwa der Internationale Währungsfond (IWF), die Weltbank und die Welthandelsorganisation (WTO) anzusehen. Mit Strukturanpassungsprogrammen, Handelsliberalisierung und exportorientierter Primärproduktion wurden in Entwicklungsländern Rahmenbedingungen geschaffen, die Maßnahmen für Achtung, Schutz oder Gewährleistung von sozialen und wirtschaftlichen Menschenrechten extrem einschränkten.

Unter diesem Aspekt müssen auch Entscheidungen in einer multilateralen Organisation, wie der WTO beurteilt werden. Etwa wenn von bereits ärmeren Ländern weitere Liberalisierung verlangt wird und so Schutzmaßnahmen für nationale Märkte zur selbständigen Nahrungsmittelversorgung verhindert werden.

Daneben sind jene Regelungen mitzubetrachten, die Staaten im Rahmen ihrer Mitgliedschaft bei internationalen Währungs- und Finanzinstitutionen mitentscheiden. Etwa wenn im Rahmen von Strukturanpassungsprogrammen armen Ländern eine von einseitigen Interessen getriebene Schulden- bzw. Wirtschaftspolitik auferlegt und dadurch empfindliche Einsparungen bei sozialen Versorgungs- und Dienstleistungen vorgenommen werden müssen. Oder wenn die Finanzierungs- und Investitionspolitik der Weltbank den Umweltschutz und die Rechte der Arbeitnehmer/innen aushöhlt oder durch Programme und Projekte Menschen noch weiter in Armut und/oder Hunger getrieben werden.

Aber nicht nur über multilaterale Strukturen werden Abkommen vereinbart und durchgesetzt, auch Regelungen von Staatengemeinschaften können dazu beitragen, das Recht auf Nahrung auszuhöhlen, anstatt dessen Verwirklichung nachhaltig zu stärken. Etwa, wenn die gemeinsame EU-Agrarpolitik/GAP sich eines marktpolitischen Instrumentariums wie Exportsubventionen bedient und so „food dumping" ermöglicht. In einer Reihe von Ländern wurden durch Billigimporte nationale und lokale Märkte bedrängt, sodass lokale Produzent/innen mit ihren Angeboten nicht mehr mithalten konnten bzw. können. Die Schwächung lokaler und regionaler Nahrungsmittel-Produktion und -Versorgung hatte in diesen Ländern zur höheren Verwundbarkeit gegenüber Preisschwankungen auf internationalen Märkten beigetragen. Die negativen, z.T. desaströsen Auswirkungen solcher politischen Entscheidungen sind weder neu noch unbekannt. Trotzdem konnte die internationale Staatengemeinschaft den Willen für einen grundlegenden Orientierungswechsel dieser Politiken bisher nicht aufbringen: Weiterhin tragen sie dazu bei, dass Hunger und Armut täglich neu organisiert werden.

Zwei Beispiele von Menschenrechtsverletzungen in Indien und Brasilien

Wie eingangs erwähnt, hängt Hunger nicht mit einer generellen Knappheit an Nahrung, sondern in den überwiegenden Fällen mit einer Gesellschaftsordnung zusammen, die durch verschiedene Formen von Gewalt und Unterdrückung gestützt wird. Zwei aktuelle Beispiele von Investitions- und internationaler Handelspolitik aus der alltäglichen Arbeit von FIAN sollen dies kurz verdeutlichen:

Im Juli 2006 hat die Regierung des indischen Bundesstaats West-Bengalen mit einem indonesischen Unternehmen ein Abkommen zur Umsetzung verschiedener Projekte unterzeichnet, darunter die Einrichtung einer sogenannten „Sonderwirtschaftszone" (SWZ) in Nandigram. Als die Regierung West-Bengalens mehrere Dörfer für die Einrichtung der SWZ erwerben wollte, kam es im März 2007 in Nandigramm zu noch nie dagewesenen Massenprotesten. Für die geplante SWZ sollten knapp 8.000 Hektar Land erworben werden, was zur Vertreibung von 100.000 Menschen – vorwiegend Kleinbauern und -bäuerinnen, Farmpächter/innen und Landarbeiter/innen – führen würde. Weder Entschädigung noch Wiedergutmachung wurden in Aussicht gestellt. Die Landwirtschaft auf den fruchtbaren, teilweise bewässerten Flächen stellt für die Mehrheit der Menschen die wesentliche Grundlage für ihren Lebensunterhalt dar. Bei Demonstrationen wurden in den folgenden Monaten mehr als 20 Bewohner/innen durch Schüsse der Polizei getötet. Die Bewohner/innen – mehr als 40.000 Menschen sind inzwischen obdachlos – wurden immer wieder von bewaffneten Handlangern der CPIM (marxistisch orientierte Kommunistische Partei Indiens) bedroht, welche plündernd, brandstiftend und vergewaltigend die Dörfer durchkämmten. Die Zentralregierung in Delhi hatte die Zentrale Reservepolizei (CRPF) entsandt, die im Frühjahr 2008 jedoch wieder abgezogen werden und die Dörfer schutzlos zurücklassen sollte. Mit einer solchen Investitionspolitik missachtet die Regierung Westbengalens nicht nur das Recht auf Nahrung von etwa 100.000 Menschen und gibt sie dem Hunger preis, mehr noch: Sie riskiert, den für die Bewohner/innen nachhaltigsten Schutz gegen Hunger – nämlich sich selbst durch die eigene Nahrungsmittelproduktion zu ernähren – dauerhaft zusammenbrechen zu lassen.

Ein weiteres Beispiel aus Brasilien zeigt, wie vor allem internationale Handelsabkommen und die Exportpolitik Brasiliens eine ähnlich desaströse Wirkung entfalten: In Brasiliens Bundesstaat Mato Grosso do Sul müssen Indigene nach wie vor um ihr Land kämpfen, das für sie als materielle, soziale und kulturelle Lebensgrundlage von zentraler Bedeutung ist. In den letzten Jahren haben sich diese Kämpfe in verschiedenen Regionen zugespitzt, sodass infolge von Landkonflikten und Unterernährung in indigenen Gemeinden der Guarani-Kaiowa wiederholt der Tod von Kindern und Erwachsenen zu beklagen war. Seit 2005 starben in dieser Region 53 Kinder unter fünf Jahren, im Jahr 2007 waren es 12 Kinder. Die Todesfälle ereigneten sich in Amambai und vor allem in Dourados, wo 110.000 Indigene leben. Obwohl die Verfassung Brasiliens Indigenen ihr traditionelles Land garantiert, werden diese Rechte missachtet und nicht geschützt. Nun ist für Indigene ihr traditionelles Land grundlegende Voraussetzung, um ihr Recht auf Nahrung verwirklichen zu können – die fortwährende und andauernde Missachtung und der mangelnde Schutz dieser Rechte führen wiederholt zu Hunger, Mangelernährung und zu Gewalt gegenüber den Guarani – allein im Jahr 2007 wurden 48 Angehörige der Guarani-Kaiowa ermordet. Der unzureichende Zugang zu Land – als Folge von Landraub und Zerstörung von Guarani-Territorien – führt dazu, dass die Guarani-Kaiowa sich von dem verbliebenen Territorium nicht mehr ausreichend versorgen und ernähren können. Führer der Indigenen, die um ihre Landrechte kämpfen, werden ungerechtfertigter Weise zunehmend kriminalisiert. Die Ausdehnung von Sojaplantagen und in jüngster Zeit von Zuckerrohrplantagen hat die Konflikte um Land zugespitzt – in den „Zuckerrohr-Regionen" haben sich die Mordfälle an Indigenen im Jahr 2007 fast verdoppelt. Die fortgesetzte Reduzierung der Territorien für Indigene in Brasilien droht durch den gegenwärtigen Agrartreibstoffboom weiter verstärkt zu werden.

Der Agrartreibstoff-Boom und extraterritoriale Staatenpflichten

Die Beimischungsziele innerhalb der EU von sogenannten Biotreibstoffen zu herkömmlichen Treibstoffen, ebenso wie die besonders ambitionierten Ziele Österreichs, haben wesentlich dazu beigetragen, dass eine stabile Nachfrage hergestellt wurde. Die Mitverantwortung der europäischen und der österreichischen Politik an den mit dem Boom einhergehenden Menschenrechtsverletzungen kann daher schwerlich wegdiskutiert werden.

Zwar sind Regierungen zuerst den Menschen, die auf ihrem Staatsgebiet leben verpflichtet. Sie haben ihre menschenrechtlichen Verpflichtungen und Verantwortung allerdings auch in internationalen Abkommen und in zwischenstaatlichen Organisationen wahrzunehmen. Der Einfluss des Booms von Agrartreibstoffen auf Preissteigerungen und/oder der Nahrungsmittelkrise wurde von Regierungen bzw. zwischenstaatlichen Organisationen lange Zeit nicht zur Kenntnis genommen. Mit dem Bekanntwerden einer Studie der Weltbank, in der die direkten und indirekten Folgen des Agrartreibstoffbooms für bis zu 75 % der Preissteigerungen von Nahrungsmittel mitverantwortlich gemacht werden, ist die Diskussion noch brisanter geworden.

Nicht nur durch die Globalisierung, sondern auch aufgrund der universellen Gültigkeit von Menschenrechten muss daher künftig den extraterritorialen Staatenpflichten stärkere Aufmerksamkeit gewidmet werden. Extraterritorialen Staatenpflichten sind menschenrechtliche Verpflichtungen, die ein Staat auch gegenüber Menschen in anderen Ländern hat. Sie beziehen sich etwa auf Aktivitäten eines Staates (z.B. Projekte oder Programme) in einem anderen Land, die dort nicht zu Menschenrechtsverletzungen führen dürfen; ebenso auf die Verantwortung von Staaten in zwischenstaatlichen und/oder multilateralen Organisationen wie etwa dem Internationalen Währungsfonds, der Weltbank und der Welthandelsorganisation. Darüberhinaus ist damit aber auch die Verantwortung von nichtstaatlichen (privaten) Akteur/innen, wie etwa transnationalen Unternehmen eingeschlossen.

Staaten sind verpflichtet, nichtstaatliche und private Akteur/innen aus ihren Ländern zu kontrollieren und zur Verantwortung zu ziehen, wenn es durch deren Vorgehen oder Aktivitäten in anderen Ländern zu Menschenrechtsverletzungen kommt. Angesichts der weitreichenden Konsequenzen, die diese Verpflichtungen nach sich ziehen, ist es wenig verwunderlich, dass Staaten bisher zögern, diese extraterritorialen Pflichten anzuerkennen. Umso wichtiger wird es sein, dass eine kritische und aktive Zivilgesellschaft diese von ihren Regierungen einmahnt und sie darauf hin überprüft.

Die Nahrungsmittelkrise und der World Food Security Summit

Während im Jahr 2007 die ersten Berichte von Protesten und Demonstrationen gegen steigende Nahrungsmittelpreise als Einzelfälle betrachtet wurden, mussten Anfang 2008 Regierungen und internationale Organisationen eingestehen, dass sich es sich um eine „globale Nahrungsmittelkrise" handelt. Soziale Bewegungen (Civil Society Organisations/CSO) und Nicht-Regierungsorganisationen (NROs) hatten seit Jahren auf Fehlentwicklungen in der internationalen Wirtschaft und im globalen Handel hingewiesen. Aber als wäre die Frage, ob jeder Mensch – Frauen, Männer, Kinder und Ältere – täglich genug zu essen haben, lediglich eine rein hypothetische, wurde den Forderungen und Bedenken von CSOs und NROs wenig Gehör geschenkt. Erst als das World Food Programm und Weltbank Anfang 2008 lautstark Alarm schlugen, weil selbst Hilfslieferungen für Katastrophensituationen, wie sie das World Food Programm durchführt, kaum mehr finanzierbar waren, nahmen auch Regierungschefs in entwickelten Ländern zur Kenntnis, dass sich das „Problem" zur Krise gesteigert hatte.

Die von der FAO für Juni 2008 einberufene High Level Conference, die sich ursprünglich mit den Themen *Bioenergy, Climate Change* und *Food Security* beschäftigen sollte, wurde angesichts der Entwicklungen jedoch informell zu einem World Food Security-Summit umfunktioniert. Bei diesem Welternährungsgipfel hatten sich einzelne Staaten zwar kurzfristig dazu entschlossen, mehr Finanzmittel zur Bewältigung der Krise bereitzustellen, hinsichtlich der notwendigen Reformmaßnahmen von Agrarpolitik und Agrarhandel sind die Ergebnisse äußerst enttäuschend ausgefallen. Nachdem sich die Diskussion zur gemeinsamen Abschlusserklärung überwiegend um Ursache bzw. Einfluss von Agrartreibstoffen auf Preissteigerungen für Nahrungsmittel gedreht hatte, war für ein entschlossenes gemeinsames Vorgehen wenig Spielraum geblieben. Die Entwicklung eines gemeinsamen Aktionsplanes wurde damit weitgehend der bereits im April 2008 vom UN-Generalsekretär Ban Ki-moon eingerichteten High Level Task Force on the

Global Food Crisis (Hochrangige Arbeitsgruppe zur globalen Ernährungskrise) überlassen. In dieser Arbeitsgruppe sind alle UN-Organisationen vertreten, die sich mit Fragen der Ernährung und Landwirtschaft beschäftigen, einschließlich Weltbank, IWF und WTO. Im Juli 2008 veröffentlichte diese ihre Empfehlungen zur Überwindung der Ernährungskrise in Form eines Rahmenaktionsplanes (Comprehensive Framework of Action/CFA); auf diese im Einzelnen einzugehen, würde den Rahmen dieses Beitrages aber sprengen.

Kurz gefasst enthält der Aktionsplan eine Reihe interessanter Empfehlungen, die vor allem Staaten und Regierungen auf nationaler Ebene als Akteur/innen wieder stärker ins Zentrum rücken. Ebenso wird die kleinstrukturierte Landwirtschaft als wichtiger Faktor benannt und Nahrung als Menschenrecht betont. Trotzdem lässt es kaum die Abkehr von effizienzbetonter Produktionssteigerung und weiterem Liberalisierungsbedarf des Weltagrarhandels erkennen. Neben einigen anderen NROs hat auch FIAN in einem Positionspapier verschiedene Ansätze des CFA heftig kritisiert: So waren kleinbäuerliche Organisationen oder Zivilgesellschaft an der Entwicklung des Aktionsplanes weder beteiligt noch ernsthaft konsultiert worden. Grundlegende Prinzipien eines Menschenrechtsansatzes, wie Partizipation, Rechenschaftspflicht, Nicht-Diskriminierung usw. werden im CFA nicht beachtet und durch verschiedene Empfehlungen entpuppt sich die Betonung des Menschenrechts auf Nahrung eher als rhetorische Übung.

Bereits im Juni 2008 aber haben soziale Bewegungen und Zivilgesellschaft beim Welternährungsgipfel der FAO in Rom mit neuen Forderungen aufhorchen lassen, die der Dringlichkeit des Anliegens den entsprechenden Stellenwert einräumen: So wird die Anerkennung des „Do No Harm"-Ansatzes gefordert, was unter anderem einen sofortigen Stopp aller hungerschaffenden Politiken bedeuten würde. Ebenso sollte die Rolle und das Vorgehen von Staaten und nichtstaatlichen Akteur/innen im Rahmen der jüngsten Preisanstiege untersucht werden und deren Vorgehen entsprechend kontrolliert, gesetzlich geregelt und nötigenfalls auch mit juristischen Schritten begegnet werden.

Eine weitere Forderung etwa ruft den Internationalen Gerichtshof auf den Plan: Dieser sollte um beratende Meinung angefragt und um eine Einschätzung von internationalen Politiken, die das Recht auf Nahrung und andere Menschenrechte verletzen, gebeten werden.

Mit diesen und ähnlichen weiteren Forderungen wird die menschenrechtliche Verantwortung staatlicher wie nichtstaatlicher Akteur/innen für ihr Vorgehen auf internationaler Ebene in Zentrum gestellt.

Damit würde für Entscheidungen und Vorgehensweise von Staaten, privaten/transnationalen Akteur/innen und/oder zwischenstaatlichen Organisationen ein Rechtfertigungs- und Erklärungsbedarf hergestellt gegenüber einer Öffentlichkeit, die sich nicht mehr mit althergebrachten Rezepturen und wirkungsloser Medizin für die Bekämpfung von Hunger abfertigen lassen will.

Literatur

FAO (2006): State of Food Insecurity. SOFI.

FAO (2008): Soaring Food Prices: Facts, Perspectives, Impacts and Actions required. HLC/08/INF/1 (High-Level Conference on World Food Security: The Challenges of Climate Change and Bioenergy).

FIAN (2008): Agrofuels in Brazil. Fact-Finding Mission Report on the Impacts of the Agrofuels Expansion on the Enjoyment of Social Rights of Rural Workers, Indigenous Peoples and Peasants in Brazil. Executive Summary. Heidelberg.

FIAN (2008): Für einen Rahmenaktionsplan zur Durchsetzung des Rechts auf Nahrung, Positionspapier von FIAN zum Comprehensive Framework of Action (CFA) der Hochrangigen Arbeitsgruppe (HLTF) zur globalen Ernährungskrise, September 2008.

FIAN (2008): Urgent Actions/Eilaktionen: 0812 UPHL und 0802UBRA:

http://fian.de/fian/index.php?option=com_urgentactions&Itemid=&ua_old=1&Returnid=177&Itemid=177.

Worldbank/Mitchell, Donald (2008): A Note on Rising Food Prices. Policy Research Working Paper 4682.

Die Nahrungsmittelkrise

Eine neue Chance für nachhaltige Wege in die Zukunft?

Manfred Schnitzer

Selten zuvor haben die Begriffe „Ernährungssicherung" und „Nahrungsmittelpreise" in der öffentlichen Diskussion eine so große Rolle gespielt wie im ersten Halbjahr 2008. Sich wechselseitig beeinflussende Effekte auf den Agrar- und Energiemärkten sowie erhöhte Spekulationen führten zu akuten Krisenerscheinungen, welche vor allem breite Bevölkerungsschichten in den ärmeren Ländern schwer getroffen haben.

Unabhängig davon wurden in den vergangenen Monaten jedoch nicht nur Analysen betreffend der Ursachen und Auswirkungen der Misere, sondern auch sehr kritische und daher konstruktive Bestandsaufnahmen vorgelegt sowie konkrete Lösungsvorschläge im Hinblick auf eine allmähliche Verbesserung der Situation unterbreitet. Dabei sind interessanterweise die aufgeregten Erörterungen über die Angemessenheit der Preise von Grundnahrungsmitteln (wie Brot oder Milch), Treibstoffen und auch anderen Waren in den Ländern des Nordens wie immer deutlich losgelöst von den Diskursen im Hinblick auf eine Beseitigung des Hungers und der Mangelernährung in der übrigen Welt.

Im Folgenden soll im Wesentlichen auf das zweitgenannte Problem eingegangen werden, welches der ehemalige Schweizer Nationalrat und frühere UN-Sonderbeauftragter für das Recht auf Nahrung, Jean Ziegler, oft als „Massenmord" gegeißelt hat. Aber ist es, um die globalste seiner Thesen zu zitieren, wirklich *„die totale Arroganz des Westens, die schuld ist, dass noch immer alle fünf Sekunden ein Kind auf dieser Welt verhungert"*? Oder ist es nicht doch in erster Linie die weitgehende Ignoranz von Seiten mancher politischer Entscheidungsträger/innen, die im Rahmen ihrer Beschlüsse und Verfügungen stärker auf fachkundiger Expertise beruhende und damit gezieltere Maßnahmen zur Lösung dieser Katastrophe setzen könnten? Muss man sich wirklich bis zu tatsächlich stattfindenden Reformen des Welthandelssystems – vom Abbau der Subventionen angefangen bis hin zu gerechteren Marktbedingungen – gedulden oder kann man nicht bereits zum jetzigen Zeitpunkt spezifische Maßnahmen setzen, die als erste Schritte in die richtige Richtung weisen?

Das Jahr 2008: Showdown oder Meilenstein?

Aus der Perspektive der vor allem am Thema Landwirtschaft interessierten Öffentlichkeit, waren die vergangenen Monate wie nie zuvor von hitzigen Kontroversen und engagierten Diskussionen, kleinen (Teil)Erfolgen aber auch durch einige böse Überraschungen geprägt. Manches davon wurde auch von einem Teil der österreichischen Medienlandschaft aufgegriffen:

- Von Seiten der am Markt für Biotechnologie agierenden Unternehmen wurden nun auch in Afrika ein paar weitere Meter in der Verbreitung von gentechnisch verändertem Saatgut gutgemacht. Gewissenlosen Profiteuren ist es auch gelungen, in diversen Ländern nicht nur Abfälle (etwa in Form von Resten an Hühnerfleisch), sondern auch Gefahrengüter (wie etwa das schon aus der Mode geglaubte DDT) abzusetzen und damit die Gesundheit von Menschen, aber auch die Umwelt zu gefährden.
- Im Rahmen der internationalen Entwicklungszusammenarbeit gab es jedoch auch so manche positive Meldung. Diese bewegen sich vor allem in Richtung einer verstärkten Förderung biologischer Anbauverfahren sowie die gute Entwicklung der Erträge und damit der Einkommen. Uganda profilierte sich in diesem Zusammenhang als richtungweisend für andere Länder Afrikas, wobei gerade in dem von den Auswirkungen des Bürgerkriegs immer noch stark betroffenen nördlichen Landesteilen – unter anderem auf dem Gebiet des nachhaltigen Baumwollanbaus – beachtliche Erfolge zu verzeichnen sind. Daran knüpft auch die Österreichischen Entwicklungszusammenarbeit (OEZA) an, die in den vergangenen Monaten eine Kooperation mit der United Nations Conference on Trade and Development (UNCTAD) zur Unterstützung landwirtschaftlicher Vermarktungssysteme in Ostafrika begonnen hat.

Auf dem Gebiet der internationalen entwicklungsstrategischen Auseinandersetzung gab es vor allem zwei herausragende Publikationen: Zunächst erschien der wie immer um eine gewisse Neutralität und plakative Unvoreingenommenheit bemühte „World Development Report" (WDR) 2008 der Weltbank zum Thema „Agriculture for Development". Weniger um eine detaillierte Bestandsaufnahme als viel mehr um eine deutliche Stellungnahme ist der stärker profilierte Bericht des „International Assessment of Agricultural Knowledge, Science and Technology for Development" (IAASTD)[1] bemüht. Dieses Gremium formierte sich vor einigen Jahren unter Beteiligung von über vierhundert prominenten Wissenschafter/innen im Auftrag

1 Dieser Bericht wurde am 15. April 2008 veröffentlicht: www.agassessment.org.

und mit Finanzierung zahlreicher Länder, UN-Organisationen und auch der Weltbank.[2] Dabei wurden Antworten und Lösungsansätze auf eine der wohl wichtigsten Frage zur Zukunft der Menschheit gesucht: Wie kann eine wachsende Weltbevölkerung ökologisch nachhaltig und sozial verträglich ernährt werden?

Die wichtigsten Erkenntnisse dieses Berichts geben in ihrer Klarheit einen gewissen Anlass zu Optimismus und bestätigen in allen wesentlichen Punkten die schon bisher vertretene Position der Österreichischen Entwicklungszusammenarbeit:

- „Business as usual" stelle keine Option mehr dar: Zwar habe die moderne Landwirtschaft eine signifikante Steigerung der Nahrungsmittelproduktion geschaffen, doch ist der Fortschritt in vielen Fällen mit hohen sozialen und ökologischen Folgekosten einhergegangen. Diese Rechnung belastet gegenwärtig in erster Linie Kleinbäuerinnen und -bauern sowie die ländlichen Regionen, die von der internationalen Entwicklungszusammenarbeit bisher ohnedies am wenigsten profitiert haben, sowie die Umwelt. Von den besonders schwer geschädigten Böden der Erde ist etwa ein Drittel auf nicht optimierte und an lokale Verhältnisse angepasste landwirtschaftliche Aktivitäten zurückzuführen.
- Technische Problemlösungen allein reichen nicht aus: Es ist unsinnig, die Landwirtschaft weiter auf Massenproduktion auszurichten, auch wenn dadurch kurzfristig das Nahrungsmittelangebot gesteigert werden kann. Eine vorrangige Förderung der Agrarindustrie ist aus ökologischer Sicht bedenklich und trägt zur Verschärfung der sozialen Ungleichheit bei. Stattdessen plädieren die Autor/innen für eine multifunktionale Landwirtschaft, die eine ausreichend hohe Produktion mit dem Schutz von Wasser, Böden, Wäldern und der Artenvielfalt in Einklang bringt.
- Um die bisher mäßigen Erfolge in der Armutsminderung zu verbessern, ist zukünftig eine stärkere Förderung von Klein(st)bäuerinnen und -bauern vorzusehen. Außerdem treten die Wissenschafter/innen für eine Rückbesinnung auf traditionelle Anbauweisen und eine Einbeziehung des lokalen Wissens ein, welche in den letzten Jahrzehnten immer stärker in den Hintergrund getreten sind. Notwendig ist vor allem eine nachhaltige Nutzung der natürlichen Ressourcen. Dazu zählt die Forscher/innengruppe etwa den Einsatz natürlicher Düngemittel oder die Methoden und Ansätze der ökologischen Landwirtschaft. Unabdingbar ist auch

2 Vorbild für diese Initiative war das UN-Expert/innengremium für den Klimawandel IPCC, das 2007 den Friedensnobelpreis erhalten hat.

eine gerechtere Handelspolitik, wobei die OECD-Staaten vor allem ihre Subventionspraxis überdenken müssen.

An diesem Bericht erfahrener internationaler Fachleute mit jahrelanger Arbeitspraxis in Entwicklungsländern sollten ursprünglich auch Vertreter/innen von Agrarkonzernen wie Syngenta, Monsanto und BASF mitarbeiten. Diese zogen jedoch vor Abschluss der Studie ihre Beteiligung zurück, weil ihrer Ansicht nach der Bericht keine realistische Sicht für die künftigen Anforderungen der Landwirtschaft, eine Überschätzung der Bedeutung des Faktors Umwelt und eine Unterschätzung des Bedarfs an neuen Technologien bieten würde.

Zurück zum Ausgangspunkt: Im Bereich Ernährungssicherung[3] – also dass allen Menschen zu jeder Zeit Zugang zu genügend Nahrungsmitteln ermöglicht werden soll, um ein aktives und gesundes Leben führen zu können – steht unbestritten fest, dass die globale Herausforderung in zwei großen Aufgaben besteht, nämlich:

- in einer unbedingt erforderlichen Steigerung der Nahrungsmittelproduktion, vor allem in Hunger- und Mangelregionen der Welt sowie
- der Erhaltung und möglichst Verbesserung der Produktionsbasis, d.h. des Bodens, der Wasserverfügbarkeit sowie des Saatgutes und des Artenbestands.

Schon seit einigen Jahrzehnten gibt es nun, grob gesprochen, zwei Strömungen hinsichtlich des generellen Lösungsansatzes für diese Probleme:

- Die „neuen Modernist/innen“[4] setzen auf eine zweite Grüne Revolution, nun jedoch geleitet vom Einsatz der Gentechnik und von neuer Agrarchemikalien. Der Norden mit seinem riesigen Produktivitätsvorsprung und spezifischen, marktgängigen Problemlösungsangeboten wird als Miternährer des Südens betrachtet, sei es durch Lieferung von Produktionsmitteln (Saatgut, synthetische Dünger, Pestizide), durch direkte

3 Die Sicherstellung von Verfügbarkeit und Zugang zu ausreichender Nahrung sowie eines qualitativ befriedigenden und an die kulturellen Bedingungen angepassten Angebots an Nahrungsmitteln sind nicht nur konstitutive Elemente der Ernährungssicherung, sondern auch im Menschenrecht auf Nahrung verankert. Die Verwirklichung dieses menschlichen Grundrechts und die Anerkennung des Prinzips der Ernährungssouveränität – d.h. das Recht jeder Gesellschaft, ihre Landwirtschafts- und Ernährungspolitik selbst bestimmen und gestalten zu können – sind grundlegende Prinzipien im Verfolgen einer nachhaltigen Verbesserung der Lebenssituation armer Bevölkerungsgruppen, des Zugangs zu produktiven Ressourcen (vor allem Land) sowie der Sicherung der Ernährung im Rahmen von Strategien der ländlichen Entwicklung.

4 Diese Kategorisierung ist eine Vereinfachung der Systematik, die Jules N. Pretty in seinem Aufsatz „Sustainability works“ (Our Planet 8.4 – November 1996) für UNEP entwickelt hat.

Nahrungsmittelhilfe und ein – in den kommenden Jahren bei steigenden Gewinnchancen sicherlich noch interessanter werdendes – Foreign Direct Investment (FDI).

- Die Vertreter/innen der „ökologischen Richtung" beginnen ihre Argumentation mit einer systemischen Analyse und der Betrachtung der endogenen Faktoren. Sie halten eine ausschließlich auf dem Prinzip der Nachhaltigkeit beruhende Intensivierung und Diversifizierung der Produktion vor allem in den Armenvierteln unserer Erde nicht nur für möglich, sondern für unverzichtbar und sehen in dieser Hinsicht noch große, bislang ungenützte Potentiale für Ertragssteigerungen. Als entscheidende Kriterien werden die größtmögliche Vermeidung unangemessener Kosten und einseitiger Abhängigkeiten sowie die Notwendigkeit der soziokulturellen Anpassung des möglichen Angebots konkreter Problemlösungen gesehen. Dieses Angebot darf nicht ein generelles sein und sich etwa in Form einer Kampagne an die Allgemeinheit wenden, sondern muss immer auf die je nach Lebenssituation spezifischen Probleme, Herausforderungen und Potentiale reagieren. Aus diesem Grund setzen manche Vertreter/innen dieser Richtung dem bekannten Konzept der „Grünen Revolution", das heute auch von Seiten der Weltbank mit Umweltschäden und sozialen Ungerechtigkeiten assoziiert wird, dem Begriff einer „Regenbogen-Evolution"[5] entgegen, die keine homogenen Paketlösungen propagiert, sondern auf der Heterogenität von Kulturen und Umwelt aufbaut. Dieses Verständnis wäre in erster Linie auf Afrika bezogen, dessen ideeller Reichtum unter anderem in der historischen Herausbildung sehr unterschiedlicher „Farming Systems" entsprechend den verschiedenen klimatischen, naturräumlichen und soziokulturellen Gegebenheiten besteht.

Beiden Paradigmen – jenem der „Modernisierung" und dem der „Ökologisierung" – ist das Streben nach Gewinn und Nutzen sowohl für den Einzelnen als auch für die Gesellschaft nicht abzusprechen, doch unterscheiden sie sich in ihrer Tauglichkeit als allgemeingültige Vision.

Im ersten Fall wird die Unterstützung – sollte die internationale Gemeinschaft nicht in massiver Weise für die Finanzierung dieser Angebote aufkommen – auf jene, eher kleine Gruppe von Bäuerinnen und Bauern konzentriert sein, welche über genügend Kapital und Risikobereitschaft verfügt, um ein Entwicklungsmodell nach dem Modell der agrarindustriellen Produktion übernehmen zu können. Das „Recht auf Nahrung" wird entsprechend diesem

5 InterAcademy Council: Realizing the promise and potential of African agriculture, Science and technology strategies for improving agricultural productivity and food security in Africa, June 2004.

Konzept erfüllt, solange die Ernährung armer Bevölkerungsgruppen durch öffentliche Leistungen und Hilfslieferungen abgesichert ist. Auf internationaler Ebene wird diese Richtung einer vorrangigen Förderung „modernisierungsfähiger" und „innovationswilliger" Produzent/innen derzeit unter anderem durch die in erster Linie von US-amerikanischen Privatstiftungen geförderten „Alliance for a Green Revolution in Africa" (AGRA) unterstützt.[6]

Der Verfolg des zweiten – eher dem europäischen Denken entsprechenden – Modells ist wesentlich komplexer und mühsamer, bedarf es doch in gewissen Umfang eines „Steuern gegen den Wind", gegen Marktmacht und Verkaufsinteressen sowie auch gegen ein oberflächliches Verständnis vom Fortschritt nach westlichem Modell. Die Nutzung endogener Potentiale und des damit verbundenen Wissens bedarf einiger Anstrengungen, da es nicht primär in Forschungsstationen und Retorten entwickelt werden kann. Allerdings haben in den vergangenen Jahren Universitäten des Nordens und stärker noch des Südens sowie die Weltbank und die mit ihr verbundenen Agrarforschungsinstitute in einigen Fällen in erstaunlicher Weise vorgezeigt, auf welche Weise Innovation möglich wird, sobald Wissenschaft, Bildung, Beratung, Anwendung und Feedback auf intelligente Weise miteinander verknüpft werden. Auch im Rahmen der OEZA wurden und werden einige interessante Initiativen und gemeinsame Projekte gefördert, in welchem Kleinbäuer/innen, Händler/innen und akademisch gebildete Expert/innen entlang der Wertschöpfungsketten eng und erfolgreich zusammenarbeiten. Entscheidend sind in diesem Zusammenhang die gemeinsamen Lernprozesse, die vor allem den traditionell wirtschaftenden Kleinbäuerinnen und -bauern in entlegenen Gegenden im Sinne einer realistischen Einschätzung von Risiken und Potentialen Mut machen sowie Anreize zu positiven Veränderungen geben.

Derartige Konstellationen eines gegenseitigen Austausches und der partnerschaftlicher Kooperation führen tendenziell fast immer zu einem systemischen Verständnis der gegenwärtigen Realität (etwa indem die Sektoren Landwirtschaft und Energie simultan betrachtet werden) sowie auch der künftigen Nachhaltigkeit. „Nachhaltig" bedeutet in diesem Zusammenhang nicht mehr und nicht weniger als eine ökologisch und wirtschaftlich

---

6 Interessanterweise hat AGRA als Schwerpunktbereich ihrer Interventionen das übliche Schema der Arbeitsfelder Seeds, Soils, Water, Markets, Agricultural Education, African Farmers Knowledge und Policies definiert. Aussagekräftiger ist jedoch in der Regel das Organigramm, woraus sich die prioritären Programmbereiche Seed Production Systems, Agro-Dealer Development sowie Crop Improvement and Farmer Variety Adoption ableiten lassen.

dauerhafte, aber gleichzeitig auch rentable Form der Landwirtschaft, welche den heute lebenden Menschen, aber auch zukünftigen Generationen ein sicheres Leben ermöglicht. Es handelt sich dabei – nicht erst seit der Wahrnehmung des allmählich fortschreitenden Klimawandels – um einen fortlaufenden Entwicklungsprozess, wobei jeder bäuerliche Betrieb seine Ertragsfähigkeit immer wieder neu erarbeiten und anpassen muss.

Der dargestellte Gegensatz zwischen der einen Meinung, welche den Problemkomplex des ersten Millenniumsentwicklungsziels (Unterernährung sowie Mangel an Ressourcen, Produktivität und Einkommen aus der Landwirtschaft) in erster Linie aus dem Blickwinkel der Ökonomie und technischer Lösungen betrachtet, und der anderen, die sich stärker an der Ökologie und den soziokulturellen Faktoren orientiert, betrifft nahezu sämtliche mit Entwicklungszusammenarbeit befassten Institutionen und auch Regierungen. Man wird – von der Weltbank über die Universitäten bis hin zu Bezirksverwaltungen in den ärmsten Ländern – auf diesbezüglich sehr unterschiedliche Ansichten und Wahrnehmungen treffen. Dazu kommt noch, dass es im 21. Jahrhundert in vielen Fällen kein klares „entweder-oder“ gibt und man sich immer wieder mit den Argumenten der vermeintlich Andersdenkenden auseinandersetzen muss.

Manche Einsichten in der Diskussion des Themas Ernährungssicherheit sind universal und werden kaum mehr bestritten:

- Die landwirtschaftliche Produktion beruht gleichermaßen auf menschlichem Einsatz und Erfindungsreichtum wie auf biologischen und physikalischen Prozessen.
- Bäuerinnen und Bauern entfalten in der Regel viel Kreativität und Engagement, wenn sie Chancen zur Verbesserung ihrer Situation erkennen. Das bedeutet, dass hochproduktive, auf lokalen Ressourcen basierende Agrarsysteme am besten – und wohl auch am rationellsten – von den Landnutzer/innen und Landbewirtschafter/innen selbst entwickelt werden. Dabei erweisen sich nachfrageorientierte Beratung und Information, Kapazitätsentwicklung und Ermächtigung sowie die Nutzung des vorhandenen sozialen Kapitals als bedeutend wichtiger als die Maximierung des Einsatzes finanzieller Mittel.
- Das Problem der Ernährungssicherung betrifft vor allem arme Menschen, wobei auch nicht vergessen werden sollte, dass weltweit 90 % der Bauern und Bäuerinnen über eine Fläche von weniger als zwei Hektar verfügen.

Die internationale Entwicklungszusammenarbeit – eine nicht ganz befriedigende Bilanz der vergangenen Jahre

Das um die Jahrtausendwende von der Weltbank entwickelte und mittlerweile von den meisten Partnerländern adaptierte Konzept zur Formulierung nationaler Wachstums- und Armutsminderungsstrategien als dem zentralen Orientierungspunkt der aktuellen Entwicklungszusammenarbeit, ist in den vergangenen Jahren ein wenig modifiziert worden. Der ursprünglich beabsichtigte, ganzheitliche (holistische) Ansatz wurde weitgehend fragmentiert und in sektoriell oder instrumentell isolierte Engagements umgewandelt. Diese kategorisierende Interpretationsweise einer Förderung von Entwicklungsprozessen trifft besonders jene Arbeitsbereiche, die an den sogenannten Schnittstellen angesiedelt sind (wie etwa die Ländliche Entwicklung) oder überhaupt als Querschnitts-Materien gelten (wie etwa Umwelt). Es berührt ferner den Sektor Landwirtschaft, der durch eine im Grunde privatwirtschaftliche Orientierung mit gleichzeitig starkem öffentlichen Regelungs-, aber auch Förderungsbedarf charakterisiert ist. Noch deutlicher wird dies im Fall des Themas „Ernährungssicherung", welches nicht nur produktionstechnische, sondern vor allem grundrechtliche und im Hinblick auf Existenzsicherung auch soziale Faktoren verbindet. Als besonders nachteilig erweist sich das „isolierte Sektordenken", wenn es um die Bewertung von Umsetzungsprozessen und der praktische Anwendung systemischer Ansätze geht. In diesem Zusammenhang kommen auch eine multidimensionale Betrachtung von Armutsminderung und wichtige Verteilungsaspekte zu kurz – wobei es sich nicht nur um Einkommen, sondern in erster Linie bessere Lebenschancen im Allgemeinen handelt.

Diese Komplexität wird manchmal zum Schrecken jener, welche sich lieber an einfacheren Tatsachen ausrichten, was in der internationalen Entwicklungszusammenarbeit zumeist mit einem geordneten Rückzug auf die Rolle des Geldgebers ohne weitergehende, strategische Ansprüche und oft auch ohne Vision verbunden ist. Dieser Trend wird zudem dadurch verstärkt, dass sich die internationale Gemeinschaft – in diesem Fall berechtigterweise – um zunehmende Koordination sowie um prozedurale und inhaltliche Angleichung bemüht. Dies geht in Einzelfällen sogar so weit, dass manche Partner/innen im Süden in diesem Streben der Geberländer gelegentlich bereits Merkmale einer Kartellbildung zu erkennen vermeinen.

Die Frage, ob die internationale Entwicklungszusammenarbeit in jeder Hinsicht startklar für eine umfassende Unterstützung der Ziele einer erhöhten und verbesserten landwirtschaftlichen Produktion sowie der Ernährungssicherheit wäre, ist gar nicht so leicht zu beantworten. Da die Kooperation zwischen Ländern des Nordens und Südens so gerne auf ihre Erfolge verweist, ohne sich in jedem Fall auch selbstkritisch mit den eigenen beträchtlichen Defiziten, grotesken Fehlschlägen und falschen Orientierungen auseinanderzusetzen, erscheint eine Zusammenfassung der aus den eigenen Reihen attestierten Schwächen angebracht:

Erster Vorwurf: Es wurde zu wenig getan. In den letzten 25 Jahren war ein drastischer Rückgang der internationalen Förderungen im Bereich Landwirtschaft zu verzeichnen. Der Anteil der internationalen Gesamt-ODA[7] ging von 18 % im Jahre 1979 auf 3,5 % im Jahre 2004 zurück. Um dies zu verstehen, sind drei weitere Trends zu berücksichtigen.

Zweiter Vorwurf: Das Thema erscheint vielen als nicht trendy und fashionable. Eine der irrationalsten Gewohnheiten der internationalen Entwicklungszusammenarbeit ist das vorherrschende Denken und Handeln gemäß vorübergehend aktueller Moden und Schlagworte, die meist im Rahmen großer internationaler Konferenzen wie Sternschnuppen erscheinen und dann allmählich verglühen. In diesem Zusammenhang wird regelmäßig möglichst rasch möglichst viel Geld in die jeweils erwünschte Richtung bewegt, während die Kontinuität anderer Engagements unterbrochen wird. Betrachtet man die Geschichte der internationalen Entwicklungszusammenarbeit, dann gelten die Bereiche „Landwirtschaft" und „Ernährungssicherung" gleichsam als Paradedisziplinen der Frühzeit, als etwas überkommene, ziemlich erdige, vom persönlichen Bezug in der Regel schon weit entfernte Fachbereiche.

Dritter Vorwurf: Einfache und plakative Reaktionen sowie wenig aufwendige Lösungen werden bevorzugt. Internationale Trends tendieren immer stärker zur Uniformität: Immer beliebter werden bloße Beteiligungen an Interventionen, was die eigene Verantwortung minimiert. Zu erkennen ist eine zunehmende top-down-Orientierung zu Lasten der gerade im landwirtschaftlichen Bereich unabdingbaren Begleitung von Entwicklungen auf grassroot-Ebene und einer Vertiefung von Partnerschaften. Manche der internationalen Geber haben eine früher vorhandene, aber mittlerweile oft als zu mühsam und kompliziert empfundene Zielgruppenorientierung vernachlässigt oder ganz aufgegeben.[8] Diese grundlegende Haltungsänderung ist mit Hinblick auf die Themen Armutsminderung und Ernährungssicherung ebenso bedenklich, wie der Verzicht auf eine konsequente Resultatorientierung und

7 Official Development Aid.

8 Siehe dazu etwa: The Netherlands' Africa Policy 1998-2006 - Evaluation of bilateral cooperation, IOB Evaluation no.308 Summary, May 2008.

systematische Wirkungsanalysen.[9] Den nach wie vor geringen Erfolgen im Rahmen der Existenzsicherung der bedürftigsten Menschen in den am wenigsten entwickelten Ländern wird heute in der Regel damit begegnet, dass man das Mantra der Armutsminderung entweder in Form eines Slogans demonstrativ vor sich herträgt oder auf eine Interpretation dieses Ziel überhaupt verzichtet. Mittlerweile müssen sich schon sehr namhafte und grundsätzlich stark engagierte Partnerländer[10] im Rahmen einer objektiven Bewertung ihres Programms vorhalten lassen, dass die Bevölkerungen, die in Regionen fernab der breiten Asphaltstraßen und in den Slums der großen Städte leben, *„vom Radarschirm ihrer Wahrnehmung zunehmend verschwinden"*.[11] Es ist auch nicht hinzunehmen, dass der im Rahmen der landwirtschaftlichen Produktion so entscheidende Einkommensaspekt in den allermeisten Fällen nur mehr als vage Projektion fortzubestehen scheint.

Vierter Vorwurf: Die eigentlichen Probleme, Zusammenhänge und Potentiale geraten aus dem Blickfeld. Mit noch nie gekannter, aber völlig berechtigter Schärfe wird in aktuellen Evaluierungen auch auf diverse uneingestandene Informations- und Erkenntnisdefizite hingewiesen und gleichzeitig Ursachenforschung betrieben.[12]

Ein besseres Verständnis der Veränderungsprozesse und ihrer Bedingungen in Entwicklungsländern wurde schon immer als möglich betrachtet, solange man sich nicht nur mit der Makro-, sondern in systematischer Weise auch mit der Meso- und Mikroebene vertraut macht. Die Mehrzahl des von den Partnerländern beauftragten oder beschäftigten Personals bilden heute jedoch nicht mehr an interdisziplinärer Teamarbeit interessierte Spezialist/innen und in ständigem, direktem Kontakt mit der einfachen Bevölkerung befindliche Entwicklungsexpert/innen, sondern Leute, die in den Hauptstädten der Partnerländer im kontinuierlichem Dialog mit anderen Gebern oder der Regierung stehen. Es ist daher kaum verwunderlich, dass die Diskussion und Absprache von Interventions- und Beteiligungsfeldern

9 Ein Beispiel unter vielen: Independent Evaluation Group (IEG) of the World Bank – 2004 Annual Review of Development Effectiveness: The Bank's Contributions to Poverty Reduction.

10 Der zwar übliche, aber auch sehr unschöne Begriff „Geber" sollte in diesem Zusammenhang bestmöglich vermieden werden.

11 The Netherlands' Africa Policy 1998-2006 – Evaluation of bilateral cooperation, IOB Evaluation no. 308 Summary, May 2008.

12 Im Themenbereich „Ländliche Entwicklung" begann die Serie differenzierender Betrachtungsweisen sowie die kritische Aufarbeitung von Erfahrungen jedoch schon zu einem wesentlich früheren Zeitpunkt. Beispiele dafür gibt es auf internationaler (siehe etwa Chambers 1983) und auch österreichischer Seite (unter anderem Rabitsch 2002).

sowie Fragen des Finanzmanagements völlig einseitig dominieren. Das Wissen um den Grad der Zielerreichung und die erzielten Resultate sowie die Rückkopplungsprozesse der konkreten Erfahrungsebene tritt dementsprechend stark in den Hintergrund.[13]

Die entscheidenden Handlungsgebote als Wegweiser in die Zukunft

1.) Die Frage der Verteilung, Verfügbarkeit und Nutzung des Bodens klären

In internationalen Foren wurden die Themen der ungerechten Landverteilung und die Notwendigkeit einer umfassenden Agrarreform in zahlreichen Entwicklungsländern jahrzehntelang ignoriert. Dies änderte sich zunächst einmal auf theoretischem Gebiet, als kurz vor der Jahrtausendwende mehrere bedeutende entwicklungspolitische Institutionen (wie etwa die Weltbank oder die Europäische Kommission) diesbezügliche Grundsatzpapiere und Richtlinien veröffentlichten. In der Praxis kommen derartige Programme allerdings äußerst schleppend voran. Die Realität wird vielmehr durch ständige politische Einflussnahmen, Günstlingswirtschaft und eine immer stärkere Bodenspekulation geprägt. Traditionelle Rechtsysteme und daraus abgeleitete Ansprüche geraten durch massiv vorangetriebene Privatisierungen und zumeist wenig transparente und ungeregelte Landmärkte in Gefahr. Dazu kommt, dass in einigen Ländern, in welchem Grund und Boden dem Staat gehört, diese Besitzstände zäh verteidigt werden, was für die Kleinbäuerinnen und -bauern selbst kaum einen Anreiz für Investitionen darstellt.

2.) Die Frage der Welternährung noch kompromissloser ökologisch ausrichten

Die gemeinhin als erfolgreich angesehene, „stark" Ressourcen verbrauchende Landwirtschaft des beginnenden 21. Jahrhunderts ist an einem Wendepunkt angelangt. Aus heutiger Sicht ist etwa festzustellen, dass die äußerst hohe Produktivität der Agrarsysteme in den USA in hohem Masse mit der bisher kostengünstigen Verfügbarkeit nicht erneuerbarer Energieträger in Beziehung steht. Zur Ernährung eines einzelnen, durchschnittlichen Amerikaners wurden schon in den neunziger Jahren 400 Gallonen an Erdöläquivalent pro Jahr aufgewendet, insgesamt also etwa 17 % des Gesamtenergieverbrauchs.

In gewissem Sinn wurde dieser Irrweg jedoch zum Maßstab. So manche Agrarpolitik in den Entwicklungsländern spiegelt genau jenen Horizont wieder, den die politischen Entscheidungsträger/innen während ihrer

---

13 The Netherlands' Africa Policy 1998-2006.

akademischen Ausbildung im Norden der 1960er, 70er und 80er Jahre vermittelt bekommen haben. Viele Konzepte sowie vor allem nationale Strategien und lokale Entwicklungspläne erwähnen zwar das Wort „Umwelt", bauen jedoch strategisch weder auf den damit verbundenen Herausforderungen noch vorhandenen Potentialen auf. Es ist immer einfach, während internationaler Konferenzen vollmundige, oft nachgesprochene oder abgeschriebene Erklärungen abzugeben. Die konkreten Bemühungen, entsprechende Aspekte auch in der Praxis und im Politikvollzug zu verstärken sowie die entscheidenden Fragen der Nachhaltigkeit oder etwa auch der Biodiversität ernst zu nehmen, erweisen sich jedoch oft als die wahren „Mühen der lokalen Ebene".

3.) Die Frage einer Optimierung der Produktionssysteme im Einklang und nicht gegen die Natur beantworten

Beobachtet man die derzeitige Diskussion auf internationaler Ebene, dann fällt auf, dass die mehr oder weniger fachkundigen Teilnehmer/innen immer wieder dieselben Begriffe in den Raum stellen. Dabei scheint das Instrument der Nahrungsmittelhilfe und die Triade Hybridsaatgut, Mineraldünger und Bewässerung im Zeitalter der großen Finanzhilfen bereits zur universal gültigen Kurzformel einer generellen Problemlösung geworden zu sein. Doch die Realität und ihre Bewältigung sind leider nicht ganz so einfach. Dies wird manchen Medien bei entsprechender Recherche deutlich bewusst, vor allem wenn ihre Artikel oft schon längst bekannte, aber in den vergangenen Jahren nicht immer beachtete Faktoren, Methoden oder Ansätze aus der Zeit der Technischen Zusammenarbeit der vergangenen siebziger und achtziger Jahre betreffen.[14] Die Ernährungssicherheit in Entwicklungsländern wird im Sinne einer Optimierung der Produktionssysteme im Einklang mit der Natur von folgenden Konzepten und Verfahren[15] stark positiv beeinflusst:

- Eine fachlich gute, rechtlich verbindliche, unter Einbeziehung der Betroffenen erarbeitete und am lokal vorhandenen Ressourcenbestand ausgerichtete *Landnutzungsplanung;*

14 Dabei kann es durchaus zu interessanten Entdeckungen kommen. Ein Beispiel dafür wäre der Aufsatz „Soil under strain" der Financial Times vom 17. Juli 2008, dessen wesentliche Aussagen bereits vor Jahrzehnten in afrikanischen Mittelschullehrbüchern enthalten waren (Siehe etwa Ngugi/Karau/Nguyo 1978). Das Dilemma könnte nicht deutlicher sein: Diese Schicht an Schulabsolventen besteht im Wesentlichen aus Söhnen und Töchtern von Bäuerinnen und Bauern, die jedoch praktisch kaum jemals in die Landwirtschaft zurückkehren.

15 Diesbezüglich sind viele Verweise möglich. Siehe etwa Thompson 2007.

- ein an die jeweiligen Standortbedingungen angepasstes System von Brachen und *Fruchtfolgen* unter besonderer Berücksichtigung des Anbaus von Leguminosen zur Stickstofffixierung;
- schonende und minimierte Bodenbearbeitung sowie Direktsaat (Conservation tillage, minimum tillage or no tillage), welche die Bodenbearbeitung bis auf Null reduziert, sodass die Bodenstruktur erhalten bleibt und die vorhandene Bodenfeuchtigkeit effizienter genutzt wird;
- Methoden der *Agroforstwirtschaft,* welche die Pflanzung und Nutzung multifunktionaler Baumkulturen in die Agrarsysteme einbezieht;
- Landbauverfahren zur Prävention von Landdegradation (Erosionskontrolle);
- der für die Produktionsweisen in Entwicklungsländern so wichtige *Mischkulturanbau (intercropping, multicropping),* das genaue Gegenteil von einseitigem Monokulturanbau;
- die effiziente *Nutzung von Biomasse (insbesondere Ernte- und Verarbeitungsrückständen),* sowohl zur Anreicherung des Bodens als auch zur Energiegewinnung;
- eine *biologische Schädlingsbekämpfung,* welche die Resilienz von Ökosystemen nützt und vor allem mit dem Einsatz von Nützlingen arbeitet.[16] Die Bedeutung dieser Komponente ist gar nicht deutlich genug hervorzuheben – angesichts jährlich zu bis zu fünf Millionen Vergiftungsfällen und 20.000 Todesfällen durch Pestizide in den Entwicklungsländern;
- der Einsatz von *Methoden zur Vermeidung von Nachernteverlusten,* unter anderem durch verbesserte Lagerhaltung. Dies ist einer der wesentlichsten Faktoren überhaupt, wenn man bedenkt, dass – vor allem abhängig von der Qualität des Managements und den lokalen Bedingungen – sich ein Schwund an Nahrungsmitteln zwischen 30 bis sogar 50 % ergeben kann.

4.) Die Fragen von Planung und Entscheidung auf demokratische und partizipative Weise lösen

Fragen der Ernährungssicherung und der Agrarpolitik wurden jüngst auch von EU-Kommissar Louis Michel in seinem Buch „Afrika – Europa: Die unverzichtbare Allianz" angesprochen. Seiner Ansicht nach ist aus der Perspektive der Entwicklungsländer die Gefahr einer weiteren Verteuerung der Agrareinfuhren nicht gebannt. Da ein intensivierter Handel auf Grund der Wirtschaftsstruktur und Einkommenssituation der ärmsten Länder zumindest derzeit noch an seine natürlichen Grenzen stößt, bildet die

16 Genau für diesen Bereich hat die OEZA in Kooperation mit dem International Institute for Tropical Agriculture (IITA) bis in die jüngste Vergangenheit namhafte Beiträge zugunsten mehrerer afrikanischer Länder geleistet.

Steigerung der eigenen Produktion und damit die erforderliche Optimierung der jeweiligen nationalen und lokalen Möglichkeiten für absehbare Zeit den einzigen Ausweg, um Hunger und Unterernährung in den Griff zu bekommen. Interessanterweise verweist Michel in diesem Zusammenhang auf ein wichtiges Kriterium, das bisher in der internationalen Strategieentwicklung nicht immer im Vordergrund gestanden ist, nämlich die Nutzung der lokalen Kommunalstruktur, worunter die Ebene der Provinzen, Bezirke und auch Dörfer zu verstehen ist.

Das Jahr 2008 ist im Rahmen der internationalen Entwicklungszusammenarbeit durch eine intensive Diskussion über die Art und Weise, wie lokale Entwicklung bestmöglich organisiert und finanziert werden kann, geprägt. Begriffe wie Dezentralisierung, Subsidiarität und Empowerment stehen im Zentrum neuer Ansätze, die unter anderem etwa bewährte Elemente der europäischen Regionalentwicklung – etwa nach dem LEADER-Programm[17] – auf die Realität der Entwicklungsländer anzuwenden versuchen. Mit derartigen Bemühungen wird – und dies sollte nicht vergessen werden – so manches traditionelle Machtverhältnis auf nationaler wie lokaler Ebene in Frage gestellt. Die Tatsache, dass gelegentlich sogar noch im 21. Jahrhundert der einfache, paternalistische Ansatz nach dem top-down-Prinzip ohne die im politischen Leben viel entscheidenderen bottom-up-Prozesse samt verbindlicher Rechenschaftspflicht und Transparenz zur Anwendung gelangt, erklärt eine Großteil der Erfahrungen des Scheiterns, der mangelnden Effizienz und der extremen Mittelvergeudung.

Fazit

Die Welternährung nach den Prinzipien des Menschenrechts auf Nahrung und der Ernährungssouveränität ist nur durch Förderung von Bäuerinnen und Bauern zu erreichen, die im Einklang mit der Natur und daher nachhaltig produzieren und damit ihren eigenen Lebensunterhalt sowie den ihrer Kinder sichern können. Das Problem kann nicht – und schon gar nicht in den Entwicklungsländern – einer hochgezüchteten Agrarindustrie übertragen werden, welche die meisten mit einer umfassenden Landwirtschaft verbundenen Funktionen gar nicht erfüllen kann oder will. Fortschritt ist nicht immer gleichbedeutend mit der Anwendung neuer Erfindungen und Technologien, sondern mindestens ebenso oft mit der Berücksichtigung alter

17 Das (französische) Akronym LEADER bedeutet "Links between actions for the development of the rural economy".

Erfahrungen und schon fast verlorenen Wissens verbunden[18]. Es darf vermutet werden, dass so mancher Schlüssel zur Bewältigung der Zukunft genau dort liegt, wo er sich schon immer befunden hat.
Von Seiten der internationalen Entwicklungszusammenarbeit sind vielfältige Beiträge zur Förderung einer zukunftsorientierten Ernährungssicherung gefordert, die auch als Einzelteile einer umfassenden Strategie verstanden werden können. Dazu gehören

- eine Beteiligung am internationalen Informations- und Erfahrungsaustausch sowie die Förderung der Abstimmung im Rahmen relevanter Koordinationsforen und Netzwerken zur gemeinsamen Unterstützung der Entwicklung von Landwirtschaftsstrategien, die zur ökologischen Nachhaltigkeit sowie sozialer Gerechtigkeit beitragen;
- die direkte Förderung von kleinbäuerlichen Familienbetrieben, der ökologischen Landwirtschaft und ihrem Zugang zu lokalen und regionalen Märkten;
- die Unterstützung der Schaffung eines gleichberechtigten Zugangs zu Land – vor allem für Frauen – und einer nachhaltige Landnutzungsplanung auf lokaler Ebene;
- die Förderung von Maßnahmen der ländlichen Beratung und Informationsvermittlung sowie von Ausbildungen vornehmlich im stark mit der Lebenspraxis verbundenen, informellen Bereich;
- die Förderung der angewandten Forschung sowie die Vernetzung zwischen den Bereichen Bildung – Wissenschaft – Beratung – Produktion durch Konzentration auf die Kapazitätsentwicklung der Beteiligten in den Partnerländern;
- die Unterstützung von nationalen Dezentralisierungsprozessen und lokaler wirtschaftlicher Entwicklung unter Berücksichtigung von Prinzipen wie Partizipation, Inklusivität, Transparenz etc. im Rahmen der lokalen Entwicklungsplanung, Entscheidungsfindung und Umsetzung;
- die Förderung der Zusammenarbeit aller beteiligten Akteure (öffentlicher und privater Sektor sowie Zivilgesellschaft) entlang lokaler Wertschöpfungsketten sowie
- die Verstärkung der Betonung des thematischen Ansatzes der „Sozialen Sicherheit" auf lokaler Ebene sowie der Stärkung von Instrumenten des Frühwarn- und Informationsmanagements.

18 Siehe Indigenous Knowledge 2004.

Zusammenfassend ist festzustellen, dass sich die Kernprobleme der aktuellen Krise auf den Nahrungsmittelmärkten und in der Ernährungssicherung vor allem in den Entwicklungsländern manifestieren. Eine nachhaltige – ökologisch und soziale – Sicherung und damit auch die Anpassung der Produktions- und Reproduktionsweise in Zeiten erhöhten wirtschaftlichen Risikos und des Klimawandels erscheinen als einziger Ausweg.

Um dem zu entsprechen muss wesentlich mehr Augenmerk auf soziale Prozesse und Beziehungsmuster als Grundvoraussetzung technischer Innovationen gelegt werden. In diesem Sinne wäre das altbekannte Motto *„Putting people before technology (...)"* um die Erfahrung *„(...) then you will get the right technology as well as any possible and accepted solution"* zu ergänzen.

Literatur

Chambers, Robert (1983): Rural Development - Putting the Last First.

Europäische Kommission (2007): Evaluation thématique «Développement rural et agricole», Rapport Final Volume I – Rapport principal.

Europäische Kommission (2007): Evaluation of EC Cooperation in the field of rural and agricultural development in partner countries, Executive Summary.

Independent Evaluation Group (IEG) of the World Bank (2004): Annual Review of Development Effectiveness: The Bank's Contributions to Poverty Reduction.

Indigenous Knowledge for Development Program (2004): Local Pathways to Global Development (marking Five Years of the World Bank Indigenous Knowledge for Development Program). Washington.

InterAcademy Council (2004): Realizing the promise and potential of African agriculture, Science and technology strategies for improving agricultural productivity and food security in Africa.

International Assessment of Agricultural Knowledge, Science and Technology for Development/IAASTD (2008): Executive Summary of the Synthesis Report.

IOB (2008): The Netherlands' Africa Policy 1998-2006 – Evaluation of bilateral cooperation, IOB Evaluation no. 308 Summary.

Ngugi, D.N./Karau. P.K./Nguyo, W. (1978): East African Agriculture. A Textbook for Secondary Schools.

Pietrowicz, Pieter (1998): Bodenfruchtbarkeit: Stiefkind der Diskussion um ökologische Landwirtschaft in der Entwicklungszusammenarbeit? AGRECOL - ZwischenErnte, Bonn, 6.-8. Oktober 1998.

Pretty, Jules N. (1996): „Sustainability works"(Our Planet 8.4.).

Rabitsch, Waltraud (2002): Ländliche Entwicklung: Die häufigsten Fehler der 80er und 90er Jahre, ihre Ursachen und mögliche Wege ihrer Vermeidung. Unveröffentlichtes Manuskript.

Thompson J. et. al. (2007): Agri-Food System Dynamics: pathways to sustainability in an era of uncertainty, STEPS Working Paper 4.

World Bank (2008): World Development Report (WDR) „Agriculture for Development".

Königreich Bhutan – Menschenrecht auf Glück?

Andreas J. Obrecht

Von der universalen Generalprävention zum Primat der Ökonomie

Die politisch-historische Dimension der Deklaration der Menschenrechte durch die Mitgliedsstaaten der Vereinten Nationen vor 60 Jahren wurzelt in den philosophisch fundierten, emanzipatorischen Bestrebungen der Aufklärung, der amerikanischen Unabhängigkeitserklärung von 1776, in der in Anlehnung daran verfassten „Erklärung der Menschen- und Bürgerrechte" der französischen Nationalversammlung von 1789 und war eine direkte Reaktion der Staatengemeinschaft auf die Verheerungen des Zweiten Weltkrieges, in dem *„die Nichtanerkennung und Verachtung der Menschenrechte zu Akten der Barbarei geführt haben"*.[1] Nationale Bürgerrechte sollen den Staat, den großen Leviathan – wie Thomas Hobbes ihn in seiner Legitimation des Souveräns nennt[2] –, legal (verfassungsrechtlich) binden, ihn so zu einem Vertragspartner in einem umfassend ausgehandelten (und oft auch erkämpften) Gesellschaftsvertrag machen und staatliche Willkür verunmöglichen. Die universalistische Verallgemeinerung nationaler Bürgerrechte zu Allgemeinen Menschenrechten durch die Vereinten Nationen kann in Hinblick auf die historischen Erfahrungen der Unzulänglichkeiten staatlicher Souveränität als Generalprävention zur Vermeidung grundsätzlicher gesellschaftlicher Ungerechtigkeit und damit staatlich verschuldetem individuellen Unglücks interpretiert werden.[3]

---

1 Artikel 2.

2 Thomas Hobbes fundiert das Bürgerrecht als Folge eines Gesellschaftsvertrages mit dem – dadurch rational legitimierten – Souverän, um den *„Krieg aller gegen alle"* zu verhindern, bzw. den Souverän selbst an spezifische Pflichten (Schutz, Rechtssicherheit etc.) zu binden (vgl. Hobbes 1992).

3 Die aus nationaler bürgerlicher Rechtstradition resultierenden Allgemeinen Menschenrechte definieren die grundlegenden Rechte eines jeden Menschen *„ohne irgendeinen Unterschied, etwa nach Rasse, Hautfarbe, Geschlecht, Sprache, Religion, politischer oder sonstiger Überzeugung, nationaler oder sozialer Herkunft, Vermögen, Geburt oder sonstigem Stand"* (Artikel 2) und unabhängig davon, in welchem rechtlichen Verhältnis er zu dem Land steht, in dem er sich aufhält. Zwar besitzen sie keine explizite völkerrechtliche Verbindlichkeit, werden aber implizit als Teil des Rechtsbestands der Vereinten Nationen und des Völkergewohnheitsrechts angesehen. Mit der Beitrittserklärung anerkennt jeder Mitgliedstaat die Allgemeinen Menschenrechte.

Der universale Geltungsanspruch und der säkulare, überkonfessionelle Begründungszusammenhang dessen, was als schützenswert zu erachten ist, täuscht nicht darüber hinweg, dass die Allgemeinen Menschenrechte aus der politischen Emanzipation und den christlichen Leitbildern der europäisch-anglo-amerikanischen Welt gewachsen sind, was auch regelmäßig Anlass zu heftigen – oft kulturrelativistisch gefärbten – Debatten ist.[4] Im Folgenden soll nicht der – vielerorts gelehrig abgehandelten – Frage nachgegangen werden, ob die „eurozentrischen Implikationen" der Allgemeinen Menschenrechte dieselben in ihrem universalistischen Anspruch desavouieren, sondern inwieweit sich nationale Bürgerrechte in anderen, außereuropäischen gesellschaftlichen Kontexten zu einer Erweiterung dessen, was als „Menschenrecht" angesehen wird, eignen. Zur Abhandlung dieser Fragestellung wird ein zeitgeschichtlich wohl einmaliges Ereignis erörtert: Das autokratisch initiierte Entwicklungskonzept „Gross National Happiness" (Bruttosozialglück) und die damit verbundenen umfassenden Demokratisierungsprozesse im Königreich Bhutan.[5]

Aufgrund der historischen und politischen Erfahrungen, die den Allgemeinen Menschenrechten zugrunde liegen, basieren sie auf einem spezifischen Weltbild und einer bestimmten anthropologischen Vorstellung der Qualität von Menschsein. Als universales Regelwerk, das implizit in die Gesellschaftsverträge aller unterzeichnenden Nationen eingehen sollte, schreiben die Allgemeinen Menschenrechte auch die Stellung des Einzelnen gegenüber den jeweils Herrschenden fest. Staatliche Willkür soll ebenso der Vergangenheit angehören wie mangelnde Rechtssicherheit, und das – in bezug auf die grundlegenden Rechte – unabhängig von jenem Rechtsverhältnis in dem sich ein Mensch zu jenen befindet, die über das Territorium, worauf er sich befindet, herrschen. Jeder von uns weiß, dass in vielen Nationen dieser Welt dieses universale, transnationale Rechtsverständnis und damit die Allgemeinen Menschenrechte, selbst sprichwörtlich mit Füßen getreten werden und das tendenziell immer häufiger und offensichtlich brutaler (vgl. Janz/Risse 2007; Uyldert 2007). Einer der Gründe für die globale Verrohung ist das neoliberale Primat der Ökonomie gegenüber der Politik. Der historisch unzuverlässige Souverän – der seinen gesellschaftsvertraglichen Verpflichtungen oft nur scheinbar nachkam und nachkommt – hat vielerorts die Souveränität selbst an den „Sachzwang" ökonomischer

4 Vgl. dazu etwa die 1990 von der Organisation der Islamischen Konferenz beschlossene „Kairoer Erklärung der Menschenrechte", die z.B. kein Recht auf freie Wahl der Religion sowie des Ehepartners und keine Gleichberechtigung zwischen Mann und Frau vorsieht.

5 1971 ist das Königreich Bhutan Mitgliedsstaat der Vereinten Nationen geworden.

Erfordernisse abgegeben. Von den Staaten mit langer demokratischer Tradition bis hin zu den erst spät entkolonialisierten Nationalstaaten mit ausgeprägten institutionellen Defiziten: Immer häufiger wird die „Einhaltung der Menschenrechte" de facto an die Ökonomie und deren mächtige Agenten, wie z.B. multinationale Konzerne, delegiert. In der sich öffnenden Kluft zwischen (universalem) Rechtsanspruch und sozialer und ökonomischer Praxis vergrößern sich Armut, Leid, Rechtsunsicherheit und damit Unterdrückung. Menschen in schwachen ökonomischen Positionen ist der Ansprechpartner zur Einforderung ihrer Rechtsansprüche auf „menschenadäquates" Leben vielerorts abhanden gekommen: der Staat und somit die regulierende und verantwortlich zeichnende Instanz der Politik.

Königreich Bhutan – von der Theokratie über den Absolutismus bis zum Konzept einer nicht ökonomiezentrierten demokratischen Entwicklung

Das buddhistische Königreich Bhutan ist das einzige Land der Welt, das „Entwicklung" nicht prioritär ökonomisch definiert. Offiziell leben hier rund 700.000 Menschen: Tibetisch-stämmige Bhutaner/innen, die aus dem Westen eingewandert sind, Indo-Mongol/innen, die aus dem Osten kamen, Nepali-Bhutaner/innen, die aus dem Süden zuwanderten und rund ein Dutzend indigene Kulturen – die ursprüngliche Bevölkerung dieses kleinen, gebirgigen, multiethnischen Staates. Das kleine Land am Fuße des Himalaya – zwischen den geopolitischen Größen China und Indien gelegen – galt aufgrund seiner selbst gewählten Isolation lange als sagenumwobenes Land, als wahres Shangri La.

Entgegen dem lamaistischen Tibet freilich haben der theokratische Mönchsstaat[6] und – ab der Einigung 1907[7] – das absolutistische Königreich schon früh begonnen, sich gegenüber den mächtigen Nachbarn, insbesondere China, abzusichern.[8] Von einer – nach wie vor begrenzten – dennoch

6 Im 17. Jahrhundert wurden die Völker und feudalen Kleinstaaten Bhutans durch Shabdrung Ngawang Namgyel, dem religiösen Führer der buddhistischen Drukpa-Schule, geeint und eine Theokratie errichtet. Von den Dzongs, den imposanten, oft in felsigen Stein gebauten Wehrklöstern aus, regierte der buddhistische Klerus.

7 1907 wurde Ugyen Wangchuk, der Penelop (Abt) des Trongsa Dzong von der Versammlung der klösterlichen Gemeinschaften zum ersten König von Bhutan gewählt. Druk Yul, das „Land des Donnerdrachen" wurde zu einem buddhistischen Königreich. Noch heute muss jeder Thronanwärter vorerst Abt des Klosters werden, so wie auch Khesar Namgyel Wangchuck im Jahre 2005.

8 Von 1865 bis 1947 führte Großbritannien die Auslandsbeziehungen Bhutans. Nach der Schlacht um Deothang stimmten die Bhutaner einem Friedensvertrag („Treaty of Sinchula") zu und traten die Duars (fruchtbare Flächen im Süden des Landes, heute Indien,

systematischen Öffnung kann aber erst ab den 90er Jahren des letzten Jahrhunderts gesprochen werden: Staatlich limitierter Tourismus[9], Diversifizierung der Handelspartner, um ökonomisch nicht zur Gänze von Indien abhängig zu sein[10], Öffnung gegenüber westlichen Geberländern – wesentlich der Unterstützung staatlicher Programme wegen –, Ausbau der Nutzung von Wasserkraft, Betrieb des bhutanischen Fernsehens ab 2002 und nun auch Internet – unter der Ägide eines staatlichen Providers. Ab der Jahrtausendwende waren diese Schritte begleitet von umfassenden Demokratiereformen, die – nach 100jähriger absolutistischer Herrschaft – den Übergang zu einer konstitutionellen Monarchie vorbereitet und ermöglicht haben, und die nunmehr, mit den ersten freien Parlamentswahlen am 24. März 2008, abgeschlossen sind.[11] Alle diese maßgeblichen Veränderungen fanden auf Initiative des früheren Königs Singye Wangchuck statt, der schon 2005 demokratische Wahlen angekündigt hatte und im Dezember 2006 – erst 52 Jahre alt – den „goldenen Thron" in der Königsstadt Thimphu seinem damals 27-jährigen Sohn Khesar Namgyel Wangchuck überlassen hat.[12]

Bhutan ist also auch das einzige Land der Welt, in dem Demokratisierung gleichsam per königlichem Dekret autokratisch verordnet und nicht

---

Westbengalen) an die Engländer ab. Als Gegenleistung verpflichteten sich die Engländer zu jährlichen Ausgleichszahlungen in Höhe von 25.000 Rupien. 1910 wurde im Vertrag von Punakha festgelegt, dass sich England nicht in die internen Angelegenheiten Bhutans einmischen dürfe, alle außenpolitischen Angelegenheiten jedoch von den Briten geführt würden. Außerdem wurden die Ausgleichszahlungen für die Duars verdoppelt. Trotzdem weigerte sich Bhutan, eine ständige Vertretung Englands zuzulassen und setzte auf völlige Isolation, um seine Unabhängigkeit zu bewahren (vgl. Schicklgruber/Pommaret 1997).

9 Wurden im Jahre 1985 nur 2.000 Touristen in das Land gelassen, so waren es 2006 schon 21.000 Besucher. Im aktuellen „Fünfjahresplan" peilt Bhutan eine Besucherzahl von 100.000 Besuchern pro Jahr an. Die Regierung regelt die Tourismusquote über den Preis pro Tag, der für einen touristischen Aufenthalt in Bhutan zu entrichten ist. Im Jahre 2007 belief sich dieser auf USD 220 pro Tag. Freies Herumreisen und Individualtourismus sind aktuell weder möglich noch vorgesehen. Tourismus reduziert sich in Bhutan auf Gruppenreisen mit festgelegten Pauschaltarifen (siehe dazu: Bhutan – Auf dem Weg zum „Brutto-National-Glück" mit Energie-Know-How aus Österreich: www.oekonews.at; Zugriff: 28.04.2008).

10 Somini Sengupta in der New York Times vom 23. April 2007: *"Bhutan reluctantly embraces democracy."*

11 Von den offiziell etwa 700.000 Bhutanern (45 % unter 18 Jahre) wählten 318.456 Wahlberechtigte (Wahlbeteiligung 79,4 %) am 24. März 2008 zum ersten Mal eine Nationalversammlung: Dabei vergaben sie 47 Mandate für das Unterhaus, um das sich die *Volksdemokratische Partei (PDP – 3 Mandate)* und die royalistische *Bhutanische Partei für Frieden und Wohlstand (DPT – 44 Mandate)* beworben hatten.

12 Die feierliche Inthronisation fand im Herbst 2008 statt.

gesellschaftspolitisch zwischen unterschiedlichen Schichten und Interessensgruppen ausgehandelt wurde. Die umfassende Demokratisierung in Bhutan ist auch eine Folge des Konzepts „Gross National Happiness“, das vom benevolenten König Singye Wangchuck schon Mitte der 1980er proklamiert wurde, und bei dem es nicht in erster Linie um ökonomische Maßzahlen und Wachstumsraten als Indikatoren für „Entwicklung“ geht, sondern um individuelle und gesellschaftliche Zufriedenheit – eingebettet in buddhistische Kultur und Spiritualität. Das staatstragende Konzept interessiert weltweit immer mehr Entwicklungsexpert/innen und wird bei mittlerweile jährlich stattfindenden Konferenzen als möglicher „Dritter Entwicklungsweg“ teilweise bewundernd, teilweise kritisch analysiert.[13]

Inwieweit ist menschenadäquate Modernisierung bei gleichzeitiger Minimierung der negativen Effekte rascher gesellschaftlicher Transformation überhaupt möglich? Inwieweit wird die Beziehung zwischen Souverän/Staat und Individuum durch dieses „top-down“-Konzept überstrapaziert? Desavouiert Demokratisierung und Neuverteilung gesellschaftlicher Macht nicht zwangsläufig die traditionelle Basis, auf der der gesellschaftliche Konsens über „Glück“ und „Zufriedenheit“ beruht? Wie soll das Mehrparteiensystem funktionieren? Wer wird die neue Macht, die dann „vom Volke ausgeht“, kontrollieren, wenn etwa kaum Medien vorhanden sind? Wie lässt sich innerhalb kurzer Zeit „obrigkeitsstaatliches“ Denken in ein „partizipatorisches“ transformieren? Welchen Anteil hat der Buddhismus und die ausgeprägte Volksfrömmigkeit an dem Konzept „Gross National Happiness“? Gibt es ein Bürgerrecht, und in Ableitung dazu ein Menschenrecht auf Glück? Im Folgenden werden einige dieser Fragen in der Analyse der Beziehung zwischen sozialer Realität, Neupositionierung des Souveräns/des Staates und der Praxis der bhutanischen Entwicklungspolitik erörtert, wobei zur Illustration auch auf Interviews zurückgegriffen wird, die während vom Autor geleiteter Forschungsprojekte mit Menschen aller Bevölkerungsgruppen aufgezeichnet wurden.[14]

---

13 Einen wesentlichen Anstoß zu den internationalen Diskussionen über „Gross National Happiness“ gab der österreichische Jurist und Ökonom Stefan Priesner, der zwischen 1996 bis 2000 UNDP – Programme Officer in der Königsstadt Thimphu war und seine an der John Hopkins University (Washington DC) approbierte Masterthesis in Ökonomie über dieses Entwicklungskonzept geschrieben hat (vgl. Priesner 1999; Powdyel 2004).

14 Diese Forschungsprojekte standen im Kontext der OEZA (Österreichische Entwicklungszusammenarbeit) und wurden vom Interdisziplinären Forschungsinstitut für Entwicklungszusammenarbeit (IEZ) der Johannes Kepler Universität Linz, bzw. von ÖKO-Himal (Gesellschaft für ökologische Zusammenarbeit Alpen/Himalaya) administriert und durchgeführt. Einerseits ging es dabei um die Erarbeitung einer nationalen Strategie für

Alte Rollen und neue gesellschaftliche Realitäten

An die 90 % der bhutanischen Bevölkerung leben nach wie vor in ländlichen Gebieten – zumeist als subsistenzwirtschaftende Bäuerinnen und Bauern. Modernisierung, Stadtmigration, Bildung und teilweise Öffnung der Märkte verändern freilich tendenziell die Struktur der traditionell feudalen gesellschaftlichen Schichtung – Adel/Bürokratie, Klerus, bäuerliche Bevölkerung. In der rasch wachsenden und heute etwa 70.000 Einwohner/innen zählenden Königsstadt Thimphu bildet sich zunehmend eine kleine politisierte Mittelschicht heraus. Auch gibt es hier alles, was im ländlichen Bhutan vorwiegend nicht zu finden ist: Elektrizität, Spitäler, Straßen, seit neuestem drei Zeitungen[15], TV, Kühlschränke, Autos, Kneipen mit Hindi- und Asian-Pop und auch eine gewisse soziale Mobilität. Mein Forschungsassistent Tashi Tenzing etwa ist in einem kleinen Dorf in der Provinz Trashigang geboren worden und hat auch seine Kindheit dort verbracht. Gute Noten in der Grundschule und der Besuch eines Internats in der Distrikthauptstadt haben ihm den Weg zu einer weiterführenden Ausbildung in der Stadt geebnet. Heute arbeitet er für diverse internationale Organisationen und auch für das erste bhutanische sozialwissenschaftliche Institut in der Hauptstadt. Trotz seines akademischen Backgrounds teilt er die Meinung der meisten Bhutaner/innen – denn so sehr das Konzept „Gross National Happiness" auch begrüßt wird, so viel Skepsis wird den Folgen der daraus resultierenden Demokratisierung selbst entgegengebracht:

„Seit 2004 versucht der König überall die Verfassung zu erklären[16], aber die Leute haben nach wie vor die größten Zweifel: Der König wird kein richtiger König mehr sein – das denken die Leute. Er möchte die ganze Macht an die Minister abgeben. Die Leute sind unglücklich, dass seine Majestät der König vom goldenen Thron gestiegen ist (...) Jeder bedauert das sehr. Es sollte kein Alterslimit für den König geben – das hat es in der Geschichte Bhutans nie gegeben. Der König hat sich aller Bhutaner und ihrer Probleme angenommen. Jeder konnte eine Audienz beim

---

den Einsatz und die Verbreitung von hocheffizienten Energiesparöfen (Kochen, Heizen) in ländlichen Gebieten Bhutans (zwischen 2002 und 2007), andererseits um die Analyse der ökonomischen, sozialen und kulturellen Folgen der Elektrifizierung von Dörfern in vier Distrikten des Landes (siehe dazu auch das Kapitel „Es werde Licht").

15 Im Zuge der Demokratisierung und der Vorbereitungen zur ersten Wahl hat seine Majestät der König mehrmals dezidiert zur Gründung „freier Medien" aufgerufen. 2007 sind neben der – bis zu diesem Zeitpunkt – einzigen Zeitung „Kuensel" zwei weitere gegründet worden (siehe: www.kuenselonline.com).

16 Seine Majestät König Singye Wangchuck hat alle Distrikte Bhutans mehrmals besucht und hat in für jeden zugänglichen öffentlichen Veranstaltungen seine Intentionen und die Grundprinzipien der neuen Verfassung dargestellt.

König bekommen. Nun – ab 2008 – werden die Minister vom Volk gewählt, und die Regierung wird vom Premierminister angeführt werden. Die Verfassung sieht ein Zweiparteiensystem vor - die Partei, die gewinnt, wird regieren, jene, die verliert, wird die Opposition bilden. Das hat es nie zuvor in unserer Geschichte gegeben (...) Es ist eine große Veränderung, ich persönlich weiß nicht, wie das werden wird. Die Mehrheit der Bhutaner sind Analphabeten, und obwohl sie Kapitel für Kapitel unterrichtet wurden, verstehen das die meisten nicht. Sie haben Zweifel und fürchten, dass durch die neue Verfassung und das demokratische System Friede und Souveränität nicht mehr in gleicher Weise gewährleistet sind."[17]

In dieser Darstellung dreht sich die eingangs beschriebene Wahrnehmung der historischen Unzuverlässigkeit des absolutistischen Souveräns um: Nicht das Volk muss sich gesellschaftsvertraglich vor der potentiellen Willkür des Souveräns schützen, sondern der Souverän selbst bricht die traditionelle, positiv und schützend erfahrene Herrschaftsstruktur der Vergangenheit. Dass die Umkehrung der „alten Ordnung" von den meisten Bhutaner/innen ebenfalls als „Willkür" erlebt wird, mag als zeitgeschichtliche Ironie interpretiert sein und wird jedenfalls durch den – nach wie vor nicht in Frage gestellten – „gottähnlichen" Status des Souveräns relativiert. Die Zuschreibung dieses Status ist unabhängig von Herkunft, Geschlecht und Schicht: Ob Bäuerin oder Bauer, Beamtin oder Beamter, Mönch oder neuerdings Geschäftsmann/frau – die numinose Verortung der königlichen Funktion als letztgültige irdische Instanz scheint trotz aller Demokratisierungsprozesse ungebrochen.[18] Keeba und Samten, meine gebildeten jungen Forschungsassistentinnen, verhehlen nicht ihre große, an religiöse Verehrung grenzende Bewunderung:

Samten: „*Nicht nur ich, auch jedes kleine Kind verehrt den König. Er ist ein großes Vorbild. Unser Herz freut sich, wird gelassen, wenn wir ihn sehen (...) Er ist ganz anders als andere Menschen, weil er uns alle liebt. In unserer bhutanischen Religion wird er als Reinkarnation von Lord Buddha gesehen. Er ist ein großer Denker und sehr tapfer – ganz anders als normale Menschen."*

Keeba: „*Niemand kann so denken wie unser König. Der König ist alles für mich – mehr als meine eigenen Eltern. Ich verehre und respektiere meinen König. Unser*

17 Dieses und alle weiteren Interviewzitate sind vom Autor während einer Forschung im Jahre 2007 aufgezeichnet und übersetzt worden (im Falle ethnischer Sprachen mit Hilfe seiner Mitarbeiter/innen) und sind am 3. Mai 2008 als Teil der ORF-Ö1-Dokumentation: „Bhutan – Land des Donnerdrachen. Tagebuch einer Forschung im buddhistischen Königreich am Fuße des Himalaya" gesendet worden.

18 Bei der Befragung von insgesamt rund 1.600 Individuen im Rahmen der „Elektrifizierungsstudie" haben 95 % angegeben, den König am meisten zu verehren (zu 70 % noch vor den eigenen Eltern).

König hat Macht zu den Leuten gegeben – zum Parlament. Unser König tut nur das Beste für uns und (...) – so muss das etwas Gutes haben. Mir freilich wäre es lieber, der König würde das Land alleine regieren."

Bruttosozialglück und Mahayana-Buddhismus

Im „Westen" bezeichnet „Glück" ein eher situationsbedingtes Gefühl, das besonders intensiv erlebt werden will. Im Buddhismus bezeichnet Glück einen Zustand, der im Wortsinn eher der „Zufriedenheit" gleicht und als Balance zwischen *„psychological-emotional-spiritual-personal well-being and economic-material-physical well-being"* (Powdyel 2004: 735) beschrieben werden kann. Es geht um einen ausgeglichenen, ruhigen und konzentrierten Weltzugang, der nicht von Begierde, Neid oder materieller Geschäftigkeit bestimmt ist, die keinen Platz für die Entwicklung innerer seelischer Werte lassen. Tibets Dalai Lama, seine Heiligkeit Tenzin Gyatso, beschreibt dieses innere Gleichgewicht folgendermaßen: *„Natürlich kommt es auch heute noch vor, dass mich etwas stört, aber das geht rasch vorbei, und heftige Gefühlsaufwallungen sind mir fast unbekannt. Folglich empfinde ich mehr Freude und Glück"* (Dalai Lama 1993: 28). Wenn nach den Vier Edlen Wahrheiten der Ursprung allen menschlichen Leids das Begehren ist, so soll den durch Modernisierung evozierten neuen Begehrlichkeiten mit großer Vorsicht gegenüber getreten werden. Auch hierbei geht es um das richtige Verhältnis zwischen *„the modern view of speeding up economic growth and the Buddhist approach to slow down the speed so that it does not fly out of control"* (Tashi 2004: 488) – ein Ansatz der sich im Zuge weiterer gesellschaftlicher und ökonomischer Transformation als absturzgefährdete Gratwanderung erweisen könnte.

Die Rolle und Legitimität des Königs, der als eine Reinkarnation Buddhas verehrt wird, speist sich bis dato aus dem „pure life"-Konzept: Die Haltung, niemandem Schaden zuzufügen, die Haltung, anderen zu helfen und Gutes zu tun, und die innere Zufriedenheit sind die wichtigsten Voraussetzungen zur Erlangung von Erleuchtung – wie sie im Wege des Buddha vorgezeichnet sind: *„A state of unrestricted freedom from all bounds!"* (Lokamitra 2004: 475). Im Konzept des Bruttosozialglücks wird „good governance" als Spiegelung der buddhistischen Tugenden betrachtet, die bis dato auf einem breiten traditionell-kulturellen Konsens beruhen. In dieser Perspektive ist wirtschaftliche Entwicklung kein Selbstzweck, sondern Voraussetzung dafür, die Menschen von materieller Not und materiellen Unsicherheiten zu befreien, damit sie sich nicht mehr auf materielle Belange konzentrieren müssen. Der Souverän/der Staat betrachtet im Konzept des Bruttosozialglücks diese Befreiung des Menschen aus der Gebundenheit des Materiellen bis dato als noble Aufgabe. Das erklärt auch die – vergleichsweise – hohen staatlichen Investitionen in Basisversorgung, Bildung und Gesundheit insbesondere in der letzten Dekade, die u.a. dazu führen, dass Bhutan im Begriff ist, die Liste der ärmsten Länder dieser Welt zu verlassen.[19]

Nach Ansicht des Autors hängen Modernisierung, Diversifizierung der Lebensstile, Liberalisierung der Märkte, Privatisierung der Medien und Demokratisierung wie ein Damoklesschwert über dem auf buddhistischer Tradition beruhenden gesellschaftlichen Grundkonsens. Nach allen empirischen Befunden der sozio-kulturellen Transformationsforschung bedingt „the modern way of life" stets eine dramatische Veränderung der epistemologischen und damit religiös-kulturellen Wahrnehmung bei gleichzeitig stattfindenden Individualisierungsprozessen, die den Einzelnen in neuen und bislang nicht gekannten Handlungszusammenhängen als Akteur/in freisetzen (vgl. Obrecht 2004). Von der „freien Partnerwahl" bis zur potentiell möglichen Akkumulation von Kapital und Besitz erodieren auf pluraler individueller Entscheidungskompetenz beruhende Handlungszusammenhänge, mitunter Jahrhunderte lang geltende Normen, Werte und „belief-systems". Eine vertiefte Diskussion über die epistemologischen Folgen der Modernisierung ist in Bhutan noch ausständig und aufgrund des tradierten und nach wie vor gültigen gesellschaftlichen Grundkonsens auch wohl noch verfrüht; bislang macht man sich eher über offensichtliche Kollateralschäden der Modernisierung Gedanken – wie z.B. den Einfluss des Fernsehens oder der Hindi-Movies auf die bhutanische Jugend.

Saroj Nepal, Gründer und Leiter des ersten bhutanischen Instituts für Sozialwissenschaften, „Gonefel" in Thimphu, betont die für ihn grundsätzlich positiven Aspekte der neuen Entwicklungen: *„Wenn wir Menschen – gleich ob nun als Individuen oder als Gruppe – im Bewusstsein unserer Verschiedenartigkeit glücklich sind, dann ist der soziale Aspekt des Gross National Happiness eingelöst. Zunehmend konzentrieren wir uns auf den menschlichen Aspekt von Entwicklung. Wir entwickeln gerade Indikatoren, um das Bruttosozialglück zu messen.*[20] *Auf der*

---

19 In Verbindung von Soft Indicators – wie Human-Development Index (HDI), Physical Quality of Life-Index etc. – und makroökonomischen Daten – wie etwa Wachstumsraten von durchschnittlich 7,5 % in den letzten fünf Jahren und einem durchschnittlichen Pro-Kopf-Einkommen von mehr als USD 1.000 per annum (World Bank: World Development Indicators Database 2007) – gilt Bhutan nicht mehr als Least Developed Country (derzeit 50 Länder der Welt). Tatsächlich sind die Grundbedürfnisse – z.B. Zugang zu Gesundheitsstationen, Grundschulen, sauberem Trinkwasser – auch in den entlegenen ländlichen Gebieten nahezu vollständig gedeckt.

20 Im nationalen Census 2005 wurde „State of Happiness" sozialwissenschaftlich ziemlich unbedarft und direkt abgefragt. Für „urban areas" ergab sich folgende Verteilung: 42 %

ganzen Welt sind viele Leute an diesem Konzept interessiert und tragen auch zur Weiterentwicklung bei. Das ist gut für unser Land, denn dadurch haben wir eine vergleichende Perspektive. Wir schließen Modernisierung nicht aus. Vor fünf Jahren hatten wir weder Fernsehen noch Internet, aber heute haben die Leute Zugang zur Information. Das Konzept, das auch unser König vertritt, ist, dass Information zwar frei sein soll, dass wir mit ihr aber verantwortungsbewusst umzugehen haben (...) Ich denke, dass die Religion ein wichtiger Faktor ist. Jede Religion vermittelt gute Werte. Der Buddhismus ist eine lebendige Religion hier in Bhutan, weil die Leute ihn sehr praktisch leben, und das ist wichtig für das Bruttosozialglück."

Zyklizität als Voraussetzung für Nachhaltigkeit

Im religiösen Gebot, niemandem zu schaden, kommt ein tiefer und vor allem auch gelebter Respekt vor allem Leben zum Ausdruck. Zeit markiert keine lineare Entwicklung, sondern eine zyklische, kosmologische Konstante. In dieser Perspektive wird exponentielles Wachstum, das seine eigenen Grundlagen zerstört, ebenso ausgeschlossen wie usurpatorische Aneignung von natürlichen Ressourcen. Als Teil des kosmologischen Kreislaufs schafft der Buddhist in der Gegenwart nicht nur die Bedingungen für die nächste Generation, sondern jeweils auch jene für seine eigene Reinkarnation. Zukunft ist gelebte Gegenwart und keine sich jeder Prognose entziehende tabula rasa. Die dem religiösen Weltbild inhärente Zyklizität begründet einen langfristigen Planungshorizont, der nicht, wie so oft in den „westlichen" Demokratien, auf jeweils eine Legislaturperiode beschränkt bleibt, sondern die Qualität der Zukunft als – karmisch bedeutsame – Bedingung der Gegenwart begreift.

Tatsächlich finden kulturell-religiöse Vorstellungen von Zyklizität und „Respekt vor Natur" Eingang in die programmatischen Dokumente und Entwicklungspläne der bhutanischen Regierung. Nachhaltige Entwicklung und nachhaltige Nutzung natürlicher Ressourcen standen in den letzten „Fünfjahres-Plänen" jeweils prioritär auf der Agenda und werden in den politischen Leitlinien bis 2020 konsequent fortgeschrieben (vgl. Planning Commission Secretariat 1999). Langfristiges Denken bezüglich des Erhalts der natürlichen Ressourcen manifestiert sich z.B. in der programmatischen Festlegung, dass der hohe Waldbestand Bhutans gehalten werden soll – auf

(very happy), 55,3 % (happy), 2,7 % (not very happy); und für „rural areas": 46,5 % (very happy), 49,6 % (happy), 3,5 % (not very happy). Office of the Census Commissioner Royal Government of Bhutan: Population and Housing Census of Bhutan 2005. Thimphu 2005: www.bhutancensus.gov.bt. Seit 2005 versucht eine interdisziplinäre Kommission „Happiness" auf Basis operationalisierbarer Indikatoren zu definieren.

einem Niveau von „zumindest" 60 % der Gesamtfläche –, was angesichts der Tatsache, dass Brennholz für rund 90 % der Bhutaner die primäre Energiequelle ist, ein engagiertes Ziel darstellt.[21] Daraus resultieren vielfältige Bemühungen des Einsatzes erneuerbarer Energien bzw. der Optimierung vorhandener Energiequellen – etwa durch die Verbreitung hocheffizienter Energiesparöfen (vgl. Lutter/Jussel 2006).

Buddhistische Philosophie ist generalisierend und universalistisch. In die zyklische, religiöse, kosmologische Ordnung sind gleichermaßen Buddhisten und Nicht-Buddhisten eingebunden, wobei erstere auch eine karmische Verantwortung gegenüber den anderen haben. Im Sinne des Bothisattva-Gedankens – Bothisattvas sind Erleuchtete, die freiwillig in das Rad der Wiedergeburt steigen, um andere auf die Wege Buddhas zu führen – sollen alle Wesen der Welt die Erlösung erlangen. In der buddhistischen Philosophie gibt es keine partikularistische Erlösung, weil Erlöstes und Nicht-Erlöstes in kosmischer Ordnung miteinander verbunden sind und Harmonie ein Zustand ist, der nicht nur den jeweils einzelnen, sondern im Grunde die ganze Welt, das Universum betrifft. Der Mönch Lam Pema Dendup, der im mächtigen Trongsa Dzong Beamter ist, drückt diesen universalistischen Anspruch folgendermaßen aus: *„Hier im Kloster leben 425 Mönche. Die Mönche arbeiten viel – als Gärtner, Handwerker, Tischler oder so wie ich als Verwaltungsbeamter. Das Allerwichtigste aber ist, dass die Mönche ihre religiösen Zeremonien machen. Diese Zeremonien befördern den Frieden und das Glück der Menschen in Bhutan und auf der ganzen Welt – im ganzen Universum."*

Das Konzept des Bruttosozialglücks, das wesentlich nachhaltige menschenadäquate Entwicklungen auf Basis eines qualitativen Wachstums von Wirtschaft und Gesellschaft anstrebt, gründet seine Prinzipien auf dem aus der buddhistischen Philosophie resultierenden Menschenbild, auf der Tradition und volksreligiösen Praxis der Bhutaner/innen, aber auch auf der Erfahrung der reichlich dokumentierten negativen Begleiterscheinungen rascher gesellschaftlicher Transformation in anderen, sich rasch „entwickelnden"

21 Bhutan's endowment in terms of forestry resources has been estimated at 64,3 % „forested land" and 10,3 % „other wooden land" of the country's total area of 40,077 km². Compared to other nations along the Himalaya–Hindukush range this is a tremendous percentage of forest-covered area. Generally, bio-mass contributes 75 % of the total energy consumption in Bhutan. The Royal Government of Bhutan considers environmental conservation an important constituent of ecological and economic development. According to the 8th Five Year Plan, „at least 60 % of the country should stay forested area forever". Therefore the focus on renewable energy resources was identified as a priority, promotion of hydro power and sustainable bio-mass management are primary requirements (Bajracharaya/Obrecht/Rai/Santner/Schiffert/Schmidl 2003).

ärmeren Ländern – etwa ungebremstes Städtewachstum, Slums, Kriminalität, Raubbau an natürlichen Ressourcen oder Verelendung der „Modernisierungsverlierer/innen". Grundsätzlich sollen positive, die menschliche Entwicklung in einem ganzheitlichen Sinne fördernde Aspekte des „modern way of life" kultursensitiv in die bhutanische Gesellschaft integriert werden, wobei die als „negativ" bewerteten Aspekte der Modernisierung durch ein für die „edlen Werte" sensibilisiertes individuelles und gesellschaftliches Bewusstsein weitestgehend neutralisiert werden sollen. Das, was als idealistisches und kaum (und wenn dann nur autokratisch) durchsetzbares Konzept erscheint, funktioniert in der bhutanischen Gesellschaft bis dato recht gut. Es ist erstaunlich, wie stark dieses Konzept internalisiert ist – auf allen sozialen Ebenen, von der Regierung bis zu den entlegenen Dörfern. Der Grund hierfür ist einfach: Bruttosozialglück ist kein theoretisches Konzept, das als politische Pragmatik fern der sozialen Realität entwickelt wurde, sondern integrativer Teil der traditionellen „belief systems", die nach wie vor einen breiten gesellschaftlichen Konsens erfahren.

Dennoch täuscht die starke gesellschaftliche Verankerung dieses Konzepts nicht darüber hinweg, dass „Modernisierung" nicht nur Pluralität, sondern auch stärkere Polarisierung in sich rasch wandelnden Gesellschaften bedingt. Der private Sektor fordert zunehmend Bedingungen der freien Marktwirtschaft, den Ausbau von Straßen, mehr Banken, die Messung der Arbeit in Zeit und einiges mehr: *„Private sector development requires (and therefore empirically leads to) a reorientation of people's attitudes towards saving, consumption, work, time, and profit from traditional values to the rules of the market"* (Priesner 1999: 44).

Auch von staatlicher Seite wird der private Sektor zusehends gefördert: Einkommensteuerentlastende Kreditfinanzierungen, Investitionsanreize, Förderung von Unternehmensgründungen und kleinstrukturierter Ökonomie, Marketingprogramme und gezielte Vergabe von Mikrokrediten (vgl. Chetri/Dhar 2004: 23ff). Die Stärkung des privaten Sektors führt zu einer schnell wachsenden Mittelschicht, die Träger der Entwicklungen im ökonomischen, aber auch im staatlichen Bereich ist. Tashi Tenzing, der sich dieser neuen Mittelschicht zurechnet, weiß aus seiner eigenen beruflichen Arbeit mit Regierungsstellen und NGOs, wie wichtig der ökonomische Ausgleich der aus Marktwirtschaft resultierenden Polarisierung für die erfolgreiche Durchsetzung des Bruttosozialglücks wäre: *„Um das Bruttosozialglück zu erreichen, sollte jeder Bhutaner das Recht haben, mitzubestimmen, selbst zu entscheiden, er sollte das Recht haben Kritik zu äußern – das sind des Königs* *ehrenwerte Ziele.*[22] *Ein weiteres Ziel des Gross National Happiness ist die Selbsterhaltungsfähigkeit aller Bhutaner – egal ob sie nun in der Stadt oder in den entlegenen Gebieten leben. Es gibt große Unterschiede zwischen Reich und Arm (..). Ziel ist, das auszugleichen. Meines Erachtens geschieht das aber nicht. Die Reichen werden reicher, die Armen bleiben arm (...), speziell jene in den ländlichen Gebieten. Deswegen lässt der König eine Vielzahl von Entwicklungsprogrammen durchführen – auch vermehrt mit Hilfe internationaler Entwicklungsgelder."*

Bruttosozialglück und Österreichische Entwicklungszusammenarbeit

Vonseiten der Königlichen Regierung Bhutans werden Kooperationen mit ausländischen Gebern nach Maßgabe der programmatischen Leitlinien angestrebt. Aufgrund einer – vergleichsweise – effizient funktionierenden Bürokratie, kaum vorhandener Korruption und hoher Transparenz in der Projektabwicklung gilt Bhutan als „Musterland der Entwicklungszusammenarbeit". Die Risiken der Projektdurchführung scheinen – vergleichsweise – minimal zu sein, wozu auch politische Stabilität und Rechtssicherheit beitragen. Die Österreichische Entwicklungszusammenarbeit (OEZA) unterhält ein Kooperationsbüro in Thimphu, das wesentlich in die Planung und in das Monitoring der Projekte eingebunden ist, die in folgenden Schwerpunktbereichen angesiedelt sind: Energie (Ausbau der Energiegewinnung aus natürlichen Ressourcen, vor allem durch die faktisch abgeschlossene Errichtung der zwei Wasserkraftwerke in Rangjung und Basochhu, Optimierung von Verbrennungstechnologien, Elektrifizierung ländlicher Gebiete); Schwerpunktverlagerung von der Forstwirtschaft zur Hochgebirgsökologie (wissenschaftliche Kooperationen); Tourismus (Unterstützung der Regierung und des privaten Sektors bei der Konzeption und der Umsetzung eines ökologischen und sozialverträglichen Tourismus) und Erhalt des kulturellen Erbes (etwa durch die Errichtung eines Museums in Trongsa).[23]

---

22 Manche Autoren meinen, dass die Spiegelung Bhutans im Außenverhältnis ein wichtiger Grund für die Entscheidung des Königs war, das Land umfassend zu demokratisieren und mit einer neuen Verfassung ins 21. Jahrhundert zu führen. So schreibt Gautam Kumar Basu, dass der König selbst gemeint habe, die Menschen außerhalb Bhutans müssen glauben, das Land sei feudal, autokratisch, oligarchisch und tyrannisch. Diese Interpretation der Fremdeinschätzung habe schließlich maßgeblich zur Gründung repräsentativer politischer Institutionen beigetragen (vgl. Basu 1998: 86-103).

23 Siehe dazu den Bericht über die OEZA 2006 (Teil I: Regionen und Schwerpunkte, S. 45 ff) der Austrian Development Agency: www.ada. gv.at/die-ada/zahlen-und-fakten.html; Zugriff: 05.05.2008.

Der Anteil der für Bhutan aufgewendeten österreichischen ODA (Official Development Assistance) ist in der letzten Dekade gestiegen.[24] Das hängt einerseits mit den angebotenen Kompetenzen eines alpinen Landes zusammen, das viel Know How in andere Hochgebirgsregionen transferieren kann, andererseits aber auch mit den ökonomischen Interessen Österreichs, vor allem die Beteiligungen am Wasserkraftwerksbau betreffend.[25] Diese Konzentration hat auch Kritik ausgelöst, zumal die Basisversorgung der meisten Bhutaner/innen auch in den entlegenen ländlichen Gebieten sichergestellt ist und sich die Frage erhebt, ob mit diesem vertieften Engagement dem prioritären Ziel der OEZA, der Armutsbekämpfung[26], Genüge getan wird oder ob da nicht doch einseitige wirtschaftliche Interessen Österreichs im Vordergrund stehen. Aufgrund guter Rankings, sowohl im makroökonomischen Bereich als auch in qualitativen Daten (HDI/Human Development Index) ist Bhutan nicht mehr den ärmsten Ländern dieser Welt zuzurechnen.[27]

Bhutan investiert massiv in den Ausbau der Wasserkraft; der nach Nordindien verkaufte Strom – mittlerweile rund 40 % der Staatseinnahmen – hilft

---

24 Die österreichische ODA – Staatliche Mittel der bilateralen Entwicklungszusammenarbeit – an Bhutan betrug zwischen 1995 und 2006 insgesamt 54,83 Mio. Euro, wobei etwa 1,11 Mio. im Jahre 2004 (1,52 % der gesamten ODA) und 2,89 Mio. im Jahre 2005 (3,41 % der gesamten ODA) aufgewendet wurden. Siehe dazu die Daten der Austrian Development Agency: www.ada.gv.at/die-ada/zahlen-und-fakten.html; Zugriff: 05.05.2008.

25 So etwa kamen bei der zweiten Ausbaustufe des Kraftwerkes Basochhu II die Konsulentenleistungen, Planungen, die elektronische und die mechanische Ausrüstung sowie die Bauaufsicht aus Österreich, wobei die Plankosten im Rahmen des österreichischen Exportförderungsverfahrens (Rahmen II Kredite) finanziert wurden. Siehe dazu auch das Länderprofil Bhutan der Österreichischen Forschungsstiftung für Entwicklungszusammenarbeit (ÖFSE): www.oefse.at/Downloads/laender/bhutan03.pdf.

26 Armutsbekämpfung als prioritäres Ziel der OEZA – festgeschrieben in dem 2002 vom Österreichischen Nationalrat verabschiedeten EZA-Gesetz. Die Kritik bezieht sich zudem auch darauf, dass erhebliche Mittel aus anderen Projektregionen der Himalaya-Hindukush Region abgezogen werden – so z.B. aus Nepal. Verglichen mit den „offiziell" etwa 700.000 Bhutaner/innen lebt die Mehrheit der 28 Millionen Nepales/innen in großer und drückender Armut. Die OEZA hat über die Agentur Öko-Himal in den letzten zwei Dekaden maßgebliche Projekte zur Armutsbekämpfung und zur ländlichen Entwicklung entlegener Regionen durchgeführt, die jetzt weitestgehend eingestellt, bzw. von Organisationen anderer Länder übernommen werden sollen. Dies ist insofern bedauerlich als beträchtliches Know How in der Projektabwicklung in Nepal aufgebaut wurde, und insbesondere nach dem Friedensschluss mit den maoistischen Rebellen, deren Integration in die parlamentarische Demokratie und nach Ausrufung der Republik im März 2008 eine nationale „Aufbruchsstimmung" herrscht, die durch Abwicklung armutszentrierter Projekte gefördert werden sollte.

27 Siehe Fußnote 19.

auch, Sozialprogramme zu finanzieren. Neben der industriellen und kommerziellen Nutzung des Stroms sollen bis zum Jahre 2020 mehr als 90 % der Bevölkerung auch in entlegenen Gebieten Zugang zu Strom haben. Aufgrund fehlender Straßen und der spezifischen Topographie ist die Elektrifizierung der ländlichen Gebiete eine der teuersten der Welt – ein ambitioniertes Unterfangen, das vom König und der Regierung als Teil des Bruttosozialglück-Konzeptes[28] mit Nachdruck verfolgt und mit Hilfe internationaler Geber, so auch der OEZA, teilweise kofinanziert wird. Die Stromtarife werden von der Regierung stark gestützt; nur deshalb können sich 85 % der ländlichen Bevölkerung den Betrieb ihrer Geräte – vor allem Glühbirnen, Reis-, Wasserkocher und Radioapparate – problemlos leisten.

Es werde Licht...

Die Elektrifizierung ländlicher Gebiete in Bhutan – zumal mit dem Anspruch der Beförderung des Bruttosozialglücks – ist ein gutes Beispiel für die grundsätzlichen Veränderungen der Lebensbedingungen, Alltagshandlungen und auch teilweise der „belief systems" durch technologische Entwicklung und „Modernisierung".[29] Die Elektrifizierung funktioniert als effizientes Instrument der Armutsbekämpfung in Bhutan gerade deshalb, weil die bhutanische Bevölkerung den Status der absoluten Armut großteils verlassen hat. In Regionen, in denen es kein sauberes Trinkwasser gibt, in denen epidemische Krankheiten vorherrschen, die Kinder- und Müttersterblichkeit hoch und die Nahrungsmittelgrundversorgung nicht gedeckt ist, entspräche Elektrifizierung entwicklungspolitischem Zynismus. Nicht so in

---

28 *"The Royal Government of Bhutan follows the development philosophy of Gross National Happiness (GNH), introduced by His Majesty King Jigme Singye Wangchuk as a holistic approach that encompasses economic growth, material progress, emotional security and the spiritual progress of the individual. The concept of GNH seeks to balance economic progress with the maintenance of Bhutanese cultural and spiritual values, the improvement of social well-being, the preservation of the environment, and the promotion of good governance. Guided by this development philosophy, the Royal Government of Bhutan puts great emphasis on providing electricity to all residents by 2020 and on financing social programmes through revenues from electricity exports to India. The FYP (Five Year Plan) quotes the energy sector as one of the lead sectors of the national economy. Estimated revenue from hydropower energy exports is to be around at least 35% of total state revenue; and major institutional restructuring in the electricity industry and legal framework is underway"* (Santner 2004: 4).

29 Im Rahmen einer etliche Jahre dauernden Begleitforschung evaluierte das IEZ für die OEZA im Auftrag von Öko-Himal einerseits die Qualität der österreichischen Programme, andererseits die ökonomischen, sozialen und kulturellen Folgen der Elektrifizierung für die ländliche Bevölkerung. Die abschließenden Ergebnisse dieser Forschung, auf die teilweise im nächsten Absatz eingegangen wird, sind dargelegt in Obrecht 2006.

Bhutan: Aufgrund des vergleichsweise „hohen" Standards der Grundversorgung erweist sich die Elektrifizierung als weiterer konsequenter Schritt in Richtung einer – programmatisch angestrebten – „sanften Transformation" einer ehemals ausschließlich bäuerlichen und subsistenzwirtschaftenden Gesellschaft.[30] „Strom" bedeutet nicht nur Licht und massive Reduktion des Biomasse-Verbrauchs – gegenüber dem traditionellen Kochen auf offenem Feuer –, sondern auch mehr Hygiene, bessere Gesundheit, die Möglichkeit des Einsatzes neuer (moderner) landwirtschaftlicher Maschinen bzw. Geräte, die die agrarischen Erträge steigern und somit die Ernährungsbasis sichern und diversifizieren.

Zusätzlich erfährt die Bevölkerung etwas von der „Welt" und genießt bhutanische Musik, weil immer mehr Radioapparate in die Dörfer kommen, deren Betrieb mit Batterien zu teuer war. Die signifikante Reduktion der Feuerholzsuche und der Wegfall des zeitaufwendigen Kochens von Reis über dem offenen Feuer („Rauchkuchl") bedeuten eine große Erleichterung und Zeitersparnis für die Dorfbewohner/innen: Im Vergleich zu vor der Elektrifizierung (2003) wenden Frauen und Mädchen im Durchschnitt eineinhalb Stunden weniger pro Tag für die Organisation der Nahrungszubereitung auf. Zeit, die in andere produktive Tätigkeiten bzw. in die Familien investiert werden kann. Das Ende des ungesunden Kochens in den verrauchten Hütten hat signifikante Folgen für die Gesundheit: Waren vor der Elektrifizierung 59 % der Erwachsenen innerhalb der letzten 6 Monate krank gewesen, so belief sich dieser Prozentsatz nach der Elektrifizierung auf 13,2. Noch deutlicher bei den Jugendlichen beiderlei Geschlechts (von 14 bis 18 Jahren): 79 % waren 2003 im letzten halben Jahr krank gewesen, 2006 waren es nur mehr 22 %. Durchfall (Hygiene), Atemwegserkrankungen

30 Hier lassen sich viele Analogien zur „Modernisierung" im alpinen Raum aufzeigen: Bei der Feldforschung im Jahre 2006 hat der Autor dieses Beitrages seinem Team im Schein der – hier erst seit zwei Monaten Licht spendenden – Glühbirne jeden Abend Geschichten aus einem Buch vorgelesen, das er mitgebracht hat und das anlässlich des Jubiläumsjahres „100 Jahre Strom in Österreich" erschienen ist (Als das Licht kam. Erinnerungen an die Elektrifizierung. Böhlau. 2003). Das Team und auch so manche andere Zuhörer/innen waren fasziniert von den Ähnlichkeiten zweier Welten, die sowohl geographisch, zeitlich als auch technologisch so „unendlich" weit voneinander entfernt scheinen: Vom Kienspan, über die mühselige Essenszubereitung in der Rauchkuchl bis zum „ewigen Licht" in unseren Kirchen, das sich in den Tempeln wiederfindet. Wie im Zeitraffer spiegelt das heimische Kochen, Heizen und Beleuchten vor der Einführung des Stroms, samt den dazugehörenden Geistern, Kobolden, Mythen, dem „Ausräuchern" des Wohnbereiches und der numinosen Bedeutung des Lichts die Lebenswelten der Menschen am Fuße des Himalaja, die heute ihrerseits einem rigorosen Wandel unterworfen sind (vgl. Obrecht: Elektrifizierte Zeiten. Reportage im Album der Tageszeitung Der Standard, 26.05.2008).

und Augeninfektionen (Rauch), aber auch Malaria sind signifikant zurückgegangen. Insbesondere für die Jugend bietet der Strom neue Entfaltungsmöglichkeiten und Erfahrungen im Dorf. Unterhaltung, Lesen und Treffen auch des Abends, Musik und ab und an ein Video – wollten die Jugendlichen 2003 noch zu 71 % in der Stadt leben, so gaben sie 2006 zu 66,4 % an, im Dorf verbleiben zu wollen. Strom als wichtiges Kriterium zur Verhinderung von Stadtmigration!

Auch vor dem religiösen Leben machen die neuen Errungenschaften nicht halt. So ist mit Hilfe der OEZA auch das Kloster Yongla elektrifiziert worden. In diesem 250 Jahre alten, auf 2.500 Meter gelegenen Kloster leben, studieren und beten 80 Mönche und 50 Nonnen. Aufgrund der eisigen Kälte zogen sie in den Wintermonaten stets in die Täler. Seitdem es Strom und auch elektrische Heizungen in den Schlafräumen gibt, lebt der Klerus ganzjährig hier. Lam Dorji Lam ist einer von ihnen: *„Seit der Elektrifizierung ist unser Leben viel einfacher geworden. Selbst wenn wir auf die Toilette gehen, brauchen wir keine Taschenlampen – weil auch draußen Licht ist. Wir haben mehr Zeit, können mehr beten, das Kochen ist viel einfacher, weil wir nicht mehr Feuer machen müssen. Wir verwenden Reiskocher, Currykocher (...) Wir haben am Platz vor dem Kloster Flut-Lichter (...) das schaut sehr schön aus, wenn wir in der Nacht eine religiöse Zeremonie machen, dann ist der ganze Tempel festlich erleuchtet und man kann ihn von weither sehen."*

So wie in jeder – nicht-industrialisierten – Gesellschaft hat auch in Bhutan das Licht des Nachts religiöse und numinose Aspekte. Noch immer leben weltweit etwa 1,6 Milliarden Menschen ohne Strom, für sie gibt es noch die radikale Dunkelheit der Nacht, die auch rituell besänftigt werden muss, weil in der Dunkelheit andere Gesetze gelten und Wesen regieren als am Tag; Wesen, die den Menschen mitunter nicht immer freundlich gesonnen sind. Die älteste Kulturtechnik zur Befriedung der Nacht ist das Feuer, das schließlich von der elektrischen Glühbirne teilweise abgelöst wird. Für Menschen, die mit dem selbstverständlichen Zugang zu zeitlich unabhängigen Lichtquellen aufgewachsen sind, ist es kaum vorstellbar, welche grundlegende, auch epistemologische Veränderung Elektrifizierung mit sich bringt. Strom spendet nicht nur Licht, sondern treibt auch Kobolde und Teufel aus, die in der Schattenwelt der Nacht mächtige Mitbewohner der Menschenwelt waren. Die Veränderung technologischer Rahmenbedingungen hat allerorts einen großen Einfluss auf die Re-Interpretation bzw. Transformation magischer Weltbilder.

Nicht nur Guru Ringpoche, der den Buddhismus nach Bhutan gebracht hat,[31] sondern auch neue Technologien und Lebenszusammenhänge sagen den weit verbreiteten magischen und dämonologischen Weltbildern der ländlichen Bevölkerung indirekt den Kampf an. Das „Zufriedenheitskonzept" des Mahayana-Buddhismus und auch das Bruttosozialglück als politische Leitlinie wollen gleichermaßen freie, selbstverantwortliche und angstlose Menschen vor dem Hintergrund hoher ethischer Ansprüche realisieren. Sangay Wangchuk, einen fast 80-jährigen Bauern in einer entlegenen Region in Ostbhutan, hat das „Wunder" des strahlenden Lichts jedenfalls mehr überzeugt als all die Mythen der Vergangenheit: „Vor zwei Jahren hätte ich in Frieden sterben können. Ich habe mein Leben als Bauer gelebt und eine gewisse Harmonie erlangt. Aber jetzt, wo wir Strom haben, möchte ich nicht mehr sterben. Meine Eltern sind in Dunkelheit gestorben. Aber ich habe das strahlende Licht erfahren – herrlich: Es ist so hell, dass ich nicht einmal weiß, ob es Tag oder Nacht ist. Ich will nicht mehr älter, jetzt will ich jünger werden – viele Jahre noch das Licht genießen. Unsere Enkelkinder wachsen in einer anderen Welt auf – in einer besseren!"

Schwarze Flecken auf weißer Weste

Trotz Bruttosozialglücks hatte und hat Bhutan ein Menschenrechtsproblem bezüglich der staatlichen Behandlung insbesondere der nepalesischstämmigen Bevölkerung – der Lhotshampas.[32] Dem „Nation Building", der „Bhutanisierung" wurden teilweise jene hehren Prinzipien geopfert, die in

31 Der heilige wandernde Mönch, Guru Ringpoche, hat im achten nachchristlichen Jahrhundert den Buddhismus nach Bhutan gebracht. Er hat nicht nur die „Edlen Wahrheiten" des Buddha verkündet, sondern vor allem auch viele Dämonen und Teufel ausgetrieben. Es galt dabei den Buddhismus gegen die animistische, vorbuddhistische Bön-Religion durchzusetzen. Bis heute wird Guru Ringpoche in der Volksfrömmigkeit hoch verehrt. Tashi Tenzing anlässlich des Besuches des Tempelbezirks Gom Kora, wo Guru Ringpoche lange gewirkt haben soll und der zu einer bedeutenden Pilgerstätte geworden ist: *„Unsere Alten und Eltern haben uns erzählt, dass hier früher sehr viele Dämonen und Teufel gelebt haben. Die Leute haben sehr darunter gelitten (..) sind angegriffen, auch von Dämonen getötet worden. Der Hauptgrund für Guru Ringpoches Besuch war, die Dämonen zu bestrafen. Heute sehen die Leute weniger Dämonen. Natürlich gibt es sie noch, aber sie können die Leute nicht mehr so gefährden wie in der Vergangenheit!"*

32 Noch heute gibt es Flüchtlingslager mit nepalesischstämmigen „Bhutaner/innen", die insgesamt an die 100.000 Menschen beherbergen sollen. Die Indifferenz hinsichtlich der Staatsbürgerschaft und damit auch der „Bürgerrechte" (z.B. Wahlrecht) führt auch zu den wenig zuverlässigen Angaben hinsichtlich der Gesamteinwohner/innenzahl. So werden offiziell 700.000 Menschen angegeben, in Wahrheit dürften aber weit mehr als eine Million Menschen in Bhutan leben, viele von ihnen als „Illegale".

der Staatsphilosophie und in der anthropologischen Grundlegung des Mahayana-Buddhismus verankert sind. Mit Einführung des „Citizenship Act 1985" (Staatsbürgerschaftsgesetz) sollte der Anteil der Lhotshampas reduziert werden, in dem sie „illegalisiert" wurden. Ein neues Ehegesetz führte zur Aberkennung der Staatsbürgerschaft für „ausländische" Ehefrauen, auch wenn sie vorher über eine bhutanische Staatsbürgerschaft verfügt hatten. Auch die Kinder aus Familien mit Lhotshampa Vätern und Müttern aus Indien und aus Nepal verloren ihr Recht auf Staatsbürgerschaft. Gleichzeitig mit der systematischen Ausgrenzung dieser Bevölkerungsgruppe setzte eine starke symbolische Bhutanisierung ein – von der staatstragenden Sprache Dzongkha bis hin zu den Vorschriften des Tragens der Nationaltracht (Go für Männer, Kira für Frauen), was im heißen Süden des Landes zu Volksaufständen geführt hat.

In einer multiethnischen und multikulturellen Gesellschaft[33] kann der Versuch des rigorosen Durchsetzens einer „Leit- und Herrschaftskultur" schnell in staatlich legitimierte Gewalt ausufern. Von den sechs südlich gelegenen Dzongkhas, die von Lhotshampas dominiert werden, sind seit 1990 immer wieder weit verbreitete Unruhen mit darauf folgenden Armeeinterventionen gemeldet worden. Je nach Position wurde von „pro-demokratischen Bewegungen" oder von „einer Handvoll fehlgeleiteter Agitatoren" mit „antinationaler Haltung" gesprochen. Von Seiten der nepalesischen Minderheit wurde behauptet, dass im September 1990 mindestens 327 Menschen bei derartigen Unruhen getötet wurden (vgl. Basu 1998: 86-103). In der Vergangenheit wurden unterschiedliche Organisationen innerhalb und außerhalb Bhutans, die sich auch mit der Menschenrechtslage der nepalesischen Minderheit befasst haben, als politische Organisationen qualifiziert und deshalb nicht anerkannt.[34] Nicht zuletzt auch deshalb, weil die Forderungen dieser Organisationen mit politischen Zielen verknüpft waren, die jetzt weitgehend eingelöst sind: Verschriftlichte Verfassung und

33 Gautam Kumar Basu hat vor zehn Jahren drei ethnische Hauptgruppen zusammengefasst: Die *Ngalopas* mit tibetischer Abstammung, im Westen Bhutans ansässig und der Drupka Glaubensschule des Mahayana Buddhismus folgend (28 %); die *Sharchops* mit mongolischer Abstammung und im Nordosten ansässig (44 %) und drittens die Lhotshampas, welche nepalesischer Herkunft sind und im Süden Bhutans leben, wobei die Angaben der prozentuellen Anzahl dieser Ethnie je nach Interpretation zwischen 25–28 % (nepalesische Schätzung) und zwischen 15-20 % (offizielle bhutanesische Schätzung) auch heute noch schwanken. Zudem gibt es eine Vielzahl anderer ethnischer Gesellschaften, welche eine eigene Identität und Lebensart entwickelt haben und pflegen (vgl. Basu 1998: 86-103).

34 Bhutanes People Party, People's Forum for Human Rights, Students Union of Bhutan und People's United Liberation Front.

Gründung einer konstitutionellen Monarchie mit Wahl eines Premierministers, Mehrparteiensystem, Pressefreiheit, Einhaltung der Menschenrechte sowie Minderheitenrepräsentation und -schutz.

Kritisch anzumerken ist, dass auch in der neuen Verfassung vor allem letzteres – Repräsentation und Schutz von Minderheiten – nicht ausreichend und detailliert genug geregelt ist.[35] Auch wird in den programmatischen politischen Leitlinien mit patriotischer Strenge an die Durchsetzung der Herrschaftskultur der Drukpa-Elite appelliert, wenn etwa die Dominanz der Staatssprache Dzongkha als *„powerful force for unifying the Kingdom"* (Planning Commission Secretariat 2000: 70) gewürdigt wird. Generell lassen sich für die Zukunft nach Meinung des Autors zwei Entwicklungen denken, die mitunter in diametral entgegengesetzte Richtungen weisen: Einerseits werden die ökonomische Öffnung und die damit verbundenen – vergleichsweise – hohen Wachstumsraten die soziale Integration auch der „illegal" im Land lebenden Minderheiten begünstigen, da eine Vielzahl neuer Arbeitsplätze und auch neue Formen sozialer Mobilität entstehen, andererseits könnte Dezentralisierung von politischen Entscheidungsstrukturen – als Folge der pluralen, föderalistischen Demokratisierung – zu einer neuen, bislang ungekannten ethnischen Fragmentierung führen – mit all den dazugehörenden und auch aus anderen multiethnischen Ländern mit kurzen Demokratisierungserfahrungen bekannten politischen und gesellschaftlichen Instabilitäten. Wesentlich für Integration oder deren Gegenteil wird auch sein, wie stark sich die neuen rechtsstaatlichen Institutionen vor dem Hintergrund latenter Konflikte und – auch ethnisch begründeter – divergierender Interessen behaupten werden können.[36]

---

35 Erste Schritte zur bilateralen Klärung der Frage der „Flüchtlingslager" sind unlängst, nach der politischen Konsolidierung in Nepal, unternommen worden. Jahrelang galt die instabile politische Situation in Nepal (Suspendierung des Parlaments, maoistische Rebellen etc.) der bhutanischen Administration als Vorwand zur Aussetzung diesbezüglicher Gespräche und Verhandlungen, weil es in Nepal keinen „legitimen" politischen Ansprechpartner gegeben habe.

36 Der Wichtigkeit der institutionellen Bewältigung des Übergangs von einer absolutistischen zu einer auf Gewaltentrennung beruhenden konstitutionellen Monarchie ist sich der König und der Beamtenapparat jedenfalls bewusst. Die Schaffung neuer rechtsstaatlicher Institutionen – nationales Parlament, Oberster Gerichtshof etc. – war nicht nur sehr kostspielig (vgl. dazu den Jahresbericht der Royal Monetary Authority: www.rma.org.bt), sondern wurde auch auf Basis eines gut ausgebildeten und dem König loyal ergebenen Beamtenapparates durchgeführt. Immer wieder appellierte der vormalige König Singey Wangchuck doch auf eine aufwendige Inthronisation seines Sohnes Khesar Namgyel Wangchuck im Herbst 2008 zu verzichten. Die finanziellen Notwendigkeiten der neuen staatlichen Administration werden hier bewusst vor dynastische, traditionelle Aspekte gestellt:

Menschenrecht auf Glück?

In der „westlichen Welt" erscheint die Frage nach dem Glück als Antwort auf die Philosophie der Aufklärung, die an die individuelle Gestaltbarkeit von Welt als Ausdruck der Emanzipation von metaphysischen Mächten appelliert. Oder in den Worten Montesquieus: Die Herrschaft des Menschen über sich selbst im Namen seiner selbst! Diese antimetaphysische Herrschaftskonzeption hat nicht nur den Frühkapitalismus, die Entstehung des Bürgertums, die Industrielle Revolution und die Entfesselung von Technik und Wissenschaft begünstigt, sondern sie hat auch erfahren müssen, dass ihrem eigenen Anspruch von Freiheit, Würde und Egalité enge Grenzen gesetzt sind. Da, wo alles in einem rechtspositivistischen Sinne demokratisch legitimierbar wird, kehrt sich der menschliche Wolf im Schafspelz nur zu gerne nach außen. Dennoch sind die aus dem aufklärerischen Impetus entstandenen Bürgerrechte zu jenen Allgemeinen Menschenrechten geworden, die wir als große humanistische Leistung der Menschheit nicht missen wollen, auch wenn sie vielerorts mit Füssen getreten werden. Führte die Konzeption des Nationalstaates zu Protektionismus und vielfach nationalen Kriegen, so haben heute die Staaten und damit nationalstaatliche Politik vielfältigen Gestaltungsspielraum an den Primat der neoliberalen Ökonomie abgetreten. Wenn sich der Staat ökonomischen Sachzwängen beugt, wie soll er sich dann um das „Glück" der Bürger/innen sorgen, noch dazu wo aus „westlicher" und sehr individualistischer und kompetitiver Perspektive das „Glück" dem Geschick des Einzelnen überlassen scheint?

Im buddhistischen Königreich Bhutan haben wir eine andere Glückskonzeption angetroffen, die die individuelle Zufriedenheit als Einklang mit sich, den sozialen Umwelten und der Natur fokussiert und nicht nur in Tradition und Religion wurzelt, sondern paradigmatisch, also als politisches Leitbild vom Souverän/Staat als höchstes allgemeines Gut vorgegeben ist. Aufgrund des vielfältigen Missbrauchs haben wir im „Westen" zu Recht ein gewaltiges Misstrauen gegenüber Staatsphilosophien entwickelt: Autoritarismus kleidet sich gern in hübsche und von jedermann/frau leicht nachvollziehbare Symbole. Doch bei eingehenderer Betrachtung, hat sich der „große Leviathan", dem wir im „Westen" möglichst effektiv und zeitgerecht die Ketten anlegen wollen, in Bhutan doch als recht zahm und menschenfreundlich

---

„His Majesty said that he had become aware of the preparations for a grand coronation. He said that such elaborate preparations were unnecessary and that it was more important to ensure effective utilisation of the limited resources of the government": www.kuenselonline.com; Zugriff: 09.06.2007.

entpuppt. Er brauchte nicht durch Interessens- und Klassenkämpfe, durch Revolten und Subversion gezähmt, ihm musste nicht der Kopf abgeschlagen werden, denn er hat sich selbst entmachtet, noch bevor die Frage der menschlichen und gesellschaftlichen Unverhältnismäßigkeit absolutistischer Herrschaft in Bhutan auf einer breiten Basis überhaupt diskutiert wurde.

Zwanzig Jahre lang ist in Bhutan die Einlösung des Bruttosozialglücks als Bringschuld des Souveräns/des Staates verstanden worden – und das vor allen anderen vom Souverän selbst. Durch die demokratische Legitimierung einer auf pluraler Meinungsäußerung und Mehrheitsfindung basierenden Regierung und die diesem neuen Gesellschaftsvertrag zugrundeliegende Verfassung ist die Bringschuld des Souveräns zu einem veritablen „Bürgerrecht auf Glück" geworden. Hierbei geht es nicht um die Einklagbarkeit psychologischer Befindlichkeiten, sondern um das Recht jedes Einzelnen, dass der Staat für menschenadäquate Lebensbedingungen Sorge trägt – und das jenseits des Primats der Ökonomie. Menschenadäquat im Sinne ganzheitlicher Entwicklungsmöglichkeiten, die nicht in der Akkumulation von materiellen Werten ihr prioritäres Ziel sehen, sondern in der Freisetzung der Menschen vom „Diktat des Materiellen". Daraus ein „Menschenrecht auf Glück" abzuleiten wäre unverhältnismäßig, doch ist die Auseinandersetzung mit dem Konzept des „Bruttosozialglücks" jedenfalls inspirierend für die Diskussion menschlicher und sozialer Grundrechte, nicht nur in den „westlichen", sondern auch in allen anderen Staaten unserer zusehends globalisierten Welt.

Literatur

Bajracharaya, Sushil Lal/Obrecht, Andreas J./Rai, Sharad/Santner, Max/Schiffert, Thomas/Schmidl, Johannes (2003): Desk Study on Increasing Wood Efficiency: Rural Stoves for Bhutan. IEZ Research Report. Linz: IEZ.

Basu, Gautam Kumar (1998): Bhutan. The Political Economy of Development. New Delhi: South Asian Publishers.

Chetri, Saamdu/Dhar, Samirendra Nath (2004): Microenterprises in Bhutan. New Delhi: Sterling Publisher Ltd.

Dalai Lama (1993, orig. 1992): Im Einklang mit der Welt. Bergisch Gladbach: Verlag Gustav Lübbe.

Hobbes, Thomas (1992, orig. 1650): Leviathan oder Stoff, Form und Gewalt eines kirchlichen und bürgerlichen Staates. Hrsg. von I. Fetscher. Frankfurt: Reclam.

Janz, Nicole/Risse, Thomas (Hrsg.) (2007): Menschenrechte. Globale Dimensionen eines universellen Anspruchs. Baden-Baden: Nomos Verlag.

Lokamitra, Dharmachari (2004): The Centrality of Buddhism and Education in Developing Gross National Happiness. In: Ura, Karma/Galay, Karma (Hrsg.): Gross National Happiness and Development. Proceedings of the First International Conference on Operationalization of Gross National Happiness. Thimphu: The Centre for Bhutan Studies, S. 472-482.

Lutter, Elvira/Jussel, Richard (2006): Increasing Wood Efficiency. Rural Stoves for Bhutan Phase 2. IEZ Research Report. Linz: IEZ.

Mellie Uyldert (Hrsg.) (2007): Amnesty international Jahresbericht 2007. Frankfurt: Fischer.

Obrecht, Andreas J. (2004): Zur Systematik der soziokulturellen Transformationsforschung. In: Obrecht, Andreas J. (Hrsg.): Wozu forschen? Wozu entwickeln? Möglichkeiten und Grenzen der soziologischen Forschung für eine partizipative Entwicklungszusammenarbeit. Frankfurt: Verlag Brandes & Apsel, S. 15-97.

Obrecht, Andreas J. (2006): Final Report. Impact Study: Rural Electrification in Bhutan II. IEZ Research Report for the Austrian Development Agency (ADA). Linz: IEZ.

Planning Commission Secretariat - Royal Government of Bhutan (Hrsg.) (1999/2000): Bhutan 2020. A Vision for Peace, Prosperity and Happiness. Thimphu: Royal Government of Bhutan.

Powdyel, Thakur Singh (2004): Foundation and Scope of Gross National Happiness. A Layman's Perspective. In: Ura, Karma/Galay, Karma (Hrsg.): Gross National Happiness and Development. Proceedings of the First International Conference on Operationalization of Gross National Happiness. Thimphu: The Centre for Bhutan Studies, S. 732-747.

Priesner, Stefan (1999): Gross National Happiness. Bhutan's Vision of Development and its Challenges. In: Kinga, Sonam/Galay, Karma/Rapten, Phuntsho/Pain, Adam (Hrsg.): Gross National Happiness. A set of discussion papers. Thimphu: The Centre for Bhutan Studies, S. 24-52.

Santner, Max (2004): Intermediate Report. Impact Study: Rural Electrification in Bhutan I. IEZ Research Report for the Austrian Development Agency (ADA). Linz: IEZ.

Schicklgruber, Christian/Pommaret, Francoise (1997): Bhutan. Mountain Fortress of the Gods. London: Serindia Publications.

Tashi, Khenpo Phuntsok (2004): The Role of Buddhism in Achieving Gross National Happiness. In: Ura, Karma/Galay, Karma (Hrsg.): Gross National Happiness and Development. Proceedings of the First International Conference on Operationalization of Gross National Happiness. Thimphu: The Centre for Bhutan Studies, S. 483-495.

Angaben zu den Autorinnen und Autoren

Mag. Philipp Braun

Geb. 1974 in Linz; Studium der Wirtschaftswissenschaften an der Johannes Kepler Universität Linz; Diplomarbeit: Nachhaltigkeit und Politik in Zeiten des Globalen Wandels; 1994-1999 Fundraising und Pressearbeit für NABU und Johanniter Unfall-Hilfe; 2000-2005 Angestellter bei Generali Versicherung AG; seit 2005 eigene Versicherungsagentur; seit 2006 Studium der Agrarwissenschaften an der Universität für Bodenkultur Wien, Schwerpunkte: Agrar- und Ernährungswirtschaft, Ökologische Landwirtschaft; seit 2006 ehrenamtliche Leitung des Slow Food Conviviums Linz Mühlviertel; Mitglied der österreichischen Slow Food Arbeitsgruppe und ARCHE Kommission; Mitarbeit am Institut für Umwelt – Friede – Entwicklung (IUFE); Workshop-Referent beim Klimabündnis OÖ; zertifizierter Natur- und Landschaftsführer.

Mag. Thomas Fertl

Geb. 1970 in Salzburg; 1992-2000 Studium der Biologie, Studienzweig Ökologie mit Wahlfach Botanik; Diplomarbeit: Anbau von Hanf (*Cannabis sativa* L.) im Bundesland Salzburg: Erfahrungen und Empfehlungen. Studie unter besonderer Berücksichtigung der ökologischen Landwirtschaft; 2000-2004 Leiter der Gentechnik- und Patentkampagne von Greenpeace in Zentral- und Osteuropa; 2004-2006 Projektmanager und Konsulent für ökologisches Bauen bei „bauXund Forschung und Beratung GmbH"; seit 2006 Leiter der Stabsstelle Agrarpolitik bei Bio-Austria, Zuständigkeit für agrarpolitischen Themen und Experte für Gentechnik; Vertretung von Bio-Austria in der Unterkommission Bio zum Lebensmittelcodex, im Begleitausschuss für Ländliche Entwicklung, dem Ausschuss für biologische Landwirtschaft der Landwirtschaftskammer Österreich, im Vorstand der ARGE Gentechnikfrei sowie im internationalen Biodachverband IFOAM.

Univ.-Prof. Dr. Bernhard Freyer

Studium der Agrarbiologie an der Universität Hohenheim; 1985-1989 Doktorat an der Gesamthochschule Kassel, Fachgebiet Alternativer Landbau; 1990-1998 Fachgruppenleiter (Landschaftsökonomie und -ökologie) am Forschungsinstitut für biologischen Landbau in Oberwil/Frick (Schweiz); seit 1998 Ordinarius/Institutsvorstand am Institut für Ökologischen Landbau der Universität für Bodenkultur Wien; seit 2004 Mitglied des Senates.

Hauptarbeitsgebiete: Soziologische, sozioökonomische und landschafts- und regionalplanerische Fragestellungen; Prozesskettenanalyse; Systemanalysen, Potentialerhebungen; Schnittstellenkommunikation Wissenschaft, Politik; Wirtschaftlichkeit von Biobetrieben; Ethik und Marketing; qualitative, inter- und transdisziplinäre Methoden der Sozialforschung.

Freyer, Bernhard/Birech, Rhoda (2008): *Optimising cropping systems with green manure and tillage techniques in Organic Farming in Kenya.* In: Köpke, U. (Hrsg.): Organic Agruculture in the Tropics and Subtropics. Berlin: Dr. Köster, S. 69-79.

Dr. Petra C. Gruber

Geb. 1971 in Eisenerz; Studium der Sozialwirtschaft an der Johannes Kepler Universität Linz; 1996-1999 Forschungsassistentin am Interdisziplinären Forschungsinstitut für Entwicklungszusammenarbeit (IEZ) der Universität Linz. Forschungsaufenthalte und -reisen Südafrika (1995) und Tanzania (1996), Zimbabwe (1998); Uganda (2002); Sri Lanka (2005); Bolivien (2006), Äthiopien und Mosambik (2007); 2002 Teilnahme an der UN-Konferenz für nachhaltige Entwicklung in Johannesburg; 2000 Assistentin des Direktors der African Medical Research Foundation (AMREF) in Wien; seit 2001 Geschäftsführerin des Instituts für Umwelt – Friede – Entwicklung (IUFE) in Wien; Mitarbeit in verschiedenen Beiräten; Lektorin an der Universität Wien (Internationale Entwicklung).

Gruber, Petra C. (2008) (Hrsg.): *Nachhaltige Entwicklung und Global Governance.* Opladen & Farmington Hills: Verlag Barbara Budrich.

DI Gertrude Klaffenböck

Geb. 1963; Studium der Agrarökonomie; danach freie Wissenschafterin (Kulturlandschaftsforschung); 1997-2003 Regionalstellenleiterin von Südwind NÖ-West (St. Pölten); arbeitete u.a. zu den Schwerpunkten moderne Biotechnologien und Folgen für Landwirtschaft in Ländern des Südens, Genderaspekte in Landwirtschaft und Ernährungssicherung, Zusammenhang von Biodiversität und kultureller Vielfalt aus Genderperspektive. Derzeit Sektionskoordinatorin bei FIAN Österreich, u.a. für Themen wie globaler Agrarhandel, Land- und Agrarreformen und das Recht auf Nahrung in der Entwicklungszusammenarbeit zuständig.

Klaffenböck, Gertrude/Lachkovics, Eva (2001): *Biologische Vielfalt – Wer kontrolliert die genetischen Ressourcen?* Frankfurt a. M.: Brandes & Apsel.

DI Elisabeth Loibl

Geb. 1963; aufgewachsen im Burgenland, der elterliche Bauernhof wurde von der Mutter bewirtschaftet, Vater im Nebenerwerb; Studium der Landwirtschaft an der Universität für Bodenkultur, 1991 Auslandsaufenthalt in Schweden; seit 1993 Mitarbeiterin der Bundesanstalt für Bergbauernfragen; 2003-2004 Bildungskarenz als freiwillige Helferin auf Bio-Höfen in Südtirol, Mühlviertel, Frankreich, Niederösterreich und in der Steiermark; Vertreterin der Subsistenzperspektive („Substanzperspektive"; ins Leben gerufen durch Veronika Bennholdt-Thomsen, Maria Mies und Claudia von Werlhof).

Loibl, Elisabeth/Krammer, Josef (2007): *Das Politische ist persönlich, das Persönliche ist politisch – Zeitzeugen der Agrarpolitik.* Forschungsbericht.

Dr. Geseko von Lüpke

Geb. 1958; Politologe, Ethnologe, Zukunftsforscher und internationaler Netzwerker zwischen zivilgesellschaftlichen Initiativen; freier Journalist für Zeitungen und Rundfunk; Referent für ökologische und nachhaltige Erwachsenenbildung; Seminarleiter und Ausbildner im ökopädagogischen Bereich; seit zwanzig Jahren Berichte über neue Denkansätze in Ökologie, Bildung, Wissenschaft, Religion und Kultur.

Zahlreiche Buchveröffentlichungen zur Kooperationsforschung, zum systemisch-ökologischen Weltbild, zu mit dem Alternativen Nobelpreis ausgezeichneten Projekten, zur initiatorischen Naturarbeit und zur aktuellen Relevanz von traditionellem indigenen Wissen. Ausgezeichnet mit dem 'Medienpreis Entwicklungspolitik' durch den deutschen Bundespräsidenten. Der Autor lebt mit seiner Partnerin und drei Kindern in Olching bei München.

Lüpke, Geseko von (2008): *Altes Wissen für eine neue Zeit. Gespräche mit Heilern und Schamanen des 21. Jahrhunderts.* München: Kösel.

Univ.-Prof. Dr. Andreas J. Obrecht

Geb. 1961; Soziologe, Kulturanthropologe, Schriftsteller; seit 1986 Forschungen zu Fragen des kulturellen Wandels und zur Entwicklungspolitik in Afrika, Melanesien (Papua Neuguinea), in der südöstlichen Karibik, in Himalaya-Staaten und Südostasien; 1997 Habilitation in Soziologie. Derzeit Leiter des Interdisziplinären Forschungsinstituts für Entwicklungszusammenarbeit (IEZ) der Johannes Kepler Universität Linz; Gastprofessor an der Universität Graz; seit 2004 wissenschaftspublizistischer Moderator der ORF-Ö1-Sendung „Von Tag zu Tag"

Mehr als zwanzig wissenschaftliche und literarische Bücher (Lyrik, Erzählungen, Reiseliteratur, Opernlibretti); Film- und Hörfunk-Dokumentationen über eigene Forschungsarbeiten für den ORF.

Obrecht, Andreas J. (2006): *Geschichten aus anderen Welten. Eine Reise nach Neuguinea und Inselmelanesien, Ostafrika, Nepal und in die Karibik.* Wien: Böhlau (auch als gleichnamige ORF-Hörbuch-Edition).

Josef Ortner

Geb. 1955 in Ranshofen; 1962-1970 Volks- und Hauptschule; 1973-1975 Landwirtschaftsschule Burgkirchen; 1979 dreimonatiger Kurs an der KSÖ (Katholische Sozialakademie) in Wien; 1981 Landwirtschaftliche Meisterprüfung und Heirat mit Franziska Forster (4 Kinder); 1982 Übernahme des Bauernhofs von den Eltern und Umstellung auf biologische Wirtschaftsweise; 1986-1993 Vorstandsmitglied des Bioverbands Ernte für das Leben OÖ; 1994-2002 Bundesobmann des Ernteverbands; seit 2002 Vertiefungen ökologischer Erkenntnisse und deren praktischen Umsetzung.

DI Hermann Pennwieser

Geb. 1966 in Braunau/Inn; bis 1997 Universität für Bodenkultur, Studienzweig Pflanzenbau, Schwerpunkt ökologischer Landbau und Bodenfruchtbarkeit; Diplomabschluss mit ausgezeichnetem Erfolg; seit 2004 verheiratet, 2 Kinder.

1983-1987 Umstellung des elterlichen Betriebs auf biologischen Landbau (Tolerierung seitens des Vaters); seit 1990 Betriebsführung; 1998 Hofübernahme, Ackerbau und Schweinemast im Vollerwerb; bis 2004 Renovierung und Modernisierung von Gebäuden, Anlagen und Maschinen in Eigenleistung; 1985-2008 über 200 Fachvorträge, Ackerbauseminare und Exkursionen auf dem eigenen Betrieb zu den Themen Biolandbau und Bodenfruchtbarkeit; bis 2005 Funktionärstätigkeit im Verband Ernte, Schwerpunkt Aufbau der Bioschweinevermarktung; 2005-2008 Projektleitung bei der Errichtung eines großen Biomasseheizwerkes in Schwand gemeinsam mit 20 Landwirten.

Dr. Theres Rathmanner

Geb. 1979 in Niederösterreich; Diplomstudium der Ernährungswissenschaften an der Universität Wien (Schwerpunkt: Ernährung und Umwelt); Doktoratsstudium der Medizinischen Wissenschaft an der Medizinischen Universität Wien (Schwerpunkt: Gesundheitsförderung, Prävention und Public Health); längerer Sozialeinsatz in Brasilien; lebt und arbeitet als selbstständige Ernährungs- und Gesundheitswissenschafterin in Wien; Ernährungsberatung, Vortrags- und Seminartätigkeit, Lehraufträge und Autorenschaften.

Rathmanner, Theres (2007): *Entwicklung eines Programmkonzeptes zur Gesundheitsförderung und Prävention des metabolischen Syndroms und seiner Folgeerkrankungen auf Basis der Ergebnisse eines Gesundheitssurveys im Setting einer niederösterreichischen Gemeinde.* Dissertation an der Medizinischen Universität Wien.

Dr. Manfred Schnitzer

Geb. 1952; 1971-1977 Studium der Völkerkunde und Soziologie in Wien; 1977-1982 Studium der Volkswirtschaft in Wien und Innsbruck; 1982-1986 Tätigkeit in Tanzania im Rahmen des Aufbaus von Programmen zur ländlichen Entwicklung; seit 1986 im BMaA (jetzt: BMeiA): 1991-2003 Referatsleiter VII.2c (Ländliche und gewerbliche Entwicklung); seit 2003 Referatsleiter VII.5a (EZA-Planungs- und Programmangelegenheiten betreffend Afrika).

Mitglied in mehreren internationalen entwicklungspolitischen Beratungsgremien; Teilnehmer an mehreren Programmevaluierungen (u.a. in Senegal, Burundi und Tanzania).

Schnitzer, Manfred (2008): *Landwirtschaftliche Entwicklung und Ernährungssicherung – Ziel-Identität oder Widerspruch?* In: Agrarische Rundschau, Nr. 1/2008, S. 15-18.

Dr. Vandana Shiva

Geb. 1952; Studium der Physik; Aktivistin im weltweiten Kampf gegen Globalisierung; 1993 Verleihung des Alternativen Nobelpreises; Gründung der „Research Foundation for Science Technology and Ecology"; Engagement im Kampf gegen die Monopolisierung und gentechnische Manipulation von Saatgut; Begründerin von „Navdanya" (organic-movement) und Vizepräsidentin von „Slow Food International"; zahlreiche Publikationen.

Shiva, Vandana (2008): *Soil not Oil.* Cambridge: South End Press.

Mag. Alexandra Strickner

Studium der politischen Ökonomie an der Wirtschaftsuniversität Wien; Schwerpunkte Entwicklungsökonomie und regionale Integration; 1998-2003 Bildungsexpertin bei der Österreichischen Forschungsstiftung für Entwicklungshilfe in Wien; seit Juli 2003 Institute for Agriculture and Trade Policy (www.iatp.org); bis 2006 Leiterin des Trade Information Projekts von IATP in Genf bei den WTO Verhandlungen (Spezialgebiet Landwirtschaft und Dienstleistungen); seit August 2006 Aufbau eines transatlantischen Dialogprojekts zu den gegenwärtigen Reformen der US- und EU-Agrarpolitik; Mitbegründerin und Obfrau von Attac Österreich.

Strickner, Alexandra/Wiggerthale, Marita (2008): *Bauern oder Lebensmittelunternehmen – wer hat das Sagen? Marktkonzentration und ihre Auswirkungen auf den Agrar- und Nahrungsmittelsektor und die Politik in der EU.* In: Kurswechsel, Nr. 3/2008.

Mag. Martin Tragler

Geb. 1969 in Kirchdorf/Krems; landwirtschaftliche Ausbildung an der HBLA Raumberg und Ökowirt-Lehrgang; Studium der Sozialwirtschaft an der Johannes-Kepler-Universität in Linz; Biobauer in Schlierbach im oberösterreichischen Kremstal; Geschäftsführer der Bioenergie Schlierbach; Obmann von Bio-Austria OÖ.

Dr. Alberta Velimirov

Geb. 1948 in Villach; Studium der Zoologie an der Universität Wien; danach Forschungsaufenthalt in Afrika, bis 1977 als Junior Lecturer an der Universität in Kapstadt; danach Arbeit als Hausfrau und Mutter von 2 Kindern; 1987-2005 Ludwig Boltzmann Institut für Biologischen Landbau und Angewandte Ökologie; seit September 2005 Forschungsinstitut für Biologischen Landbau (FiBL Österreich).

Arbeitsbereiche: Vergleichende Produktqualitätsforschung und Risikoforschung bezüglich der Anwendung gentechnologischer Methoden in der Nahrungsmittelproduktion.

Velimirov, Alberta (2005): *Gene und Gentechnik.* In: Grössler, M. (Hrsg): Gefahr Gentechnik – Irrweg und Ausweg. Wien: Concord Verlag, S. 265-268.

Gesellschaft: spannend und aktuell

PETRA C. GRUBER (HRSG.)
Nachhaltige Entwicklung und Global Governance
Verantwortung. Macht. Politik.
2008. 182 Seiten, Kart. 19,90 € (D), 20,50 € (A), 35,90 SFr
ISBN 978-3-86649-153-3
Klimawandel, Terroranschläge, Flüchtlingsdramen – keine nationale Regierung kann derartige Probleme alleine bewältigen. Global brauchen wir eine neue Kooperationskultur – Global Governance – um solche Weltprobleme und Zukunftsfragen erfolgreich zu meistern. Im Buch wird das Konzept „Global Governance" diskutiert, Verantwortliche werden ausgemacht und deren Rolle und Möglichkeiten ausgelotet.

NICO STEHR & HANS VON STORCH
Klima, Wetter, Mensch
2009. Ca. 200 S. Kt. 19,90 € (D), 20,50 € (A), 35,90 SFr
ISBN 978-3-86649-228-8
Der Klimawandel, die Klimakatastrophe sind in aller Munde. Vielfach reden wir vom Klima, meinen aber eigentlich das Wetter. Wie sich die Idee vom Klima selbst über die Zeiten gewandelt hat, wo Wetter aufhört, Klima anfängt und wo „normale" Veränderungen zu hysterischen Reaktionen führen – all das zeigen die beiden Autoren eindrucksvoll. Ein Naturwissenschaftler und ein Sozialwissenschaftler zeigen das Zusammenspiel von Klima und Gesellschaft.

RAINER WILLMANN
Darwin, Huxley und die Frauen
2009. Ca. 180 S. Kt. Ca. 16,90 € (D), 17,40 € (A), 31,00 SFr
ISBN 978-3-86649-232-5
Charles Darwin ist vielen als Begründer der Evolutionstheorie bekannt. Aus dieser Theorie leitet sich auch der „Sozialdarwinismus" ab. Ist das berechtigt? Darwins Engagement für die Gleichheit der Menschen – Männer und Frauen aller Ethnien – ist wenig bekannt. Lassen Sie sich von dieser Seite des berühmten Biologen überraschen!

In Ihrer Buchhandlung oder direkt bei

Verlag Barbara Budrich
Barbara Budrich Publishers
Stauffenbergstr. 7. D-51379 Leverkusen Opladen.
Tel +49 (0)2171.344.594 • Fax +49 (0)2171.344.693 • info@budrich-verlag.de
28347 Ridgebrook • Farmington Hills, MI 48334 • USA

www.budrich-verlag.de • www.barbara-budrich.net